上海三联人文经典书库

国家出版基金项目
NATIONAL PUBLICATION FOUNDATION

上海三联人文经典书库

84

# 词与物

## 人文科学的考古学

· 修订译本 ·

[法]米歇尔·福柯 著　莫伟民 译

# LES MOTS ET LES CHOSES
## UNE ARCHEOLOGIE
## DES SCIENCES
## HUMAINES

上海三联书店

"十二五"国家重点图书出版规划项目

国家出版基金资助项目

[西班牙] 委拉斯开兹，《宫娥》，1656

# 总　序

陈　恒

自百余年前中国学术开始现代转型以来,我国人文社会科学研究历经几代学者不懈努力已取得了可观成就。学术翻译在其中功不可没,严复的开创之功自不必多说,民国时期译介的西方学术著作更大大促进了汉语学术的发展,有助于我国学人开眼看世界,知外域除坚船利器外尚有学问典章可资引进。20世纪80年代以来,中国学术界又开始了一轮至今势头不衰的引介国外学术著作之浪潮,这对中国知识界学术思想的积累和发展乃至对中国社会进步所起到的推动作用,可谓有目共睹。新一轮西学东渐的同时,中国学者在某些领域也进行了开创性研究,出版了不少重要的论著,发表了不少有价值的论文。借此如株苗之嫁接,已生成糅合东西学术精义的果实。我们有充分的理由企盼着,既有着自身深厚的民族传统为根基、呈现出鲜明的本土问题意识,又吸纳了国际学术界多方面成果的学术研究,将会日益滋长繁荣起来。

值得注意的是,20世纪80年代以降,西方学术界自身的转型也越来越改变了其传统的学术形态和研究方法,学术史、科学史、考古史、宗教史、性别史、哲学史、艺术史、人类学、语言学、社会学、民俗学等学科的研究日益繁荣。研究方法、手段、内容日新月异,这些领域的变化在很大程度上改变了整个人文社会科学的面貌,也极大地影响了近年来中国学术界的学术取向。不同学科的学者出于深化各自专业研究的需要,对其他学科知识的渴求也越来越迫切,以求能开阔视野,迸发出学术灵感、思想火花。近年来,我们与国外学术界的交往日渐增强,合格的学术翻译队伍也日益扩大,同时我们也深信,学术垃圾的泛滥只是当今学术生产面相之一隅,高质量、原创作的学术著作也在当今的学术中坚和默坐书斋的读书种子中不断产生。然囿于种种原因，人文社会科学各学科的发展并不平衡，学术出版方面也有畸轻畸重的情形（比如国内还鲜有把国人在海外获得博士学位的优秀论文系统地引介到学术界）。

有鉴于此，我们计划组织出版"上海三联人文经典书库"，将从译介西学成果、推出原创精品、整理已有典籍三方面展开。译介西学成果拟从西方近现代经典（自文艺复兴以来，但以二战前后的西学著作为主）、西方古代经典（文艺复兴前的西方原典）两方面着手；原创精品取"汉语思想系列"为范畴，不断向学术界推出汉语世界精品力作；整理已有典籍则以民国时期的翻译著作为主。现阶段我们拟从历史、考古、宗教、哲学、艺术等领域着手，在上述三个方面对学术宝库进行挖掘，从而为人文社会科学的发展作出一些贡献，以求为21世纪中国的学术大厦添一砖一瓦。

　　本书翻译修订得到巴黎高师"文化变迁与传播重点研究所"(Labex TransferS)的资助,也是译者负责的国家社科基金重点项目"19世纪法国哲学研究"(14AZX012)的阶段性成果。

# 目　录

# 第二编

# 译者的话:19 世纪——"人"的世纪

　　《词与物》是福柯(Michel Foucault，1926 - 1984)最重要的成名作、代表作，至今已被译成 60 多种文字，对世界学术和思想发展产生了重大影响。德勒兹之所以把福柯这部扛鼎之作誉为"一部关于新思想的伟大作品"，这不仅是因为《词与物》对自文艺复兴以来直至 20 世纪初的整个西方文化和知识史都作了细致入微的、富有创见和深度的梳理和剖析，而且更是因为它从根本上驱除了笼罩在当代知识形式的决定性条件之上的人类学主体主义迷雾，批判了自笛卡尔，尤其自康德以来西方哲学传统的意识哲学和主体性形而上学。我们知道，无论是马克思的人类学解释，还是尼采的语文学解释，都拒绝依据先验意识来进行解释。福柯的知识考古学与德勒兹的欲望谱系学也都意识到了先验哲学的终结。

　　按照福柯自己的说法，鉴于《古典时代的癫狂史》主要梳理的是关于"分裂"、"差异"的历史，《词与物》则致力于"秩序"之历史，相似性之历史，相同之历史，同一性之历史，要探讨一个社会借以思考事物之间相似性的方式和事物之间差异借以被把握、在网络中被组织并依据理性图式而被描绘的方式。"秩序"、"相同"、"同一性"成了《词与物》的几个关键词。《词与物》要重构西方 16 - 19 世纪在语法和语文学、自然史(或博物学)和生物学、财富分析和政治经济学中的实证知识得以在其中确立的秩序空间，并为观念的显现、科学的确立、经验的哲学反思和合理性的塑成和消失提供历史先天性基础。该书英文版的书名《物之序》，就说明了该书的理论焦点。而这里所说的"相同"、"同一性"主要是指通过对物进行

1

整理,让物具有秩序,从而让不同者趋同,让相异者归于相同者名下。这种处理"词"与"物"之间关系的方法就是近代理性主义和主体主义的典型做法,也是福柯在书中所要着力批判的人类学主体主义。

虽然该书的书名是"词与物",但福柯在书中,既没有专门分析"词",也没有具体分析"物",而是聚焦于话语实践了。因为不同于传统哲学所关注的"词"如何通过"主体"来勾画"物"这一古老问题,福柯的问题就是:通过分析那些介于词与物之间的话语实践(pratiques discursives),来确定何谓物并测定词如何使用。福柯想表明在像自然史这样的话语中,存在着对象形成的规则(并非词的使用规则),概念形成的规则(而非句法规律),理论形成的规则(而非演绎或修辞的规则)。正是这些由话语实践在特定瞬间运转起来的规则才说明了某个物被看到或疏忽了;它从这样一个方面被设想并且在这样的层面上被分析;这样的词与这样的意义一起被使用并在这样的句子类型中。因此,相比于话语实践的分析,基于物的分析和基于词的分析似乎都是次要的(Michel Foucault,"Michel Foucault explique son dernier livre",1969,*Dits et écrits*,I,1954-1969,Éditions Gallimard,Paris,1994,p.776)。

## 人文科学考古学

《词与物》的副标题"人文科学的考古学"也提请我们注意,福柯所要做的工作并不像梳理观念史或科学史那样来梳理人文科学史,而是从事一种"人文科学的考古学",要阐明那个已撇开了任何理性价值或客观进步的认识论领域,即知识型(l'épistémè),并强调应该把知识空间内那些已经产生了各种各样经验认识的构型揭示出来。于是,"所涉及的,与其说是传统意义上的一种历史,还不如说是一种'考古学'"(Michel Foucault,*Les Mots et les Choses*,Éditions Gallimard,Paris,1966,p.13)。但福柯特地指出,他所讲的"考古学"并不确切地指一门学科,而是指一个针对某个时期、某个社会的研究领域,福柯要探寻该领域内作为认识、理论、制度和实践之深层的可能性条件的知识。如正是有关癫狂与非癫狂相对立、有序与无序相对立的某种知识才使大禁闭中心在 17 世纪末的欧洲有可能开设。在社会中,不仅认识、哲学观念和日常舆论,而且制度、商业和治安实践、生活习惯,这一切全都诉诸这个社会特有的某种暗含的知识,这种知识截然不同于我们能在科学书籍、哲学理论、宗教赦罪中发现的知识。福柯在从事"人文科学考古学"之后再进行"知识考古学"也就是顺理成章的事了。福柯很清楚这种考古学的功效:由于这种研究聚焦于处于相同层面之上的实践、制度和理论之间的同构性,并探寻使这三者成为可能的共同知识,探寻构成性的和历史性的知识层,因而有可能使福柯避免理论先于实践或实践先于理论的棘手问题。福柯不像萨特那样从实践惰性的角度来说明这个共同知识,而是设法对这种知识作出一种有关理论活性的分析。

如果说《古典时代的癫狂史》和《临床医学的诞生》始终关注的是话语层面与实践、制度、社会和政治关系等其他层面之间的相关性,那么,《词与物》则想到了研究对象的复杂性,进一步发现"话语领域并不始终服从话语与实践和制度领域所共有的结构,相反,话语领域服从话语与其他认识论领域所共有的结构,在一个特定时期,存在着话语相互之间的同构性。因此,我们面前有两个垂直的描述轴心:几个话语领域所共有的理论模式的轴心,话语领域与非话语领域之间关系的轴心。在《词与物》中,我描绘了水平轴心,在《古典时代的癫狂史》和《临床医学的诞生》中我则讨论了垂直的维度"(Michel Foucault, "Sur la façons d'écrire l'histoire", 1967, *Dits et écrits*, I, 1954 - 1969, Éditions Gallimard, Paris, 1994, p. 590)。

福柯既不想撰写人文科学的一般历史,也不想对科学的可能性作一般的批判。"《词与物》的副标题不是人文科学唯一的考古学(l'archéologie),而是人文科学的一种考古学(une archéologie)"(Michel Foucault, "Questions à Michel Foucault sur la géographie", 1976, *Dits et écrits*, III, 1976 - 1979, Éditions Gallimard, Paris, 1994, p. 29)。对此,我们可作两点理解。首先,这不仅敞开了学

者特有的谦逊的胸怀,即他"不是那类对或想对无论什么样的科学都拥有真理话语的哲学家",而且还亮明了福柯一贯的拒斥立场,即他完全否认有什么科学的科学能在整个科学中发号施令,起着普遍裁决、判决和见证这样的作用。其次,这表明福柯在《词与物》中只涉及了"一种人文科学的考古学",探究了生命科学、经济科学和语言科学如何以及为何在 19 世纪初发生了认识论断裂,然而,福柯还假定有另一种考古学,要对自 16 世纪以来西方历史知识和政治意识进行专门分析,要研究历史和政治理论如何以及为何在 19 世纪中叶发生了认识论断裂。而马克思思想在这两种考古学中所处的地位明显不同。在前一个考古学中,马克思的经济分析仍处在由李嘉图开创的认识论空间内,马克思并未带来政治经济学的革命。在后一个考古学中,福柯假定马克思在有关人的历史和政治意识中引入了一个彻底的决裂,马克思的社会理论已开创了一个全新的认识论领域。也正是在此,福柯展现了自己与导师阿尔都塞之间明显的理论分歧。

福柯不仅诊断我们所生活的目前,批判线性历史观、因果观,还诊断和批判人本主义。福柯在两个方向上展开"考古学":"知识"的对象如何构建,一个对象如何能够成为"知识"的对象;某类科学话语如何起作用。福柯的"人文科学考古学"也相应设法分析:"人"这个新对象如何以及为何出现在 17 世纪直至整个 18 世纪的科学话语中,人文科学又是如何以及为何能随着人的出现而有可能被构建。与此同时还出现了一个哲学论题,即人如何以及为何既是可能科学(人的科学)的一个对象,又是任何认识据以可能的存在,是任何种类认识的源泉。

这种"人文科学的考古学"已经揭示了在 17 世纪中叶和 19 世纪初发生在西方文化知识型中的两个巨大的断裂。西方理性在发展过程中所经历的第一次断裂标志着文艺复兴时期的终结和古典时代的开启,标志着能构建知识的相似性原则被同一与差异原则所取代,标志着阐释被分析所取代,标志着词与物从同一走向分裂,书写不再是世界的散文了。第二个断裂则标志着古典时代的终结和现时代的开端,在现时代表象理论、语言都消失了,同一与差异被有机结构所取代;人(l'homme)只作为物之序中的一条裂缝而首次进入西方知识领域,人类学产生了,并且适合于人的人文科学的空间也打开了。

因福柯并不像人们通常所做的那样热衷于那些与哲学相近的、能在发展过程中连续不断地涌现出真理和纯理性的崇高的、严密的和具必然性的科学(如数学、宇宙学和物理学),所以,《词与物》对"知识的匿名的间断性"的考察,完全是聚焦于那些因涉及到生物、语言或经济事实而被人认为是具有偶然性的经验对象的科学。从普通语法到语言学,从财富分析到政治经济学,从自然史(或博物学)到生物学,无不都是经验科学。《词与物》的初始假说就是,经验知识在特定的时空也可以是有明确的规则的,谬误与真理都可以遵循某个知识译码的种种法则,非形式化的知识的历史本身也拥有一个系统。当然,《词与物》并不是想在特殊类型的知识或观念体系的基础上重构大时段的时代精神和世界观,而只是一种严格的"区域性的"研究,描述特定时期特有的认识论空间(Michel Foucault, "Préface à l'édition anglaise", 1970, *Dits et écrits*, II, 1970 - 1975, Éditions Gallimard, Paris, 1994, pp. 7 - 8)。

对博尔赫斯所引述的某部中国百科全书的动物分类法的读解,是促使福柯撰写《词与物》的主要动因,从而使福柯认识到确立物之序的重要性和艰巨性,从事差异思考的必要性和紧迫性。福柯曾说过,他"在《词与物》中想从事的是秩序的历史,说的是一个社会借以思考事物间的相似性的方式和事物间的差异借以能被把握、在网络中被组织并依据合理图式而被描绘的方式"(Michel Foucault, "*Les Mots et les Choses*", 1966, *Dits et écrits*, I, 1954 - 1969, Éditions Gallimard, Paris, 1994, p. 498)。因而,《词与物》考察有关词(语言)与物(实在)的秩序的不同观念体系,分析纯粹的秩序经验和秩序存在方式的经验,撰写"知识型"在不同时期所经历的基本上是间断的历史。

福柯要用差异分析来取代像"理性进步"或"世纪精神"这样的

总体化历史的论题。这种差异分析所描述的,并不是一个时期的知识总和,其探究的一般风格,而是其多重科学话语的间隔、距离、对立、差异、关系,是作为一个时期的知识型。福柯所说的知识型不是"一种隐藏的重大理论",而是一个散布空间,是"诸关系之一个开放的并且可能是不确定地可描述的领域"(Michel Foucault, "Réponse à une question", 1968, *Dits et écrits*, I, 1954 - 1969, Éditions Gallimard, Paris, 1994, p. 676)。知识型不是"理性的一个普遍阶段";知识型是前后相续的差距的一种复杂关系(ibid., pp. 676 - 677)。福柯并不设法从各种符号出发去探测一个时代的统一精神、一个时期的意识之普遍形式,像世界观这样的某物,也不再描述一个一度支配着思想的所有表达的形式结构的隐现:福柯也不撰写一种先验切分节拍的历史,也不描述数百年的思想或感受性,这些思想或感受性诞生、结巴、斗争、熄灭,就像那些重大鬼魂在历史的后台上演其阴影戏剧。

知识型并不是所有学科所共有的一个历史分支,而是"特殊剩留的一个同时性游戏"(ibid., p. 676)。《词与物》中使用的"知识型",指的是在某个时期存在于不同科学领域之间的所有关系。科学之间或各种部门科学中的不同话语之间的这些关系现象,就构成了福柯所说的一个时期的知识型。因此,福柯的知识型与康德的范畴毫不相干(Michel Foucault, "Les problèmes de la culture, un débat Foucault-Preti", 1972, *Dits et écrits*, II, 1970 - 1975, Éditions Gallimard, Paris, 1994, p. 371)。作为不同科学之间的关系集合,知识型就是西方文化特定时期的思想框架,是"词"与"物"借以被组织起来并能决定"词"如何存在和"物"为何物的知识空间,是一种先天必然的无意识的思想范型。

由于从 17 世纪中叶至 18 世纪,对语法或财富体系作研究时,只需通过能对物之序作表象的话语,而无需通过人文科学,所以,人在古典知识内部并不存在。只有从 19 世纪初起,当话语失去了它在古典知识中曾经拥有的组织作用和对经验世界的法则力量时,人才存在,人文科学才产生。也就是说,人的存在与话语的存在是不相容的，人之序与符号之序是不相容的，活着的、劳动着的和讲着话的人只存在于话语消失的地方。因为在 19 世纪，以人为经验对象的人文科学（如社会学、心理学）是在"知识三面体"（一是数学和物理学这样的演绎科学，二是语言学、生物学和经济学这样的经验科学，三是哲学）的夹缝中生存的。由于现代思想不能使这三者各居其位、各得其所、各司其职，所以，就容易使这三者陷入人文科学，进而陷入"人类学主义"的危险之中。由于这三者的界限是模糊不清的，所以，人文科学的疆域和对象也是易变的，人文科学势必被精神分析和人种学这样的反人文科学所取代。精神分析和人种学都不停地"拆解"那个在人文科学中创造和重新创造自己实证性的人，它们并不询问人本身，而是询问通常使得一种有关人的知识成为可能的区域。福柯借用列维-斯特劳斯就人种学所说的话来说精神分析和人种学，即它们消解了人（elles dissolvent l'homme）。人从不存在到存在再到消失，这都是西方知识型的知识的基本布局发生变化的结果。在福柯看来，从 16 至 18 世纪，尤其在古典时代，由于西方文化受制于"神、事物间的相似、空间法则"，受制于"肉体、激情和想象"，由于占统治地位的大写的话语存在着，所以，人就不存在，也就谈不上人的有限与无限了，也就不可能有人类学的立足之地。人只是始于 19 世纪的现时代的"特产"，因为现时代的人类学和意识哲学把人类存在建构为可能的知识对象，奢谈作为自由和存在主体的人，梦想着在有限的、具体的人上面构建无限的、抽象的知识。而精神分析、人种学却使这样的梦想破灭了。

为了确切地构建以"人"为对象的科学知识，福柯要在不同维度上去确定 17 世纪以来，尤其在 19 世纪的科学话语的的存在方式（它们的形成规则、条件、从属、转化）。福柯的人文科学考古学设法限定传统思想史之无边无际的空间，从而设法把话语领域从 19 世纪哲学强加于它的历史—先验结构中解放出来。福柯通过由不同"话语"（discourants）主体的角色定位和实施操作，不仅质疑了至高无上的主体的论题，该论题从外部激活语言学编码的惰性，并在话语中置放其自由之难以抹去的痕迹；还质疑了主体性的论题，该论题在话语中构建意指并记录下这些意指。因为福柯的话语领域显得是一组有规则的实践，这些实践并不简单地在于赋予思想的敏捷内在性一个可见的和外部的形体，也不向事物的坚固性提供使事物倍增的显现的表面。福柯充分感受到人文科学考古学已让意识哲学家们寝食难安、烦躁不已、深感不适：有点刺耳的是，福柯不从悦耳的、沉默的和内在的意识出发，而是从一组灰暗的匿名规则出发来对待话语。令人不快的是，福柯揭示出一种实践的界限和必然性，而人们通常习惯于在纯粹的透明性看到天才和自由的游戏展现出来。具有挑衅性的是，福柯把这种话语史视为一组转化，这种话语史直至此时都是由生命的令人放心的形变或生活体验的意向连续性所激发的。难以容忍的是，福柯勾勒、分析、组合、重组所有这些现在被归于沉默的文本，而不描绘出作者的面目一新（Michel Foucault, "Réponse à une question", *Dits et écrits*, I, 1954 - 1969, Éditions Gallimard, Paris, 1994, p. 694）。福柯以一句反问"谁讲话，这有何重要呢？"，就把传统哲学的主体轻松打发了。

人文科学考古学与知识考古学之间的联系与差异值得关注。福柯不愿看到《词与物》因使用了"知识型"、"语言"这样的词而被人看作是结构主义的作品，不愿看到因自己的人文科学考古学使用了"知识型"而被别人看作是依据文化总体性作出的。因而，在三年后的《知识考古学》的"前言"中，福柯承认包括《词与物》在内的先前的著作并没有很完善地挣脱最后的人类学束缚，作为对先前三部著作的方法论总结和概括，《知识考古学》并不是对《词与物》的复述或确切的描写，而是在很大程度上不同于《词与物》的，它"还包括不少的纠正和内部批评"。纠正工作的重要方面就是转换术语，如用"话语"来替代"语言"，用"话语实践"来取代符号的指称作用，用"话语"的重要性来取代"知识型"的重要性。"话语"是不能还原为语言或言语的，"历史的先天知识"要说明的是，"话语并不只具有意义或真理，而且还具有历史，有一种并不把它归于奇异的生成变化律这样的特殊的历史"(Michel Foucault, *L'Archéologie du savoir*, Éditions Gallimard, Paris, 1969, p. 168)。"我们可把一组属于同一个话语构成的陈述集合称作话语……我们可以确定这些有限陈述的一组存在条件……话语通体都是历史的……"(ibid., p. 153)这样的陈述体系就构成了"档案","档案对处于各种各样存在之中的话语作区分,并详细说明话语特有的延续"(ibid., p. 171)。很显然,"话语"直接就是由构成为"档案"的陈述构成的,因而历史先天性和档案并不是知识型的具体化,而知识型也不是话语的具体化。我们既不能认为具有特殊历史的"话语"要比"知识型"更抽象,也不能以为作为无意识的知识总体的"知识型"是"通体皆历史的"话语的具体化,不能认为"档案"和"知识型"都是"话语"的产物。虽然《词与物》也使用"话语",但此"话语"非彼"话语",它指的是起着表象作用的"古典语言",在西方知识史上是与人水火不相容的和交替出现的。福柯恰恰要批判西方哲学史传统的"基础主体的论题"、"对立的论题"、"初始经验的论题"和"普遍中介的论题"都忽视了话语的"实在性":"话语实在性在哲学思想中被忽视这一非常古老的做法,在历史进程中已呈现出许多形式"(Michel Foucault, *L'ordre du savoir*, Éditions Gallimard, Paris, 1971, p. 48)。于是,福柯知识考古学要质疑西方的真理意志,恢复话语具有的事件的特性,最终消除能指的统治权。此外,我们从福柯对于权力与知识之间的关系的看法也可得知,历史先天性和档案并非知识型的具体化。从福柯后来提出"权力—知识"这个合二为一的概念来看,福柯也并未把权力看成是知识型的体现,因为"自《监视与惩罚》以来,知识型已被权力所取代(Carlo Freccero, "Savoir et pouvoir à l'ère de la vidéo", *Magazine littéraire*, N°325 - octobre 1994, p. 32)"。显然,福柯在不同时期著作中所使用的核心概念有其特定的文本意义和语境价值。在《词与物》的"知识型"、《知识考古学》的"话语"和《监视与惩罚》的"权力"这三者之间比较哪个概念最重要,并无多大学术价值。"人文科学考古学"与"知识考古学"之间的异同、传承关系还是不难弄清楚的。

## 人死了？

康德的三大批判和四大问题在促使西方思想无视其现代性时，不仅引导了荷尔德林和海德格尔崇尚古希腊哲学而去思考人类与存在的关系，还引导了马克思和列维-斯特劳斯依据康德批判哲学而去质疑人类知识的形式和界限。肇始于尼采"怪异"思想的现代哲学仍然徘徊在这两条路径上而不得抽身。福柯的历史存在论尝试通过探求基于思想与话语的统一性之上的"主体真相"来走出这个理论困境。作为人文科学之客体和主体的"人"被反人文科学消解了。"人之死"成了福柯反人类学主体主义的宣言。

尼采、萨德以说"人的坏话"而出名，而福柯秉承这一传统，并基于对人的科学的及其与世界关系的考古学探究，而呼吁人们摆脱得自 19 世纪的沉重遗产——人道主义。因为人道主义设法用道德、价值、调和的术语去解决根本不能解决的问题。福柯批评的矛头直指萨特、加缪的"萎靡不振的人道主义"："在 1948 年，恰恰就是人道主义被用来证明斯大林主义和基督教民主的霸权，我们在加缪或萨特存在主义那里重新发现的正是这同一个人道主义。最终，这个人道主义已以某种方式构成了最近 20 年所有思想、所有文化、所有道德、所有政治的小娼妓。我考虑到我们今天想把这个人道主义推举为德性楷模，这就是挑衅"（Michel Foucault, "Qui êtes-vous, professeur Foucault?", 1967, *Dits et écrits*, I, 1954 - 1969, Éditions Gallimard, Paris, 1994, p. 616）。福柯认为人文科学并不导向"人"以及人的真理、本性、诞生、命运；实际上各门人文科学所关注的对象绝非人，而是系统、结构、组合、形式等。因而，如果我们想严肃地关注人文科学，首先就必须摧毁由"必须寻找人"这个观念构建的那些神志不清的幻想。《词与物》断定人的历史并不古老，尚不足两个世纪。而人文科学也是在 19 世纪发明的。当人们在 19 世纪把人构建为知识对象时，就发明了人文科学。但人们在使人成为认识的对象时，是为了让人由此摆脱其异化,摆脱所有自己所不能控制的确定性,从而使人能成为他自己的自由和他自己的存在的主体。福柯把这样的想法视为 19 世纪一个重大的末世学神话。

可神话毕竟不是现实。虽然人似乎诞生于 19 世纪,但福柯却发现,就人们展开了这些针对作为可能的知识对象的人的调查而言,人们从未发现这个著名的人,这个人性,或人的本质,或这个人的特性。例如,当人们分析癫狂或神经官能症的现象时,人们发现的是渗透进冲动和本能的无意识,是依据力学和拓扑学空间而起作用的无意识(严格讲来,凭着人们能从人的本质、自由或人类存在指望到的东西,可在这个空间就什么都看不到了),是如人们近来所说的起着语言般作用的无意识。因此,就人们从根本上对人进行围捕而言,人消失了。人们走得愈远,就愈看不见人。对语言也是如此。自 19 世纪初以来,人们已询问了人类语言,以便设法重新发现人类精神的几个重大的常数。人们期望,在研究词的生命、语法的发展时,在对语言做相互比较时,在某种程度上显示出来的正是人本身,或人的面目是统一的,或人有不同的侧面。然而,在钻研语言时,我们能发现什么呢? 我们已发现了结构。我们已发现了相互关系,已发现了在某种程度上是准逻辑的体系,而具有自由和存在的人仍在那里消失了。但人的消失,并不意味着人文科学也将随之消失,而是指人文科学将不再在一个由人道主义限定的领域内展开。在哲学中可能要消失的人,不是作为知识对象的人,而是作为自由和存在主体的人。然而,人类主体,拥有其意识和自由的人类主体,根本上是一种与神相关的形象,一种人的神学化(théologisation),神重新降临到世上,它意味着 19 世纪的人本身在某种程度上被神学化了。(Michel Foucault, "Foucault répond à Sartre", *Dits et écrits*, I, 1954 - 1969, Éditions Gallimard, Paris, 1994, pp. 663 - 665)。

从 20 世纪 20 年代以来近半个世纪的经验证明了这个人道主义论题如何既不富有任何成果,而且是有害的、有毒的,因为它使得最不同的和最危险的政治操作成为可能;实际上,向从事政治的人们提出的问题就是一些涉及工业社会的政治问题。在这个层面上，我们从未碰到"人"（ibid.）。

宣告"人死了"，这也是福柯做出的一系列去中心的最大努力，就像哥白尼去除了地球的中心，达尔文去除了人类的中心，尼采去除了上帝的中心，而弗洛伊德去除了意识的中心。福柯认为自己就是遵循这一去中心的传统来批判人类学主体主义的。福柯认为虽然在我们时代，人文科学在理论上和实践上都取得了重要性。但这些人文科学都从未成功说出人本身根本上是什么。当我们分析人的语言时，我们并没有发现人的本性、本质或自由，我们发现的是无论我们愿意、意识和自由与否都在起支配作用的无意识结构。这些结构决定了我们我们据以在其内部讲话的轮廓。当一个心理分析医生分析一个个体那里的行为或意识时，他所遇到的并不是人，而是像驱力、本能和冲动这样的某物。被揭示出来的正是这些冲动的机制、语义学或句法。福柯想要做的就是表明，在人类知识史上，我们可以发现同一个现象：人类知识史仍未被人所掌握。并不是人本身有意识地创造自己知识的历史，而是人文科学的和知识的历史本身服从那些逃避我们的决定性条件。在此意义上，人并不持有什么，既不持有其语言，也不持有其意识，甚至也不持有其知识。正是这个剥夺才根本上是当代研究最有意味深长的论题之一（Michel Foucault, "Interview avec Michel Foucault", 1968, *Dits et écrits*, I, 1954 - 1969, Éditions Gallimard, Paris, 1994, p. 659）。

显然，当福柯说人不再存在时，福柯绝不是想说作为生物物种或社会物种的人从地球上消失了。有关人的观念在 19 世纪的运作，类似于上帝的观念在以前几个世纪的运作。关于人的想法只是让人能继续有所作为的神话而已，就像拥有对上帝的想法能避免人的恐惧一样；而福柯呼吁哲学家们说出所发生的一切，哪怕是说"人的坏话"，以便人类能在没有神话的情况下有所作为。

《词与物》的主旨之一就是批判福柯所深恶痛绝的 200 多年的近现代西方哲学的主要理论形态，即人类学主体主义。福柯始终怀疑和敌视那个至高无上的、起构造和奠基作用的、无所不在的主体。在《词与物》出版的同一年,福柯曾回忆自己在 20 世纪 50 年代初就已经非常远离萨特和梅洛-庞蒂的存在主义主体哲学了,从对生活、政治存在的激情转到了对概念和"系统"的热情。《词与物》设法阐明的就是这样作为关系集合的系统。这些关系把事物联系在一起,但又独立于事物而维持着、转化着。这个系统还先于人及其一切活动而存在着,人们的任何行为都受制于一个随着时代和社会的变化而变化的理论结构、系统。"这个无主体的匿名系统是什么呢? 谁在思考呢? '我'已经爆裂了(请看现代文学)——这是发现'有'(il y a)。有一个集合名词,即有人、人们(on)。以某种方式,人们又回到了 17 世纪的观点,差别在于:不是把人置于上帝的位置,而是匿名的思想,无主体的知识,无身份的理论……"(Michel Foucault, "Entretien avec Madeleine Chapsal", 1966, *Dits et écrits*, I, 1954-1969, Éditions Gallimard, Paris, 1994, p.513-515)。在任何时期,人们的所有行为都受制于一个理论结构,一个系统,这个结构、这个系统都存在于所有时代和所有社会中,都随着时代和社会的变化而变化。于是,列维-斯特劳斯、拉康、杜梅泽尔等人的研究不仅消除了人的传统形象,而且都倾向于在研究和思想中使人的观念变得毫无用处。自笛卡尔以来直至 19 世纪西方哲学谈论的人是想认知一切、主宰宇宙和掌握绝对知识的人;而《词与物》断言这样的人正从人类知识中消失,在人之死留下的空白处出现的将是言说者,言说和标记一切的人。不仅人的无意识、性、日常生活、梦想、愿望和驱力,而且人的行为、社会现象、人的舆论及其性情、人的政治活动和态度等都被言说和标记了,都成了话语的对象。"在我看来,当代文化的特征似乎就是有关世界的所有问题都这样被过渡为一种普遍的标记(notation),这样被标注(transcription)在一种语言中。"(Michel Foucault, "Interview avec Michel Foucault", 1968, *Dits et écrits*, I, 1954-1969, Éditions Gallimard, 1994, Paris, p.662)。

福柯之所以发动对传统主体哲学的批判,这不仅是因为 20 世纪 50 年代发生的一系列政治事件导致福柯的政治理想破灭了,而且还有深刻的思想上的动因。因为福柯认为科学话语的历史分析最终应属于话语实践理论，而非属于认识的主体理论（Michel Foucault，"Préface à l'édition anglaise"，1970，*Dits et écrits*，II，1970 - 1975，Éditions Gallimard，Paris，1994，p. 13）。这也就决定了福柯在《知识考古学》中继续其在《词与物》中坚持的反人类学主体主义的哲学立场。福柯从事的是话语的历史，而非意识的历史、精神的历史。福柯并不分析话语的语言系统，也不分析话语构造的形式规则，福柯并不是想要知道什么使得话语合法、可理解和在沟通时有用，福柯并不提出编码的问题，而是事件的问题：陈述的存在法则，使陈述可能的一切；陈述得以特殊涌现的条件；不同陈述及其与非陈述之间的相关性等。福柯答复这个问题，并不诉诸讲话主体的意识，并不把话语事实与话语作者的意志联系起来。福柯所做的，既非形式化，也非注解学，而是考古学，即对档案进行描述。福柯不把档案理解成一大堆要加以搜集的一个确定时期的文本，而是理解成一组在确定时期和确定社会的规则。话语与主体的关系是什么样的呢？话语并非惰性，主体也并非万能，主体并不能操控、颠倒和更新话语。话语并不诉诸能产生它的思想、精神或主体，而是诉诸它在其中得以展开的实践领域。福柯所说的"话语主体"（sujets discourants）是话语领域的组成部分，在话语领域中有其位置（及其位移的可能性），其功能（及其功能突变的可能性）。"话语并不是纯粹主体性的涌现场所；而是一个对主体来说有差别的位置和功能空间。（Michel Foucault，"Réponse à une question"，1968，*Dits et écrits*，I，1954 - 1969，Éditions Gallimard，Paris，1994，p. 680）"总之，福柯是要分析处于其外在性维度中的话语，而不是依据精神的相继形式或沉淀的意义深度来撰写一部精神的历史。福柯要分析话语的历史转换，而不诉诸人的思想，人的感知方式、习惯、所遭受的影响等。

福柯的批判首先聚焦于近代主体哲学的创始人笛卡尔的理性主义。在古典时代，以笛卡尔理性主义为代表的西方文化的大写理性的独白把癫狂压制到沉默无声的地步。作为社会底层的发掘者和辩护者,福柯非常关注癫狂曾被捕捉、被剥夺资格、被禁闭、被鄙视和诋毁的方式。福柯批判西方大写的理性,是为了改变因癫狂受抑制而造成的理性独白的局面,是为了替非理性争得应有的权利,为了恢复理性与非理性的对话。这并不是要否定任何理性的作用,而是希望人们从理性化与人类暴行的关系中感悟到什么。

如果说福柯的批判对象,在古典时代是笛卡尔的理性主义的主体哲学,那么,在现时代,从康德和 18 世纪末起,就是人类学了。在福柯看来,由于现代哲学把对人的有限性所作的经验分析误当成了对人的无限本质所作的先验分析,所以,现代哲学就陷入了"人类学沉睡"之中。通过存在论寻根,通过对心理主义和历史主义进行批判,通过语文学批判,都可以把现代思想从人类学昏睡中唤醒过来。康德虽实施了哥白尼革命,但又认为"自在之物"不可知,所以,康德的批判哲学变成了人类学。福柯所说的人类学并不是通常意义上的一门特殊学科,而是指使得哲学问题全都置于人类有限性(la finitude humaine)领域之内这样一个哲学结构。人类学的典型特征就是把知识的可能性与理性的界限、人的有限性联系在一起,也就是说,自康德以来,人们不再是从无限或真理出发来思考人的问题的。"如果人们只能对作为一个自然人(un homo natura)或作为一个有限存在(un être fini)的人进行哲学思考,那么,整个哲学从根本上讲难道都不将是人类学吗?此时此刻,哲学就成了文化形式,在这种文化形式内部,所有人的科学都是可能的"(Michel Foucault, "Philosophie et psychologie", 1965, *Dits et écrits*, I, 1954 - 1969, Éditions Gallimard, Paris, 1994, p. 439)。康德的基于有限自然之上的先验是不可能成为无限的真理的。

由于主张有限先于无限或在有限的基础之上妄求无限,胡塞尔和萨特与康德就处于同一个人类学构型之中。作为先验主体哲学,现象学的做法在福柯看来是存在问题的。无论是意向性理论、意义理论,还是先验还原,现象学都不恰当地向有限的意向主体提供了"绝对的优先权",向有限的意向活动提供了构建一切的作用,以至最终陷入了先验意识之中。福柯与存在主义也注定要发生冲突。萨特的"自为的存在"赋予"自在的存在"意义,认为世界万物的意义都是由人、意识、反思前的我思赋予的。对萨特而言,人(或意识)既是意义的读解者,又是意义的操作者和实践者。

从康德直至现象学和存在主义的人类学或意识哲学幻想在有限之上构建出无限,把有限当作无限来加以把握,把有限毫无限制地上升为无限了。人类学主义贯穿于整个现代西方意识哲学之中,其中在现象学和存在主义中更是根深蒂固。现时代的人,作为生活着、劳动着和讲着话的存在,就是有限的,因为人受制于劳动、生命和语言,人的具体存在的规定性体现在它们之中。然而,现时代的意识哲学看不到这一点,硬是把人的有限性遮掩起来了,故意或无意地把有限的人当作谈论一切问题的基础;硬是把无限的、绝对的、创造者的角色归之于有限的人,让有限的人不堪重负、膨胀欲裂;硬是在抛弃了真正的无限之后,还乐观地梦想着进行一次从有限到无限的跃迁。为此,福柯的《词与物》要表明在 18 世纪末和 19 世纪初人是由哪些部件和片断组成的,要恢复并维护人在现时代具有的有限性及有限的身份、地位、作用,把人从无限拉回到有限。福柯批判近现代意识哲学使本是"实"的人的有限性"虚"掉了。从福柯所描述的人诞生、发展和消失的过程可得知:人本来就是"实"的,因为人一经诞生就是生存着的、劳动着的和讲着话的存在,人一经存在就是"实"的。我们不能说是福柯让人"实"起来和更加"实"起来,因为人从不存在、存在到消亡这整个过程都是知识型转换所使然,是由考古学突变导致的知识布局发生变化的结果,人的科学的发展最终导致人的消失,而非福柯刻意为之的。

在反对自笛卡尔以来,在放弃寻求放之四海而皆准的永恒真理上,尤其是反对自康德以来 200 多年的传统先验哲学上,福柯的"人之死"与尼采的"上帝之死"是血脉相连的,福柯认为"尼采质疑了笛卡尔和康德含义上的主体的至上性,或确切地说主体的特权,质疑了作为意识的主体的至上性或特权"(Michel Foucault, "Les problèmes de la culture, un débat Foucault-Preti", 1972, *Dits et écrits*, II, 1970-1975, Éditions Gallimard, Paris, 1994, p. 372)。

由于福柯坚持认为认识功能的结构、规则是出现在历史进程中的，不同的主体是处于历史进程中的，所以，从笛卡尔、康德、胡塞尔、直至萨特和梅洛-庞蒂，尤其是从 17 直至 20 世纪的绝大多数西方哲学家就都武断地把主体与意识等同起来了。这样，在福柯眼里，西方哲学从笛卡尔开始就误入了歧途。

在西方哲学史上，"上帝之死"这个观念经历了不同的发展阶段，在黑格尔、费尔巴哈和尼采那里具有不同含义。福柯指出，在黑格尔那里，"上帝之死"指的是"大写的理性占据了上帝的位置，人类精神逐渐实现了自身"；在费尔巴哈那里，"上帝之死"指的是人清除了使人异化的上帝的虚幻，人意识到了其自由；但到尼采那里情形就有所不同了，尼采的"上帝之死"意味着形而上学的终结，人杀死了上帝，但大写的人并未占据这个仍然空闲着的位置，我们都是末人，只有超人在同时超越着上帝的缺场和人的缺场（Michel Foucault, "Qu'est-ce qu'un Philosophe?", 1966, *Dits et écrits*，I, 1954 - 1969, éditions Gallimard, Paris, 1994, p. 553）。尼采第一个奋起攻击把主体与意识等同起来的先验哲学，第一个与非常稳固的和持久的西方哲学传统进行彻底的决裂。福柯同尼采一样拒绝在先验层面上把主体与思维的我等同起来。福柯并不把"人之死"看作"上帝之死"，而是看作"主体之死，大写的主体之死，作为知识、自由、语言和历史的源头和基础的主体之死"。"尼采表明上帝之死不是人之出现，而是人之消失，人与上帝有着奇特的亲缘关系，因为人与上帝同时是孪生兄弟和互为父子关系：上帝死了，人不能不同时消失。"（Michel Foucault, "Foucault, le philosophe, est en train de parler. Pensez", 1973, *Dits et écrits*，II, 1970 - 1975, éditions Gallimard, Paris, 1994, pp. 423 - 424）上帝死了，人也将死去，因为超人的前景就预示着人逼近死亡了。福柯欣赏尼采在不预设认识主体存在的前提下，用一种话语类型对主体本身的构成作了历史分析，欣赏尼采否认认识与认识对象之间存在着由上帝确保的和谐统一，欣赏尼采因看到认识与本能之间存在着的决裂、奴役和权力关系，而进而否认上帝的存在、统一的和至高无上的主体的存在,欣赏尼采把知识与权力结合起来考察。这样,在福柯眼里,尼采就第一个开始把西方哲学从人类学沉睡中唤醒了,尼采为以后哲学的发展指明了道路,提出了继续努力的使命,于是,当代哲学在此基础上就可继续思考了。

《词与物》所讲的人之生死命运,主要是发生在19世纪的西方知识史的场景,主要是生物学、语言学、政治经济学这三大人的科学所共同经历的事件。这样的"人之死",并没有让福柯感到什么特别激动,因为这不是上帝之死,而是主体之死,大写的主体之死,作为知识、自由、语言和历史的源头和基础的主体之死。就西方思想和真理都诉诸意识、自我、主体而言,福柯期待一个新世界诞生于大写主体轰然倒下的轰鸣声中,诞生于话语实践摆脱了对大写主体的屈从而获得的具体性、特殊性和真实性。我们在新的世界中会遇到新的主体:主体不再是一个,而是分裂为多个,主体不再是至高无上的,而是有所依赖的,主体不再是绝对起源,而是可不停改变的功能。

## 结构主义?

虽然结构主义在反对意识主体、处理共时性与历时性、结构与历史之间关系问题上有其鲜明特色,但我们并不能推论说:凡是反主体哲学、强调历史间断性的人都是结构主义者。批评结构主义的人们会认为福柯与列维-斯特劳斯、拉康、阿尔都塞之间有共同观点,即都质疑人类主体、人类意识、人类生存的重要性,而福柯认为自己与列维-斯特劳斯、拉康、阿尔都塞有所不同,甚至他们每个人都会宣称自己与其他三个人之间没有任何内在的共同之处。在福柯看来,这种对人类主体、意识和生存的排斥大体上以否定的方式刻画了那个时代研究的普遍特征。结构主义以肯定的方式特别探索了无意识,澄清了语言、文学作品、认识的无意识结构。结构主义根本上探究无所不在的逻辑结构,关注大量属于一种语言、一个意识形态(如在阿尔都塞的分析中)、一个社会(如在列维-斯特劳斯那里)或不同认识领域中的要素之间的逻辑相关性。福柯本人也像同时代人那样探寻这些逻辑相关性,但强调结构主义是一个对其他人存在的范畴,人们正是从外部才能说诸如此类的人是结构主义者。

在拒斥人类学话语和主体的缺场这两点上,福柯的考古学与结构分析是很相似的。就福柯质疑主体地位而言,能否把福柯视为结构主义者呢?我们来看福柯自己的答复:结构主义实际上包含在人文科学知识的重大转型内部,这个转型的顶点,如其说是结构分析,还不如说是质疑人类学地位、主体的地位,人的特权。福柯的方法同结构主义一样也包含在这个转型的范围内—在结构主义的旁边,而非结构主义中。结构主义一开始就限定了方法规则以及人们为应用这些规则而所处的层面,但结构主义的应用领域却从未被先天地限定,人们很可能可以在暂时完全没有被预见的那些领域中从事结构分析。

主体观与历史观密切相关,结构主义批判意识哲学的主体观及其相应的历史观。福柯认为结构主义攻击的不是历史学家,而是某种历史主义。结构分析使某些传统思想家感到恐惧,这并不是因为结构主义者们分析了相同要素之间的形式关系,而是因为结构主义者们质疑了主体的地位。福柯诘问:如果语言或无意识真的能依据结构而得到分析,那么,这个著名的讲话主体(他使得语言运作,讲语言,转换语言,使语言存活)又是什么呢!被认为有无意识、能意识和负责这个无意识并使无意识的命运成为历史这样的人就是什么呢!结构主义之所以激怒这些传统思想家们就是因为他们质疑了主体的优先地位(Michel Foucault, "Michel Foucault explique son dernier livre", 1969, *Dits et écrits*, I, 1954 - 1969, Éditions Gallimard, Paris, 1994, p. 773)。他们坚持认为具有间断性特征的结构分析不能说明由主体形成的、产生于连续性的生成,坚信有一个绝对的历史主体开启并确保了历史的连续性,而结构分析只能在这个受制于人的统治的历史连续性的历时性领域中占据一席之地。福柯始终要表明:历史、知识史根本不遵从与意识相同的模式;知识的时间或话语的时间根本不像实际时间那样被组织或处理,而是呈现出种种间断性和特殊的转换;分析认识史,无需通过主体,通过作为主体的人。马克思、尼采和弗洛伊德早已着手拒绝依据先验意识来从事解释工作。显然,我们总不能因为马克思、尼采和弗洛伊德反对自笛卡尔以来的主体哲学而称其为结构主义者吧?应该很少有人会相信在19世纪中叶著书立说的马克思已经是一位结构主义者了。

批判先验主体的奠基作用和构造作用,这在福柯看来是非常重要的。因为倡导历史连续性、进步甚至解放等总体历史观的历史主义就是事先假定了先验主体的这个作用,因为连续的、不中断的历史是与意识的统治权形影相随的。如同《知识考古学》所总结的,把历史分析变成连续性的话语,把人类意识变成任何生成和任何实践的原初主体,这是同一个思想体系的两个方面。因而,福柯批判基于西方大写的理性之上的"真理目的论"和"理性因果链条说",批判观念史所谓的"起源说"、"连续说"和"总体化"。福柯在《词与物》中发掘历史的间断性的可能性,就是为了抑止主体的先验构造和奠基作用,表明知识史和思想史的展开是无先验主体的,是匿名的,是无身份的。间断性是指这样一个事实,即"有时候,在几年之内,一种文化不再像它以前所想的那样思考了,而开始思考其他事物,并且以不同的方式思考"(Michel Foucault, *Les Mots et les choses*, Éditions Gallimard, Paris, 1966, p. 64)。福柯发掘间断性、断裂、界线、裂口、个体性、力量关系等,主要都是为了杀死把人类意识看作一切生成和一切实践的原初主体这样的传统哲学家的大写的历史的神话。在这方面,福柯毫不犹豫地站在康德、黑格尔、马克思、哥德曼、卢卡奇、狄尔泰、19世纪的黑格尔主义者们、霍克海默、萨特等人的对立面。

福柯欣赏尼采的"谱系学"或"真实的历史"。因为它能区分、分离和分散事物,能释放歧异性和边缘因素,能让间断性在主体身上穿行和涌现,它所依据的是充满着机缘的力量关系的逆转和权力的侵占,所强调的是界限、断裂、个体化、起伏、变化、转换、差距,所突显的是无先验主体的、分散的、散乱的、非中心的、充满着偶然性的多样化空间。哈贝马斯曾形象地解读福柯所发掘的"真实的历史":它是一座由任意的话语形式构成的移动着的冰山,这些话语形式前后涌动、上下起伏,不停地变化和重组,而无连续性。

《词与物》写作和出版的年代恰逢结构主义盛行的时期。鉴于人们通常把福柯视为结构主义者,把福柯与列维-斯特劳斯、阿尔都塞、拉康、巴尔特一起归入结构主义阵营,而福柯不仅心不甘情不愿,还满脸无辜、理直气壮地加以否认。《词与物》究竟是不是一部结构主义著作? 福柯是否是结构主义者呢? 通过读解福柯的论著、访谈,结合福柯的辩白,笔者认为答案确实是否定的。

的确,在否认胡塞尔所谓"意义"无处不在的观点而致力于分析意义得以产生的种种形式条件上,在否认萨特规定的由人解读和操作的意义,转而强调系统的重要性这件事上,在消除人的被扭曲的传统形象,转而强调事物间的关系这件事上,福柯是受到列维-斯特劳斯、拉康和杜梅泽尔等人的影响。福柯的"癫狂考古学"和"临床眼光考古学"要表明,在一个社会内部被直接体验到的那些意指如何能显现为对构成一个科学对象来说是一些充分条件。福柯把某些形式条件组合在一起,以使得癫狂和精神疾病不再拥有直接的意指,而成为一种理性知识的对象。这涉及到意义与科学对象之间的"中断",即一个对象出现在意义上下文中所需的种种形式条件(Michel Foucault, "Qui êtes-vous, professeur Foucault?", 1967, *Dits et écrits*, I, 1954 - 1969, Éditions Gallimard, Paris, 1994, p. 602)。但与 20 世纪 60 年代其他人有所不同,福柯关注的是意义因对象的构成而得以消失的方式。正是在这个程度上,福柯不能被看作类似于结构主义者。福柯并不从事结构主义,他关注的是意义因客体的构成而消失的方式。"恰恰是在这个程度上,我不能被归于'结构主义'。结构主义提出了意义得以出现的形式条件问题,出发点是把语言当作优先的范例,语言是一个要加以分析的特别复杂和丰富的对象。但同时,语言可用作范型来分析其他意指(并不恰恰是语言种类的或口头的)的出现。然而,从这个观点看,人们不能说我在从事结构主义,因为我既不关注意义,也不关注意义得以出现的条件,而是关注意义改变或中止的条件,关注意义消失而使其他东西出现的条件(ibid.,p.603)"。如果说结构主义关注的是意义在语言中的显现,话语的意指方式,那么,福柯感兴趣的则是话语在特定文化内部运作的方式,福柯探讨的问题就不同于结构主义的问题了。福柯是这样指出了自己与结构主义的双重关系:"我设法做的,就是把结构主义风格的分析引入到其直至目前尚未到过的领域中去,即观念史、认识史、理论史的领域中去。在这个程度上,我就依据结构来分析结构主义本身的诞生。在这个程度上,我与结构主义既保持距离,又有重叠。说有距离,这是因为我谈论结构主义,而不直接对它进行实践,说有重叠,是因为如不谈论其语言我就不想谈论它。"(Michel Foucault,"La philosophie structuraliste permet de diagnostiquer ce qu'est 'aujourd'hui'",1967,*Dits et écrits*,I,1954-1969,Éditions Gallimard,1994,p.583)

在1969年,福柯宣称考古学描述的方法和概念不可能混同于结构主义,考古学并未把结构主义引入历史领域。因为在福柯看来,"当务之急是要把思想史从对超验的屈从中解放出来",而"不是把在语言领域内已得到证明的范畴运用到知识的发展或科学的产生中去,来使思想史结构主义化"(Michel Foucault,*L'Archéologie du savoir*,Éditions Gallimard,Paris,1969,p.264)。在同一年就《知识考古学》所作的一次访谈中,福柯则从人文科学知识的重大转型内部来考察自己与结构主义的关系,认为这个转型的顶点,与其说是结构分析,还不如说是质疑人类学地位、主体的地位,人的特权。应该说,福柯讲的是实话。

到1970年,面对别人的固执和偏见,福柯干脆说"在法国,某些'评论家'固执己见地给他贴上'结构主义'的标签。我不能成功地让他们狭隘的头脑记住,我根本没有使用能显示出结构分析特征的方法、概念或关键词"(Michel Foucault,"Préface à l'édition anglaise",1970,*Dits et écrits*,II,1970-1975,Éditions Gallimard,

Paris，1994，p. 13）。在 1971 年的一封信中，福柯断定自己在任何时候都从来没有使用结构分析特有的方法，自己从未自称是结构主义者。在同一年，答复 G. 斯泰纳的指控时，福柯又声明自己并不像列维-斯特劳斯那样谈论经济结构，而是谈论货币理论，也不像他那样谈论语法结构，而是谈论语言理论，尤其也不谈论亲属关系或婚姻规则（Michel Foucault，"Foucault répond"，1971，*Dits et écrits*，II，1970 - 1975，Éditions Gallimard，Paris，1994，p. 239）。1972 年与佩蒂在讨论时，福柯又谈到了这个问题，再次断言自己绝对不是结构主义者，认为自己虽好几次提到结构概念，但从未使用它。"提及"与"使用"应该是不同的。在 1974 年，福柯又说，"无论是德勒兹、利奥塔、葛达利，还是我自己，都从未进行结构分析，我们绝对不是'结构主义者'"（Michel Foucault，"La vérité et les formes juridiques"，1974，*Dits et écrits*，II，1970 - 1975，Éditions Gallimard，Paris，1994，p. 554）。他们只是想方设法使西方文化历史上迄今仍"隐藏得最深、最隐秘和包裹得最深的东西"，即权力关系显形。在 1976 年，福柯强烈抗议皮亚杰等人靠谎言把他当作形式主义结构主义的先驱之一，断言《词与物》中找不出"结构主义者"这个词（Michel Foucault，"Michel Foucault，l'illégalisme et l'art de punir"，1976，*Dits et écrits*，III，1976 - 1979，Éditions Gallimard，Paris，1994，p. 89）。在 1977 年和 1981 年，福柯坦认没有人比他更加是反结构主义的了，并考虑为《词与物》取副标题"结构主义考古学"。真可谓是苦口婆心。

当然，判断福柯是否是结构主义者，并不能完全依据他自己所说的。我以为，福柯自己的话是可以相信的，《词与物》并非结构主义著作。主要理由：福柯确实如他自己所说的没有使用过具有结构主义特征的概念和方法；虽然《词与物》对语言作了反思，但这个反思与其说归因于索绪尔，还不如说归因于马拉美、布朗肖这样的文学批评家，主要是为了考察语言在西方文化中与人交替出现的存在形式；虽然《词与物》认为讲话的并不是有意识的人，而是无意识的词，但福柯是从外部来谈论结构和无意识的；虽然《词与物》整本书的框架是围绕西方文化史上的两大间断性组织起来的,但福柯只是为了在连续历史观与先验主体观猖獗的哲学传统中,让人们看到还有巨大的间断性存在着;《词与物》多次谈到能指、所指和意义,但福柯认为并不存在能指可以最终指称的先验所指,因而,"知识型"理论并不包含着符号学;《词与物》虽预告了"人之死",但这只是服务于福柯批判人类学主体主义这一目标,福柯是西方大写理性的无情批判者,而结构主义则对西方文化的深层危机避而不谈。福柯甚至于认为结构主义与现象学都处于现代知识型之内,都植根于人类学土壤之中。福柯是反对别人给他贴上各种各样的标签(无论是无政府主义者、左派分子,还是伪装的马克思主义者、虚无主义者、反马克思主义者,还是专家治国论者、新自由主义者等)的,让我们也不要称他为结构主义者,不要把《词与物》看作结构主义著作。

我们不能说《知识考古学》的"间断性"概念要比《词与物》的"知识型"概念更为重要。我们记忆犹新的是,当法国某本词典把福柯称作"一位把历史理论奠基于间断性的哲学家"时,福柯感到目瞪口呆。因为福柯并不想高呼"间断性万岁",而只是想知道为何在某些时候,在像生物学、政治经济学、精神病学和医学等的经验知识中,会发生与人们通常具有的平静的和连续的景象不同的突然中断、加速的发展和转型(Michel Foucault, "Entretien avec Michel Foucault", 1977, *Dits et écrits*, III, 1976 - 1979, Éditions Gallimard, 1994, p. 143)。间断性只是处于不同知识型之间的分水岭,而非西方知识发展过程中的里程碑。福柯在《词与物》中明确说过,间断性只是思考方式发生突然终止和改变这样的事实。

福柯与主体哲学的关系是很重要的论题。主体问题是福柯毕生关注的,研究主体如何在知识、权力的真相游戏中得以构建、被构成,也就是研究不同于先验主体哲学的话语哲学,从事的是如同布朗肖所说的"外部的思想"。从康德以来,哲学成了人类学,19世纪成了"人"的世纪。

记得2014年1月的某一天当我站在法兰西学院福柯广场前瞻

仰这座神圣学术殿堂时，我想得最多的还是，福柯思想之所以能在全世界产生如此广泛、深入的持久影响，主要是因为他与尼采一样对当下的文化、文化的当下作出了深刻的诊断。永恒哲学的时代已经一去不复返，总体性哲学也早已是明日黄花了。当今哲学已经体现在人类各种各样的具体活动之中了。肇始于19世纪的哲学之非哲学化趋势在21世纪尤为势不可挡。

*

《词与物》于1966年在巴黎出版后引起轰动，1971年有英文版，2002年出中文版。初版中有些译法需要进一步提炼、完善，有些词语需要统一，一些纰漏需要纠正。经有关学者、读者和编辑的建议，经过一年多的修订工作，译者在福柯逝世30周年之际完成了《词与物》中文版的修订稿，权当是译者对福柯的一份真诚纪念。为了便于确切理解原文，译者还在不少地方参考了英译本的译法。不仅中西语言之间，而且即使不同西语之间也存在语词、概念含义之间的不一致性，因此，译者通常难以找到一个相应的确切的汉语词来翻译法语词。尤其是西语词、法语词往往是一词多义，作家们常常用一词来同时表达多个含义，而汉词往往不能确切地履行相同的表达功能，这就为翻译带来了实实在在的困难。译者通常只能选取某个相对合适的汉字、汉词语来勉强翻译西语词、法语词所包含的多义中的其中一个主要意义。鉴于此，笔者总是认为我们没必要太过较真地纠缠于某个外文语词应该翻译成哪个汉语词，尤其是某个德语、法语哲学概念应该翻译成哪个汉语词。因为无论哪种译法都不够全面、精确。

在本书翻译、修订过程中遇到的一些拉丁文和主要概念，得到巴黎高师资深教授、哲学系前主任、欧洲科学院成员Claude Imbert教授的耐心指点和帮助，在此表示衷心感谢。也要感谢巴黎高师、法兰西学院、法国国家科研中心三方共建的"文化变迁与传播重点研究所"（Labex TransferS）的邀请和资助，使得译者能在巴黎从事为其一个月的修订工作。本书翻译出版、修订能顺利完成，要归功于责任编辑倪为国、黄韬两位先生前后付出的辛勤工作和组织策划，归功于法国伽利玛尔出版社版权处 Anne Delmas 女士的大力支持。也要感谢博士生邓影对中文稿的校验。

《词与物》作为"人文科学的考古学"，论及绘画、博物学或自然史和生物学、普通语法和语言学、财富分析和政治经济学等学科的背景知识，处理哲学、文学、史学、人类学、精神分析等重要理论问题，译者知识有限，能力有限，纰漏之处，在所难免，实望读者批评、指正。

1995 年 8 月—1998 年 6 月完稿于复旦中心村
2000 年 3 月—5 月校稿于巴黎高师
2001 年 11 月定稿于复旦中心村
2014 年 1 月修订于巴黎大学城
2014 年 8 月修订定稿于复旦光华楼

# 前　　言

　　本书诞生于博尔赫斯(Borges)的一个文本。本书诞生于阅读这个段落时发出的笑声,这种笑声动摇了思想、我们的思想所有熟悉的东西,这种思想具有我们的时代和我们的地理的特征。这种笑声动摇了我们用来安顿大量存在物的所有秩序井然的表面和所有的平面,并且将长时间地动摇并让我们担忧我们关于同(le Même)与异(l'Autre)的上千年实践经验。这个文本引用了"某部中国百科全书",这部百科全书写道:"动物可以划分为:a.属皇帝所有,b.进行防腐处理,c.驯顺的,d.乳猪,e.鳗螈,f.传说中的,g.流浪狗,h.包括在目前分类中的,i.发疯似的烦躁不安的,j.数不清的,k.浑身绘有十分精致的骆驼毛,l.等等,m.刚刚打破水罐的,n.远看像苍蝇的。"在这个令人惊奇的分类中,我们突然间理解的东西,通过寓言向我们表明为另一种思想具有的异乎寻常魅力的东西,就是我们自己的思想的界限,即我们完全不可能那样去思考。

　　那么,不可能思考的东西是什么呢?我们在这里涉及到的是哪种不可能性呢?这些奇异标题中的每一个我们都可给予确切的意义和可表明的内容;某些标题确实包含稀奇古怪的生物:传说中的动物或鳗螈,但是,恰恰是因为把这些东西置入它们各自的位置之内,这部中国百科全书才能定位它们的传染力;它谨小慎微地把十分真实的动物(那些发疯的动物,或刚打破水罐的动物)与那些只存在于想象中的动物区分开来了。危险性的混淆得到了防止,讽刺诗和寓言又回到了它们自己的圣地;没有不可思议的两栖动物,没有有爪的翅膀,没有令人作呕的有鳞的皮肤,没有那些变化多端的恶魔般的脸面,没有火焰的气味。这里的怪物并不改变任何真身,也不改变想象的动物寓言;怪物并不潜藏在任何奇异力量的深处。要是它不暗中潜入这一把所有存在动物都相互分离开来的空洞的空间和间隙式空地中,那么,它甚至于根本不会出现在这一分类中。不可能的并不是"传说中的"动物,因为它们就是这样被规定的,而是它们依据狭小的距离才与流浪狗或从远处看像苍蝇的动物并置在一起。侵越任何想象和任何可能思想的,仅仅是把所有这些其他范畴相互联系在一起的那个英文字母系列(a,b,c,d)。

而且,我们在此涉及的并不是不同寻常的相遇的古怪性。我们都熟悉两个极端不同的东西一旦接近会产生的令人窘困的结果,或者直说,我们都熟知几个互不相干的东西突然靠近会产生的困惑;让这些东西碰撞在一起的这个纯粹的列举活动独独具有它自己的魅力:厄斯泰纳(Eusthènes)说:"我不再感到饥饿,对这整天来说,以下所有东西都将与我的唾液无染:毒蛇、两头蛇、棘头虫、变形细胞、菊石、美西螈、阿皮那斯(Apinaos)、蚜狮、蟒蛇、蛔虫、蚓蜥属、蚯蚓、端足目动物、厌氧微生物、环节动物、珊瑚虫……"但是,所有这些昆虫和毒蛇,所有这些都充满着腐烂和黏液的生物,同命名了它们的音节一样,都在厄斯泰纳唾液中滑行:这就是它们全都拥有共同场所的地方,类似于雨伞和缝纫机在手术台上一样;它们之间的邻近可能是令人惊奇的,但是,正是那个"与"(et),那个"在……中"(en),那个"在……上"(sur),它们的协同性和明证性才保证了并置在一起的可能性。蜘蛛网的动物、菊石以及环节动物确实不可能某一天会在厄斯泰纳牙齿下混在一起,但是,毕竟,这张来者不拒的贪得无厌的嘴确实为它们提供了一个它们可以在下面共存的住所和庇护。

相反,贯穿于博尔赫斯的列举中的怪物是在于事实即:使得这种相遇成为可能的那个共同空间本身已经被破坏了。不可能的,并不是那些东西的邻近性,而是它们能据以相互邻近那个场所本身。除了在宣明其列举的那个无形的声音中,或者在记录这种声音'的纸上,"i.发疯似的烦躁不安的,j.数不清的,k.浑身绘有十分精致的骆驼毛"的这些动物还能在其他什么地方相遇呢？除了在语言的非场所(le non-lieu),它们还能在其他什么地方并置在一起呢？然而,语言在部署它们时,却只打开了一个不可思议的空间。"包含在目前分类中的",这个主要的动物范畴,通过明确地关涉到我们所熟知的悖论,充分表明了:我们从未能成功地限定每一个这样的范畴与包含了所有这些范畴的那个东西之间的一种包容和被包容的稳定关系:假如在此得以分类的所有动物都能被毫无例外地置于这个分布情形中的一个之中,那么,难道所有其他的动物就并不在这个分布之中吗？再者,这一分布又处于哪个空间中呢？因在所列举的事物将要被分类的那个地方使得"在……之内"(en)成为不可能,荒谬性就破坏了这个列举的"和"(et)。博尔赫斯并没有为有关不可能之物的图表集添加任何图表;他在任何地方都没有撞击出事物诗意般相遇的火花;他只是回避了必然性中最不引人注目却最为坚决的东西;他躲避了事物有可能在其上并置起来的那个场所和沉默的基础。被我们的英文字母之顺序系列掩盖起来的或者不如说可笑地表明的那个消失,将被视作中国百科全书的列举的指导线索(并且是唯一看得见的线索)……总之,被撤销的是著名的"手术台";还给鲁塞尔(Roussel)少量他应得的东西,我在两个重叠的意义上使用"台"(table)这个字:一是镀着镍、似橡胶的台子被白色包围着,并在无影灯下闪闪发光,而雨伞和缝纫机,一会儿也许永远,在这张台子上相遇;另一种含义指的是"图表"(tableau),它使得思想去作用于存在物,使它们秩序井然,对它们分门别类,依据那些规定了它们的相似性和差异性的名字把它们组集在一起,在这张图表上,语言从时间的深处与空间交织在一起。

尽管不是没有某种挥之难去的尴尬,但是,博尔赫斯的这个段落却让我大笑了好长时间。也许是因为接着产生了疑虑:存在着一种要比不相适的东西和不适合的东西的联结更糟的无序;这里的无序,我指的是,大量可能的秩序的片断都在不规则事物

(l'hétéroclite)之毫无规律的和不具几何学的维度中闪烁；我们应该取"不规则事物"这个词语最具词源学上的意义：事物被如此相互不同地"停放"、"安置"和"排列"在场所中，以至于不可能为它们找到一个接待区，不可能在它们的下面限定一个共同的场所。乌托邦（Les utopies）提供了安慰：尽管它们没有真正的所在地，但是，还是存在着一个它们可以在其中展露自身的奇异的、平静的区域；它们开发了拥有康庄大道和优美花园的城市，展现了生活轻松自如的国家，虽然通向这些城市和国家的道路是虚幻的。异托邦（les hétérotopies）是扰乱人心的，可能是因为它们秘密地损害了语言，是因为它们阻碍了命名这和那，是因为它们粉碎或混淆了通用名词，是因为它们事先摧毁了"句法"，不仅有我们用以构建句子的句法，而且还有促使词（les mots）与物（les choses）"结成一体"（一个接着另一个地，还有相互对立地）的不太明显的句法。这就是为什么乌托邦允许寓言和话语：因为乌托邦是处于语言的经纬方向的，并且是处在寓言（la fabula）的基本维度内的；而异托邦（诸如我们通常在博尔赫斯那里发现的那些异托邦）则使言语枯竭，使词停滞于自身，并质疑语法自起源始的任何可能性；异托邦揭开了我们的神话，并使我们的语句的抒情性枯燥无味。

似乎，某些失语症患者不能以连贯一致的方式对有人放在台面上的几绞彩色羊毛线进行分类；似乎这个单调的长方形不能充当物据以在其中既展露其同一性和差异性的连续秩序，又显明其名称的语义学领域这样的同质的和中立的空间。在物被正常整理并被赋予名称的这一单调的空间中，失语症患者会开创大量狭小的成块和零碎的区域，在这些区域内，没有名称的相似性把物凝聚成不连贯的孤岛；在一个角落，他们会置放最为明亮的羊毛线，在另一个角落则置放红的羊毛线，在其他什么地方安放些质地蓬松的羊毛线，而把最长的，或紫色的，或卷成线团的那几绞羊毛放在另外的地方。但是，所有这些编组一被勾画出来就又土崩瓦解了，因为支撑它们的同一性领域无论有多狭窄，但还是太宽广，以至于是不稳定的；病人就无止境地作出编组，又解散编组，堆积不同的相

4

似性,破坏那些看上去最清楚的编组,分散相同的事物,重叠不同的标准,烦躁不已,重新开始,惶惑不安并最终到了焦虑的边缘。

当我们读解博尔赫斯时让我们发笑的那种局促不安,可能相关于那些其语言已被摧毁的人们的深深的苦恼:已丧失了场所和名称之"共有"(commun)。因此,就有了失所症(atopie)和失语症。然而,博尔赫斯的文本却是在另一个方向上展开的;阻碍我们加以思考的这个扭曲分类,这个缺乏连贯空间的图表,博尔赫斯赋予它们一个确切区域作为它们的神秘家园,仅仅这个区域的名称就为西方人构建了一个巨大的乌托邦储藏地。在我们的梦境中,难道中国不恰恰是这一优先的空间场所吗?对我们的想象系统来说,中国文化是最谨小慎微的,最为层级分明的,最最无视时间的事件,但又最喜爱空间的纯粹展开;我们把它视为一种永恒苍天下面的堤坝文明;我们看到它在四周有围墙的大陆的整个表面上散播和凝固。即使它的书写文字也不是以水平的方式复制声音的飞逝;它以垂直的方式树立了物本身之静止的但仍可辨认的意象。这样,被博尔赫斯引用的中国百科全书以及它所提出的分类法,导致了一种没有空间的思想,没有家园(feu)①和场所的词与范畴,但又从根本上基于庄重的空间,这个空间全部超载了复杂的画像、紊乱的路径、奇异的场所、秘密的通道和出乎意料的交往;于是,在我们居住的地球的另一端,似乎存在着一种完全致力于疆域的有序(l'ordonnance de l'étendue)的文化,但这种文化并不在任何使我们有可能命名、讲话和思考的场所中去分布大量的存在物。

当我们确立起一个考虑周备的分类时,当我们说猫和狗之间的相似比不上两条猎兔狗之间的相似时,即使猫和狗都是驯顺的和经过防腐处理的,即使它们都是发疯似的急躁不安,即使它们都刚打破了水罐,那么,我们借以能完全确切地确立这一分类的基础是什么呢?在什么"图表"上,依据什么样的同一性、相似性和类似性

---

① "le feu",在法语中,原意为"火"、"开火"、"光辉"等,在这里应取其引申义"家"。1970 年的英译本把它译为"生命"(life)是不恰当的。——译注

的空间,我们习惯于分拣出如此多的不同的和相似的物?人们不久就会明白,这种连贯性既不是由一种先天必然的关联所决定的,也不是由直接可感知的内容强加于我们的;那么,这种连贯性是什么呢?因为这并不是要把结果联系起来,而是要对具体内容作编组和隔离、分析、调整和榫合;没有比在物中确立一个秩序更具探索性、更具经验性了(至少在表面上是如此);更需要一双开放的眼睛或一种更确信和更抑扬顿挫的语言;更坚决地要求一个人要允许自己被性质和形式的激增所摆布。可是,尚未有意识地做好准备的眼光会把某些相似的画像编在一个组,并出于这种或那种差异的原因而把这些画像与其他画像区分开来:事实上,即使对最素朴的经验来说,任何相似性和区分都是一个确切操作的结果,都是应用一个初步标准的结果。一个"要素系统"(对种种相似性和差异性能出现于其上的那些部分进行限定,这些部分借以能受影响的种种变换类型,以及最后,在其上会有差异性,在其下会有相似性的那个界限),对确立起最简单的秩序也是不可或缺的。秩序既是作为物的内在规律、作为物在某种程度上据以相互凝视的隐蔽网络而在物中被给定的,又只是通过注视(regard)、检验和语言的网络而存在;仅仅是在这一网络的那些空格中,秩序才深深地宣明自己,似乎它早已在那里了,默默等待着自己被陈述的那一刻。

一种文化的那些基本代码(那些支配其语言、知觉框架、交流、技艺、价值、实践层级的代码),从一开就为每个人确定了种种经验秩序,这些经验秩序是他将要处理的并且他发现自己身处其中。而在思想的另一端,诸科学理论或哲学解释阐明了为什么一般来说存在着秩序,秩序遵从哪个一般规律,哪个原则能说明它,为何是这个秩序,而不是其他秩序被确立起来了。但是在这两个如此遥远的区域间还存在一个区域,虽然该区域的主要作用是中介,但它仍是一个基本区域:它较为模糊、暗淡,且可能不易分析。正是在这里,一种文化因不知不觉地偏离了由其基本代码为其规定好的种种经验秩序,并确立起与那些经验秩序的原初距离,才使这些秩序丧失了它们的初始的透明性,才不再被动地任由它们穿越,才放弃了自己即时的但不可见的力量，充分放任自己以确认这些秩序也许不是唯一可能的或最好的秩序；于是这种文化就面对着一个原始事实：在其自发的秩序下面，存在着其本身可以变得有序并且属于某个沉默秩序的物，简言之，存在着秩序。似乎通过部分地把自身从其语言的、知觉的和实际的网络中解放出来，这种文化就在它们上面叠加了另一种网络，后者中和了前者，并通过这种叠加，同时既揭露又排斥了前者；这种文化同时就发现了秩序的原始存在。正是以这个秩序为名，有关语言、知觉和实践的那些代码才得到了批评，并且部分地变得失效了。有关物之序以及这种秩序所诉请的解释的一般理论，都将在这个被视作确实基础的秩序上构建起来。这样，在早已被编码的注视与反省性认识之间就存在着一个释放秩序本身之存在的中间地带：正是在这里，这个秩序依据诸文化和诸年代而显得是连续的和分级的或间断的和零碎的，与空间相联系并在每一瞬间被时间驱力所构建，相关于一张诸可变物的图表或为分离的连贯系统所限定，由逐渐相续的或者相互映照着的诸相似性所组成，并在日益增多的差异性周围组织起来等等。于是，就其宣明了秩序的存在方式而言，这一"中间"地带可呈现为是最基本的区域：它先于词、知觉和姿态，于是，这三者被视作或多或少精确地，或多或少幸运地表达了它（这就是为什么这一秩序经验就其初始的和厚实的存在而言，总是起着批判作用）；它比那些设法赋予这些表述以明确形式、详尽应用或哲学基础的理论更为坚实、更为古老、更不可疑并且总是更为"真实"。这样，在对人们也许称之为计算代码（les codes ordinateurs）的使用与对秩序进行反省之间的整个文化中，就存在着秩序的纯粹经验和秩序存在方式的纯粹经验。

　　在这里的研究中，我们设法分析的正是这种经验。我是要表明从 16 世纪以降，这种经验在像我们这样的文化中能发展成为什么：如同人们反向追踪的，以何种方式，语言曾得到了那般谈论，自然物得到了那般设想和组集，交换得到了那般实施；于是，以何种方式，我们的文化表明了秩序的存在，以及交换的法则，生物的规律性、词的序列和表象价值又如何归因于这个秩序的形态;为了构成在语法和语文学、在自然史和生物学、在财富研究和政治经济学中所部署的那种实证的认识基础,什么样的秩序形态曾经被确认、设定并与时空联系在一起。人们看到这样的分析并不属于观念史或科学史:还不如说它是一种探究,旨在重新发现诸认识(connaissances)和理论在何种基础上才是可能的;知识(le savoir)依据哪个秩序空间被构建起来;在何种历史先天性(*a priori historique*)基础上,在何种实证性要素中,观念得以呈现,科学得以确立,经验得以在哲学中被反思,合理性得以塑成并且以便也许以后不久就消失。因此,我将并不涉及今日的科学最终在其中得以确认的向客观性迈进的那些被描述的认识;我设法阐明的是认识论领域,是知识型(l'épistémè),那些撇开了任何参照其理性价值或客观形式的标准而被思考的认识都在该知识型中奠基了自己的实证性,并由此宣明了一种历史,这并不是这些知识日益完善的历史,而是其可能性状况的历史;在此叙事中,应该显现的是在知识空间(l'espace du savoir)内那些产生了经验认识之各种形式的构型(les configurations)。这个叙事与其说是一种传统意义上的历史,还不如说是一种"考古学"(une archéologie)①。

不过,这个考古学探究已揭示了西方文化之知识型中的两个巨大的间断性(deux grandes discontinuités):第一个间断性开创了古典时代(大致在 17 世纪中叶),而第二个间断性则在 19 世纪初标志着我们的现代性的开始。我们正基于其上进行思考的那个秩序并不具有与古典思想家们所依据的秩序相同的存在方式。我们也许具有印象,即欧洲从文艺复兴直至我们当今时代,其理性(la ratio)的发展几乎从未中断;我们也许认为:林耐的分类,经或多或少的修正,大体上仍能继续具有一种有效性,孔狄亚克的价值理论在某种程度上仍能在 19 世纪的边际主义中被发现,凯恩斯充分意识到他自己的分析与康帝永(Cantillon)的分析之间存在着亲缘

---

① 由这一个"考古学"所提出的那些方法问题将在下一部书中加以考虑。

性，普通语法（la Grammaire générale）的意图［如同人们在波-鲁瓦
亚勒语法（Port-Royal）的作者们或博泽（Bauzée）中所发现的］并不
如此远离我们目前的语言学——但在观念和主题层面上的这整个
准连续性（quasi-continuité）可能只是一个表面的结果；在考古学层
面上，我们发现实证科学体系（le système des positivités）在 18 世纪
末和 19 世纪初已以巨大的方式发生了变化。这并不是因为理性
取得了任何进展；而是因为物的存在方式以及那个在对物作分类
时把物交付知识的秩序的存在方式发生了深刻的改变。如果图尔
内福（Tournefort）、林耐和布丰的自然史（l'histoire naturelle）能相关
于自身以外的其他什么的话，那并非相关于生物学，并非相关于居
维埃②的比较解剖学或达尔文的进化论，而是相关于博泽的普通语
法，相关于我们在劳（Law）或韦隆·德·福尔博耐（Véron de
Fortbonnais）或者杜尔哥（Turgot）那里发现的关于货币和财富的分
析。也许，诸认识成功地产生了自身，诸观念成功地改变了自身并
相互影响（但是，这是怎样进行的呢？历史学家们至今尚未向我们
说过这一点）；无论如何，有一件事是肯定的：考古学因致力于知识
的一般空间，致力于知识的构型以及在其中出现的物的存在方式，
考古学就限定了同时性（simultanéité）系统，如同限定了对划定一个
新实证性（une positivité nouvelle）的界限来说是必需的和充分的一
系列突变。

　　考古学分析还能表明，在整个古典时代，在表象（la
représentation）理论与语言理论、自然秩序理论、财富和价值理论之
间存在着连贯性。从 19 世纪以开始，完全发生变化的正是这一构
型；表象理论作为所有可能的秩序的普遍基础而消失了；语言作为
自发的图表、物的原初网格（quadrillage），作为表象与存在物之间
不可或缺的中间环节，也随之消失了；一种深刻的历史性渗入了物
的中心，它不仅依据物自己的连贯性把物抽离出来并加以限定，而
且还把由时间的连续性所蕴涵的秩序形式强加给物；对交换和货

---

②　或译为"居维叶"。——译注

9

币的分析让位给了对生产的研究，对有机体的分析优先于对分类学特性的探究；尤其是，语言丧失了其特权地位，并随之成了一种与自己过去的深度相一致的历史形象。但随着物愈来愈反省自身，物只在它们自己的生成变化中探寻其可理解性原则并且还放弃了表象的空间，人（l'homme）转而并且第一次进入了西方知识领域。奇怪的是，对人的认识在幼稚者的眼里是从苏格拉底以来最古老的研究了，人可能只是物之序中的某种裂缝（déchirure），或者，无论如何，也只是一个构型，其轮廓是由他近来在知识中所占据的新位置所确定的。由此产生了诸新人本主义的所有幻想，一种"人类学"所有唾手可得的锦囊妙计，这种人类学被视作对人所作的一半是实证、一半是哲学的普遍思考。然而，想到人只是一个近来的发明，一个尚未具有两个世纪的角色，一个人类知识中的简单褶痕（un simple pli），想到一旦人类知识发现一种新的形式，人就会消失时，就会令人鼓舞，并且深感安慰。

人们看到这种研究有点回应了先前撰写古典时代癫狂史的计划；它在时间上有相同的连接方式，把文艺复兴时期末当作出发点，也在19世纪初的转折点上遇到了我们至今总是未能走出的现代性的门槛。鉴于我在癫狂史中探询了一个文化能以何种方式以大规模和笼统的形式来设定作为其界限的差异，我在这里则要观察一个文化借以能体验物之邻近的方式，它借以能确立起物与物之间相似关系的图表以及物借以必须被考察的秩序的方式。总之，这里涉及到的是相似性（la ressemblance）的历史：在哪些条件下，古典思想能思考物与物之间的相似性关系或等同性关系，能思考那些为物的词、分类、交换体系提供基础和验证的关系？从何种历史先天性出发，人们才有可能限定独特的同一性的巨大棋盘（le grand damier），这个棋盘是在模糊的、不确定的、面目全非的和作为不偏不倚的差异性背景下确立起来的。癫狂史将是"异"（l'Autre）之历史，"异"对一个文化来说既是内在的又是外来的，并因此只通过禁闭［为了减少相异性（l'altérité）］而被排斥了（为了驱赶内在的危险）；而物的秩序的历史则将是"同"（le Même）之历史，"同"对一个文化来说既是分散的又是相关的,并因此被分门别类,被收集在诸同一性之中。

并且,如果有人想到,疾病是人体内乃至生命心脏处既无序又危险的相异性(altérité),又是具有它自己诸恒常性、相似性和类型的一个自然现象,那么,他就能发现一种医学眼光的考古学会有什么样的位置了。从"异"的界限-经验(l'expérience-limite)到医学知识的构成形式,从这些构成形式到物之序和"同"之思,提供给考古学分析的,是整个古典知识,或确切说,是把我们与古典思想分隔开来并构成我们的现代性的那个门槛。人们称之为人(l'homme)并已打开了人文科学专属空间的那个奇异的知识角色正是首次出现在这个门槛上。通过设法揭示西方文化的这种最深层的参差不齐,我把诸断裂、不稳定性、空隙归还给了我们沉寂的和天然静止的大地;在我们脚下再次显得不安的正是这个大地。

# 第一编

# 第一章　宫中侍女[①]

## 第一节

画家在他的画布前站得稍稍靠后一些。他看着他的模特儿；也许，他要添上最后修饰的一笔，但也有可能他的第一笔还没有落下。握着刷子的手臂侧向左边，朝着调色板的方向；它一时悬停在画布与颜料之间。这只熟练的手被画家的目光悬住了；而这目光转而也落在已停滞的手势上。在精美的刷子尖与刚毅的目光之间，这幅场景将展现其画卷。

但这并非没有一个躲闪的精妙方法。因站得稍远，画家把自己置于他正在画的那幅画的一边。这就是说，对目前正在观察他的观众来说，他在他的画布的右边，而画布则占据了整个左边。画布把自己的背面转向这个观众：他只能看到画布的背面以及支撑它的巨大画布框。可是，画家的整个身姿却是完全看得见的；无论如何，他都不被高大的画布遮住，也许当他再向画布走去重新作画时，他不久就被画布吸引；可能，他这时刚刚出现在观众眼前，是从这种巨大的虚拟框架里冒出来的，而这个框架是由他正在画的那个画面向后投射的。现在，我们可以看到，他在停下来的瞬间，恰

---

① 是 17 世纪最伟大的现实主义画家之一的第雅各·委拉斯开兹的著名油画，场景是画家的画室。这幅画幅面较大，为 317 厘米×274 厘米，现藏西班牙马德里普拉多美术馆。——译注

恰处于左右摇摆的中心位置。他黑暗的身姿和明亮的面容介于可见(le visible)与不可见(l'invisible)之间：因从我们看不到的画布中冒出来，他进入了我们的视野；但当他不久向右走去，避开我们的目光时，他就将恰好站在他正在画的画布的前面；他就会进入这样一个区域，在这个区域里面，他那幅一时被忽视的画，对他来说，将会再次变得可见，既无阴影，也不缄默。似乎，画家不能在那幅他在其中被表象的油画上被人们所看到，同时，他也看不到那个他正在其中表象某物的东西。他在这两种不相容的可见性的门槛上操控一切。

画家正在观看，他的脸稍稍侧过来，他的头倾向一只肩膀。他注视着一个看不见的点，但我们观众可以轻易地为这个点指定一个客体，因为这个点正是我们自身：我们的身体、我们的脸、我们的眼。因此，他正在观察的那个景象就是双重不可见的：因为它并不在这油画的空间中得到表象，还因为它恰恰位于这个盲点、这个重要的藏身处，对我们自身来说，当我们注视它时，我们的目光是躲避这个盲点、这个藏身处的。然而，我们何以能看不到摆在我们眼前的这个不可见性，因为它在这油画中拥有其可感知的等同物、密封的图形？假如我们有可能注视一下他正在专心画的那块画布，那么，我们实际上就可以猜测画家正在注视什么；但是，我们从这块画布只能看到画框，水平的、垂直的以及倾斜的画架。这个高大的、单调的长方形因占据了真实油画的整个左侧，并描绘了被表象的画布之背面，因而以一个面的诸形式重构了这位艺术家正在注视的一切之深度不可见性：这个我们所处和我们所是的空间。从画家的眼睛到他所注视的一切，标出了一条我们作为注视者所无法避开的急切线条(une ligne impérieuse)：它穿越了真实油画，并在画面的前方与我们从中看见画家正在观察我们的那个场所相连接；这一点画法必然触及我们，并把我们与油画的表象(la représentation)联系起来。

在表面上，这个场所是简单的；它是一种单纯的交互作用：我们在注视一幅油画，而画家转而在画中注视我们。没有比这更是面对面的相遇，眼对眼的注视，以及当相遇时直率的目光的相互叠加。但是，可见性的这一纤细的路线却转而包含了一整个有关不确定性、交换和躲闪的复杂网络。只是就我们感觉到画家的主题动机而言，画家才把眼睛转向我们。我们其他人，作为观众，是额外的。我们被这个目光所注视，但也被它驱散，并且被那个总是在我们面前存在着东西，即模特本身所取代。但是，反过来说，画家的目光，因投向油画以外的自己正面对着的虚空，所以，凡是存在着多少观众，它都把他们当作模特加以接受；在这个确切的但无差别的场所，注视者与被注视者不停地在相互交换。任何目光都不是稳定的，更确切地说，在正垂直地穿透画布的那个目光的灰色条纹中，主体和客体、目击者和模特无止境地互换他们的角色。在这里，转向油画左侧的巨大画布及其背面实施了它的第二个功能：因是顽固地不可见的，它阻碍人们去探测或明确地确立这些目光的关系。它在一个侧面确立起来的不透明的凝视使得在观众与模特之间的核心处确立起来的变形化身游戏永远动荡不定。因为我们只能看到画布的背面，我们不知道我们是谁，也不知道我们在做什么。被注视还是去注视？画家实际上在注视一个地方，这个地方不时地不停地改变自己的内容、形式、面貌、身份。但是，他的眼睛聚精会神的停顿却诉诸另一个它们早已遵循并且无疑它们不久将再次遵循的方向，即静止的画布的方向，一幅从来不会再被抹掉的肖像画，在这幅画布上被勾画出来，也许很久以前就被勾画了甚至永远地被勾画出来了。因而，画家至高无上的目光操控着一个虚拟三角形，它用一个画面限定了这幅油画的轮廓：三角形的顶端，唯一看得见的点，是画家的眼睛；在一个底角，是模特的看不见的位置；在另一个底角，是大概在被翻转的画布上勾勒出来的人物。

　　当画家的眼睛把观众置于其目光域时，就抓住了观众，迫使观众进入油画，为观众指定一个既享有特权又无法逃避的位置，从其身上提取发光的和看得见的类别，并把这种类别投射到被翻转的画布之不可接近的画面上。观众发现自己的不可见性为画家所见了并转化为一个自己明确看不见的人像了。一个边饰难点（un piège marginal)使他大为震惊,并且更加不可避免。在右边,这幅油画被在十分鲜明的透视画法中得到表象的窗户所照亮;如此鲜明,以至于我们能够发现的几乎是窗洞;因而透过这扇窗户的一片光线同时且同样慷慨地沐浴两个重叠但不能缩小的相邻的空间:画面以及它所表象的区域(这就是说,画家的画室,或者说已架着他画架的画廊),以及处于画面前的由观众占据的那个真实画面(或者还有,模特的非真实的处所)。随着从右到左穿过这个房间,这一大片金色的光线把观众和画家都带到了画布;正是这一光线,因照亮了画家,才使他为观众所看见,才变成金色的线条,才在模特的眼里成了这个谜一般画布的框架,曾经搬上这个画布的模特的肖像才将在这幅画布上被框住。这扇尽头的、局部的、几乎未被指明的窗户,释放了一整束充当表象之共同场所的混和的日光。它在油画的另一侧与不可见的画布保持平衡:恰如这个画布,凭着背向观众,把自己折叠起来了,以与表象它的油画相对照,并且,通过把它的反面和可见的一面叠加在对它有所描绘的那个画面上,它还塑造了一个我们难以靠近的基础,尤其是"肖像"在那个画面上闪闪发光,同样,窗户,作为一个纯粹的孔眼,创立了一个明显的空间,以与另一个隐藏着的空间相对照;创立了画家、肖像、模特和观众所共有的场所,以与其他单独的场所相对照(因为没有人在注视它,即使画家也不注视它)。穿过一扇看不见的窗,从右边进来一束纯粹的光线,这种光线使得所有的表象成为可见的;因在其全部看得见的栏杆的另一面回避它所具有的表象,画面就伸向左边。因光线充塞了整个场景(我既指画布,又指画室,画室被表象在画布上,画布竖在画室中),光线就笼罩着画中的人物和观众,并在画家目光的注视下,把他们带向画家的刷子会表象他们的那个地方。但是,这个地方对我们来说是蔽而不明的。我们看到自己正被画家所注视,并因那个使我们能看见画家的光线而为画家的眼睛所见。正当我们将要明白自己好像是在镜子中被画家的手所拨弄时,我们发现,除了镜子毫无光泽的背面以外,我们对镜子什么都发现不了。这是一面活动穿衣镜(une psyché)的另一侧。

　　然后,恰恰是在我们自己的观众的对面,在画室背景的墙上,作者②表象了一系列图画;在所有这些悬挂着的画布中间,我们看到有一幅特别明亮地闪着光。它的画框比其他画框要宽大和灰暗;但是,它的内部边缘上却围着一根精致的白线,这根白线把难以确定其光源的光线漫射在整幅画面上;因为除非这种光线来自自身内的某个地方,否则它就并不来自任何地方。在这种奇异的光线中,有两个侧影是明显的,而在它们上面,和在它们的稍后面,却是一个沉重的紫色的帘子。其他几幅画差不多只呈现出某些在并不太深的黑暗的最大限度下较为暗淡的阴影。相反,这幅画却打开了一个消退中的空间,在其中,种种可认识的形式都层层叠加在只属于自身的那个光亮中。在所有那些意在提供表象但也因这些表象的位置或距离而抑制、隐藏、躲避这些表象的因素中间,这幅画却唯一忠实地履行了自己的功能,并让我们看到它应该显示的东西。我们可以撇开它与我们之间的距离,撇开它周围的阴影。但是,它并非一幅画,而是一面镜子。它最终向我们提供了复制(le double)所具有的那种魅力,那种魅力不仅为远处的那几幅画所没有,而且也为处于近景中的光线及其讽刺性画布所缺乏。

　　在油画中被表象的所有表象中间,这是唯一看得见的表象;但是没有一个人在注视它。画家因笔直地站在画布旁,全神贯注地看着模特,所以就看不见这面镜子在他的背后柔和地发着光。画面中的其他人物也多半转过来面对在前方必定会发生的一切——面向与画布接壤的明亮的不可见性,面向有光线的阳台,在这个阳台上,他们的眼睛能注视那些正回头注视着他们的人,而不是面向那个灰暗的空洞,这个空洞就是他们从中得以表象的画室。的确,某些人的头侧过来了:但是,没有一个人侧得足以看到画室后面悬挂的那面凄凉的镜子,那个小小的发光的长方形,它只是可见性;任何目光都不能捕捉它,使它变得现实的,去享受其景象突然间成熟的果实。

---

②　指"宫中侍女"这幅画的作者委拉斯开兹。——译注

必须承认,这种漠不关心只与镜子自己的漠然相匹敌。事实上,镜子根本没有映照所有那些与镜子同在的人物:既没有映照背对着镜子的画家,也没有映照画室中间的那些人物。在那些明亮的色泽浓度中,镜子映照的并不是看得见的人物。在荷兰绘画中,镜子起一种重迭复制(redoublement)的作用,这已是传统了:镜子只是在一个非真实的、修正了的、缩小了的和弯曲的空间内重复在画中首先给定的东西。人们在镜子里面看到了如同人们在画中首次看到的同样的东西,但是,镜子里的东西却是依据一条不同的规律而得到分解和重组。在这里,镜子对以前早已说过的一切不加言说。但是,镜子却多少是完全处于中间位置的:它的上边界恰好落在横贯这幅画的中部的虚线上,它悬挂在后墙中间(或者,至少悬挂在我们看得见的那个部分的中间);因此,它应该被与这幅画本身相同的透视线条所贯穿;我们会期望相同的画室、相同的画家、相同的画布依据同等的空间而被安排在镜子中;它能成为完美的复制。

然而,镜子并没有让我们看到由这幅画本身所表象的一切。它静止的凝视将在画的前面,在必定看不见的区域(这个区域构成了画的外在面),去把握被部署在这个区域中的那些人物。这面镜子并没有围绕看得见的客体转,而是直接贯穿整个表象领域,并忽略它也许能在这个领域中加以把握的一切,并把可见性还给所有不可见之物。但是,它凭此方式加以克服的那个不可见性,并不是隐藏物的不可见性:它并没有绕过任何障碍,没有改变任何透视画法,而是致力于一切因图画的结构和图画作为画而存在从而成为看不见的东西。它正映照着的是画中的全部人物正坚定地在注视的东西,或者至少是那些正笔直向前看的人物;因此,假如画进一步向前伸展,假如它的下边界放低些,直至包罗那些正被画家用作模特的人物,那么,观众就能看到镜子所映照的一切了。但是,由于画正停在那儿,所以,镜子也只揭示了画家和他的画室,以及外在于这幅画的一切,就其画而言。也就是说,线条与颜色的矩形部分旨在把某些东西表象给任何可能的观众的眼睛。在画室的后墙上,被众人所忽视,出乎意料的镜子不仅照亮了画家正在注视的人物(画家处于他的被表象的、客观的实在中,这是作画的画家的实在);而且还照亮了正在注视画家的人物(在由线条和颜色于画布上展示的那个有形实在中)。这两组人物都同样难以相互接近,但其方式是不同的:第一组人物是由于这幅画所特有的构图结果,第二组人物是由于支配整幅画的存在的那个规律。在这里,表象场所就在于把一种不可见性形式置于另一种不可见性形式中,在于不稳定的重叠中,在于在同一时间和在画的另一端(即在作为其表象的真正顶点的那个极上)去表达这两种形式:被映照的颜色浓度重叠在画的颜色浓度的空洞中。镜子提供了可见性的一个换位(une métathèse),这个换位既影响了在这图画中被表象的空间,又影响了其表象的本性;它让我们在画布中间看到在这幅画中有什么东西必定是双重地看不见的。

当老帕谢罗③(Pachero)的学生正在塞维利亚(Séville)的画室作画时,老帕谢罗就以虽援引字面意义但反复考虑的奇特方式向他劝告:"画像应从画框中走出来。"

# 第二节

但是,也许现在该是时候最终命名那幅出现在镜子深处并且画家在画前正注视着的画像。也许最后确定所有在此得到描绘或指明的人物的身份将更好,以使我们自己永远免于卷入这些不稳定的、有点抽象的名称中,这些名称总是如此易于歧义和重复,它们是"画家"、"人物"、"模特"、"观众"、"画像"。不要去无止境地探寻一种对看得见的事实必定是不充分的语言,而只需说:委拉斯开兹创作了一幅画;他在这幅画中,他把自己表象在自己的画室或埃斯

---

③　Francisco Pacheco(1564 - 1654),西班牙画家、教师和学者,是 Diego Velásquez 和 Alonso Cano 两人的老师,著有《绘画艺术》,该书是研究 17 世纪西班牙艺术最重要的文献——译注。

科利亚尔(Escurial)的画廊中,正当他描画被玛格丽塔公主注视的那两个人物时,而陪媪、侍女、朝臣和侏儒等随从环绕着公主;我们可以极为精确地把名字给予这组人:人们习惯上认为,这里是萨米昂特(Maria Agustina Sarmiente)夫人,那边是尼艾托(Niéto),在前景是贝都萨托(Nicolaso Pertusato),一个意大利侍从小丑。我们只需补充说:作为画家模特的那两个人物是看不见的,至少不是直接看得见的;但是我们能在镜子里看到他们;他们无疑是国王菲力浦四世(Philippe IV)和他的夫人玛丽安娜(Marianna)。

这些专有名字会形成有用的标记,避免模糊的称谓;无论如何它们都会告诉我们画家所注视的一切,以及与画家在一起的画中的大多数人物。但是,语言与画的关系却是无限的。并不是言语(la parole)才是不完善的,也不是当它面对可见物时才被证明为无可补救地是不充分的。它们是不可相互归结的:我们去说我们所看到的东西,这是徒劳的;我们所看到的并不寓于我们所说的。我们设法凭着使用形象的比喻、隐喻或直喻去表明我们所说的一切,也将是徒劳的;凡它们取得辉煌业绩的地方,并不是由我们的眼睛展开的,而是由句法系统限定的。然而,在这个活动中,专有名字只是一个妙法:它允许指法符号的展示,这就是说,秘密地从人们讲话的空间指到人们注视的空间,这就是说,把一个方便地重叠在另一个上面,似乎它们是相等的。但是,如果有人想要保持语言与可见物的关系的开放,如果有人想把它们的不相容性当作讲话的出发点(而非要加以避免的障碍),以便尽可能地靠近它们,那么,他必须消除这些专有名字并保留这个无穷尽的任务。也许,正是通过这一灰色的、无名的、因太宽泛而总是过分精细和重复的语言,画才一点点地照亮自己的明澈。

因此,我们必须装着不知道谁会映照在镜子深处,并察看与镜子共存的这个映象。首先,这个映象是被表象在左边的巨大的画布的背面。之所以说它是背面,确切说正面,是因为它揭示了画布所处的部位掩藏着的面貌。其次,它对着窗户,并巩固了窗户。类似于窗,它是这幅画和画以外的东西所共有的一个场所。但是,窗

是通过一个连续的流泻（effusion）运动而起作用的，这种运动从右
到左把全神贯注的人物、画家和画布与他们正在注视的景象集合
在一起；而镜子则通过一种极度的瞬间的、纯粹惊奇的运动，从油
画前面探寻那个被注视到但仍看不见的一切，以便在其虚构的颜
色浓度的末端，让每个人的目光都看见这一切，却是漠然地看见这
一切的。这根在映象与其所映照的东西之间标出的迫切的虚线，
垂直地贯穿了光线的侧面流动。最后，也是这面镜子的第三个功
能：它靠近一扇门，这扇门同镜子本身一样，开启在画室后墙中。
这扇门也勾勒出了一个浅色的长方形，其灰暗的光线并不照进画
室。假如它并不因一扇雕刻过的门、一副曲折的门帘和几个梯级
的影子而远离画室，那么，它就只是一种虚饰的均匀的色调。在梯
级的那边是一条走廊；但是，这条走廊并没有消失在黑暗中，而是
消失在黄色的光彩之中，在该光彩中，光线不进入也能自转并栖
息。在这个既临近又无限的背景下，一个男人凸显了其高大的侧
影；我们看到了他的侧影；他用一只手提起了门帘；他的双脚搁在
两个不同的梯级上；他的一个膝弯曲着。他也许会进入这个画室；
他也许只是窥探一下画室里将发生些什么，满足于惊吓里面的那
些人而不被那些人所看见。同镜子一样，他注视着场景的背面；没
有一个人对他的注意会胜过对镜子的注意。我们不知道他从何而
来；我们可以假定他可能是沿着不确切的走廊，刚好绕到这些人物
都集中在一起的、画家正在作画的那个画室的外面；也许，一会儿
之前，他也在场景的最前方，在仍被所有那些画面上的人的眼睛所
注视着的看不见的区域。类似于在镜子中看到的画像一样，有可
能他也是一个来自这个明显的但隐蔽的空间的密使。但即使这
样，还是存在着差异：他是本人亲自在那里；他从外面出现在被表
象的画面的门槛上；他无可置疑地是一种闯入，而不是一种可能的
映象。凭借使得即使在画室墙头那边、发生在画前面的一切也成
为可见的，这面镜子在自己的纵向度上使内部和外部摆动。一只
脚踩在较低的梯级上，且整个侧着身，这位模糊的来访者进来了，
但同时又出去了，处于静止中的平衡。他在这个地方重复出现，但

只是出现在他的身体的黑暗实在中,在那些人的瞬间的运动中,这些人在画室中一闪而过,深入到镜子中,在镜子里被映照,又从镜子里涌出来,就像那些看得见的、新的和相同的类别。镜子中那些苍白、矮小的侧影被在门洞出现的那个人的高大的、结实的身材否定了。

但是,我们必须从画的背景下到场景的正面;我们必须离开那个我们刚刚扫视其涡形(la volute)的周界线。从画家的目光出发(这种目光构成了偏向左的移动的中心),我们首先看到了画布的背面,接着是挂在墙上陈列的几幅画,镜子处于这些画的中心,再接下去是开着的门,还有更多的画(由于透视画法的鲜明性,在我们看来,这些画只是画框的边饰),最后,在最右边,是窗户,或者不如说,是墙上的缺口,光就是从这个缺口向室内倾泻的。这个涡形的轮廓提供了表象的整个循环:目光,调色板和画刷,没有符号的画布(这些是表象的有形工具),画,映照,真实的人(完成了的表象,但是,似乎是从它的虚幻或真实内容中解放出来的,这些内容与它并置在一起);接下去,表象又结束了:我们只能看到画框和从外面沐浴着几幅画的光线,但是,这些画反过来也必须按照它们自己种类加以重构,似乎光线是从其他地方来的,穿越了这些画的黑暗的木框。事实上,我们的确看到这一落在画上的光线,这种光线似乎是从画框的空隙中涌出来的;它从这里逸出来与一手拿着调色板,另一手拿着精致画刷的画家的额头、颊骨、眼睛和目光相遇⋯⋯这样,涡形被关闭了,或者还不如说,借助于这种光线,它又打开了。

这一打开并不像后墙上被拉开的门;而是画本身的整个画幅,穿过这一开口的目光并不是那个站在远处的来访者的目光。如果我们把画家也算在内,那么占据这幅画的近景和中景的装饰框缘就表象了八个人物。其中五人,他们的头都垂着、侧着或斜着,直直地看着这幅画。站在这几个人中间的是穿着粉红色和灰色的宽大礼服的小公主。公主的头侧向画的右边,而她的身体和她的礼服的大裙撑则稍稍偏向左侧;但是,她安详地注视着站在画面前的观众。把画布一分为二的那根中心线在这小孩的两眼之间通过。她的脸处于这幅画的三分之一高度。无疑，这里就是创作的主题；这是这幅画的真正对象。似乎为了证明这一点，而且更是为了强调这一点，委拉斯开兹使用了传统的画像：他在主要人物边上安置了次要的人物，后者跪着并仰视着前者。恰似一位祈祷中的施主，恰似一位欢迎圣母玛利亚的天使，这位跪着的侍女把手伸向公主。她侧着的脸凸显在背景中。她的脸与小公主的脸一般高。这位侍女看着小公主，并且只看着小公主。在稍稍靠右的地方，站着另一位侍女，也是转向小公主的，稍稍侧向她，但是她的眼睛却明显看向前方的，看着早已为画家和小公主所注视着的地方。最后，有两组人，每组两个人；其中一组退宿在后面，而由侏儒构成的另一组则处在前景中。在每组人中，有一人直直地看着，而另一人则朝左或朝右看。由于他们的位置和身材，这两组人是对应的，并形成了一个对子：在后面，是朝臣们（妇人自左向右看）；在前面，是侏儒们（处于最右边的男孩正朝画的中央看去）。依照人们注视这幅画的方式或者所选的参照中心，我们可以认为，以此方式得到排列的这组人物构成了两个不同的画像。第一个画像将是一个大 X：在这一 X 的左顶端是画家的眼睛；而在右顶端则是男朝臣的眼睛；在这一 X 的左底角是被表象的且背对我们的画布的角落（或者，更为精确地说，是画架的脚）；而在右底角，则是侏儒（他的脚搁在狗背上）。在这两条线交错的地方，在 X 的中心，则是小公主的眼睛。第二个画像具有更宽广的曲线；它的两个界边是由左边的画家和右边的男臣所决定的——这两个端点在画中处于较高的位置并从画面上消退；比较靠近我们的那个曲线中心将与小公主的面孔和她的侍女正看着她的目光相吻合。这个柔软的曲线勾画了一个浅口盆，它就在画的中间，既围住又放开镜子的位置。

这样，依据观众注意力的闪烁，是集中在这个地方，还是那个地方，我们就有了两个能把这幅画组织起来的中心。小公主笔直地站在圣安德烈（Saint-André）的十字架的中间，这个十字架与朝臣、侍女、动物和小丑等旋转着的人，都围着她转。但是，这个旋转

13

运动是凝固的。它被一个绝对看不见的景象所凝固,如果那些人突然静止不动,并且不向我们提供(如同向空酒杯)在镜子深处看到我们正在注视的一切的意外的复制的可能性。在深层的面上,重叠在镜子上的正是小公主;在纵向上,重叠在脸上的正是映象。但是,由于透视法,所以它们相互间是十分接近的。而且,从它们中的每一个,都引出了一条无法回避的线:这条线从镜子中引出,穿过了整个被表象的颜色浓度(甚至于不止于此,因为镜子在后墙上成了洞,并使墙后面的其余的空间存在);另一条线较短:它引自小公主的眼睛,只穿过前景。这两根纵向的线以真正的锐角相交汇,它们的交叉点从画布上逸出,落在画的前面,多少恰好落在我们所处的位置上,我们是从这个位置注视这幅画的。这是一个不确定的点,因为我们看不到它;但它又是一个不可躲避的和极为明确的点,因为它是由这两个主要人物所规定的,并且进一步被其他邻近的虚线所证实,这些虚线也源自这幅画内,并同样从画中逸出。

最终,在这个因为处于画的外面但又被画的所有构图线条规定而完全不能接近的场所中存在着什么呢?这个景象是什么?首先映入小公主眼睛,接着映入朝臣和画家的眼睛,最终映入远处的镜子,这样的面孔是什么呢?但是,这些问题立即成了双重含义上的问题了:映入镜子中的面孔也是正在注视镜子的面孔;画中所有人正在注视的,是两个人,对这两个人来说,画中那些人也提供了一个将被注视的场景。整幅画正在看一个场景,对这个场景来说,这幅画本身就是一个场景。注视和被注视的镜子表明了这种纯粹的交互作用,这种作用的两个时机已在这幅画的两个角落里分解开了:左边,画布背对着我们,凭着这个,外面的点就进入了纯粹的景象中;右边,狗躺在地板上,狗是画面上既不注视什么,也不移动的唯一要素,因为凭着其较深的轮廓,凭着照在其细毛上的光线,狗只是成为一个要被注视的对象。

我们对这幅画所看的第一眼就告诉我们:是什么造成了这一处于注视中的景象(ce spectacle-en-regard)。是君主们开创了这一景象。人们早已在画中人物的尊敬目光中,在小孩和侏儒们的惊奇中猜到他们。我们在画的后面,在从镜中闪现出的两个小小的侧影中认出了他们。在所有那些聚精会神的面孔中间,在所有那些穿着华丽的身躯中间,他们算是画中所有肖像中最苍白、最不真实、最受损害的:小小一个举动,一点点光线就足以让他们消失了。在我们面前得到表象的所有那些人物中,他们也是最不引人注目的,因为没有人会对这个从后面潜入画室并默默地占据人们意想不到位置的映像有丝毫的注意;就他们能被人看见而言,他们是整个实在中最脆弱的、最遥远的形式。反过来,就他们站在画外,并因而从画中抽身,进而基本上不为人所见而言,他们就在自己的周围整理了所有的表象:正是他们被人面对着,每个人都是转向他们的,正是在他们的眼里,小公主才穿着节日的礼服而出现;从背对着我们的画布到小公主,从小公主到在最右边玩耍的侏儒,贯穿着一根曲线(或者还有,由 X 展现的处于较低位置的分叉),这根曲线为他们的目光整理了这幅画的整个布局,这样,就使得这幅构图的真实中心显现出来,小公主的目光和镜子里的肖像最终都服从这个中心。

　　这个中心在趣闻中象征性地是至高无上的,因为国王菲力浦四世夫妇占据着这个中心。然而,因为该中心履行着与油画有关的三重功能,就尤其如此了。因为在这个中心,恰好重叠有三种目光:当模特被描摹时,是模特的目光;当观众注视这幅画时,是观众的目光;当画家构作他的图画时,是画家的目光(这里讲的图画,并不是被表象的那幅画,而是在我们面前、我们正在讨论的那幅油画)。这三种"注视"功能在油画外面的一个点上混合在一起:这就是说,它是一个理想的点,相关于被表象的一切,但它也是一个极其真实的点,因为它还是使得表象成为可能的出发点。在这个实在内,它肯定是不可见的。可是,这个实在在这幅油画内部得到投射——以与理想和真实点的三种功能相对应的三个人物而被投射和衍射。这三个人物是:在左边,是手里拿着调色板的画家(委拉斯开兹的自我肖像);在右边,是来访者,他一只脚跨在梯级上,准备进入画室；他从背后注意到全部场景，但是，他能从前面看到国王夫妇（他们就是景象本身）；最后，在中间，是穿着华丽服装、静止不动并摆着富有耐心的模特姿势的国王夫妇的映像。

这个映像十分纯朴且在阴影中向我们表明了所有那些在前景中的人正在注视的一切。它好像魔术般地恢复了每种目光所缺乏的东西：在画家的目光中，是模特，模特被表象的副本复制在油画中；在国王的目光中，是自己的肖像，这幅肖像已在画布的坡面上完成了，但是国王从自己所站的位置是看不到这块画布的；在观众的目光中，则是场景的真实中心，他似乎是靠侵占来获得自己的位置的。但是，也许，镜子所表现出来的慷慨是虚假的；也许，它隐藏的同它揭示的一样多，甚至还要多。国王夫妇占据的空间同样属于画家和观众：在镜子深处也可能出现（应该出现）过路人和委拉斯开兹的匿名面孔。因为这个映像的功能就是把深切地外在于油画的一切收进油画内：构造这幅油画的目光以及油画为之展出的目光。但是，由于画家和来访者一右一左地出现在油画中，所以，他们就不能安置在镜子里：恰似就国王并不属于油画而言，国王才出现在镜子的深处一样。

在围绕着画室四周的巨大涡形中，从画家的目光（他的手和调色板都保持静止不动）直至那些画完了的画，表象诞生了，表象完成了也是为了再次消失在光线中；循环是完美的。相反，穿过油画颜色浓度的那些线条却并不完整；它们全都缺乏其历程的一部分。国王的缺席成了这一空隙——画家设计了这个空隙。但是，这个锦囊妙计却既掩盖又表明了另一个更直接的空缺：画家和观众的空缺，当他们注视或构思这幅画时就是这样的。也许，这是因为在这幅画中，如同在所有表象中（这幅画就是这样的表象），人们所看到的一切的明确本质和深刻的不可见性是与这些人的不可见性联系在一起的——尽管存在着镜子、映像、模仿和肖像。场景的周围布置了表象的所有符号和连续形式；但是，表象与其模特和君主的关系，与其作者的关系，如同与那个接受这个表象的人的关系，这种双重关系必定会被打断。即使在一个把自身当作景象加以提供的表象中,这种双重关系也从未毫无保留地得以展现。在穿越画面、使其成为虚构的窟窿并把它投射在自己面前的颜色深度中,画像的完美幸运还不可能在透亮处去展现正在表象的画师和被表象的君主。

也许,在委拉斯开兹的这幅油画中,作为古典表象之表象,存在着对由它开启的空间所做的限定。事实上,表象着手在这幅画里在自己的所有要素中表象自己,还有它的肖像,接受它的那些眼睛,它使之成为可见的那些面孔,以及使它存在的那些姿势。但是,在由表象既汇集又加以散播的这个散布(dispersion)中,存在着一个从四面八方都急切地得到指明的基本虚空:奠基表象的那一切必定消失了,与表象相似的那个人消失了,把表象只视为一种相似性的人也消失了。这主体本身,是同一个主体,被消除了。表象最终因从束缚自己的这种关系中解放出来,表象就能呈现为纯表象了。

# 第二章　世界的散文

## 第一节　四种相似性

　　直到 16 世纪末,相似性(la ressemblance)在西方文化知识中一直起着创建者的作用。正是相似性在很大程度上引导着对文本的注解与解释;正是相似性才组织着符号的游戏,使人类认识种种可见的和不可见的事物,并引导着对这些事物进行表象的艺术。世界被折叠起来了:大地复制天空,面容反映在星星中,植物把种种有利于人的秘密包裹在自己的花枝里。绘画模仿了空间。无论是作为欢乐,还是作为知识,表象都作为重复(répétition)而出现:生活的舞台或世界的镜子,这是任何语言的身份,是其宣称并表达自己发言权的方式。

　　在相似性(la ressemblance)将要解除其从属于知识的关系,并至少部分地从认识视域消失时,我们就该稍作停留。在 16 世纪末和 17 世纪初,相似性(la similitude)是怎样被思考的? 相似性是怎样能组织种种知识形式的? 假如彼此相似的物在数量上确实是无限的,那么,人们至少能确立起它们借以可彼此相似的种种形式吗?

　　在 16 世纪,相似性的语义学网络是极其丰富的:友好、平等(契约、同意、夫妻、社交、和平和类似的事情)、协和、协调、连续、同等、相称、相似、连结、连系。〔Amicitia, Aequalitas(contractus, Consensus , matrimonium, societas, pax et similia), Consonantia, Concertus,

Continuum, Paritas, Proportio, Similitudo, Conjunctio, Copula. [①]]
还有其他许多概念在思想表面上相互交叉、相互重叠、相互支持或
相互限制。眼下只需指出几个规定着它们与相似性知识（savoir）之
联系的主要形式。存在着四种肯定是基本的相似性形式。

　　首先，是"适合"（la *convenientia*）。这个词确实比相似性本身更
为强烈地指明了位置的邻近。以下物是"适合的"：它们彼此靠近，
处于并置之中；它们的边界彼此接触，它们的边缘彼此混合，一物
的末端意指着另一物的开头。以此方式，运动相通，影响、激情和
属性也相通。因而，一种相似性就出现在物与物之间的这一结合
处。一旦有人想解开这个结合处，这个相似性就成了双重的：空间
和场所的相似性（大自然在其中已安置了两个物），因而还有属性
的相似性；因为在世界这个自然容器中，邻近并不是物与物之间的
一个外部关系，而是至少是模糊的一种亲缘关系的象征。于是，凭
着交流，种种新的相似性从这一接触中产生出来了；一个共同的制
度（un régime commun）就是必不可少的；一种作为邻近性之可见结
果的相似性就重叠在作为物相互邻近的隐秘理由的相似性上。例
如，身和心就是双重含义上的"适合"：罪孽必定使得心灵变得厚
实、沉重和世俗，以便上帝能把它放入物质的最空心处。但是，通
过这种邻近，心灵就接受了身体的运动，与这个身体相同化，而"身
体则被心灵的激情所改变和腐蚀"[②]。在世界的广泛体系结构中，
不同的存在物相互适合；植物与动物相交往，陆地与海洋相联系，
人与周围的一切打交道。相似性规定了邻近，而邻近反过来又保
证更多的相似性。位置与相似性缠绕在一起：我们看到苔藓长在
贝壳的背上，植物长在雄鹿的角上，几种杂草长在人的脸上；以及
奇异的植物形动物，因把所有那些既似植物又似动物的属性混合
在一起，从而也把这些属性并置在一起[③]。所有这些都是"适合"的

---

① P. 格雷古瓦（P. Grégoire）：《神奇术论著》（科洛涅，1610 年），第 28 页。
② G. 波塔（G. Porta）：《人类面貌》（法译本，1655 年），第 1 页。
③ U. 阿德罗芬第（U. Aldrovandi）：《怪物史》（博诺尼亚，1647 年），第 663 页。

象征。

适合是一种与呈现出"逐渐邻近"(proche en proche)形式的空间相联系的相似性。它具有与连结(la conjonction)和适应(l'ajustement)相同的秩序。这就是为什么与其说它属于物本身,还不如说它属于物存在于其中的世界。世界是物的普遍"适合";水中鱼的数量,与陆地上由大自然或人生产的动物或物体的数量是一样多的(难道不存在被称作 Episcopus 的鱼吗? 其他被称作 Catena 的鱼吗? 还有其他被称作 Priapus 的鱼吗?);水中和陆地上的存在物的数量,与天上的存在物的数量是一样多的,这两种存在物是相符合的;最后,在全部创造物中,存在物的数量与突出地包含在上帝本人中的存在物的数量是一样的,上帝是"大写的存在、大写的权力、大写的认识和大写的爱的播种者"。④ 这样,凭着表象与空间位置的这一联系,凭着这一把类似的物凑在一起、使相似的物靠近的"适合",世界像一根链条一样被联系在一起了。在每一个联系点上,都开始并终止一个与它前面和后面的环节相似的环节;周而复始,这些相似性持续存在,把两个端点分开(上帝和物质),又以这样的方式把它们凑在一起,以使上帝的意志能渗入最最沉睡的角落。波塔(Porta)在其著作《自然魔法》(Magie naturelle)的一个段落中展现的正是这根巨大的、绷紧的、颤动的链条,这根"适合"的绳子:"如同相关于营养体生长,植物接近野兽一样,在情感上,野蛮的动物接近人,而凭着智慧,人又适应于其余的星星;这些联系是严格进行的,以致它们看上去像一根通过相互和连续的联系而从最初因(la première cause)一直延伸到最低级和最微不足道的物的绳子;因而,播撒其光芒的最高效能(la vertu supérieure)将到达这样一个点,即如果我们碰到这根绳子,它就会使所有其他的东西颤抖和移动。"⑤

第二种相似性形式是"仿效"(l'aemulatio):是一种摆脱场所法

---

④ T. 康帕内拉(T. Campanella):《真实的哲学》(法兰克福,1623 年),第 98 页。

⑤ G. 波塔:《自然魔法》(法译本,鲁昂,1650 年),第 22 页。

则(la loi du lieu)束缚的"契合",并能够静止地在远处起作用。看上去似乎空间的默契被打破了,这样,链条的环节不再相联,并依照一种没有接触的相似性,在相互远离的情况下,复制自己的循环。在仿效中,存在着某种映像和镜子:它是散布在世界上的物借以能彼此应答的工具。从远处看,人的脸与天空相仿,恰如人的理智是上帝智慧的不完美的反映一样,同样,人的两只眼,以及它们的有限明亮,是太阳和月亮散播在天空中的巨大照明的反映;人的嘴是维纳斯,因为它是接吻和细说恋语的通道;人的鼻子则是朱庇特的权杖和墨丘利的神杖的缩影⑥。仿效关系使得不经联系或并不邻近的事物,从世界的一端到另一端,彼此仿效:凭着在镜子中复制自己,世界就废除了适合于自己的距离;以此方式,世界也就克服了分派给每个物的位置。但是,在这些遍及空间的映像中,有哪些是初始的呢?哪个是实在,哪个是投影呢?通常,我们不可能说这个,因为仿效是一种存在于物中的自然双胞胎;它产生于存在物中的折叠,折叠的两面是直接相对的。帕拉塞尔斯(Paracelse)把世界的这一基本复制比作两个双胞胎形象:"它们极其相似,任何人都不可能说其中一个形象把其相似性带给了另一个形象。"⑦

　　然而,仿效并不放任自己所对照的那两个相互面对的被映照的形象处于没有活力的状态中。有可能,其中一个较弱,因而受到了另一个的强烈影响,后者因此映照在前者消极的镜子中。例如,难道星星不比地上的草本植物占优势吗(星星是草本植物的不变的模式、不可改变的形式,并默默地在它们上面倾泻自己的全部影响)?黑暗的地球是布满星星的天空的镜子,但是,在这个竞赛中,这两个对手既没有同等的价值,又没有同等的尊严。草本植物的明亮色彩并不粗暴地复制了天空的纯粹形式:"克罗列斯(Crollius)说,星星是全部草本植物的发源地,天上的每颗星星都只是某个植

---

⑥　U. 阿德罗芬第:《怪物史》,第 3 页。

⑦　帕拉塞尔斯:《离奇书》(Liber Paramirum,格里约·德·吉夫里的译本,巴黎,1913 年),第 3 页。

物的精神预想,因而,它表象这个植物,并且恰如每种草或植物是仰视天空的地上星星一样,每颗星星就是具有精神形式的地上植物,它只是在质料上不同于地上的植物……天上的植物和草都转向陆地并直接俯视自己产生出来的植物,给它们施加某种特殊功效。"⑧

但是,角力有时也仍是公开的,平静的镜子只反映"两个发怒士兵"的形象。于是,相似性成了一种形式对另一种形式的战斗,或者不如说,是同一种形式因物质的重量和位置的距离而与自身相脱离。诚如帕拉塞尔斯所描绘的,人类似一个"布满星座"的天空,但是,他并不像"窃贼之于战船刑、凶手之于车轮刑、鱼之于渔夫、猎物之于猎人"那样必定与天空相联系。它属于人的天空,这个人将是"自由和强大的","并不屈从于任何秩序","并不受制于其他任何的创造物"。他的内部天空可以是自主的,并只依赖自己,但其条件是:凭着自己的智慧(这也是知识),他开始与世界的秩序相似,把它重新拿过来,从而在自己的内在天空中再次动摇其他天空,他在其他天空中看到看得见的星星在闪烁。假如他这样做了,那么,镜子的智慧反过来也会包容它自己立足的世界;它的巨大的光环就会旋入天空中直至天空以外;人会发现:他不仅包含"星星于自身之内……而且还拥有天空及其全部影响"⑨。

仿效首先出现在简单的映像中,并且是诡秘的、遥远的;它默无声息地遍布宇宙空间。但是,它跨过的距离并不被仿效的微妙隐喻所废除;它仍向可见性畅开着。在这场争斗中,这两个相互对抗的形象各自控制了对方。相似物包容相似物,这反过来又围住了其他的东西,也许再次被包罗进能无限继续的复制中。仿效的环节并不像适合的那些因素那样形成一个链条,而是形成一些反射的和竞争的同心圆。

第三种相似性是"类推"(l'analogie)。这个古老的概念早已为

---

⑧　克罗列斯:《植物外形特征论文》(法译本,里昂,1624 年),第 18 页。
⑨　帕拉塞尔斯:《离奇书》。

古希腊科学和中世纪思想所熟知,但是,它的用法在今天大概有所不同了。在这一类推中重叠着适合(convenientia)与仿效(aemulatio)。类似于仿效,类推确保穿越空间的相似性神奇地相对抗;但是,类似于适合,它也谈及配合、联系和接合。类推的力量是巨大的,因为它所处理的相似性并不是事物本身之间的可见的厚实的相似性;它们只需是较为微妙的关系相似性。这样得到消释以后,类推就可以从同一个点拓展到无数的关系。例如,星星与星星在其中闪光的天空的关系也许也可以在这样一些东西中找到:在植物与土地之间,在生物与生物居住的地球之间,在诸如矿石之类的钻石与埋藏钻石的岩石之间,在感觉器官与因这些器官而富有生气的面孔之间,在皮肤雀斑与隐藏这些标记的身体之间。类推也许还转向自身,以免被人争议。塞沙班(Césalpin)既没有批评,也没有取消植物与动物的古老类比(植物是垂着头生活的动物,它的嘴——或根——埋在地里);相反,他赋予植物更多的力量,并依赖它本身使之递增,因为他发现,植物是站着的动物,它的营养要素是从底部上升到顶部的,并且自始至终是沿着茎的(这个茎像身体一样舒展着)并到达头部——鲜花和叶子:这种关系逆转了初始的类推,但并不与之相悖,因为它"根置入植物的底部,把茎置入植物的上部,因为动物的静脉网络也是从腹下部开始的,主要的血管则直上升到心脏和头部"[⑩]。

这一可逆性(réversibilité),如同这一多价性(polyvalence)一样,为类推提供了一个普遍的应用领域。通过这个类推,宇宙中的所有人和物都能相互靠近了。然而,在这个四面八方都纵横交叉的空间中,的确存在着一个特别幸运的点:它充满了类推(每个类推都能在那里发现自己的一个支撑点),并且当类推通过这个点时,诸关系会发生倒转而不会损坏。这个点就是人:他恰如与动植物相称,与泥土、金属、钟乳石或风暴相称一样,他也与天空相称。由于笔直站在宇宙的表面之间,他就与天空联系起来了(他的脸之于

---

⑩ 塞沙班:《植物论》XVI(1583年)。

他的身体，如同天空的面貌之于以太；他的脉搏在静脉中跳动，恰如星星按照自己的固定轨道循行在天空中；他头部的七个口子之于他的脸，如同七颗行星之于天空）；但是，他还是所有这些关系都要依靠的支点，所以，我们又在人类动物与所居住的地球的类比中发现它们（它们的相似性丝毫无损）：他的肌肉是土块，他的骨头是岩石，他的血管是大河，他的膀胱是大海，他的七个主要器官是隐没在矿场深处的金属⑪。人的身体总是一幅全球地图集（un atlas universel）的可能的一半。人们都熟知，贝龙（Pierre Belon）如何最为详细地描绘了第一部有关人类骨骼和鸟类骨骼的比较图解：在这里，我们可以看到"被称之为附庸的翅端，与翅膀相称，它的位置恰如大拇指在手中的位置一样；翅端的末端类似于我们身上的手指……作为腿而给予鸟的骨头与我们的脚后跟相应；恰如我们的脚有四个脚趾一样，鸟也有四个手指，而四个手指后面一个手指则与我们的大脚趾相称"⑫。然而，只有在装备有 19 世纪认识的人们的眼睛里，那么多的细节才是比较解剖学（anatomie comparée）。这个只是我们借以允许相似性形象进入我们知识中的网络，碰巧在这一点上（几乎只在这个点上）与 16 世纪知识覆盖在物上的那个网络相重叠。

但是，老实说，贝龙的描述只与他那个时代使这种描述成为可能的实证性（la positivité）相关。它并不比譬如阿德罗芬弟的观察更为合理和科学，后者把人较低级的部位比作世界之令人厌恶的处所：比作地狱、地狱的黑暗、该死的东西，像宇宙的排泄物⑬；贝龙的描述，同在克罗列斯时代成为经典的中风与风暴之间的比较，都属于相同的类推宇宙志（la même cosmographie analogique）：当空气变得凝重并搅动时，风暴就开始了，当人的思想变得沉重和焦急不安时，中风病就发作了；接着乌云堆积，腹部膨胀，雷声炸响，膀胱

---

⑪　克罗列斯：《植物外形特征论文》，第 88 页。

⑫　P. 贝龙：《鸟本性的历史》（巴黎，1555 年），第 37 页。

⑬　阿德罗芬弟：《怪物史》，第 4 页。

破裂;当眼睛透出可怕的神色而眨巴时,闪电就咆哮了,雨落下来了,口吐着白沫,当精神在皮肤上裂开口子时,雷声又大作了;但接下来,天空又晴朗了,在病人中,理性又痊愈了⑭。类推的空间其实就是一个光辉的空间。在四面八方,人都被该空间所包围;但是,反过来,他又把这些相似性传送还给他从中接受它们的世界。他是巨大的比例焦点,是中心,诸关系都依靠这个中心,并从这个中心出发再次被映照。

最后,第四种相似性是由"交感"(des sympathies)作用担保的。在这里,没有事先确定的路径,没有假想的距离,没有规定的联系。交感自由自在地在宇宙深处发挥作用。它能在瞬间穿越最广阔的空间:它的落下,好比遥远星球上的雷声落在受制于该星球的人上一样;相反,一个简单的接触,又能让它产生——如同那些"在葬礼上使用的纪念死者的月季花",这些花只是因为与死亡接近,就使得所有闻到其味道的人感到"悲伤和憔悴"⑮。但是,这种力量并不是交感想从单一的接触和对空间的巡回中得到的;交感激发了世上物的运动,并且甚至能使最遥远的物相互接近。交感是运动性原则:它让重物吸引泥土的浓重,让轻物吸引没有重量的以太,它驱使根伸向水,它使向日葵的巨大的黄色花盘随着太阳曲线转动。而且,通过一种外在的和可见的运动,使得事物相互间吸引,交感还产生了一个隐蔽的和内在的运动——即从事物的相互交替中得来的性质的置换:火因是热的和轻的,升入空气中,火焰总是力图深入空气中;但是,这样的话,火就丧失了自己的干燥性(这使得火类似于泥土),这样就获得了湿润性(这使火与水和空气联系起来了);火因此消失在轻薄的蒸汽中了,消失在蓝色的烟雾中,消失在云层中:火成了空气。交感是同(le Même)之强求,它是如此强烈和迫切,以至于它不会仅仅满足于成为可相似物(le semblable)的诸形式之一;它拥有危险的同化力,拥有使物与物相互等同,把它

---

⑭　克罗列斯:《植物外形特征论文》,第87页。

⑮　G. 波塔:《自然魔法》,第72页。

们混合在一起,使它们的个体性消失——从而使事物与它们以前的所是毫不相干的危险力量。交感起改造的作用。交感在改变一切,但是,它是沿着同一性方向进行改变的,因此,假如它的力量平衡不了的话,它就会把世界归结为一个点,一个相似的点,同之暗淡形象:世界的所有部分都会接合在一起,相互联系,而没有断裂,没有距离,类似于那些金属链因交感而被一块磁石吸住悬在空中一样⑯。

这就是为什么交感被它自己的孪生兄弟——反感(l'antipathie)所补偿。反感保持物处于孤独状态,阻止物被同化;反感把每一种类都包罗进自己的顽固的差异和使存在物继续存在的倾向之中:"众所周知,植物相互之间厌恶……据说油橄榄和葡萄树都厌恶卷心菜;黄瓜逃离了油橄榄……由于它们借助于太阳的温暖和泥土的潮湿而生长的,所以,不可避免的是:任何粗壮的和不透明的树对其他植物都是有害的,拥有几条根的树也一样。"⑰这样,无穷尽地,随着世代更迭,世界的存在物将相互厌恶,并在反对交感时保持凶狠的欲望。"印度鼠对鳄鱼是致命的,因为大自然把它们创造为敌人;这样,当粗暴的鳄鱼在阳光下享乐时,印度鼠就以致命的诡计设下了埋伏;当发现鳄鱼躺在阳光下取乐,张着大嘴睡觉时,印度鼠就窜入了这张大嘴,滑入它的粗大的咽喉,再下探到鳄鱼的腹部,啃噬它的内脏,最后从死鳄鱼的肚子钻出来。"然而,印度鼠的敌人反过来也潜伏着等着它:因为它与蜘蛛并不和睦地生活在一起,并且"常常与眼镜蛇发生争斗,以致死去"。通过反感的这一作用(它把事物分散开,但又以同等的力促使物与物相互争斗,使物成为凶手,接着又使物成为被害者),事物、兽类与世界上的所有形象仍保持其所是。

物的同一性(l'identité),即事实:物能类似于其他的物并靠近其他的物,而不被吞没或丧失自己的独特性(singularité)——这就

---

⑯　G.波塔:《自然魔法》,第72页。

⑰　J.卡当(J. Cardan):《精妙论》(法译本,巴黎,1656年),第154页。

是交感与反感的永久平衡给出的答复。它说明了物如何交叉、展开、混合、消失、死亡，但又无止境地重新出现；总之，说明了何以会有空间（可是，它不是没有标记或重复，不是没有相似性的港口）和时间（可是，它允许相同的形象、相同的种类、相同的要素无限地重新出现）。"虽然水、空气、火、泥土这四种物体本身是简单的并拥有它们的独特性质，但鉴于造物主规定基础物体应该由混合的要素组成，所以，它们的和谐和不协调是引人注目的，诚如我们从它们的性质就可得知的。火的要素是热和干；因此，火对水的要素（即冷和湿）来说，就是反感。热的空气是湿的，冷的泥土是干的，这又是一种反感。如果把空气置于火和水之间，水置于泥土和空气之间，那么，就有可能使它们和谐一致。就空气是热的而言，空气就与火邻近，而空气的湿度则与水的湿度邻近。水的湿度被空气的热度所加热并缓和泥土的冷干。"⑱交感—反感这个对子的统治权，由这个对子所规定的运动和散布，就产生了相似性的所有形式。这样，前三种相似性都被它恢复和说明。整个世界，适合的全部邻近，仿效的所有重复，类推的所有联系，都被受制于交感和反感的这个空间所支撑、保持和重复，交感和反感不停地使物接近和分开。通过这一作用，世界保持为同一；相似性继续成其为所是并彼此相似。同（le même）仍是同（le même），是自身封闭的。

# 第二节　记　　号

然而，系统并没有关闭。仍留有一个开口：如果一个新的相似性形式不去完成这个循环，即立刻使它完美和明显，那么，通过这个缺口，整个相似性作用就将处于逃避自身或隐匿在黑暗中的危险。

适合（*convenientia*）、仿效（*aemulatio*）、类推（*analogie*）和交感（*sympathie*）告诉我们，世界必须如何反省自身、复制自身、反映自

---

⑱　S. G. S.，《对迪歇内（Duchesne）的世界之深刻反思的注释》，第 498 页。

身或与自身连贯,以使物能彼此相似。它们告诉我们相似性路径是什么并采取什么方向;但没有告诉我们相似性在何处,人们怎样看到相似性,或者凭什么标记,相似性被人认出。不过,我们也许可以穿过所有这些奇妙的丰富的相似性,甚至于不去怀疑相似性长期来是由世界的秩序准备的,这是为了我们更大的利益。为了使我们知道乌头能医治我们的眼疾,或者磨碎的核桃与酒精混在一起能治头痛,就必须要有某个标记,使我们注意这些事物;否则,秘密就会无限期地搁置。假如一个人的身体上或脸上的皱纹上没有一个标记,标明他可以与火星相媲美或者与土星相似,那么,我们还知道,这个人与他的行星之间存在着一种孪生或竞争关系吗?这些埋藏着的相似性必须在物的表面上被指明;不可见的类推需要有可见的标记。任何相似性难道同时不就是最明显的和最隐藏的东西吗?事实上,相似性并不是由并置的部分(有些是等同的,而其他的则是不同的)组成的:当相似性被人看见或不被人看见时,相似性就是片断。于是,相似性假如在自身内(或在自身之上或之旁)不具决定因素的话,即一个把它的可疑的闪烁变成明亮的确定性的决定性因素,那它就是无标准的。

没有记号(signature),就没有相似性。相似物(le similaire)的世界只能是一个被标记的世界。帕拉塞尔斯说:"上帝为人类利益创造的一切和他给予我们的一切应保持蔽而不明,这并不是上帝的旨意……即使他隐藏了某些事物,他也不允许任何没有外部和可见符号以及特殊标记的事物继续存在——恰如一个埋藏珠宝的人在埋藏点作了标记,以便日后还能找到这个地方。"[19]有关诸相似性的知识建立在对这些记号的记录和辨认上。如果你们想认识植物的本性,那么,停留在植物的皮层是没有用的;你们必须通达它们的标记——即"它们拥有的上帝的影子和形象或者它们的内在效能,这个效能是由天空作为自然嫁妆送给它们的……我说,这效能

⑲    帕拉塞尔斯:《关于事物本性的九部书》(作品集),由苏多夫编辑出版,第九卷,第 393 页。

是被其记号认可的"⑳。记号体系翻转了可见物与不可见物的关系。相似性是那个在世界深处使得事物成为可见的东西的不可见形式；但是，为了使这个形式有可能处于光的沐浴之下，就必须有一个可见的形象，把它从其深刻的不可见性中牵拉出来。这就是为什么世界面貌覆盖着讽刺诗、符号、数字和晦涩的词——覆盖着"象形文字"（hiéroglyphes），诚如特纳（Turner）所说的。诸直接相似性的空间变得像一大本打开着的书；它充满了笔迹；每一页都充塞着相互交错并在某些地方重复的奇异的图形。我们要做的只是去辨读它们："产生于大地深处的所有花草、植物、树木和其他东西，都是些魔术般的书籍和符号，这难道不是真的吗？"㉑那面物在其深处凝视自身并相互观照的巨大的平静的镜子，实际上充满了言语的咕哝。默默的映照被词重复着，词指明了它们。因受到一种最终的相似性形式的恩惠（这种形式包罗了其他所有形式并把它们包含进一个单一的圆圈内），世界就可以比作一个说着话的人："恰如他的声音表明了他的悟性（entendement）的秘密运动，似乎通过自己的记号，草本植物就向好奇的医生说出了、揭示了它们自己的内在效能，这些效能是隐藏在自然的沉默面纱下面的。"㉒

但是，我们必须在这一语言本身稍作停留。要讨论那些构成了语言的符号。讨论这些符号借以反映被自己所指明的一切的方式。

在乌头与眼睛之间存在着交感。假如这个植物上没有某个记号、某个标记或某个词，告诉我们乌头有利于治疗眼疾，那么，这个意想不到的类似性（affinité）仍将蔽而不明。这个符号从其种子上看是极其明显的：这些种子是嵌入白色表皮的小小的黑色的球状物，其外形十分类似于罩着眼睛的眼睑的外形㉓。核桃与人头之间

---

⑳　克罗列斯：《植物外形特征论文》，第 4 页。
㉑　同上书，第 6 页。
㉒　同上书，第 6 页。
㉓　克罗列斯：《植物外形特征论文》，第 33 页。

的类似性也是这样的：能医治"颅骨伤"的，正是包在核桃硬组织（即壳）上的厚厚的绿色的皮层；而使用核本身就能防止头内部的病痛，因为"核从表面上看恰似大脑"㉔。类似性的符号，以及使类似性成为可能的，极其简单地就是类推；而交感的密码（le chiffre）则存在于比例之中。

但是，为了让自己可能被辨认，这个比例本身能有什么记号呢？人们怎么知道，手上的褶线或额上的皱纹正在人的身体上勾勒出这个人的整个生活结构中的所有倾向、偶然事件或障碍呢？如果不是因为我们知道，交感在我们的身体和天空之间创立了联系，并把行星的运动传送给人的偶然事件，我们怎么知道上面这一点呢。如果不是因为褶线的短小反映了短暂生活的简单形象，两条皱纹的交叉反映了所遭遇的障碍，向上延伸的皱纹反映了一个人会奋发向上直至成功，我们又怎么知道上面这一点呢。纹线的宽度是财富和重要性的象征；其连续意味着好运，而其间断则意味着恶运㉕。身体与命运之间的重大类推是由整个映照和吸引的系统来标记的。正是交感与仿效指明了类推。

至于仿效，我们可以用类推来加以认可：眼睛之所以是星星，是因为它们把光撒播在我们的脸上，恰如星星照亮黑暗一样，是因为盲人存在于世上，恰似目光敏锐的人生活在最漆黑的夜晚。我们还可以用适合来认可仿效：我们知道，甚至自古希腊以来，最强壮和勇猛的动物都拥有巨大而发达的脚，似乎它们的力量传递至它们的躯体的最遥远部位。同样，人的脸和手必定相似于与它们联系在一起的心灵。因此，对最看得见的相似性的确认，发生在这样一个背景中，即发现了事物相互间是适合的。如果有人现在认为适合并不总是被实际的定位所限定，许多在空间中相互分离的事物也是适合的（恰如疾病及其治疗，人与他的星星，或者植物与它所需要的泥土），那么，一种适合性的符号还是必需的。然而，对

---

㉔ 同上书，第33-34页。

㉕ J.卡当：《看额算命者》，1658年版本，第3-8页。

两个相互联系在一起的物来说，如果不是它们彼此有一种相互的吸引，恰如太阳与向日葵，或者水与黄瓜秧苗一样[26]，如果不是物与物之间存在一种类似性并作为交感，那还能有其他符号吗？

这样，循环是闭合了。可是人们都知道，完成这个循环，需凭借一种复制体系。相似性需要一个记号，因为假如不被可辨认地打上记号，那么任何相似性都将不引人注目。但是，这些符号是什么呢？在世界的所有方方面面和所有错综复杂的形式中，人们如何确认存在着一个自己最好加以注意的记号（因为它指明了一种秘密的和基本的相似性）？哪个形式构成了符号，并赋予它作为符号的特殊价值？——是相似性。就符号与它们指明的一切（即类似性）相似而言，符号在指称。但是，符号所指明的，并不是同源同形；因为它作为记号的特殊存在消失在一个面上（它是这个面的符号）；这个面是另一个相似性，一个邻近的类似性，是能使我们确认第一个相似性的另一类相似性，它转而又被第三个相似性所揭示。任何相似性都接受一个记号；但是，这个记号只是同一个相似性的中介形式。因而，这些标记的总体使第二个循环在相似性循环上滑行；假如这个造成交感符号存在于类推中的微小的置换程度，这个把类推置于仿效，把仿效置于适合中的置换程序，并不转而要求一个被人确认的交感标记，那么，第二个循环就将恰恰是第一个循环的复制。这个记号与它所意指的一切恰恰拥有相同的性质；它们只遵循一个不同分布的规律；它们的区分方式（le découpage）是一样的。

能标记的形式（Forme signante）和被标记的形式（forme signée）就是相似性，但它们是并置在一起的。可能正是在这个方面，16世纪知识中的相似性才是最普遍的东西：它就是最看得见的东西，同时，它又是人们必须加以探寻的东西，因为它也是最被隐蔽的东西；它确定了认识形式（因为认识只能遵循相似性的路径），并保证了认识内容的丰富性〔因为当人们提出符号并审视它们所指明的

---

[26]　培根：《自然史》（法译本，1631年），第221页。

一切时,人们就允许相似性(la Ressemblance)本身出现在日光之下,并在它自己的光线下闪烁]。

让我们把那些能使人们让符号讲话并揭示其意义的全部认识和技巧,称作解释学(herméneutique);把那些能使人们区分符号的场所、限定把符号构成为符号的一切并知晓符号是如何以及依据什么规律而联系在一起的全部认识和技巧,称作符号学(sémiologie):16世纪以相似性为形式把解释学和符号学重叠在一起。探寻意义,也就是阐明相似性。探寻符号的规律,也就是去发现相似的事物。存在物的语法,就是存在物的注释(exégèse)。它们所讲的语言必须告诉我们的,只是把它们结合在一起的句法是什么。事物的性质,它们的共存,它们借以联系在一起和交流的方式只是它们的相似性。这个相似性只有在从这个世界的一头贯穿到另一头的符号网络中才是看得见的。"大自然"覆盖着一层薄薄的东西,这层东西把符号学和解释学叠加在一起;大自然既不神秘,也无面纱,它提供给我们认识,只是就这一叠加必定包含有相似性之间的轻微的不符合程度而言,大自然有时又会使我们的认识误入歧途。结果,这张网并不清澈;它的透明性一开始就弄混了。一个黑暗的空间出现了,但它必定会变得愈来愈清楚。这个空间就是"大自然"的所在,是人们必定想要知道的。如果相似性的解释学与记号的符号学相互吻合而没有一点儿偏差,那么,任何东西都将是最接近的和明显的。但是,由于在塑成了世界的笔迹的相似性与形成了世界的话语的相似性之间存在着一个"切口",所以,知识及其无限劳作在这里发现了适合于自己的空间:沿着从相似物到与此相似的一条没有尽头的曲折道路,来穿行这一距离,正是它们所要做的。

## 第三节 世界的界限

所有这些得到最为笼统的勾画的一切,就是16世纪的知识型(l'épistémè)。这一构型本身具有某些结果。

　　首先,这一知识既具有过剩的特征,又具有完全贫乏的特征。说它是过剩的,是因为它无所限制。相似性从不保持自身的稳定;只有当相似性诉诸另一个相似性时,它才能得到确定,而后者反过来又指及新的相似性;因此,只有通过其他相似性的累积,每个相似性才具有价值。如果微不足道的类推都得到检验并最后显得是确定的,那么,整个世界就必须被浏览一遍。于是,这是一种知识,通过相互依赖的所有证实的无限积累,这种知识能够并且必能发展。由于这个原因,就其基础来讲,这种知识将是沙质般的不牢固。这一知识的各个要素之间的唯一可能的联系形式是添加(l'addition)。因而有了堆状物,有了乏味的单调性。通过把相似性设置为符号与其所指之间的联系(这样,就使相似性成了第三种力和唯一的力量,因为它以相同的方式,既存在于标记,又存在于内容中),16世纪知识就注定总是只认识相同的物,而只是在不可达到的无限历程的尽头才去认识这个物。

　　正是在这里,我们发现"小宇宙"(le microcosme)这个富有盛名的范畴起着作用。这个古老的概念可能在中世纪和文艺复兴初被某个新柏拉图主义传统复活了。但是,到了16世纪,这个概念终于在知识中发挥着基本的作用。它是或不是(如同以前人们所说的)宇宙观或世界观(Weltanschauung),这几乎都是无关紧要的。事实是:它在这个时期的认识论构型中拥有一个或者不如说两个十分明确的功能。作为思想范畴(catégorie de pensée),它把重复的相似性之间的相互作用应用于所有自然领域中;它向所有的研究保证,每个事物都能大规模地发现自己的映像和大宇宙的确信(assurance macrocosmique);它转而证明了,最高领域里的可见秩序将反映在地球的最黑暗的深处。但是,因它被理解为大自然的一般构型(configuration générale),所以,它向相互衬托的相似性的坚持不懈的进展设定了一个真实的但似乎又是明确的界限。它表明,存在着一个巨大的世界,它的四周勾画了所有被创造物的界线;在世界的另一端,存在一个享有优先权的创造物,它在自己的有限向度内,产生了有关天空、星星、山脉、河流和风暴的巨大秩序;相似性的相互作用正是在这一基本的类推的有效界限内展开的。因这个事实,从小宇宙到大宇宙的距离无论有多大,但都不可能是无限的;逗留在这个距离上的存在物是众多的,但是,人们还是可以数清它们;所以,通过自己需要的符号的作用,相似性总是一个依赖另一个,不再冒无限止逃遁的危险。它们有一个完全封闭的领域,以便可以依靠,获得巩固。大自然,作为符号与相似性的相互作用,依据宇宙的被复制形式而把自身封闭起来了。

因此,我们必须防止把关系给颠倒了。无疑,诚如我们所说的,小宇宙的想法在16世纪是"重要的";在所有调查研究能够统计的表达式中,它大概出现得最为频繁了。但是,我们在这里并不关心对观点的研究,只凭对书面材料作统计学分析,就能进行这种研究了。相反,如果有人在其考古学层面上,即在使之成为可能的层面上,研究16世纪知识,那么,大宇宙与小宇宙的关系显得只是一个表面结果了。这不是因为人们相信这些关系,他们才着手设法探寻世界上的所有类推。而是,他们的知识的核心处存在着一种必要性:他们必须在一种(作为符号与其意义之间的第三个项而被引入的)相似性之无限丰富性与那个把同样的相似性强加在符号与其所指之上的单调性(la monotonie)之间进行调节。在一个符号与相似性于其中彼此缠绕的知识型中(这种缠绕处于无止境的螺旋形曲线中),人们必须在小宇宙与大宇宙的关系中思索知识的保障以及知识拓展的界线。

因这同一个必要性,这种知识就得同时并且在相同的层面上接受魔术(magie)和博学(érudition)。在我们看来,16世纪种种认识似乎就是由理性知识、源于魔术实践的观念和整个文化遗产(因重新发现古希腊罗马作者们,其权威力量已得到全面加强)的不稳定的大杂烩构成的。这样看来,16世纪的科学似乎具有一个脆弱的结构;它是一个忠于古人、喜好神奇和对我们借以彼此确认对方的最高合理性所作清醒的注目这三者相互对抗的自由场所。这个三叶形时期会反映在每部作品和每个具几种复杂情感的人的镜子中⋯⋯事实上,16世纪知识所遭受的并不是结构的不充分性。相反,我们早已看到,限定 16 世纪知识空间的那个构型有多么的小心谨慎。正是这一严肃性才使得魔术与博学之间的关系成为看不见的——它们并不是所选的内容,而是所需的形式。世界充满着必须被辨认的符号,所有这些揭示了相似性和类似性的符号本身,也只是相似性形式。因此,认识就是解释:去发现一条从可见的标记到由标记所说的一切的通道,要是没有这个标记,这一切就像沉默的言语一样,将潜藏在事物当中。"但是,我们其他人是通过符号和外在的联系发现所有隐藏在山中的东西;我们也是这样发现草本植物和石头中的所有属性的。在深海和高空中,没有什么不是人能发现的。巨大的山脉所蕴藏的一切也不能躲开人的目光;而是通过相应的符号向人展示。"[27]占卜预言并不是一种与认识相匹敌的形式;而是认识本身的重要组成部分。然而,这些由人们解释的符号,只就其与所指称的一切相似而言,才指称它们;人们若不作用于那个默默地被这些标记所指称的东西,就不可能作用于这些标记。这就是为什么表象了头、眼睛、心脏、肝脏的植物会拥有一种与各个器官相关的功效;这就是为什么动物本身会对指称它们的标记敏感。帕拉塞尔斯设问:"那么,请告诉我:为什么海尔维第(Helvétie)、阿尔戈里(Algorie)和休迪耶(Suédie)的蛇能理解古希腊的词 Osy、Osya、Osy……它们在哪些学院学会的,以至于它们一听到这个词,就立即转过尾巴,以便不再听到它? 它们一听到这个词,就不顾自己的本性和精神,保持不动并且不再用自己有毒的伤口害人。"请人们不要说,这只是当词发音时所产生的声音效果:"如果你在有利时机在仿羊皮纸、羊皮纸或普通的纸上写下这些词,接着把它们放在蛇前,那么,蛇也会像当你们大声读出这些词时一样伏在地上不动。""自然魔术"的设想,在 16 世纪末至 17 世纪中叶曾占有重要地位,它并不是欧洲意识的残余效果;诚如康帕内拉[28]所明确告诉我们的,它复活了,其原因是当代的:因为知识

---

[27]　帕拉塞尔斯:《高级巫术科学》(法译本,1909 年),第 21 - 23 页。
[28]　T.康帕内拉:《论事物和巫术的含义》(法兰克福,1620 年)。

的基本构型用标记和相似性相互观照。魔术形式是这种认知方式所内在固有的。

基于同样的事实，博学也是这样：因为在由古代传递给我们的珍宝中，语言的价值在于它是物的符号。在以下两者之间是不存在差别的：一是由上帝放置在地面上以便我们知晓其内在秘密的可见标记，二是被一种神圣之光照耀的《圣经》或古代圣人在被传统保全的书籍中设置的可辨认的词。与这些文本的关系，其性质是与物的关系一样的：在这两种情形中，都存在着必须被发现的符号。但是，上帝为了发挥我们的聪明才智，只是在大自然上播下了种种供我们辨认的形式［正是在这个意义上，认识应该是预见（divinatio）］，而古人则早已向我们提供了种种解释，我们只消把这些解释收集在一起。要是不必理解他们的语言，阅读他们的文本，体悟他们所说的一切，那么，我们只需把什么收集起来。古代的遗产，类似大自然本身，是一个宽广的阐释空间；在这两个情形中，都必须记下符号并使它们逐渐开口说话。换言之，预言（Divinatio）和博学（Eruditio）是同一个解释学。但它们遵循相似的形式在不同的层面上展开：一个是从沉默的符号进到物本身（并使大自然讲话）；另一个从静止的笔迹进到清楚的言语（它使沉睡的语言苏醒过来）。但是，恰如深远的相似性关系把自然符号与它们的所指联系在一起一样，古人的话语就处于其所叙述的一切的形象中；如果它具有宝贵符号的价值，那是因为，从其存在的深处，通过一种自产生之日起就不停地照耀它的光线，它适应于物本身，它为物塑成了一个映像并仿效物；它与永恒真理的关系，恰如符号与大自然的秘密的关系（它是要加以辨认的这一言语的标记）；它拥有与所揭示的物的一种永恒的类似性。因此，要求它具有权威的资格，这是徒劳的；它是符号的宝库，相似性把这些符号与它们被授权指称的一切联系起来。唯一的差别是，我们所处理的是次等的珍宝，它反映自然的记号，而这些记号又模糊地指明了物本身的精华。所有这些标记，无论是遍布于自然中，还是在羊皮纸或图书馆里被表达得甚是有条理，但是其真理在任何地方都是一样的：它与上帝的教海一样古老。

在标记与词之间,是不存在那种存在于观察与被接受的权威或可证实的事实与传统之间的差别的。符号与相似物之间的作用在任何地方都是一样的,这就是为什么大自然和言词(le verbe)能够无限地相互缠绕,并为那些读解者提供巨大的唯一的文本。

## 第四节　物的书写

在 16 世纪,真实的语言并不是诸多独立的、统一的和光滑的符号之整体,物在这个符号整体中能像在镜子中一样被映照,以便在其中逐个叙述它们的特殊真理。还不如说,这种语言是一个黑暗的神秘的东西,是自我封闭的,是分成几个部分的整体,从一个点到另一个点都充满着神秘,到处都与世界的形式结合甚至纠缠在一起;这种纠缠到了这样的程度,以至于所有这些整体形成了一个标记网络,在这个网络中,每个要素相关于其他因素,都能起到、事实上也起到了内容或符号的作用,秘密或指示的作用。在语言之原始的、历史的 16 世纪的存在中,语言并不是一个任意的系统;它被置放于世上并成为世界的一部分,既是因为物本身像语言一样隐藏和宣明了自己的谜,又是因为词把自己提供给人,恰如物被人辨认一样。人们为了认识大自然而打开、钻研和阅读的书本中的重大隐喻,只是另一个传递的相反的和看得见的方面,而且是更为深刻的方面,它迫使语言存在于世上,存在于植物、草木、石头和动物中间。

语言是相似性和记号之重大分布的组成部分。因此,语言本身必须作为大自然的一个物而被研究。同动物、植物或星星一样,语言的要素拥有它们自己的类似和适合的法则,它们自己的必然的类推。拉米斯(Ramus)把自己的语法分为两个部分。第一部分致力于词源学,这意味着,人们在其中寻找的,并不是词的初始意义,而是字母、音节,最后还有所有词语的内在"属性"。第二部分处理句法:旨在传授"通过词的属性把词构建在一起",它"几乎全在于这些属性的适合和相互吻合,恰如名词与名词或与动词相吻合,副词与所邻近的所有词语相吻合,恰如结合在一起的物之序(l'ordre des choses)中的连接"㉔。语言并不是其所是,因为语言具有意义;语言的表象内容,虽然在 17 和 18 世纪的语法学家那里是如此重要,以至于充当了他们的分析的指导思想,但在这里却起不了什么作用。词把音节结合在一起,音节把字母结合在一起,这是因为效能(des vertus)被置于这些字母中,这些效能使这些相互接近和分离,恰如在世界中发现的标记也相互排斥或吸引一样。16 世纪的语法研究基于与自然的科学或密传的学科相同的认识论排列上。仅有的差异是:只存在一个自然,但存在好几种语言;在密传学科(l'ésotérisme)中,词、音节和字母的属性是由另一种总是隐秘的话语揭示的,而在语法中,正是日常生活的词和短语本身表达了自己的属性。语言介于大自然的可见形象与密传话语的秘密适合之间。语言是一个分成块的自然,对照自身而被分块,并改变了使其丧失基本透明性的一切;语言是个秘密,它在自身内(尽管接近表面)拥有有关自己将要说的一切的可辨认的标记。语言是一种被埋藏的启示(révélation),同时又是一种会变得愈来愈清晰的启示。

在语言的初始形式中,当上帝本人把语言赋予人类时,语言是物的完全确实和透明的符号,因为语言与物相似。名词置于被指称的物上,恰如力量书写在狮子的身上,王权书写在老鹰的眼里,恰如行星的效应(l'influence)刻画在人们的前额上:都是通过相似性形式。这一透明性在《圣经》中挪亚的子孙没有建成的通天塔中被破坏了,以示对人类的惩罚。只就语言过早地失去了与物的相似性(这是语言存在的初始理由)而言,诸语言之间才开始相互分离和互不相容。所有我们知道的语言,只有在这一丧失了的相似性的基础上,在它撤空的空间里,才能被言说。只有一种语言还保存着相似性的记忆,因为它径直源自现在已被遗忘的原始词汇;因为上帝不希望人们忘记通天塔的惩罚;因为这种语言必须被用来

---

㉔　P. 拉米斯:《语法》(巴黎,1572 年),第 3、125 - 128 页。

叙述上帝与其臣民的古老盟约(la vieille Alliance);最后,还因为,上帝正是使用这种语言,才向倾听他的人讲话。因此,希伯来语好像以残片的形式,包含了初始的命名标记。当亚当把其置于各种动物上时说出的那些词还续存着,至少是部分续存着,并且在其深度中,恰如沉默知识的片断一样,还拥有存在物的固定属性:"这样,鹳,因其对父亲和母亲的仁慈,在希伯来语中,就被称作 Chasida,这就是说,它是温顺的、仁慈的、富有同情心……马被命名为 Sus,被认为是源于动词 Hasas,除非这个动词是源于名词的,并且它指的是屹然直立,因为在所有四足动物中,马是最勇猛的,诚如《约伯记》第 39 章所描述的。"⑩但是,这些只是零散的遗迹;所有其他的语言都已丧失了这些完全的相似性,它们之所以保存在希伯来语中,只是为了表明希伯来语曾经是上帝、亚当和原始地球上的动物的共有语言。

但是,如果语言不再直接与自己所命名的物相似,那么,语言并不因此就脱离了世界;它仍以另一种形式成为启示的场所并包含在真理既被宣明又被陈述的空间中。当然,就其初始的可见性而言,语言不再是自然,但语言也不是一个神秘的工具(其力量只有少数幸运的人才能认识)。还不如说,语言是那个拯救自身并最终开始倾听真实言语的世界的构型。这就是为什么上帝想使拉丁语(其教会的语言)传播整个地球。这也是为什么世界上的所有语言(凭着这一征服有可能认识它们)一起构成了真理的形象。语言在其中得以展开的空间以及语言的相互缠绕,释放了被拯救世界的符号,恰如初始名词的排列类似于上帝供亚当使用的物。迪雷(Claude Duret)指出,希伯来人、伽南人、撒马利亚人、迦勒底人、叙利亚人、埃及人、腓尼基人、迦太基人、阿拉伯人、撒拉逊人、土耳其人、摩尔人、波斯人、鞑靼人,他们在书写时,都是从右到左的,遵循"一重天的进程和日常运动,依照伟大的亚里士多德的观点,一重天是最完美的,并趋向于统一";希腊人、格鲁吉亚人、马龙派人、雅

---

⑩　C. 迪雷(Claude Duret):《语言史宝库》(科洛涅,1613 年),第 40 页。

各比派人、科普特人、特泽维安人、波兹南人,当然还有拉丁人和所有的欧洲人,他们都是从左到右进行书写的,遵循"作为 7 颗行星的集合的二重天的进程和运动";印度人、中国人和日本人,则是自上而下进行书写的,符合"自然的秩序,这种秩序把人头置于人的身体顶端,而把脚置于人体的底部";"与前面几种方式相反",墨西哥人不是自下而上,就是沿着螺旋形线条书写的,"恰如太阳在一年的行程中穿过黄道十二宫时留下的轨迹"。这样,"通过这五种不同的书写,世界框架和十字架的形式之秘密和神秘性,天空圆形和地球圆形的统一性,都得到了适当的表示和表达"③。语言与世界的关系,是一种类推关系,而不是意指关系;或者还不如说,语言作为符号的价值和语言的复制功能是重叠在一起的;语言谈论天和地,语言是天地的形象;语言在自己最最有形的结构中复制十字架并宣称其降临——而这个降临转而又是通过《圣经》和圣言确立起来。语言拥有一个象征功能;但是,自从通天塔的灾难以来,我们必定不再在词本身中探寻它了(几乎鲜有例外②):我们是在语言的存在中,在其与世界总体性的关系中,在它的空间与宇宙场所和形象的交叉中来探寻语言的功能。

由此在 16 世纪末或 17 世纪初出现了百科全书派设想的形式:不要反映人们用语言的中性要素来知道的一切——只有在 17 世纪下半叶,字母才被用作一种任意的但有效的百科全书的秩序③——而是通过一种词借以联系在一起并排列在空间中的方式,去重构宇宙的每一个空间。我们在格雷古瓦(Grégoire)于 1610 年问世的《神奇术论著》(*Syntaxeon artis mirabilis*)和阿尔斯特迪斯(Alstedius)于 1630 年问世的《百科全书》中所发现的正是这一设

---

③ C. 迪雷:《语言史宝库》(科洛涅,1613 年),第 40 页。

② 热斯内,在《毒药剂》中以例外的名义明显引用了象声词(蒂居里的第二版,1610年,第 3 - 4 页)。

③ 除非对语言而言,因为字母是语言的素材。参见热斯内的《毒药剂》,第二章。第一部按字母顺序的百科全书是莫来利(Moreri)的《历史大字典》(1674 年)。

想；或者说，萨维尼（Christophe de Savigny）的《社会科学全表》㉞（*Tableau de tous les ars libéraux*）也有这样的设想，他设法依照以下两种方式使认识空间化：一是圆圈的宇宙的、不变的、完美的形式，二是树的地上的、易腐烂的、多重的、分化的形式；我们在迪迈内（La Croix du Maine）的著作中也能发现这种设想，他想象有一个即刻成为百科全书和图书馆的空间，这个空间还依照由世界本身规定了的邻近、类似、类推和从属等形式，允许书写文本的排列㉟。但是，无论如何，语言和物在一个共有空间内的相互缠绕，是以书写的绝对优先权为先决条件的。

这个优先权主宰着整个文艺复兴时期，并且可能是西方文化中的重大事件之一。印刷术、东方手稿传入欧洲，文学作品的问世不再是为了朗诵或上演（因而也不受制于朗诵或上演），宗教文本的解释优于教会的传说和权威——所有这些事情都证明了在西方人们赋予书写（l'Ecriture）以基本地位，当然，这种证明是不考虑到因果的。从此以后，被书写成了语言的一个初始本性。由声音发出的声响只是对语言所作的暂时的和不确定的翻译。被上帝置于世上的，就是被书写的词语；当亚当把初始的名词置于动物之上时，他只是在读这些可见的沉默的标记；律法（la Loi）被托付给图表（des Tables），而不是托付给人的记忆；正是在书本中，真实言语（Parole）会被重新发现。维涅耐（Blaise de Vigenère）和迪雷（Claude Duret）㊱都以几乎相同的话说，确实在自然中，也许甚至在人的知识中，书写物（l'écrit）总是优于言说物（le parlé）。因为很有可能，在通天塔以前，在大洪水以前，早已存在着一种由自然本身的标记组

---

㉞　法国文艺复兴时期学者克里斯托弗·萨维尼的百科全书著作，出版于 1587 年，有人文、社会、自然和神学等学科的 16 幅精巧的树状图表，是中世纪知识分类和视觉表现的代表作之一。——译注

㉟　拉·克鲁瓦·迪迈内（La Croix du Maine）：《建立完美图书馆所需的许多橱柜》（1583 年）。

㊱　B·德·维涅耐：《数码论》（巴黎，1587 年），第 1、2 页。C·迪雷：《语言史宝库》，第 19、20 页。

成的书写形式，其结果是，其符号会拥有一种力量，直接作用于物，吸引物或排斥物，表象物的属性、功效和秘密。也许，某些秘传知识，尤其是犹太人对《旧约全书》所作的传统解释，对一种原始的自然的书写只具有分散的记忆，现在却设法恢复它的长期沉睡着的力量。16 世纪的秘传学识，是一个书写现象，而非言语现象。无论如何，后者被剥夺了全部力量；维涅耐和迪雷告诉我们，后者只是语言的阴性部分，恰如其消极的智力一样；书写则是积极的智力，是语言的"阳性要素"（principe male）。书写独独包含着真理。

书写的这一首要性说明了在 16 世纪知识中出现了两种尽管明显对立但又不可分离的形式之孪生呈现。其中一种形式是在所见与所读、观察与关系之间不作区分，从而构成了一个唯一的光滑的表面，在这个表面上，目光与语言无限地交织在一起；第二种形式是第一种形式的反面，即直接分散了所有的语言，并且不用任何可指定的术语，反反复复的评论就把这种语言分成了两半。

某一天，布丰（Buffon）惊奇地发现像阿德罗芬弟这样的博物学家的作品中竟有错综复杂的大杂烩：精确的描述，报道过的引语，不加批评的寓言，不加区别地论及动物的解剖、动物在讽刺诗中的使用、动物的栖居地和动物的方法论价值的评语，以及论及动物能在医学或魔术中使用的评语。事实上，当人们回想起《龙蛇史》（*Historia serpentum et draconum*）时，就能发现"蛇通论"这一章是依据下述标题展开的：歧义（这指的是蛇这个词具有不同的意义），同义词和词源学，差异，形式和描述，解剖学，本性和习性，性情，交媾和生殖，声音，活动，场所，食物，面貌，反感，同感，捕获方式，被蛇咬死和咬伤，放毒的方式和征兆，治疗，外号，名称，奇事和先兆，怪物，神话，所献身于的诸神，寓言，讽喻和奥秘，圣书字，象征和符号，谚语，硬币，奇迹，谜，图纹，纹章学符号，历史事实，梦幻，幽灵和雕像，人类食物中的用法，医学上的用法，各种用法。于是，布丰就此说道："在这以后，让人们判定，在这一堆杂乱的文字中，人们能发现哪些自然史范围。在这里没有描写，只有传说。"实际上，对阿德罗芬弟和他的同时代人来说，所有这些都是传说，是被读解的

物。但是,其原因并不是他们偏爱人的权威甚于偏爱毫无偏见的
目光的精确性,而是因为自然本身就是词与记号的连续不断的织
物,叙述与文字的连续不断的织物,话语与形式的连续不断的织
物。当人们想撰写动物史时,要在博物学家的职业和编纂家的职
业之间作出选择,是徒劳的和不可能的:人们必须把已由自然或
人,由世界的语言,由传统,或由诗人看到和听到以及叙述的一切
都汇集在同一个知识形式中。认识动物或植物,或任何无论什么
样的陆地上的东西,也就是把覆盖在它们上面的整个符号层面汇
集起来;也就是重新发现所有的形式集合,它们从这些形式中获取
了它们的作为讽刺诗符号的价值。阿德罗芬弟同布丰一样,也是
一个观察家;他同布丰一样,不轻信任何人,都喜爱观察家目光的
忠诚可靠或物的合理性(la rationalité)。只是他的目光并不因相同
的系统或知识型的相同布局而与事物相联系。因为阿德罗芬弟小
心谨慎地注视着一个彻头彻尾被书写的自然。

因此,知识就在于使语言与语言发生关系;在于恢复词与物的
巨大的统一的平面;在于让一切东西讲话。这就是说,在一个所有
标记的层面之上,使评论的次等话语产生。知识的本义并不是审
视或证明;知识的本义是解释。对《圣经》的评论,对古代作者的评
论,对旅行者报道的评论,对传说和寓言的评论:人们并不要求自
己正要解释的每一种这样的话语陈述一个真理;所要求的只是谈
论这个真理的可能性。语言包含自己的内在的增生要素。"去解
释诸解释要比解释事物有更多的事要做。论书的书要比论其他主
题的书多;我们只是在相互评注。"㊲这些话并不确认一种被埋藏在
自己的遗迹下的文化的破产;而是限定了语言在 16 世纪与自身保
持的一种必然关系。这种关系使得语言能无限地累积,因为它从
不停止发展,从不停止修饰自己,从不停止把自己的连续形式重叠
在一起。在西方文化中可能第一次出现了这个完全开放的语言向
度,这个向度不再能够停下来,因为它没有被包括进一个有限的言

㊲ 蒙田:《随笔》,第 3 卷,第 13 章。

语中,所以,它只能在将来某个话语中,并致力于说出自己将会说出的一切;但是,即使这个将来的话语本身也并不拥有中止发展的力量,并且,它所说的一切被包括进这个发展中,恰如给另一个话语的许诺和遗赠一样……按定义,评论的任务从不会完成。但是,评论完全是针对被评论语言的谜一般的、藏有秘密的部分的:它在现存话语下面,使另一个更基本的并且似乎"更原始的"话语产生,它把这当作自己的恢复任务。除非在人们正在阅读和辨认的语言下面,一个原初大文本(un Texte primitif)享有绝对权力,否则,就不可能有评论。正是这一文本,因向评论提供了一个基础,所以才把自己的最终发言当作对评论的补充。这种沉默的统治因而衡估、理想地限制但又不停地推动了诠释的必然增生。16 世纪的语言(不是被当作语言史中的一个插曲,而是作为全部文化经验)发现自己可能存在于这些相互作用的因素中,存在于在原初文本与解释的无限性之间出现的间隔中。人们在书写的基础上讲话(书写是世界的组成部分);人们无限地谈论书写,书写的每一个符号转而成了更新的话语的书面材料;但是,每一种话语都致力于这个第一书写(prime écriture),这种话语在允诺词的返回时,又改变了词的返回。

人们会发现,语言的经验属于那个与自然物的认识相同的考古学网络。认识这些物,也就是去揭示那个使它们彼此接近和相互依赖的相似性体系;但是,只就事物的表面上存在着符号的一个整体(符号形成了不容置辩的指示文本)而言,人们能在物与物之间发现种种相似性。但是,这些符号本身也只是相似性的作用,它们又回到了那个无限的、必定是未完成的认识相似物的任务。同样,几乎以相反的方式,语言为自己设定了恢复一个绝对初始的话语的任务,但是,只有设法接近它,设法说些关于它的类似于它的话,从而使大量邻近的和相似的解释精确度得以产生,语言才能陈述这个话语。评论无限地相似于自己将要评注但从未能陈述的一切;恰如大自然的知识总是为相似性发现新的符号,因为即使符号一直都只是相似性,相似性也不能被自己所认识。并且,恰如大自然的这一无限作用,在小宇宙与大宇宙的关系中,发现了自己的联

44

系、形式和界线,以同样的方式,凭着解释有朝一日会整个地加以揭示的并确实地得到书写的一个文本所作的许诺,无限的评论任务就感到心安理得了。

## 第五节　语言的存在

　　自从斯多葛主义以来,西方世界中的符号体系一直是三元的,因为人们从中发现了能指、所指和"关连"(la conjoncture)。相反,从 17 世纪以来,符号的布局(la disposition)成了二元的,因为它在波-鲁瓦亚勒语法(Port-Royal)中被定义为能指和所指的联系。在文艺复兴时期,符号的组织是不同的,并且较为复杂;它是三元的,因为它需要确切的标记领域,由这些标记指称的内容,以及把这些标记与被这些标记指称的事物联系起来的相似性;但是,由于相似性既是符号形式,又是符号内容,所以,这个布局的三个不同的要素就被归结为一个单一的形式了。

　　这个布局,以及由这个布局准许的相互作用,重新出现在语言经验中,尽管是以相反的方式出现的。事实上,就其原始的和初始的存在来讲,语言首先存在于简单的有形的书写形式中,语言是事物上面的一个印痕,是散布在世界上的一个标记(这个标记是世界上最最不能抹去的形式的组成部分)。在某种意义上讲,这一语言层次是独特的和绝对的。但是,它还产生了另外两种向其提供了框架的话语形式;在这个语言层次上面,存在着评论,评论重述了在新的话语中被给定的符号,而在这个语言层次下面,则存在着文本,评论假定了文本的首要性,这个首要性隐藏在每个人都看得见的标记下面。于是,存在着三个语言层次,它们都产生于书写的独特存在。将在文艺复兴期末消失的,正是这些因素的复杂的相互作用。并且是以两种方式进行的:因为那些不停地在一个与三个词项之间摇摆的形式,将在一个使它们稳定的二元形式中得到固定;还因为语言不是作为物的有形书写而存在,而是只在表象符号的一般状况中发现自己的空间。

这个新布局引起了一个到那时为止仍未被认识的新问题:实际上,人们曾经问自己,如何确认一个符号指称了所指;从 17 世纪开始,人们开始寻思,一个符号如何能与所指相联系。这是一个古典时期将通过表象的分析加以答复的问题;是一个近现代思想将通过意义和含义的分析加以答复的问题。但是,由于同样的事实,语言就只是表象的一个特殊情形(对古典主义者来说)或意指的一个特殊情形(对我们来说)。语言与世界的深刻关系由此便解开了。书写的首要性被悬置起来了。所见和所读、可见物与可陈述物在其中不停地相互缠绕的那个单一的层次那时也消失了。物与词将相互分离。眼睛注定是要看的,并且只是看;耳朵注定是要听的,并且只是听。话语仍具有说出所是的一切的任务,但除了成为所说的一切,话语不再成为任何东西。

这是一个巨大的文化重组,古典时代是其初始的,也许最重要的阶段,因为这个重组引起了我们仍身陷其中的新的布局——因为正是古典时代才把我们与一个并不存在符号意指的文化分离开来,因为该意指重新被吸收进相似物(le Semblable)的至高无上性中了;但是,在这个文化中,这些符号的谜一般的、单调的、坚固的和初始的存在,会在一个无限的散布中闪光。

无论在我们的知识中,还是在我们的反省中,现在并没有什么能唤起对这个存在的记忆。也许除了文学以外,没有什么能做到这一点——即使以更为讽喻和间接的方式,也是如此。人们也许会说,在某种含义上,"文学"(littérature),如同它在近现代初被构成和意味的那样,会表明语言活生生地重新出现在人们并不期望它的地方。在 17 和 18 世纪,语言的独特存在,以及语言作为处于世界中的事物而具有的古老的协同性(solidité),都消散在表象的功能中了;所有语言都只具有作为话语的价值。语言的艺术是"符指"(faire signe)的方式,既指称某物又把这些符号安排在该物周围的方式:因而是一种命名的艺术,通过一种既是证明又是装饰的复制,又是捕捉这个名词、包罗和隐瞒这个名词的艺术,是通过其他名词指称这个名词的艺术(其他的名词的出场被这个名词推迟了,

前者是后者的次等符号、构型和修辞性的装饰）。可是，从整个 19
世纪，直到我们现在这个时候——从荷尔德林（Hölderlin）到马拉美
（Mallarmé）再到安托南·阿尔托（Antonin Artaud）——文学要有自
主的存在，并且把自己与其他所有语言分离开来，并形成一条深不
可测的鸿沟，唯一的方式只是塑成一种"反话语"（contre-discours），
并从语言的表象或指称功能回溯到自 16 世纪以来已被遗忘的这
一原始存在（être brut）。

　　当人们不再在文学所说的层面上，而只是在其能指形式中加以
考察，那么，人们会相信自己已经把握了文学的本质本身：当这样
做时，人们就停留在语言的古典地位上。在近现代，文学补充了
（而不是证实了）语言的意指功能。通过文学，语言的存在再次在
西方文化的界线处和它的中心地带闪烁，因为从 16 世纪以来，语
言是西方文化最为陌生的；但是，自从 16 世纪以来，它也处于西方
文化所掩饰的一切的中心。这就是为什么文学愈来愈显得是必须
被思考的东西；但是，同样，并出于同样的理由，文学又显得是无论
如何都不能依据意指理论而被思考的东西。无论人们是从所指
（它设法说的一切，它的"观念"，它所允诺的一切，或者它促使人们
去做的一切）的方面，还是从能指（借助于从语言学或精神分析法
中获取的图式）的方面，对文学进行分析，这都无关紧要：所有这些
都只是次要情节。在这两个情形中，人们能在能指和所指所处位
置的外面找到文学，在这个位置中，对我们的文化来说，文学一个
半世纪以来从未停止存在和面世。所有这些辨读方式都属于语言
的古典境遇——这个境遇在 17 世纪占据着统治地位，那时，符号的
状态成了二元的，那时，意指反映在表象形式中；在那时，文学的确
是由能指和所指组成的，从而能被适当地分析。从 19 世纪以来，
文学在某一天恢复了语言的存在：尽管它并不像在文艺复兴时期
末出现的那样。因为在现在，不再存在这个原始的、绝对初始的言
语，话语的无限运动都建立在这个言语之上并受制于它；从此以后，
语言的增长，不再有开端，不再有终结，不再有允诺。正是对这一空
幻的但基本的空间进行的浏览才日复一日地勾画着文学文本。

# 第三章 表　　象

## 第一节　堂吉诃德

堂吉诃德(Don Quichotte)的历险坎坷曲折,标出了一个界限:这些历险结束了相似性与符号的古老游戏;并在那里早已结成了新的关系。堂吉诃德并不是一个荒唐之人,而是一个细心的朝圣者,他在相似性的所有标记前面宿营。他是"同"(le Même)的英雄。他不想离开他自己的小城镇,同样,他也不想远离在类似(l'Analogue)周围展示的熟悉的平原。他不停地在这个平原上漫游,从未穿过差异之明显的界限,也不折回到同一性的中心。然而,他本身类似符号。这个细长的字体,作为字母,刚从半开着的那些书本中逸出。他的整个存在只是语言、文本、印刷纸张和已被记录的故事。他是由相互缠绕的词组成的;他是书写本身,在世界上,书写漫游在物的相似性中间。但是,也不完全是这样:因为存在着他作为可怜的西班牙末等贵族这一现实,所以只有从远处倾听那明确表示了律法(la Loi)的数百年史诗(l'épopée séculaire),他才能成为一名骑士。该书与其说是有关他的生存的,还不如说是有关他的职责的。他必须不断服从这个职责,以便知道做些什么或说些什么,以及他应该把什么样的符号赋予他自己和其他人,以表明他的确与他所由源出的文本具有相同性质。骑士故事已经一劳永逸地写出了他的历险之规定。每一个插曲,每一个决心,每一个英雄行为,都象征着堂吉诃德实际上类似于所有这些他已描摹的符号。

但是，如果他想类似于这些符号，他就必须证明它们，并且，（可辨认的）那些符号已不再相似于（可见的）存在物。所有这些书面文本，所有这些荒诞的故事，恰恰都是空前绝后的：世上没有一个人会与它们相似；它们无限的语言仍然悬置着，任何一种相似性都不能实现它们；它们全都会被烧毁，而世界的形态却不会改变。如果堂吉诃德想类似于那些他作为其见证人的文本、表象和真正的类似物，那么，他还必须提供证据，提供不容置疑的标记，即它们在讲述事实真相，它们确实是世界的语言。履行诸书本提出的诺言，这个任务就落在堂吉诃德身上了。他的任务就是要重新创造史诗，尽管是在相反的意义上：史诗叙述了（或者自称是叙述了）真正的英雄行为，以供我们记忆；堂吉诃德必须赋予现实种种有关叙事的没有内容的符号。他的历险将是对世界的辨认：细心的历程在整个地面上突出了这样一些形式：它们将证实书本所说的一切都是正确的。每一个英雄行为必定都是一个证明：它并不在于真正的胜利——这就是为什么胜利并不是完全重要的——而是在于把现实转变为符号。并且要转变为这样的符号，使得语言的符号真正符合事物本身。堂吉诃德读解世界，是为了证明自己的书本。他唯一给出的证据就是相似性的闪烁（le miroitement des ressemblances）。

他的整个旅程就是寻求种种相似性：最细小的类比也被当作昏睡的符号而引发（这些符号是必须被唤醒的，以使它们再次开口讲话）。以不可觉察的方式，即畜群、女仆和客栈类似于城堡、夫人和军队，因而畜群、女仆和客栈再次成了书本的语言。这是一个总是未能实现的相似性，因为它把所要寻求的证明变成了嘲讽，并使得书本的言语永远空洞无物。但是，非相似性本身拥有一个它卑屈地加以仿效的模式：这个模式可以在魔法师的化身中找到。因而，非相似性的所有标记，所有能证明书面文本并不讲述真相的符号，都类似于施展魔法的作用，这种作用通过计谋把差异性引入了相似性的不容置疑性中。由于这个魔法是在书本中被预见和描述的，所以，它所引入的虚幻差异只能是一种着魔的相似性。于是，

49

产生了一个额外的标记,即符号确实与真理相似。

《堂吉诃德》勾勒了对文艺复兴世界的否定;书写不再是世界的散文;相似性与符号解除了它们古老的协定;相似性已让人失望,变成了幻想或妄想;物仍然顽固地处于其令人啼笑皆非的同一性之中;物除了成为自己所是的一切以外,不再成为其他任何东西;词漫无目的地漫游,却没有内容,没有相似性可以填满它们的空白;词不再标记物;而是沉睡在布满灰尘的书本页码中间。魔术通过揭示符号下面的秘密相似性来准许对世界进行辨读,魔术也就只用于依据谵妄的方式去解释类比为何总是实现不了。曾把自然和书本读解为单一文本的的博学已诉诸其空想了:因被置于书卷的黄色页面上,语言的符号除了所表象的微不足道的虚构以外,不再具有其他任何价值。书写与物不再彼此相似。堂吉诃德独自在书写与物之间漫无目的地游荡。

但是,语言并非完全变得软弱无力。语言从此拥有全新力量,这些力量是语言所特有的。在小说的第二部分中,堂吉诃德遇到了一些人,这些人已阅读了他的故事的前半部分,并把他这个真人视作小说中的英雄。塞万提斯的文本反省自己,沉溺于自己的深度,并成了它自己的叙事对象。英雄历险的第一部分,在第二部分中起着起先由骑士故事承担着的作用。堂吉诃德必须忠实于他现在实际上已经成为的书本;他必须防止它出错,防止它被伪造,防止它可疑的续篇;他必须详细地补充省略的东西;他必须维持它的真理。但是,堂吉诃德本人并没有读这本书,并且也不必去读,因为他本人就是书。由于首先读了这么多的书以至于他也成了一个符号,成了一个漫游在并没有认出他的世界中的符号,所以,他现在(不顾他本人是否愿意并且在他不知道的情况下)已成了一本书,这本书包含了他的真理,精确地记录了他所做、所说、所见和所想的一切,并最终使他能被确认,以至于他相似于所有那些符号(他把这些符号的不易抹去的痕迹留在身后)。在小说的第一和第二部分之间,在这两个部分的空隙之间,并且只靠这两个部分的力量,堂吉诃德拥有了自己的实在。他只把这个实在归于语言,这个实在完全存在于词内。堂吉诃德的真理并不在于词与世界的关系，而是在于由词语标记在彼此之间织就的那个细小和永恒关系中。史诗之从未实现的虚构已成了语言的表象力量。词刚刚关闭了它们自己的作为符号的本性。

《堂吉诃德》是第一部现代作品，因为我们在该书中看到了同一性与差异性的严酷理性无限地轻视符号和相似性；因为在该书中，语言中断了自己与物的古老关系，从而进入了这个孤独的主权（souveraineté）中，语言还将会以其原始存在而只作为文学重新出现在这个主权内；因为相似性进入了一个时代，对相似性来说，这是一个非理性和想象的时代。一旦相似性与符号相互分离，两种经验就能确立起来了，两个人物也可以面对面出现了。疯人，不是被理解为病人，而是被理解为被确立的和被保持的异常，一个不可缺少的文化功能；这个疯人已在西方经验中成了具有原始相似性的人。如同在巴罗克时代的小说或剧本中所描绘的，如同其在 19 世纪精神病学以前被逐渐制度化的，疯人在类推中被异化了。他是同（Même）与异（Autre）的错乱的游戏者。他把事物当成它们所不是的东西，把一个人当成另一个人；他不理睬朋友，只认识陌生人；他认为，当自己戴着面具时是摘掉面具了。他颠倒了所有的价值和所有的比例，因为他认为自己在任何时候都是在辨读符号：对他来说，俗丽的光彩造就了国王。在直到 18 世纪末时还盛行的文化经验中，只就疯人认识不到差异（Différence）而言，疯人才是与众不同（Différent）的；他在任何地方都只看到相似性和相似性的符号；因为对他来说，所有符号都是彼此相似的，所有相似性都具有符号的价值。在文化空间的另一端，却因对称而非常靠近，则是诗人，他在被命名和经常被期望的差异性下面，重新发现了物与物之间隐藏着的关系，它们的被分散了的相似性。在所确立的符号下面，并且撇开这些符号，他听到了另一个更加深刻的话语，这种话语唤起了这样一个时刻，那时词在物的普遍相似性中闪烁：同之主权（la Souveraineté du Même）是如此难以陈述，以至于在其语言中抹去了符号之间的区别。

由此，可能，在近现代西方文化中，产生了诗歌和癫狂的面对面。但是，它不再是有关灵感谵妄（le délire inspiré）的古老的柏拉图论题。这是关于语言和物的一种新经验的标志。在一种把存在物、符号和相似性区分开来的知识边缘中，并且似乎是为了限制知识的力量，疯人确保了同语义性（l'homosémantisme）功能：他把所有符号都集合起来，并赋予它们一个从不停止增生的相似性。诗人则确保了相反的功能：他拥有讽喻作用；在符号的语言下面，在符号之间得到很好勾画的区分的相互作用下面，诗人专心于倾听相似性的"另一种语言"，这种语言既没有词，也没有话语。诗人把相似性带给一个讲述这种相似性的符号，而疯人则使所有符号都负载一种最终会抹去这些符号的相似性。这样，在我们文化的外部边缘，在最靠近其基本分界的地方，他们两人都享有这个"边界"（à la limite）境遇——一个边缘姿态和极其古老的侧影——他们的言语在那里不停地发现了它们的奇异性力量和它们的论争的对策。在他们之间，已经打开了一个知识空间，凭着西方世界发生的一个基本的断裂，该知识空间中的问题将不再是相似性问题，而是同一性与差异性的问题。

## 第二节　秩　　序

间断性（des discontinuités）的地位对一般历史来说是不易确立的。可能，对思想史来说，就更不容易了。我们想标出分界吗？任何界线也许都只是一个无限期运动的整体中的一个任意切口。我们想勾勒出一个时期的轮廓吗？但我们有权在时间的两个端点上确立起对称的断裂以使一个连续的和单一的体系出现于其中吗？这个体系得以构成的缘由是什么？它随后消失和被推翻的缘由是什么？它的存在和它的消失可遵照什么规章（régime）？如果该体系自身内包含有连贯一致的原则，那么，从什么地方可产生能否认这个体系的外来因素？一种思想怎么能在并非它自身的另一个物面前逃避呢？不再能思考一个思想，以及开创一个新思想，这以笼统的方式指什么意思呢？

间断(Le discontinu)指这样一个事实，即：在几年之内，一个文化有时候不再像它以前所想的那样进行思考了，并开始以不同的方式思考其他事物。这种间断性可能是始于一种来自外部的侵蚀，始于这样一个空间，这个空间对思想来说是来自另一侧的，但思想在这个场所内从一开始就没有停止过思考。在最大限度内，出现的问题就是思想与文化之间的关系问题：思想怎么会在世界的空间内有一席之地，怎么会发源于那里，怎么会在这儿和那儿不停地开始更新自身呢？但是，也许，现在还不是提这个问题的时候；为了着手研究思想的所有方面并在思想借以逃避自身的方向上来拷问思想，也许，我们应该一直期望思想考古学(l'archéologie de la pensée)变得更加确实可靠，期望它能更好地衡量自己能直接而确实地描绘些什么，期望它限定了种种特殊体系和它所要处理的那些内在联系。于是，目前，我们只需接受这些呈现在既明显又灰暗的经验秩序中的间断性。

在 17 世纪初，在那个被正确或错误地称作巴罗克的时期内，思想不再在相似性要素中运动。相似性不再是知识的形式，而是谬误的原因，是当一个人并不检验诸多含混之混杂场所时所冒的风险。在《探求真理的指导原则》的前几行中，笛卡尔说："当我们在事物之间发现了几种相似性时，我们会把我们认为只是对于其一的真实理解同等归属于这两个事物，即使两者之间实际存在着的某些差异也在所不顾，这就是我们通常的习惯。"[1]相似物的时代正自行结束。它在身后只留下诸游戏。这些游戏的魔力与相似性和虚幻所具有的这种新类似性相交叉；相似性的幻想在任何地方呈现，但人们知道那是一些幻想；这是假象(trompe-l'oeil)的幸运时代，是喜剧幻象的幸运时代，是关于通过表象另一个戏剧而复制自身的戏剧的幸运时代，是张冠李戴的幸运时代，是梦想和异象的幸运时代；它是骗人的感官的幸运时代；它是隐喻、比喻和讽喻限定

---

[1]　笛卡尔：《哲学著作》(巴黎,1963 年),第 1 卷,第 77 页。

语言之诗性领域的幸运时代。并且由于同样的事实,16 世纪的知识才留下了对一种混杂和不规则的认识的畸形记忆(这种认识认为,世界上的所有事物都能胡乱地与人类的经验、传统或轻信相联系)。从那时起,杰出的、严峻的和有约束的相似性形象被人遗忘了。人们把表明这些形象的符号视作是尚未变得合理的知识之幻想和诱惑。

人们早已在培根(Bacon)那里发现了对相似性的一种批评。这是一种经验批判,它并不关涉物与物之间的秩序和平等关系,而是关注这些关系所能从属于的精神类型和虚幻形式。这事关一种关于张冠李戴的学说。培根并不是凭借明证性(l'évidence)及其规则来驱散相似性的。他表明了它们在我们眼前闪烁,并且当人们接近它们时又会消失,但稍后在稍远的地方进行重组。相似性是一些偶像(idoles)。洞穴偶像和剧院偶像使我们相信,事物相似于我们所理解的一切和我们为自己塑造的理论;其他偶像则使我们相信,事物因它们之间存在的相似性而相互联系在一起。"人类精神天生会假定事物中存在着一种比它实际发现要多得多的秩序和相似性;并且当大自然充满着例外和差异时,人类精神到处看到的却是和谐、契合和相似性。于是,就有这样一个虚构:所有的天体,在其运动中,都画出了完美的圆圈":所有这些都是部族偶像,是精神的自发虚构。除此之外,还有作为其结果,有时作为其原因的语言的混淆:同一个名词被不加区别地应用于并不具有相同本性的事物。这些就是市场偶像[②]。如果精神抛弃其自然的草率和鲁莽,以便能变得"透彻"以及最终发现自然内在固有的差异,那么,精神的审慎才能驱散这些偶像。

对相似性所作的笛卡尔式批判是另一种类型。这不再是 16 世纪思想在自身面前担忧自己并开始抛弃自己最熟悉的形象;而是古典思想排除了作为知识的基本经验和主要形式的相似性,并废除了相似性中的大杂烩,这些大杂烩必须依据同一性、差异性、尺

---

② F.培根:《新工具》(法译本,巴黎,1847 年),第 1 卷,第 111、119 页,第 45、55 节。

度和秩序而得到分析。尽管笛卡尔拒绝了相似性，但他并没有把比较活动从理性思想中排除出去，甚至也不设法限制比较活动，而是相反，他推广了这种比较活动，从而赋予它最纯粹的形式。事实上，正是通过比较，我们才在所有的主体中发现了"形式、范围、运动和其他类似的东西"，这就是说，简单的性质（它们可能会在所有的主体中出现）。而另一方面，"所有的 A 都是 B，所有的 B 都是 C，所以，所有的 A 都是 C"，在这样一种演绎中，很显然，精神"在所要寻求的词项与给定的词项之间作了比较，并且在两者都是 B 这一关系下面，知道了 A 和 C"。因而，如果人们把对一个单独物的直观置放一边，那么，人们就可以说，所有认识"都是通过对两个或更多的物加以相互比较而获得的"③。然而，除了凭借直观，即除了凭借有关纯粹而专心的理智的单一活动，除了凭借把种种明显的事物联系在一起的演绎，就不可能有真正的认识。几乎所有的认识都要求比较，比较按定义来说既不是一个单独的明证性，也不是一种推演；这样的比较怎么能准许一种真实的思想呢？"几乎人类理性的所有劳作可能都在于使得这种操作成为可能"④。

存在着两种比较形式，并且只存在两种：尺度（la mesure）的比较和秩序（l'ordre）的比较。人们能尺度量值或倍值，这就是说，尺度连续的或间断的量值；但是，在这两个情形中，尺度的操作都假定：不同于从部分进到整体的计算，人们首先考虑整体，接着把整体区分成部分。这种区分产生了一些单元，有些单元仅仅是约定的或"借用的"（对连续的量值而言），而其他的单元（对倍值或间断的量值来说）则是算术的单元。对两个量值或两个倍值进行比较，无论如何都要求它们依据一个共同的单元而得到分析；这样，依据尺度而实施的比较在任何情况下都可以被归结为相等和不等的算术关系。尺度使我们能依据同一性和差异性的可计算的形式去分

---

③　笛卡尔：《探求真理的指导原则》，第 14 条原则，第 168 页。
④　同上。

析相似物(le semblable)⑤。

至于秩序,它的确立却无需参照一个外部单元:"事实上,我能确认 A 与 B 之间存在着什么秩序,而无需考察除了这两个处于端点的词项以外的任何东西";人们认识不了"处于单独本性中的"物之序,但是,通过发现最简单的事物,接着发现接近于最简单的事物,人们必定能前进到最复杂的事物。凭尺度作的比较需要先作出区分,接着适用一个共同的单元,而在这里,比较和秩序却是同一个东西:凭着秩序作的比较是一个简单的活动,这个活动借助于一种"完全连续不断的"⑥运动,使我们从一个词项过渡到另一个词项,再到第三个词项,等等。这样,诸系列确立起来了,在这些系列中,第一个词项是一个性质(une nature),人们就能拥有该性质对其他所有词项的直观;在这些系列中,其他词项依据那些不断增长的差异性而被确立起来。

因而,就有了这样两种比较:其中一种是为了确立相等和不等的关系,而把整体分解成部分;另一种则确立了部分,确立了所能发现的最简单的因素,并依据最小的可能性程度来安排差异。现在,人们能在确立一个秩序时使用量值和倍值的尺度;算术的数值总是能依据一个系列而可赋序(ordonnables):大量的单元因而能"依据一个秩序而得以布局,以至于先前只属于尺度之认识的那个困难,最终依赖于对秩序的唯一考察"⑦。方法及其"进步"都恰恰在于这一点,即把所有尺度(全都由相等和不等规定的)都归并为排成一个系列,这种排列从最简单的部分开始,将把所有的差异性都表明为复杂性程度。在依据一个给定的单元和相等或不等关系被分析以后,相似物就依据其明显的同一性和差异性而得到分析:这种差异性能在推论(des inférences)的秩序中得到思考。然而,只有依据其在认识中的连贯,这一秩序或普遍化的比较形式才能确

---

⑤ 同上书,第 182 页。
⑥ 同上书,第 6 条原则,第 102 页;第 7 条原则,第 109 页。
⑦ 同上书,第 14 条原则,第 182 页。

立起来；我们在最简单物中确认的这一绝对特征，并不关涉事物的存在，而是关涉事物的存在借以被认识的方式。一个事物依据一种关系可以是绝对的，但依据其他关系，它又能是相对的[⑧]；秩序能成为必然和自然的（相关于思想）同时，也能成为任意的（相关于事物），因为同一个物，依据我们考察秩序的方式，可以被置于秩序中的这个点或那个点。

　　所有这些对西方思想来说曾都是举足轻重的。长期来曾是基本知识范畴（既是认识的形式，又是认识的内容）的可似物（Le semblable），在一种依据同一性和差异性而作出的分析中分解了；而且，无论是间接地通过尺度，还是似乎直接地和直截了当地进行比较，比较都与秩序相联系；并且，最终，比较不再发挥揭示世界赋序（l'ordonnance du monde）的作用；而是依据思想的秩序得以完成的，并自然而然地从简单渐进到复杂。由此，西方文化的整个知识型都发现自己的基本布局发生了改变。尤其是，16 世纪的人在其中看到亲缘性、相似性和类似性结成一体并且语言和事物都在其中不停地交织的那个经验领域，这整个广阔领域将采纳一个新构型。如果人们愿意的话，可以用"理性主义"（rationalisme）这个名称来表示这个新构型；如果人们的头脑只有现成概念，那么，人们就可以说，17 世纪标志着陈旧的迷信或不可思议的信念消失了，以及大自然最终进入科学秩序中。但是，在既使诸认识又使要加以知晓的一切之存在方式成为可能的那个古老层面上，我们必须把握并设法重构的是那些已改变了知识本身的更改。

　　这些更改可以下述方式被概括。首先，分析取代了类推的层级：在 16 世纪，人们首先假定一个总的符合体系（天和地、行星和面貌、小宇宙和大宇宙），并且每个特殊的相似性都被容纳在这个关系总体的内部。其次，从现在起，每个相似性都必须受到比较的证明，这就是说，只有等到通过尺度，通过一个共同的单元，或者更彻底地通过秩序，人们已经发现了相似性的同一与一系列差异时，

⑧　同上书，第 6 条原则，第 103 页。

人们才会接受相似性。第三,诸相似性的游戏在以前是无限的;总是有可能发现新的相似性,唯一的限制来自物之序,来自于大宇宙与小宇宙之间一个狭窄世界的有限性(la finitude)。一个完整的列举现在变得有可能了:其形式无论是对所有构成了被设想整体的要素作详尽无遗的清查,还是对逐个陈述了整个被研究领域的范畴作排列,还是最终对某些数量的点进行分析,这些点是充分的并且形成了一个较长的系列。于是,比较能达到一种完全的确定性(une certitude):那个从未是完成的且总是面临着新可能性的古老的相似性体系,通过前后相继的证实,现在变得愈来愈可能了;但它从未是确实的。完整的列举以及在每一个点上都指定必然过渡到下一个点的可能性,都使得一种有关同一性和差异性的绝对确实的认识成为可能:"光是列举就总是允许我们作出某个问题的真实和确实的判断,而不管我们提出什么样的问题。"⑨精神的活动——这是第四点——因而不再在于使事物相互接近,不再在于着手追求可以展示事物内部某种类似性、吸引或者秘密地共享的本性的任何事情,而是相反,在于识别,即在于确立事物的本性,以及与一个系列的所有连续程度的关连的必然性。在这个含义上,识别把初始的基本的差异性研究置于比较之上:通过直觉向一个人自身提供一个对事物的清楚表象,并清楚地把握系列的一个因素与其后另一个因素之间的必然关连。最后,这是最后一个结果,因为认识就是识别,因此历史与科学将相互分离。一方面,存在着博学、作者们的读解和他们观点之间的相互作用;这种相互作用有时候会拥有指示价值,与其说这是因一致之故,还不如说是不和之故:"当这是一个比较困难的问题时,很有可能是,很少有人(而非许多人)会去发现有关它的真理。"面对着这一历史,并且缺乏共同尺度的是:我们通过直观及其关联可以作出的信心十足的判断。构成为科学的,就是这些判断,并且只是这些判断,即使我们已经"读解了柏拉图和亚里士多德的所有推论……似乎我们将会获得

---

⑨ 同上书,第 7 条原则,第 110 页。

的也不是科学,而是历史"⑩。从此,文本不再是符号和真理形式的组成部分;语言不再是世界的形式之一,也不是有史以来就强加在事物上面的记号。真理在清楚明白的知觉中发现其显示和象征。如果行的话,那么,译解这个真理正是词的任务;但是,词不再有权被当作真理的标记。语言已从存在物本身中间退隐了,以进入其透明和中立时期。

这是 17 世纪文化中的一个普遍现象——比笛卡尔主义的独特命运要普遍得多。

其实,我们必须区分三件事。一方面,存在着机械论,它在确实短暂的时期内(才在 17 世纪下半叶)向医学或生理学之类的某些知识领域提供了理论模式。还存在着形式多样的使经验(l'empirique)数学化的一个试图;尽管在天文学和部分物理学的情形中,这个试图是连续不断的,但在其他领域却是零散的——它有时被实际地尝试[如同在孔多塞(Condorcet)那里],有时被提议为进行研究的一个普遍理想和视域[如同在孔狄亚克(Condillac)或德斯蒂(Destutt)那里],有时甚至被拒绝了可能性[如在布丰(Buffon)那里]。但是,无论是这一数学化的努力还是机械论的试图,都不应混同于整个古典知识(就其最一般的形式而言)与普遍数学(la mathesis)⑪保持的一种关系,普遍数学被理解为关于尺度和秩序的普遍科学。在空洞的、模糊的、魔术般的词语"笛卡尔的影响"或"牛顿模式"的掩饰下,观念史家养成了混淆这三件事并凭借想使自然成为机械的和可计算的这种愿望来定义古典理性主义的习惯。其他人则不尽熟练地并竭尽全力在这一理性主义下面发现了"相反力量"的作用:自然力量和生命力量拒绝让自己被归并为代数学,或运动物理学,并因此在古典主义深处保存了非可理性化之

⑩　同上书,第 3 条原则,第 86 页。

⑪　笛卡尔在《探求真理的指导规则》中曾提出"普遍数学"(mathesis universalis)的设想,这虽然不是一般意义上的数学或其分支学科,却是一种与数学密切相关的探求真理的普遍方法,勉强译为"普遍数学"。——译注

物(le non rationalisable)的资源。这两种分析形式是同样不充分的。因为对古典知识型来说,基本的东西并不是机械论的成败,也不是使自然数学化的权利或使自然数学化的不可能性,而是一种与普遍数学的关系,这种关系直到 18 世纪末仍保持恒常不变。这种关系呈现出两个基本特征。首先,存在物之间的关系确实以秩序和尺度为形式而得到思考,但是,凭着这一基本的不平衡,总是有可能把尺度问题归并为秩序问题。因此,整个认识与普遍数学的关系就呈现为:在事物之间,甚至在不可尺度的事物之间,去确立一个有序的前后相继的可能性。在这个意义上,分析(l'*analyse*)很快获得了一个普遍方法的价值;确立一门有关定性秩序的数学,莱布尼茨的这一设想是古典思想的真正核心;是整个古典思想所围绕的引力中心。但是,另一方面,与一门作为秩序之普遍科学的普遍数学的关系,并不表明知识被吸收进数学了,也不表明数学成了整个可能认识的基础;相反,在与普遍数学之探求的相关中,人们发现直到现在既不被形成又不被限定的某些经验领域出现了。在每一个这样的领域中,人们几乎不可能发现任何机械论或数学化的迹象;而是,它们都是在一门可能的秩序科学的基础上被构建起来的。即使它们都从属于一般的分析(l'*Analyse*),它们的特殊工具也不是代数方法,而是符号体系。这样,在词语、存在物和需求的领域内出现了普通语法、自然史和财富分析,以及种种秩序科学;并且,如果西方文化的整个知识型没有与一门普遍的秩序科学保持联系的话,那么,所有这些对古典时期来说是新颖的并随古典时期的延续而共同扩展的经验科学 empiricités)都不可能确立起来[朗斯洛(Lancelot)和博普(Bopp)、雷(Ray)和居维埃(Cuvier)、佩蒂(Petty)和李嘉图(Ricardo)是这些经验科学的年代学里程碑,每一组的第一个人大约在 1660 年写作,而第二个人则在 1800 - 1810 年间著书立说]。

这一与秩序(l'*Ordre*)的关系,对古典时代来说是必不可少的,恰如那个与解释的关系对文艺复兴时期来说是必不可少的一样。并且,恰如 16 世纪的解释(因把符号学叠加在解释学上)本质上是对相似性的认识一样,事物的秩序通过符号就把所有的经验知识都构成为同一性与差异性的知识。这个既是无限的又是封闭的,既是充实的又是同语反复的相似性世界现在发现自己被分解了,并且,似乎是一分为二:一方面,我们将发现成为分析工具、同一性标记、建立物之序的原则和分类学的关键的符号;另一方面,物之经验的和低沉的相似性,位于思想下面的那个隐约的相似性提供了无边无际的区分和配置的素材。一方面,是关于符号、区分和分类的一般理论;另一方面,则是直接相似性的问题,想象之自发运动的问题,自然之重复的问题。而在这两者之间,新知识在这一开放的距离内找到了自己的空间。

## 第三节 符号的表象

古典时代的一个符号是什么呢?因为在 17 世纪上半叶,并且较长时间来,也许直到我们今天,已发生变化的是符号的整个体系,是符号实施其奇异功能的种种条件;在其他许多人们所知或所见的事情中,正是这一点才促使它们突然作为符号而出现;这是它们的真正存在。在古典时代开端处,符号不再是世界的形象;符号不再因种种牢固的和秘密的相似性或类似性纽带而与自己所标记的东西联系起来。

古典主义依据三个可变量来限定符号[12]。首先是关联的起源:符号可能是自然的(如同镜子里的映像指称镜子所反映的东西),或者是约定俗成的(如同一个词,这个词对一组特定的人来说,可指称一个观念)。其次是关联的类型:符号可能属于它所指称的整体(如同健康的气色是它所指称的健康的组成部分),或者是与整体相分离的(如同《旧约》中的人物是道成肉身和赎救的久远征兆)。最后是关联的确定性:符号可能是十分恒常的,以至于人们能相信其精神性(如同呼吸意指生命一样),但是,符号也可能只是

---

[12] 《波-鲁瓦亚勒逻辑学》,第一部分,第四章。

或然性(如同苍白的脸色指称着妊娠)。所有这些关联形式都不是必定蕴涵着相似性;即使自然符号也不要求这个:惊叫是恐惧的自发征兆,但并不类似于恐惧;或者还有,如同贝克莱所说的,视觉感觉是上帝确立的触觉的征兆,但是,无论如何,它们都不类似于触觉⑬。在限定符号在经验认识领域里面的效用时,这三个变量取代了相似性。

1. 由于符号总是不是确定的,就是或然的,因而,符号应该在认识内部寻找自己的空间。在 16 世纪,人们认为符号是置于事物上面的,以便人们能揭示它们的秘密、本性或功效;但是,这一揭示只是符号的最终目的,只是对它们的出现作了验证;它只是使用符号的可能方法,并且可能是最好的方法;但是,为了存在,符号并不需要被人认识:即使它们仍是沉默的,即使没有一个人发觉它们,它们还是处在那里。并不是认识,而是事物的语言,才在符号的指称功能中把符号创立起来。从 17 世纪起,整个符号领域分布在确定性与或然性之间:这就是说,不再有不被认识的符号,不再有沉默的标记。这并不是因为人们占有了一切可能的符号,而是因为只有当两个早已被人认识的因素之间的替换关系的可能性被人所知时,符号才能存在。符号并不默默地等着能够确认它的人的到来;符号只能被一个认识活动构建。

正是在这里,知识才解除了自己与预言(la *divinatio*)的古老的相似关系。预言总是以先于自己的符号为先决条件的:这样,认识总是完全存在于一个被揭示的、证明的或秘密传递的符号的开放中。预言的任务就是要揭示一种先前由上帝撒播在地面上的语言;正是在这一意义上,通过一种基本的应用,它才是预言,并且是神圣的预言。然而,从现在起,正是在认识内部,符号才履行着它自己的指称功能;正是从认识那儿,符号才借用了确定性或或然性。虽然上帝仍使用符号以供我们在自然的四处讲话,但是,他使

---

⑬ 贝克莱:《视觉新论述评》("选集",勒鲁瓦译,巴黎,1944 年,第 1 卷,第 163 - 164 页)。

用了我们的认识,使用了在我们的印象之间确立起来的种种关系,
以便在我们的精神内建立起一种指称关系。这就是情感(le
sentiment)在马勒伯朗士(Malebranche)或感觉(la sensation)在贝克
莱那里所起的作用:在自然判断中,在情感中,在视觉印象中,以及
在第三维知觉中,正是仓促的和模糊的但又迫切的、必然的和强制
的认识,才充当了话语认识(des connaissances discursives)的符号。
由于我们不是纯精神,因此,光凭我们的精神力量,我们其他人不
再有时间或被准许去获得话语认识。在马勒伯朗士和贝克莱那
里,由上帝安排的符号是两种认识的精巧而周到的重叠。其中不
再有任何预言了——认识不再附在谜一般的、开放的和神圣的符号
空间中——而只存在一种简洁紧凑的认识:把长长的一串判断收缩
进能迅速同化的符号形式中。人们还会看到,把符号收罗进它自
己空间内的认识,在现在如何能通过改变方向,向或然性开放:即
一个印象与另一个印象之间的关系将是符号与所指之间的关系,
换言之,这种关系类似于连续性关系,是从最小的或然性前进到最
大的确定性的。“观念的联系并不蕴涵着因果关系,而只是蕴涵着
一个标记和符号与其指称物的关系。我看到的火,并不是当我靠
近它时,我感到疼痛的原因,而是使我预防疼痛的标记。”⑭盲目地
预言到比自己还要绝对和古老的符号,这样的认识已经被依据一
种或然性认识而一步步建立起来的符号网络所取代了。休谟变得
有可能了。

　　2. 符号的第二个变量:符号与其所指的关联形式。通过适合、
仿效、特别是同感这三者之间的相互作用,相似性在16世纪战胜
了空间和时间:因为正是通过符号,相似性才复制着事物并把物连
接起来。相反,在古典主义,符号以其基本的散布而著称。起会聚
作用的符号之循环世界被一种无限的展现所取代。在这个空间
内,符号能拥有两个位置:或者符号以要素的名义而成为它所指称
的物的一部分;或者符号真正地并且实际地与它的所指相分离。

⑭　贝克莱:《人类认识原理》(“选集”,第1卷,第267页)。

说真的,这一选择并不是彻底的;因为符号为了发挥作用,必须附加于它的指称物,同时又要与它的指称物相区分。实际上,为了让符号成其为所是,符号在呈现为被自己所指称的物的同时,还必须呈现为认识的对象。诚如孔狄亚克所指出的,除非小孩至少有一次曾在觉察到一个物体的时候,听到过这个声音,否则,对这个小孩来说,这个声音从未能成为该物的言语象征(le signe verbal)⑮。但是,如果知觉的一个要素想成为知觉的符号,那么,光是这个要素成为知觉的一部分,还是不够的;它还必须以要素的名义区别于并脱离与自己模糊地联系在一起的总体印象(l'impression globale);因而,这个总体印象本身也必须被区分开,注意力必须指向引起了其注意的混乱领域之一,以便把这个领域从中抽取出来。因此,符号的构成是不能脱离分析的。符号是分析的结果,因为没有分析,符号是不会变得明显的。符号还是分析的工具,因为符号一旦被限定和分离,就能应用于新的印象;并且符号相关于新印象所起的作用就类似于一个网络的作用。由于精神在分析,所以符号才会出现。由于精神掌握着符号,所以,分析从不会停止。人们能够理解为什么从孔狄亚克到德斯蒂·德·特拉西(Destutt de Tracy)再到热朗多(Gerando),符号之普通学说与有关思想分析力量的限定会在独一无二的认识理论中极其精确地重叠在一起。

当《波-鲁瓦亚勒逻辑学》一书说,符号能内在于它所指称的一切或与这一切相脱离时,它是在证明:在古典时代,符号不再承担使世界接近世界自身并内在于它自己的形式这一任务,而是相反,它的任务是,把世界揭露出来,把世界并置在一个无限开放的表面上,并从这个表面出发,继续进行无穷的替换,而我们是在这些替换中思考符号的。正是通过这一途径,人们才把符号既提供给分析又提供给组合,人们才使符号变得完全是有秩序的。古典思想的符号,既没有抹去距离,也没有废除时间:相反,它允许人们逐步

---

⑮ 孔狄亚克:《论人类认识的起源》("文集",巴黎,1798 年,第 1 卷,第 188 - 208 页)。

展开它们和经历它们。凭借符号,事物变得清楚明白了,并在它们自己的同一性内保存自身,解散自己或联合自己。西方理性进入了判断的时代。

3. 还剩下第三个变量:这个变量能获得自然和约定这两个价值。人们很早以前,甚至在柏拉图的《克拉底鲁篇》(Cratyle)以前就知道,符号可以由自然提供或被人们构成。16 世纪也没有忽视这一事实,并在人类语言中认出了被设立的符号。但是,人工符号只把自己的力量归于自己对自然符号的忠实。即使在远处,这些自然符号也是所有其他符号的基础。从 17 世纪开始,分派给自然和约定的价值颠倒了:若符号是自然符号,那么,符号就只是一个从事物中提取的要素,并被我们的认识构成为符号。因而,符号就是有限的、僵硬的、不方便的,精神不可能把握它。与此相反,当人们确立了约定符号时,总是有可能(事实上也必定)这样选定它,即它将是简单的,易于人们记忆,可适用于无数的因素,是易于自我区分的并易于自我组合;人工符号就是发挥了其全部功能的符号。正是人工符号才把人类与动物区分开来了;才把想象变成了有意记忆(mémoire volontaire),把自发的注意变成了反映,把本能变成了理性认识[16]。这也就是伊塔尔(Itard)发现"阿韦龙的野蛮人"(Sauvage de l'Aveyron)所缺乏的。自然符号只是这些人工符号的初步雏形,是只有通过确立起任意性才能完成的遥远的图画。

但是,这一任意性被它的功能所度量,它的规则也恰恰被这个功能所限定。一个任意的符号体系必定允许事物分解成最简单的要素;它必定能够对事物进行分解,直到事物的起源;但是,它还必须表明这些要素的组合是如何可能的,并准许复杂事物的理想发生。只有当人们设法指明了符号借以被确立起来的方式时,"任意的"才与"自然的"相对立。但是,这一任意性也是分析的网络和组合而成的空间,通过这个网络和空间,自然在初始印象的层面上和它们之间组合的所有的可能形式中,把自身设定为自己所是的一

---

[16]　孔狄亚克:《论人类认识的起源》,第 75 页。

切。在其理想状态中,符号体系就是简单的、绝对透明的语言,这种语言能命名一切基础的东西;也正是这些复杂的操作限定了所有可能的连接。在我们看来,这一对起源的探求,和这一对连接的计算,似乎是不相容的,我们很愿意把它们看作是 17 和 18 世纪思想中的一种模糊性。体系与自然之间的相互作用也一样。实际上,对这时的思想来说,根本不存在什么矛盾。更为精确的是,在整个古典知识型中,存在着一个独一无二的、必需的配置:在一个人工的体系内,把普遍的计算与基础性的探求联合起来。正因为这个体系是人工的,所以,它可以使自然(无论是它的基本因素,还是它们所有可能的组合)变得看得见的。在古典时代,使用符号并不像在前几个世纪那样,设法在符号下面发掘持续的并且永久保留下来的初始的话语文本;而是设法发现一种任意的语言(这种语言准许自然在其空间中展开),语言分析的最终词项以及语言的构成规律。知识不再是把古老的"言语"(Parole)从它能隐藏的无人知晓的地方挖掘出来;知识应制造语言,并且语言应该被出色地制造——这就是说,作为分析和组合的工具,语言应真正成为计算语言。

现在,我们可限定由符号体系为古典思想规定的工具了。正是这一符号体系,才把或然性、分析和组合,以及该体系经过验证的任意性引入到认识中去。正是这一符号体系才导致了对起源和可计算性的探求;导致了人们去构成种种能确定可能组成的图表,并在最简单要素的基础上重建一种分析;正是符号体系,才把整个知识与语言联系起来,并设法用一种人工符号体系和具有逻辑本性的操作来取代所有的语言。在见解史(une histoire des opinions)层面上,所有这些可能会作为种种影响的复杂网络而出现,在这个网络中,人们将揭示霍布斯、贝克莱、莱布尼茨、孔狄亚克和"观念学家"(Idéologues)所起的个人作用。但是,假如我们在那个于考古学上使之成为可能的层面上去质问古典思想,那么,我们就会发现,符号与相似性在 17 世纪早期的分离,使得或然性、分析、组合和普遍语言体系这样一些新形式,不是作为相互产生或相互排挤的连续论题而出现,而是作为一个独一无二的必要性网络而出现。正是这一网络,才使得我们所称谓的霍布斯、贝克莱、休谟或孔狄亚克这些个人成为可能。

## 第四节　被复制的表象

然而,对古典知识型来说最为基本的符号属性,至今仍未被陈述。事实上,符号或多或少可以是或然的,或多或少可以远离自己的所指;符号可以是自然的或是任意的,而它作为符号的本性和价值却丝毫不受影响,所有这些都清楚地表明了:符号与其内容的关系并不被物本身中的秩序所确保。能指(le signifiant)与所指(le signifié)的关系现在处于这样一个空间中,在其中,不再有任何直接的形式把它们联结在一起:把它们结合在一起的是认识内部的一物的观念与另一物的观念之间建立起来的纽带。《波-鲁瓦亚勒逻辑学》对此作了陈述:"符号包含两个观念:一个是能表象的物的观念,另一个是被表象物的观念;符号的本性在于用第二个观念来刺激第一个观念。"[17]这一符号的二元论清楚地与文艺复兴时期的更为复杂的构造相对立;在文艺复兴时期,符号理论蕴涵三个极其明显的要素:被标记物、标记和使得在被标记物中看见标记的要素;当然,这最后一个要素就是相似性:恰恰就符号与其所指称的物"几乎是同一个物"而言,符号提供了一个标记。与"凭相似性而获得的思想"一起消失并被一种严格的二元构造所取代的,正是这个统一的由三个部分组成的体系。

但是,假如符号真的要具有这种纯粹的二元性,那么,还须满足一个条件。就一个能指要素作为一个观念、或一个意象、或一个知觉的简单存在并与另一个要素相联系或取代另一个要素而言,它并不是一个符号。只有满足了一个条件,即它另外还宣明了把它与它所指称的物联系起来的关系,它才能成为一个符号。它必

---

⑰　《波-鲁瓦亚勒逻辑学》,第一部分,第四章。

须进行表象,但是,这个表象转而也必须在自身中得到表象。这是符号的二元构造所必不可少的一个条件,是《波-鲁瓦亚勒逻辑学》在告诉我们什么是符号之前就指出的一个条件:"当人们只把某物体看作是表象了另一物体,那么,人们拥有的关于该物的观念就只是一个符号的观念,第一个物体就被称作符号。"[⑬]起指称作用的观念有两重性,因为在取代了另一个观念的那个观念上面重叠着有关它的表象力的观念。人们拥有的难道不是三个词项吗:被指称的观念,起指称作用的观念,以及在这第二个词项中,它的所起表象作用的观念?然而,我们在这里面临的,并不是偷偷摸摸地回到有三种成分的体系,而是有两个词项的形式的不可避免的移动,回到与自身的关系上来,最终完全置身于能指要素内。实际上,除了自己所表象的东西以外,能指要素没有其他内容,没有其他功能,没有其他规定性:它是完全因被表象物而具有秩序的,并且对这个被表象物来说,是透明的。但是,这个内容只是在一个如此设定自身的表象中被表明的,并且,被指称物毫无保留、毫不昏暗地存在于符号的表象内部。富有特色的是,《波-鲁瓦亚勒逻辑学》所举的第一个符号实例,并不是词,并不是叫喊声,并不是记号,而是空间的和图解的表象——作为地图或图画的图案。这是因为,实际上,除了所表象的东西以外,这个图画不再有其他内容了,可是,这个内容之所以能呈现出来,是因为它被表象所表象。如同在 17 世纪所呈现的,符号的二元配置取代了那个自从斯多葛派以来,甚至自从第一批希腊语法学家以来虽呈现不同方式但一直是三元的构造;这个新的二元配置预先假定:符号是一个复制自身并与自身重叠的表象。一个观念可以成为另一个观念的符号,这不仅是因为在它们之间可以确立起一种表象关系,而且还因为这一表象总能在起表象作用的那个观念中得到表象。或者,还因为就其特殊本质来说,表象总是针对自身:它既是指示,又是现象;是与对象的一种关系和它自身的表现。从古典时代开始,由于符号是可表象的

---

⑬ 《波-鲁瓦亚勒逻辑学》,第一部分,第四章。

（représentable），所以，符号成了表象（la représentation）之表象性（la représentativité）。

这样就产生了相当重要的结果。首先，符号在古典思想中占有重要的地位。从前，符号是认识的工具和知识的钥匙；而现在，符号是与表象，即整个思想共同扩展的；符号处于表象内部，但又贯穿表象的整个范围。当一个表象与另一个表象相联系并在自身内部表象这个联系时，就存在着一个符号：抽象观念指称着具体知觉，且这种观念就是从这种知觉中产生出来的（孔狄亚克）；一般观念只是一个充当其他特殊观念的符号的特殊观念（贝克莱）；想象是知觉的符号，且想象产生于这种知觉（休谟、孔狄亚克）；感觉相互之间都是对方的符号（贝克莱、孔狄亚克）；最后，有可能感觉本身就是（如同在贝克莱中）上帝想要告诉我们的一切的符号，这就使得这些符号成了符号集合的符号。表象分析与符号理论是完全相互渗透的；并且，在 18 世纪末，当观念学（l'Idéologie）设问是否该向观念或符号赋予优先地位时，当德斯蒂（Destutt）能指责热朗多（Gerando）在对观念作定义之前就创立了一种符号理论时⑲，这都意味着观念与符号之间的直接联系已变得模糊不清了，并且观念与符号之间不久将不再是完全透明的。

第二个结果是：符号在表象领域的这种普遍扩展，甚至于排除了意指（la signification）理论的可能性。事实上，当我们自问何谓意指时，我们就预先假定了意指是我们意识中的一个确定形式。但是，如果现象只是在一个表象（该表象，其本身及由于它自己的可表象性，因而完全是一个符号）中被设定的，那么，意指就构成不了一个问题。而且，意指甚至于是没有显现。所有表象都作为符号而相互联系在一起；似乎它们全部一起构成了一个巨大的网络；每一个表象都把透明的自身设定为所表象物的符号；但是，更确切地说，是由于同样的事实，即任何特殊的意识活动都不能构成一个意指。这可能是因为古典的表象思想排除了所有的意指分析，以至

---

⑲　德斯蒂·德·特拉西：《观念学基础知识》（巴黎，1800 年），第 2 卷，第 1 页。

于只从这种分析出发去思考符号的人们在今日尽管有明显的事实，但难以承认从马勒伯朗士到观念学的古典哲学完全是一种符号哲学。

没有意义是外在于或先于符号的；为了揭示事物的本来意义，也不必重构一个先前的话语之不言自明的出场。但是，构成意指的活动或任何发生也同样不内在于意识。这是因为在符号与符号的内容之间不存在中介的因素，不存在不透明性。因此，除了那些主宰符号内容的规律以外，符号就没有其他规律了：任何符号分析，无需进一步探究，同时成了对它们所想说的一切的辨认。相反，对被指称物的揭示，只是对表明该物的符号的思考。如同在 16世纪，"符号学"与"解释学"是重叠的。但是，重叠的方式不同。在古典时代，它们不再在第三个相似性因素中相遇并结合在一起；它们的联系在于表象自身之表象所特有的那种力量。因此，将不存在不同于意义分析的符号理论。但是，古典体系把某种特权给了符号理论，而没有给意义分析；因为这个体系并没有把一种不同于授予符号的性质授予所指物，意义只不过是连贯地得以展示的符号总体性；意义会在完整的符号图表中给出。但是，另一方面，完整的符号网络却依据适合于意义的方式而联系在一起。符号图表成了事物的形象。尽管意义本身完全在符号一方，但它的功能却完全在所指物一方。这就是为什么：从朗斯洛（Lancelot）到德斯蒂·德·特拉西的语言分析，都是在语词符号的抽象理论基础上和以普通语法的形式得以进行的：但是，它总是把词的意义当作它的指导线索；这也是为什么自然史把自己表明为对生物具有的特性（des caractères）所做的分析，以及为什么人们所使用的分类学（甚至是人工的）总是想与自然秩序联合起来，或者至少想尽可能地不与自然秩序相脱离；这也是为什么财富分析是在货币和交换的基础上进行的，但价值总是建立在需求的基础上。在古典时代，纯粹的符号科学具有作为所指的直接话语的价值。

最后，即第三个结果，可能延伸到我们这个时代：即符号的二元理论（自从 17 世纪以来，整个普通的符号科学都建立在这一理论之上)与普通表象论联系在一起。如果符号是能指与所指之间的纯粹和简单关联(这个关联可能是任意的或不是任意的,是自愿的或强加的,个体的或集体的),那么,无论如何,这个关系只有在一般的表象要素内才能确立起来:只就能指要素和所指要素被(或已被或能被)表象而言,只就一个实际上表象了另一个而言,它们才能联系在一起。因此,古典符号理论必须向自己提供一个"观念学",作为自己的基础和哲学证明,这就是说,对从基础感觉到抽象和复杂观念的所有表象形式作一般的分析。重新发现普通符号学设想的索绪尔也同样必须对符号作限定,这种限定看上去是"心理学的"(一个概念和一个意象联系在一起):这是因为他事实上为思考符号的二元本性重新发现了古典状况。

## 第五节　相似性的想象

这样,符号就从这个自己从前在其中被文艺复兴广泛撒播的世界的满溢中解放出来了。从此以后,符号就处于表象的内部、观念的缝隙中,处于那个它们在其中以分解和重组的永久状态而相互作用的狭窄空间中。至于相似性,从此以后,就只落在了认识领域的外面。相似性成了形式最为粗糙的经验物;人们不再能"把它视作哲学的组成部分"[20],除非它首先以其不精确的相似性形式而被消除掉,并被知识转换成一种相等或秩序关系。但是,相似性仍是认识不可缺少的一个边界。因为只有两个事物的相似性已至少引起了它们的比较,它们之间才能确立起相等或秩序关系。休谟把同一性关系置于那些预先决定了反思(la réflexion)的"哲学"关系之中;而对他来说,相似性属于自然关系,属于那些通过一种"沉静的"但必然的"力量"来束缚我们的精神的关系[21]。"让哲学家随心

---

[20] 霍布斯:《逻辑学》(德斯蒂·德·特拉西译,《观念学基础知识》,巴黎,1805 年,第 3 卷,第 599 页)。
[21] 休谟:《人性论》(勒鲁瓦译,巴黎,1946 年),第 1 卷,第 75 - 80 页。

所欲地为自己的精确度自鸣得意吧……我胆敢说,若无相似性之助,他不能取得哪怕一丁点儿的进展。瞥一下科学的形而上学方面,即使最不抽象的方面,接着告诉我:产生于特殊事实的一般归纳,或者不如说科学的种类、逻辑的种和所有抽象观念,是否可以不借助于相似性而得以形成。"[22]在知识的外部边缘,相似性就是那个几乎未被勾画出的形式,是认识必须在最大范围内加以涵盖的那个关系基础,但是,相似性又以沉默和不能消去的必然性方式,继续无止境地存在于认识的下面。

如同在 16 世纪,相似性与符号必然是相互呼应的,但其呼应的方式却是全新的。相似性曾经需求一个标记,以便自己的秘密能被揭示出来,而现在相似性却成了未加区分的、变动不居的、不稳定的基础,认识在这个基础上能确立起自己的关系、尺度和同一性。这就产生了双重逆转:首先,因为是符号以及整个话语认识才需要一个相似性基础,其次,因为问题不再是使先前的内容向认识显明,而是给出一个能提供一个基础的内容,认识诸形式能在这个基础上应用。在 16 世纪,相似性是存在与其自身的基本关系,是整个世界的关键(la pliure),而在古典时代,相似性成了认识对象和最远离认识本身的一切借以能在其中呈现的最简单的形式。正是通过相似性,表象才能被认识,这就是说,表象与类似的其他表象相比较,被分析成要素(这些要素是它与其他表象所共有的),并与那些会显出部分同一性但最终被列入有序图表的表象相结合。类似性(La similitude)在古典哲学(即一种分析的哲学)中所起的作用,可与多样性(le divers)在批判性思想和判断哲学中所起的作用相对称。

在这一有限和有条件的位置(人们若没有这个位置或在这个位置以外,就什么都认识不了)中,相似性位于想象一方,或者更确切地说,相似性只有求助于想象才能得到显现,想象反过来也只有依靠相似性才能得到实施。事实上,假如我们在连续的表象链条中

---

② 梅里安(Merian):《对相似性的哲学反思》(1767 年),第 3、4 页。

假定某些印象(这些印象可能是最简单的,它们之间没有一丁点儿的相似性程度),那么,第二个印象就不可能提醒第一个印象,使它重新出现,并由此在想象物中准许其表象;这些印象在最完全的差异性中相互连接在一起——这个差异性是如此完全,它甚至于不能被人们觉察到,因为任何一个表象都将没有理由固定在一个地方,使以前的表象重现,把自己与以前的表象并置在一起以便进行比较;即使对所有差异性来说是必需的微不足道的同一性也没有给出。永久的变迁毫无标志地在永远的单调性中展开。但是,如果表象中不存在一种模糊的力量,使得过去的印象再次呈现,那么,任何印象,无论是类似于还是不同于先前的印象,都将不会出现。当两个印象中的一个呈现了,而另一个印象也许很久以前就不再存在时,这种提醒力量至少蕴涵了促使这两个印象作为准相似之物(作为邻居或同时代物,作为以几乎相同的方式而存在)而出现的可能性。如果没有想象,事物之间就将不存在相似性。

　　人们能清楚地看到双重的必要条件:在被表象的事物中,必定存在着相似性的明显的呓喃;在表象中,必定存在着想象之始终是深刻的可能性。在这两个必要条件中,无论哪一个都不能离开另一个,而是补充和面对另一个。于是,整个古典时代遵循两种分析方向,这两种方向不停地接近,直到最后在 18 世纪下半叶,能表达它们在观念学(l'Idéologie)中的共同真理。一方面,我们发现了一种分析,它说明了一系列表象的倾覆,以形成一个非现时的但同时的比较图表,即对印象、回忆、想象、记忆的分析,对这整个不由自主的背景的分析,这个背景似乎是处于时间中的形象的动力装置(la mécanique)。另一方面,则存在着一种说明了事物之间相似性的分析——即在事物被归于秩序、被分解成同一和差异要素之前,在它们的无序的类似性重新分布在图表上之前,分析它们之间的相似性。那么,为什么事物会以重叠、混杂和纵横交错的形式出现(在这种形式中,事物的基本秩序是混乱的,但仍能在相似性、模糊的类似性和使记忆警觉的暗示的机会等形式中,足够清楚地显露出来)呢?第一系列的问题大致适合想象的分析,作为一种把表象的线性时间转换成包含有潜在要素的同时性空间的积极力量;第二系列的问题大致适合自然的分析,并包含了那些弄乱了存在物图表并把该图表分散在隐隐约约、远处看是彼此相似的一系列表象中的空白和无序。

现在,这两个对立的要素(一个是自然和人类印象中的无序的否定方面,另一个是从这些印象中重构秩序的力量的肯定方面)在"发生"(genèse)观念中统一起来了。这种统一有两种可能的方式。或者否定的要素(即无序和模糊相似性的要素)被归于想象本身,想象就实施了一个双重功能:如果想象只有通过复制表象才能恢复秩序,那么,只是就想象能阻止我们直接觉察处于事物的分析真理中的事物的同一性与差异性而言的。想象力只是想象的缺陷的反面和另一面。想象力存在于人之中,在心灵和肉体的结合体中。正是在人那里,笛卡尔、马勒伯朗士和斯宾诺莎才把想象既分析为谬误的场所,又分析为获取真理的力量;他们在想象中认出了有限性(la finitude)的印痕:无论是作为可理解性领域之外的一个失败的象征,还是作为有限自然的标记。相反,想象的肯定要素能被归于模糊的相似性和类似性的含混的呓喃。正是大自然的无序(归因于它自己的历史、灾祸,也许仅仅归因于它的杂乱的多样性),才不再能为表象提供除了彼此相似的事物以外的其他任何事物。这样,因总是与种种彼此十分接近的内容联系在一起,表象就重现自身,回忆自身,十分自然地反省自身,促使差不多等同的印象接连产生,并孕育想象。正是在这个复杂的、起伏不定的但被模糊和不合理重建的自然中,在这个关于先于所有秩序而与自身相似的自然的谜一般的事实中,孔狄亚克和休谟才设法寻找相似性与想象之间的联系。他们的解决方法是严格对立的,但是,他们都在答复同一个问题。无论如何,人们都可以理解:第二个分析类型应该十分容易地在以下神秘形式中展开:第一个人(卢梭),或者觉醒意识(孔狄亚克),或者陌生的旁观者闯入世界(休谟)。这一发生恰恰在大写发生(la Genèse)本身的位置或场所中起作用。

还要注意一件事。如果自然和人性观念在古典时代具有某种重要性,那么,这并不是因为我们称之为自然的这一隐蔽的和取之不尽的力量源泉突然作为一个经验研究领域而被揭示出来;也不是因为我们称之为人性的这个狭小的、既单一又复杂的区域已从这一广阔的自然领域中分离出来了。实际上,这两个概念的作用是为了确保想象与相似性之间的亲密关系和相互联系。可能,这个想象显然只是人性的属性之一,相似性则是自然的效果之一。但是,如果我们遵循向古典思想提供规律的考古学网络,那么,我们就能清楚地看到,人性是处于表象的稀少的流溢中的,这种流溢允许人性向自身表象自身(所有人性都是在那里的:在表象外面,足以使自身再次呈现,在那个把表象的呈现与表象的重复之"重"——分隔开来的空白区);而自然也只是表象的难以把握的大杂烩,这种表象在同一性的秩序能让人看到之前,就让那里的相似性被人感觉到。自然和人性在知识型的一般构型之内,允许相似性与想象相互协调,这一协调就为所有关于秩序的经验科学提供了基础,并使之成为可能。

在 16 世纪,相似性是与符号体系联系在一起的;并且,正是对这些符号的解释才打开了具体认识的领域。从 17 世纪以来,相似性被赶到了知识的周边地区,知识最低级和最低下的边缘。在这些地方,相似性与想象、不确定的重复、模糊的类推联系在一起。相似性并没有打开通向一门解释科学的道路,而是蕴涵了一种能从那些同(le Même)之粗糙形式上升到巨大的知识图表的分析,这些知识图表是依据同一性、差异性和秩序等的形式而得以展开的。秩序科学的设想,凭着它在 17 世纪所拥有的那样的基础,蕴涵着自己必须与一种认识的发生相适应,这种认识的发生一直有效和连续地从洛克持续到观念学(l'Idéologie)。

## 第六节　"普遍数学"与"分类学"

一门普遍秩序科学的设想;能分析表象的符号理论;把同一性和差异性整理成有序的图表:所有这些在古典时代构成了一个直

到文艺复兴时期末才存在并在 19 世纪初注定将消失的经验性（un espace d'empiricité）空间。由于我们现在难以恢复这个空间，并且该空间又是如此厚实地被我们的知识所属的实证性体系所覆盖，以至于该空间长期来在我们面前经过，也没有引起我们的注意。该空间还因人们的范畴和切割划分而被扭曲和掩盖。17 和 18 世纪的人们显然设法重构有关"生命的科学"、"自然的科学"或"人的科学"。但是，他们只是忘记了人、生命和自然都不是能自发地和消极地使知识感兴趣的领域。

使整个古典知识型成为可能的，首先是与秩序认识的关系。当人们论及给简单自然物以秩序时，人们求助于普遍数学（mathesis），其普遍方法是代数学。当人们论及给复杂自然物以秩序（一般的表象，如同它们在经验中所给予的）时，人们必须构造一个分类学，而要做到这一点，又必然确立一个符号体系。这些符号之于复合自然物的秩序，如同代数学之于简单自然物的秩序。但是，就经验表象必定能被分解成简单自然物而言，分类学完全相关于普遍数学，这一点是很清楚的；相反，由于证据的领会只是一般表象的特殊情形，所以，人们同样能说，普遍数学只是分类学的一个特例。同样，由思想本身确立起来的符号似乎创立了复杂表象的代数学；相反，代数学则是一种向简单自然物提供符号的方法，是作用于这些符号的方法。因此，我们得出了下述配置：

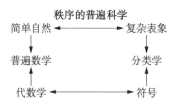

但是，这并非事情的全部。分类学还蕴涵事物的某种连续（一种非间断性，全部的存在物）和某种想象力，这种想象力使不明显的东西成为明显的，但是，由于这个事实，它又允许这个连续性在某一天运作起来。因而，一门经验秩序科学的可能性要求对认识进行分析,这种分析必须表明:存在物的隐蔽的(并且似乎是杂乱的)连续性何以能通过不连续的表象的时间关系而得到重构。于是,诚如在整个古典时代所显明的,询问认识的起源是必要的。事实上,在怀疑主义与理性主义相对立的含义上,这些经验分析并不与一种普遍数学的设想相对立:而是早已包含在知识的必要条件中,这些条件不再被设定为大写的同之经验,而是作为大写的秩序的确立而被给定。这样,在古典知识型的两个顶端,我们拥有作为能计算的秩序科学的普遍数学,以及作为在一经验系列的基础上对秩序的构成所作分析的发生学(*genèse*)。一方面,我们使用了作用于同一性和差异性之上的可能操作的代号;另一方面,我们分析了由事物之间的相似性和想象的反省活动逐渐设置的标记。在普遍数学与发生学之间伸展着一个符号区域——一个遍布整个经验表象领域但从未逸出这个领域的符号的区域。被计算和发生所包围的,是一个图表的空间。这种知识包含着把一个符号分派给我们的表象能提供给我们的一切:知觉、思想、欲望;这些符号必定具有一种作为特性的价值,就是说,它们必须把整个表象连接成有区别的小区域,这些小区域因可确定的特征而相互分隔开来;这些符号还准许确立一个同时性体系(依据这个体系,种种表象表达了自己的接近和自己的距离,自己的邻近和自己的差距)——并因此准许一个网络,这个网络处于年代学之外,使得符号的类似性显示出来,并恢复符号在永久空间中的秩序关系。以此模式,同一性和差异性的图表就能绘就了。

正是在这一区域内我们碰到了自然史——关于特性(des caractères)的科学,这些特性确定了自然的连续性及其错综复杂性。也正是在这一区域内,我们碰到了货币理论和价值理论——关于准许交换和确立起人们的需求或欲望之间的等值的符号的科学。最后,也正是在这一区域内,我们发现了普通语法——这也是一门符号科学,人们借助于这些符号重新集合他们的知觉的单一性并勾勒出他们的思想的连续运动。这三个领域尽管有差异,但只是就有序图表的基本区域在相等的计算与表象的发生之间确立起来而言,它们才存在于古典时代。

人们能清楚地看到,普遍数学、分类学、发生学这三个观念,与其说指明了截然不同的领域,还不如说指明了一个限定了古典时代的一般知识构型的坚固的从属性网络。分类学并不与普遍数学相对应:而是处于普遍数学内部并与它区分开来;因为分类学也是一门秩序科学——一门性质的普遍数学。但是,在严格意义上作理解,普遍数学是一门相等性的科学,因而是一门分配和判断的科学;它是真理科学。而分类学则论及同一性与差异性;它是连接和分类的科学;它是存在物的知识。同样,发生学处于分类学之内,或者至少在分类学中发现了自己的原初可能性。但是,分类学确立了一张具有可见差异性的图表;发生学则假定了一个渐进的序列;前者论及了符号的空间同时性,把它当作句法;后者则在时间的类同(un analogon)中对符号作了区分,把这一类同当作年代学。相关于普遍数学,分类学作为一种面对命题学(une apophantique)而起作用的存在论;当面对发生学时,分类学又作为一种面对历史学而起作用的符号学。因而,分类学限定了存在物的一般规则,同时也限定了人们借以有可能认识存在物的种种条件。由此,产生了一个事实:在古典时代,符号理论既能支持一门具有独断方法的科学(它致力于认识自然本身),又能支持一门表象哲学(它在时间进程中变得愈来愈唯名论的和怀疑论的)。由此,还产生了一个事实:这样一个布局如此完全地消失了,以至于以后的时代甚至于遗忘了它的存在;这是因为在康德批判以后,在 18 世纪末西方文化所发生的一切以后,一种新型的区分确立起来了:一方面,普遍数学被重新集合起来,以便构建一种命题学(une apophantique)和一种存在论;正是以此为形式,普遍数学才直至今日还主宰着形式学科;另一方面,历史学与符号学(而且是前者吸纳后者)统一形成了那些解释学科,这些学科的力量已从施莱尔马赫一直展示到尼采和弗洛伊德。

无论如何,依照由普遍数学、分类学和发生学分析结合而成的体系,我们就能限定古典知识型最一般的布局。无论有多么遥远,科学总是设法完全找出世界的秩序；科学也总是为了发现简单的要素以及这些要素之间的逐渐结合；并且在科学的中心形成了一张图表，在这张图表上，认识展现在与自己同时代的体系中。在 17 和 18 世纪，知识的核心是图表。至于吸引人们意见的大量争论，它们会十分自然地存在于这一构造的褶层中。

把这些争论作为出发点或论题，人们就可以很好地撰写古典时代的思想史。但是，人们此时撰写的只能是种种观点的历史，即依照个体、环境和社会团体而作出的选择的历史；整个探究方法也从此蕴涵于其中了。如果人们想从事知识本身的考古学分析，那么，能充当指导线索并确定这一设想的，不应该是这些著名的争论。人们必须重构一般的思想体系，该思想的网络，就其实证性（positivité）而言，使得同时且显然相矛盾的观点之间的相互作用成为可能。正是这一网络才限定了使得一个争论或问题成为可能并拥有知识的历史性的种种条件。如果西方世界为了知道生命是否只是运动，或者自然是否井然有序足以证明上帝的存在，而不停地在奋斗，那么，这并不是因为有个问题展现出来了；而是因为，在驱散了符号与相似性的不确定的循环以后，在组织起一系列因果性和历史以前，西方文化的知识型已经展示了一个图表区域，在这个区域里，该知识型不停地从秩序之能确定的形式漫游到最复杂表象的分析。我们在论题、争论、问题和观点的偏向等的历史表面上看到了这一行程的标记。从一端到另一端，诸多学识横跨一个在 17 世纪突然被布局并且直至一个半世纪以后才再次被关闭的"知识空间"。

我们现在必须在这一图表化的空间能以最清楚的形式呈现出来的地方，即在语言、分类和货币理论中，去分析这一空间。

有人也许会提出异议：设法通过把普通语法、自然史和经济学与符号和表象的一般理论联系起来，去同时和整个地分析前三者，这个独一无二的事实预先假定了一个只有在我们这个世纪才能提出的问题。可能，与其他任何文化一样，古典时代也不能限定或命名它自己的普通的知识体系。但是，这个体系却足以迫使看得见的认识形式去勾勒出它们之间在这个体系上表现出来的类似性，似乎方法、概念、分析类型、获取的经验、精神以及最后还有人类本身，全都合乎一个限定了暗含的但必然的知识统一体的基本网络，而被置换掉了。历史为我们提供了有关这些置换的数不清的实例。认识论、符号论和语法论之间始终贯穿着一条通道：波-鲁瓦亚勒的《语法》是作为它的《逻辑学》的补充和自然的续篇，前者通过对符号的共同分析而与后者联系在一起；孔狄亚克、德斯蒂·德·特拉西和热朗多相互间已明确表明了认识可以分解为其条件或"要素"，表明了对符号的反思（语言只是其最看得见的应用和使用）。在表象和符号的分析与财富的分析之间也存在着一条通道；重农主义者魁奈（Quesnau）为《百科全书》撰写了论"明证性"（Evidence）的条目；孔狄亚克和德斯蒂在自己的认识和语言理论内包括了贸易和经济学理论，后一种理论对他们来说既拥有政治价值，又拥有道德价值；人们都知道：杜尔哥（Turgot）为《百科全书》撰写了一个论"语源学"的条目，它第一次系统地对货币与语词相提并论；亚当·斯密除了他在经济学方面的伟大作品以外，还撰写了一篇论语言起源的论文。在自然分类理论与语言理论之间也有一条通道：亚当森（Adanson）不仅设法在植物学领域创立一种既是人工的又是严密的命名法；他还打算（并且部分实施）依据语言的语音资料，整个地重组书写；卢梭在死后的著作中留下了某些植物学材料和一篇论语言起源的论文。

　　这样，就用点画法勾勒了经验知识的巨大网络：非数量秩序的巨大网络。当林耐（Linné）设法在所有具体的自然或社会领域里重新发现相同的分类和相同的秩序㉓时，也许普遍分类学（*Taxinomia universalis*）的遥远的但一贯主张的统一性会完全清楚地出现在林耐那里。知识的界限就是表象对符号的完全显明，而表象被这些符号整理得井然有序。

---

㉓　林耐：《植物学哲学》，第 155、256 节

# 第四章 言 说

## 第一节 批评与评论

语言在古典时代的存在,既是至高无上的,又是并不引人注目的。

之所以说语言是至高无上的,是因为词已接受了"表象思想"的任务和力量。但是,在这里,表象并不指翻译、给出一个看得见的版本,去制作一个有形的副本,这个副本在身体外部不同部分能复制精确的思想。表象必须在严格意义上被理解:语言表象思想,如同思想表象自身一般。构造一种语言或者从内部激活语言,并不需要基本的和初始的指称活动,而只需在表象的核心处表象拥有一种表象自身的力量,即表象凭着在反思的目光下一步步把自己与自己并置在一起,来分析自身,并且在一种延伸自己的取代中来给自己授权。在古典时代,没有什么东西不是被赋予给表象的;但是,由于这个事实,只有在一个与自身保持距离并在另一个等值的表象中复制和反映自身的表象活动中,符号才能涌现,话语才能被陈述,词和命题才能涉及内容。表象并不扎根于它们从中获取自己意义的世界;它们自身向自己的空间敞开,这个空间的内部网架产生了意义。语言存在于表象为自身创立的那个间距中。因此,词并不构成一张从外表复制思想的衬度较弱的照片;而是首先从内部,在所有那些表象其他表象的表象中,去回顾思想,指明思想。古典时代的语言十分接近于承担着表达任务的思想,这比人

81

们所认为的要近得多;但是,它并不与这个思想平行;它被思想之网所捕捉,被交织进自己正在展现的网架中。古典时代的语言并不是思想的外在效果,而是思想本身。

并且,由于这个原因,古典时代的语言使自身成为不可见的,或者几乎是不可见的。无论如何,它对表象来说是如此地透明,以至于它的真正存在不再成为一个问题。文艺复兴停留在这样一个原始事实面前,即语言存在着:在世界的深处,文字(un graphisme)与物结合在一起,或者文字在物的下面伸展;首字母缩略词印在文稿或书籍上。并且,所有这些明显的标记都唤起了第二个语言——评论、注解和博学的语言——以便使这种语言讲话并且最终使潜伏在自己里面的语言活动起来;语言的存在,似乎凭着一种沉默的执拗,先于人们能在它里面所阅读到的一切和赋予它声音的词。从17世纪以来,正是这一厚实的和有迷惑力的语言存在被排除掉了。它似乎不再隐藏在标记的谜语中;它似乎并不在意指理论中展现。在最大限度上,人们可以说,语言在古典时代并不存在。但是,它还是在起作用:它的整个存在位于它的表象作用中,并恰好限于这个作用,直到最后把这个作用发挥得淋漓尽致。语言只有表象这个处所,没有其他处所,只在表象中有其价值,没有其他价值:只在语言所能布置的洞穴中有其价值。

由此,古典语言发现了某种与它自身的关系,这种关系直到那时为止仍是不可能的,也同样是不可设想的。16世纪的语言对自身处于永久评论的处境中;但是,只有当存在着一种语言(它秘密地事先存在于人们设法借以使该语言讲话的话语中)时,这一评论才能表现出来;倘若没有文本的绝对的先决条件,就不可能存在评论;相反,如果世界是由标记和词组成的网络,那么,除了以评论为形式以外,人们还怎样能谈论它们呢? 从古典时代起,语言展现在表象之内,展现在那挖掘自身而对自身进行的复制中。从此以后,初始的文本(le Texte)被抹去了,与它一起被抹去的还有词的整个基础,这些词的沉默的存在铭刻在物上;所剩的只有表象了,表象在表达自己的言词符号中展开,并通过这一点而成了话语

82

(discours)。表象之必不可少的话语性(la discursivité)取代了第二语言必须加以解释的言语之谜:仍是中性的和不偏不倚的畅开的可能性,这将是话语要履行和确定的任务。当这个话语本身成了语言的对象时,人们并未对它有所疑问,似乎它在说些什么,而实际上什么也没有说,似乎它是自己支撑自己的语言和一个封闭的言语;人们不再设法揭示出隐藏在其符号下面的重大的谜一般的意图;人们设问话语如何起作用:它指示什么样的表象,它勾勒和提取什么样的要素,它怎样分析和组合,什么样的置换作用使它能够确保自己的表象作用。评论已让位给了批评。

　　语言确立起的与自身的这一新关系,既不是简单的,又不是单方面的。显然,以对看得见形式的分析与对隐藏的内容的揭示形成鲜明对照相同的方式,批评似乎与评论相对照。但是由于这个形式是表象的形式,所以,只有依据真理、精确性、特性或表达的价值,批评才能分析语言。由此,批评就具有了混杂的作用和含糊性,而批评从未能摆脱含混性。批评质疑语言,似乎语言是纯粹的功能,是机制的总体,是符号的巨大的自主作用;但是,与此同时,它必定也会质疑语言的真或假、透明与黑暗,并因此质疑语言所说的一切是如何呈现在语言借以表象自己的词中的。正是从这一双重的基本的必需性出发,内容与形式之间的对立才逐渐呈现出来并最终占据我们知道它所拥有的地位。但是,可能,只有在较晚的时候,当在19世纪批评关系已被削弱时,这一对立才会加强。在古典时期,批评没有分离地并且作为整体表现在语言的表象作用中。那时,批评呈现四种形式,它们尽管是不同的,但仍是相互依赖和相互联系的。批评首先在反省的秩序中被展现为对词的批评:不可能凭着人们已接受的词汇去构建一门科学或哲学;要斥责那些把表象中不同的东西与把应该保持统一的东西区别开来的抽象术语混淆的笼统术语;必须构造一种完全分析的语言的宝库。批评还在语法秩序中被表达为对句法、词序和句子构造的表象价值的分析:当语言有性、数、格的变化或有一个介词体系时,语言是比较完善的吗? 词序是自由的,或是被严格确定的,哪个更好呢？什么样的词态体系最好地表达了连续关系？批评还在自己的空间内致力于检验修辞的形式：即分析修辞格，就是说，分析都具有表达价值的话语类型，分析比喻，就是说，分析词具有的与相同的表象内容的不同关系（这种指示是通过部分或整体，通过主要的东西或次要的东西，通过事件或环境，通过物本身或其类似物）。最后，因面对现存的和早已撰写的语言，批评着手限定这种语言与它所表象的东西的关系：这就是宗教文本的注解自从17世纪以来承载批评方法的方式；实际上，问题不再是去重述在这些文本中早已说过的一切，而是限定通过什么修辞格和形象化的比喻，遵循什么秩序，为了什么表达目的并且为了讲述什么真理，上帝或先知们才赋予一种话语特殊形式，话语就是以这种形式传达给我们的。

当语言从其功能开始拷问自身时，这就是必定会确立起来的多种多样的批评维度。从古典时代以来，评论与批评处于深刻的对立之中。凭着依据表象和真理来谈论语言，批评对语言作了判定和亵渎。现在，随着语言侵入自己的存在并质疑自己的秘密，评论在事先的文本的陡坡前停滞不前了，并致力于在自身内重复自己的诞生这一不可能的和层出不穷的任务：评论使语言神圣化了。语言借以确立起与自身的关系的这两种方法，从此以后展开了竞争，我们还没有从这种竞争中解脱出来，并且随着时间的推移，这种竞争甚至可能会变得强化。这是因为，自从马拉美（Mallarmé）以来，文学作为优先的批评对象，不停地接近语言的真正存在，并据此激发了不再以批评为形式，而是以评论为形式的第二语言。实际上，自从19世纪以来，所有的批评语言都充满着注解，有点类似古典时期的注解都充满着批评方法一样。然而，只要语言与表象之间的从属关系在我们的文化中不被解散，或至少被扭曲，所有的第二语言不是被束缚在批评中，就是被束缚在评论中。并且，它们会在自己的含糊其辞中无限地增生。

## 第二节　普通语法

　　语言的存在一旦被排除,所剩的只有语言在表象中的功能了:语言作为话语的本性和功效。因为话语只是被言词符号所表象的表象本身。于是,这些符号的特殊性是什么呢? 使这些符号比其他任何东西都更好地标出、分析和重组表象的这一奇异力量是什么呢? 在所有符号体系中,哪个是语言的特性?

　　初作检查,有可能依据其任意性或集体特征去限定词。就其初始的根源而言,诚如霍布斯所言,语言是由个人首先为他们自身选定的一个记号系统组成;凭着这些标记,个人就能回想表象,联合、分离并作用于表象。正是这些记号,因惯例或强力而被强加于集体性之上[1];但是,无论如何,词的意义只属于每一个人的表象,即使它可能被每个人所接受,它也只存在于被逐个占用的个人的思想中。洛克说:"其词作为他物之标记的一切,正是讲话者的观念:任何人都不能把这一切当作为标记立即应用于除了他的精神所拥有的观念以外的其他任何东西。"[2]因此,把语言与其他所有的符号区分开来并使它在表象中起决定性作用的,并不是因为语言是个体的或集体的,自然的或任意的,而是因为语言依据一个必定是连续的秩序去分析表象:事实上,声音只能逐个地联结在一起;语言不能一下子表象整体的思想;语言必须逐个地把思想安排进线性的秩序。现在,这样一个秩序是表象所陌生的。当然,思想在时间上是一个接一个的,但每个思想都形成一个统一体,而不管你是否同意孔狄亚克[3],即表象的所有要素都是顷刻间给定的,只有反思才能把它们一个个展现出来,也不管你是否同意德斯蒂·德·特

---

① 霍布斯:《逻辑学》,德斯蒂·德·特拉西译,《观念学基础知识》,巴黎,1805 年,第 3 卷,第 607-608 页。

② 洛克:《人类理解论》(科斯特译,第 2 版,阿姆斯特丹,1729 年),第 320-321 页。

③ 孔狄亚克:《语法》("著作",第 5 卷,第 39-40 页)。

拉西(Destutt de Tracy),即这些要素快速地一个接着一个,这个速度是如此之快,以至于实际上不可能观察或保留它们的秩序④。正是这些相互限制的表象必须在命题中展开:在我看来,"鲜艳处于玫瑰的内部";在我的话语中,我不能避免鲜艳先于或后于玫瑰⑤。假如"当精神瞥见观念时",精神就有力量去表达它们,那么,精神无疑也能"同时表达它们"⑥。但这恰恰是不可能的,因为尽管"思想是一个简单的操作",但是"它的表述却是一个连续的操作"⑦。语言的特性存在于此,也正是这一点才不仅把语言与表象区分开来(语言本身仍是该表象的表象),而且还把语言与符号区分开来(语言属于这些符号,而无其他任何特权)。语言并不像外部对内部或表述对反思那样与思想处于对立之中;语言并不像任意物对自然物或集体对个人那样与所有其他的符号(姿态、手势、译文、绘画、标志)对立起来。但是,语言确实像后继者与同时代人那样与所有这一切相联系。语言与思想和与符号的关系,恰如代数与几何的关系:语言用一种秩序取代了各个部分(或量值)的同时性比较,这个秩序的程度必须逐个得到详细研究。正是在这一严格意义上,语言才是对思想的分析:这不是简单的勾画,而是在空间中深远地确立起秩序。

被古典时代称之为"普通语法"的这个新型认识论领域就位于这个空间内。如果在这个语法中只看到一种逻辑学纯粹而简单地应用于语言理论,那将是不合情理的。如果设法把这种语法辨认为是一种语言学的预示,那同样是不合情理的。普通语法是对与同时性相关的言词秩序进行的研究,而表象这一同时性,正是普通语法的任务。因此,普通语法的适合对象,既不是思想,也不是任

---

④ 德斯蒂·德·特拉西:《观念学基础知识》,第 1 卷(巴黎,1798 年)。

⑤ U. 多梅盖(U. Domergue):《分析的普通语法》(巴黎,1796 年),第 1 卷,第 10 - 11 页。

⑥ 孔狄亚克:《语法》("著作",第 5 卷,第 336 页)。

⑦ 神甫西卡尔(Abbé Sicard):《普通语法基础知识》(第 3 版,巴黎,1808 年),第 2 卷,第 113 页。

何个体语言(la langue),而是被理解为一系列言语符号的话语。这一序列通过与表象的同时性联系起来,因而是人为的,并且就这一点而言,语言必须与思想对立起来,恰如被反思的一切与直接当下的一切相对立。但是,这个序列在所有语言中并不是相同的:有些语言把这个对立作用置于句子中间;其他语言则把它置于句子的末尾;有些语言首先命名了表象的主要对象,其他语言则首先命名了次要的境遇;诚如《百科全书》所提出的,使得外国语彼此间难以理解和难以翻译的,与其说是词与词之间的差异,不如说是它们的序列的不相容性⑧。相关于由科学,尤其由代数学引入表象的明显的、必需的、普遍的秩序,语言就是自发的、轻率的;语言似乎是自然的。依据人们借以考察语言的观点,语言同样是一个早已被分析的表象,是一个处于初始状态中的反思。说真的,语言是表象与反思之间的具体纽带。与其说语言是人们相互交往的工具,还不如说语言是表象必定借以与反思发生联系的途径。这就是为什么对哲学说来,普通语法在18世纪期间获得了如此多的重要性:它整个地既是自发的科学形式(作为一种不被精神控制的逻辑⑨)又是首次对思想进行的反思分解:与直接当下物进行的最原初的决裂之一。普通语法似乎构成了精神所内在固有的一种哲学——亚当·斯密说"为构成一丁点儿的形容词,有哪种形而上学曾是并非必不可少的"⑩——并且,任何哲学如果想要在如此众多的不同的选择中发现必需和明显的表象秩序,那就都得必须重新启用普通语法。语言是整个反思的初始形式,是整个批评的初始论题。普通语法正是把这一与认识一样宽泛但总是内在于表象的模糊物当作自己的对象。

但是,我们必须立即得出某些结论⑪。1. 首先人们清楚地看到

---

⑧ 《百科全书》的条目"语言"。
⑨ 孔狄亚克:《语法》("著作",第5卷,第4-5、67-73页)。
⑩ 亚当·斯密:《对语言起源和构成的考察》(法译本,1860年),第410页。
⑪ 孔狄亚克:《语法》("著作",第5卷,第4-5、67-73页)。

语言科学在古典时期是怎样被划分的:一方面,是修辞学(la Rhétorique),论及修辞格和比喻,就是说,论及语言借以在言词符号中被空间化的方式;另一方面,是语法(la grammaire),论及联系与秩序,就是说,论及表象的分析借以依据一个连续序列而被安排的方式。当与语言一起存在时,修辞学就限定了表象的空间性;语法(la Grammaire)为每一个体语言限定了把这个空间性分配在时间中的秩序。诚如我们将要看到的,这就是为什么语法假定了语言,即使最原始和自发的语言,其本性也是修辞的。

2. 另一方面,作为对一般语言的反思,语法表达了语言与普遍性保持的关系。依据人们考虑到普遍语言(Langue universelle)的可能性,还是考虑到普遍话语(Discours universel)的可能性,这一关系可以呈现两种形式。在古典时代,由普遍语言所代表的一切,并不是原始的、纯净的和未受损坏的言语(这种言语假如逃避了遗忘的惩罚而被重新发现的话,将能够恢复《圣经》所说的通天塔以前的理解),而是指一种将易于为每个表象和每个表象的每个要素提供一个符号的语言,凭着这个符号,表象就能以独一无二的方式而被标出;它还将能表明表象中的要素以何种方式组合在一起以及这些要素怎样彼此联系在一起;并且,由于拥有表明不同表象环节之间的所有可能关系的工具,所以,凭这个事实,这种语言还将能够遍及所有可能的秩序。立即富有特色并且是组合起来的这一普遍语言并没有确立起旧时的秩序:而是发明了符号、句法和语法,所有可以想象的秩序都能在这些发明物中找到自己的位置。至于普遍话语,它也不是那个在对自己的秘密的辨认中保留打开所有知识之钥匙的唯一的文本;它是能对精神自然和必然地从最简单的表象前进到最精致的分析或最复杂的连接进行限定的可能性:这一话语就是依照由其起源为其规定的独一无二的秩序而被安排的知识。普遍话语遍布整个认识领域,但以几乎是隐蔽的方式遍布的,以便在表象的基础上使认识的可能性涌现出来,并揭示认识的诞生以及认识之自然的、线性的和普遍的纽带。这一共同点(dénominateur commun),这一所有认识的基础,这个表达在一个连续秩序中的起源,就是观念学(l'Idéologie),就是一种沿着自己的整个长度复制自发的认识线索的语言:"人,就其本性而言,总是倾向于最逼近和最迫切的结果。他首先考虑他的需要,接着考虑他的快乐。他在考虑哲学之前,总是忙于农业、医学、战争、实际政治,接着忙于诗歌和艺术;并且当他转回到自身并开始反思时,他就为自己的判断规定规则,这就是逻辑学,为他的话语规定规则,这就是语法,为他的欲望规定规则,这就是道德。他那时认为自己已达到了理论的顶峰";但是,他发觉所有这些操作都有"一个共同的来源",并且"这个所有真理的唯一中心就是对他的理智官能进行的认识"⑫。

　　普遍文字符号(La Caractéristique universelle)对立于观念学,恰如一般语言的普遍性(它把所有可能的秩序都展示在一个单一的基本图表的同时性中)对立于一个完整话语的普遍性(它为所有连接在一起的可能的认识分支重构了独一无二和有价值的发生学)。但是,它们的设想和它们的共同可能性却存在于古典时代归之于语言的那种力量中:把合适的符号提供给无论什么样的所有表象,并在这些表象之间确立起可能的联系。就语言能表象所有表象而言,语言以充分的理由成了普遍物的要素。在普遍物中,至少必定存在语言的可能性,这种语言把整个世界都集中在它的字里行间,反过来,作为可表象物的整体的世界必须整个地成为一部百科全书。并且,夏尔·博内(Charles Bonnet)的巨大梦想在这里会与相关于并从属于表象的语言重新联系起来:"我乐于把大量无数的世界(des Mondes)当作如此众多的书本,这些书本收集在一起,就组成了巨大的宇宙图书馆或真正的宇宙百科全书。我发现存在于这些不同世界之间的极妙渐进(la gradation)使得那些绝顶聪明的人能容易地获得每一类真理:这种渐进是供他们浏览,确切说是供他们阅读这些世界的;这种渐进在他们的认识中包含并设置了正是该认识美丽之处的这个秩序和这个联系。但是,所有这些杰出的

---

⑫　德斯蒂·德·特拉西:《观念学基础知识》,"前言",第1卷,第2页。

百科全书编写者并不全以相同的程度拥有宇宙的百科全书;某些人只拥有这部百科全书的一些分支,其他人则拥有大量的分支,而另一些人甚至于拥有更多的分支;但是,所有的人都拥有增长和完善他们的认识并发挥他们所有的官能的恒久性。"⑬在一部完美的百科全书的基础上,人类构成了关于一个复合的和有限的普遍性的种种中介形式:按字母顺序排列的百科全书,把最大可能数量的认识安置在字母的任意秩序中;不同语言之间的通用书写法(pasigraphies),使得人们有可能借助同一个象征修辞体系来记录世界上所有的语言⑭;多价的词汇,它在较多或较少数量的语言之间确立了同义性;最后,还有分门别类的百科全书,它们通过检验"人类认识的谱系学和前后演变关系,必定产生了这些认识的原因以及把它们区分开来的特征",打算"尽可能地展出人类认识的秩序和联系"⑮。不管这些设想具有什么样的不完全性,不管这种事业具有什么样的经验状况,它们在古典知识型中的可能性在于:倘若语言的存在已完全被归并为语言在表象中的功能,那么表象反过来也只有借助于语言才能与普遍物相关联起来。

3. 认识和语言是严格交织在一起的。它们在表象中有相同的起源和功能原则;它们相互支持,相互补充,又不停地相互批评。就其最一般的形式而言,无论是认识,还是讲话,它们都首先在于对表象作同时性分析,对表象的要素作区分,并确立起种种把这些要素结合起来的关系和这些要素借以能展开的可能的序列。人们讲话和认识,都是在同一个运动中进行的:"正是通过相同的手段,人们学会讲话并揭示世界体系的原则或人类精神运作的原则,就是说,凡卓越的东西都在我们的认识之中。"⑯但是,只是在一种未经思索的形式中,语言才是认识;语言从外部强加在个人身上,并

---

⑬ 夏尔·博内:《对自然的沉思》("全集",第 4 卷,第 136 页,注释)。
⑭ 参见德斯蒂·德·特拉西:《政治和道德科学学会论文集》,第 3 卷,第 535 页。
⑮ 达伦贝尔:《百科全书引言》。
⑯ 德斯蒂·德·特拉西:《观念学基础知识》,第 1 卷,第 24 页。

且不管个人愿意与否,把个人引向可能是具体或抽象的、精确的或几乎不具基础的观念。反过来,认识类似于这样一种语言,它的每一个词都已受过检验,它的每一个关系都已被证实了。认识就是严格地讲话,并且如同精神的确实的进步所规定的;讲话就是一个人尽自己的所能并符合一个由那些人强加的模式而认识,这个人与那些人有同样的起点。科学是精心制作的语言,恰如语言是荒芜的科学一样。因此,所有的语言必须加以彻底改变:就是说,要依据那个它们现在恰恰没有遵循的分析秩序而被说明和判定;并且有可能的话,所有的语言应被重新调整,以便认识的链条能完全清楚地呈现出来,而没有阴影或空隙。由此,语法的本性本身就是成为规定的,这无论如何也不是因为它设法强制性地规定一种忠于审美规则的优美语言的规范,而是因为它把言语的彻底可能性归于确立表象的秩序。德斯蒂·德·特拉西曾经注意到,在18世纪,那些上乘的逻辑学论文是由语法学家们撰写的:这是因为那时的语法规定具有一个分析的而非审美的秩序。

语言属于知识这一从属关系解放了在先前那些时期并不存在的整个历史领域。像认识史这样的某物就变得可能了;这是因为,如果语言是一门自发的科学,其自身是晦涩和笨拙的,那么,反过来,语言因认识而趋于完善,倘若不在词中留下痕迹,这个认识就不能沉积在词里,不能沉积在其内容的空洞场所中。尽管语言是不完善的知识本身,但是,语言却是对知识的完善的忠实记忆。语言会导致谬误,但是,语言又记录了人们所学到的一切。在其混乱的秩序中,语言产生了虚假观念;但是,真实观念却在自身内存放了有关一个偶然性凭自己从未能布置的秩序的抹不去的标记。文明和人们留给我们的作为他们的思想的纪念品的,与其说是他们的文本,不如说是他们的词汇,他们的句法,他们的语言声音,而非他们所讲的言语,与其说是他们的话语,还不如说是使之成为可能的要素:他们的语言的话语性。"一个人的语言把它的词汇给了我们,并且它的词汇对这个人的所有认识都作了非常忠实和富于权威性的记录;人们只要单单对一个民族的词汇在不同时代的不同状况作比较,就能形成一个民族进步的观念。每一门科学都有其名称,科学中的每一个观念也有其名称,大自然中我们认识的一切东西都是被指定的,如同在艺术中,以及在奇异现象、诡计和手段中,一切都是被虚构的一样。"⑰由此,就有可能在语言的基础上撰写一部自由和奴役的历史⑱,甚或一部关于舆论、偏见、迷信和各种信念的历史,因为有关这些主题所撰写的一切总是表明其价值不如词本身⑲。因此,也有人设想撰写一部"科学和艺术"百科全书,它将不遵循认识本身的联系,而是将存在于语言的形式中,存在于词本身中打开的那个空间内;正是在这个地方,未来的时代才必定会加以寻找,以发现我们所知或所思的一切,因为就其粗糙的划分而言,词是沿着那条标志着科学邻近知觉以及反映邻近想象的中界线而被分布的。正是在词中,我们所想象的东西变成了我们所认识的东西,反过来,我们所认识的东西变成了我们每天表象给自身的东西。与文本(le *texte*)的古老关系,曾被文艺复兴时期用来定义博学,现在却发生了改变:它在古典时代已成了与语言(la *langue*)的纯要素的关系。

这样,人们就能看到语言与认识、精致的话语与知识、普遍的语言与思想的分析、人类历史与语言科学得以在其中正当沟通的那个明细要素变得清楚明白了。即使当文艺复兴的知识准备发表时,它也是在一个封闭的空间内被部署的。"科学院"(L'«Académie»)是一个封闭的圈子,它把基本上秘密的知识形式投射到社会构型的表面。这种知识的基本任务是使沉默的符号讲话:它必须借助于其他记载去确认这些符号的形式,去译解这些符号,去重新抄写这些符号,当然这些记载本身也必须被辨认;因此,即使秘密的发现,也逃避不了这个挑剔的布局,这个布局使得这种发

---

⑰　狄德罗:《百科全书》的条目"百科全书",第5卷,第637页。

⑱　卢梭:《论语言的起源》("著作集",巴黎,1826年,第13卷,第220-221页)。

⑲　参见米凯利斯(Michaelis):《论舆论对语言的影响》(1759年,法译本,巴黎,1762年):我们知道古希腊人凭着意见这个词把光荣与舆论等同起来;日耳曼人凭着 *das liebe Gewitter* 这一表达式相信风暴的多发性(第24和40页)。

现变得如此困难,但又如此可贵。在古典时代,认识和讲话在同一个网状结构中交织在一起:在知识和语言的情形中,这是一个向表象提供符号的问题,借助于这些符号,表象就能依据一个必需的和看得见的秩序把自己展现出来。即使当被人们陈述时,16 世纪的知识也仍是一个秘密,尽管是一个被人分享的秘密。即使当被人们隐藏时,17 和 18 世纪的知识也是上面罩着面纱的话语。这是因为进入言词联系体系,这是科学最原始的本性[20],而从其第一个词起就成为认识,这是语言最原始的本性。讲话、启示和知识,在其术语所具有的严格含义上说,具有相同的秩序。由古典时代在科学中揭示的益处,科学争论的公开性,科学极其公开的特性,科学向外行的开放,封特内勒化的天文学,伏尔泰对牛顿的读解,所有这些可能只是一个社会学现象。它丝毫没有引起思想史的变化,也一点没有改变知识的发展。当然,除了在有关古希腊哲学家论述的层面上以外,它什么也没有说明(事实上,它必须处于这个层面上);但是,它的可能性条件还是在这里,在知识与语言之间的这一相互关系中。稍晚,19 世纪要解开这一关系,并留下相互面对的两种东西:一是自我封闭的知识,二是纯粹的语言,这种语言的存在和功能已变得令人迷惑,成为从那时起被人称之为文学(Littérature)的某个东西。在这两种东西之间,由知识和作品派生或丧失的中介语言将无限地展开。

4. 由于语言已成了分析和秩序,所以,语言就与时间建立起了到那时前所未有的关系。16 世纪接纳了这些在历史上前后相继并能相互孕育的语言。最古老的语言就是母语。最古老的语言(因为当上帝向人类讲话时,它是上帝的语言),是希伯来语,希伯来语又产生了古叙利亚语和阿拉伯语;接下来是希腊语,科普特语和古

---

[20]　人们认为[例如,参见 W. 瓦布东(Warburton)的《论象形文字》]古人,尤其是埃及人的知识,并非首先是隐秘的,然后才是公开的,而是,首先被共同地构建,随后才被祭司们占有、掩饰和歪曲。秘传的学说远非基本的知识形式,而只是对知识的歪曲。

埃及语又都从希腊语派生出来；拉丁语是意大利语、西班牙语和法语的共同祖先；最后，"条顿语"又产生了德语、英语和佛拉芒语[21]。从17世纪开始，语言与时间的关系被颠倒了：时间不再把言语依次沉积在世界史中；正是语言把表象和词展现在一个序列中，并且语言通过这个序列来定义自己的规律。正是通过这个内在秩序以及它为自己的词所保存的位置，每一种语言才定义了自己的特异性，而不再通过它在历史序列中的位置。对语言来说，时间是它的内在分析方式，而不是它的诞生地。由此，古典时代把少量的益处带给了年代学的前后演变关系，以否认意大利语或法语与拉丁语的演变关系，从而与所有的"证据"——即我们的证据相反[22]。曾存在于16世纪且将重新出现在19世纪的种种系列被类型学取代了。并且，这些类型学是秩序的类型学。存在着一组语言，这种语言首先设置了人们将要谈论的主题；接着设置了由该主题承担或经受的活动；最后设置了它借以被实施的施动者（l'agent）：证据、法语、英语、西班牙语。与此相对的是另一组语言，它"时而把活动，时而把对象，时而把变化或状况设置在先"：例如，拉丁语，或"中世纪正教斯拉夫语"，它的词所发挥的功能并不被词的位置，而是被词的词形变化所指定。最后，存在着由混杂语言（如希腊语或条顿语）组成的第三组语言，"它拥有另两组语言所具有的某物，拥有冠词和格"[23]。但是，我们必须懂得，并不是词形变化的存在与否才限定了每种语言中词的可能的或必要的秩序。正是话语，作为分析和一系列排列成行的表象，才构成了预先的形式，并规定了性、数、格变化或冠词的用法。那些遵循了"想象和旨趣"的秩序的语言，

㉑ E. 吉夏尔（E. Guichard）：《语源学谐和》（1606年），相同类型的其他分类请参见斯卡列格（Scaliger）的《评欧洲语言》或威尔金斯（Wilkins）的《论真实字符》（伦敦，1668年），第3页及以下各页。

㉒ 勒布朗（Le Blan）：《言语新理论》（巴黎，1750年）。除了"某些词的传承"以外，拉丁语什么也没有传给意大利语、西班牙语或法语。

㉓ 神甫吉拉尔（Girard）：《法语言的正确原则》（巴黎，1747年），第1卷，第22-25页。

并不为词确定任何恒常的位置,而是被迫通过词形变化来突出这些词(这些都是"可改变词序的"语言)。反之,如果那些语言遵循了一样的词变秩序,那么,它们只需借助一个冠词来表示名词的数和性;在分析排列中的位置本身具有一个功能价值:这些是"类似的"语言㉔。语言依据一张有关词序的可能种类的图表而相互联系和相互区分。这张图表全都同时地表明它们,但又提出哪些语言是最古老的语言;事实上,它也许会承认,最自发的秩序(想象和激情的秩序)必定先于最深思熟虑的秩序(逻辑学的秩序);外在的日期确定是由分析和秩序的内在形式决定的。时间已变得内在于语言了。

至于各种语言的历史,它只不过是各种因素的侵蚀或偶然变化、引入、相遇和混合;它没有合适的规律,没有运行,没有必要性。例如,希腊语言是怎样形成的呢?"正是腓尼基商人,来自弗里吉亚、马其顿和伊利里亚、加拉提亚、斯基泰的探险者,和一大群流浪者和亡命者,才让希腊语言的原始基层承载了这么多种数不清的词缀和虚词,这么多的方言。"㉕法语是由拉丁语和哥特语的名词、高卢语的词组和语法结构、阿拉伯语的冠词和数字、从英语和意大利语借用的单词所有这些东西组成的,诚如旅行、战争或商业协定所表明的㉖。这是因为语言的进化遵照迁移、胜败、时尚和贸易的结果;却一点也不遵照语言本身所拥有的历史性力量。语言并不遵从任何内在的展现原则;语言只是在一个线性序列中展现表象及其要素。如果对语言来说存在一种确定的时间,那决不能在语言的外面,在历史的方面,而是必须在词的有序排列中,在话语的缝隙中,去寻找这种时间。

现在,我们就有可能限定那个在 17 世纪下半叶出现并且在 18

---

㉔ 有关这个问题及其引起的讨论,请参见博泽(Bauzée)的《普通语法》(巴黎,1767年);神甫巴泰(Batteux)的《倒装法偏好的新检验》(巴黎,1767年);神甫奥利韦(Olivet)的《法语语言评注》(巴黎,1771年)。

㉕ 神甫普卢歇(Pluche):《语言机制》(1811年重版),第 26 页。

㉖ 同上书,第 23 页。

世纪末消失的普通语法的认识论领域。普通语法根本不同于比较
语法：它在不同语言之间作的比较并不是它的目的；比较只是当作
一种方法而被采用的。这是因为普通语法的普遍性并不在于发现
种种尤其是语法的规律，这些规律是所有语言学领域所共有的，并
且可以用来把任何可能的语言结构展现在一个理想的和强制的统一
体中；假如普通语法的确是普通的，那么，其方式必定是：设法让处于
语法规则层面下面的但又与这些规则的基础处于同一层面的话语的
表象功能呈现出来——而不管这是一种纵向的功能（它指明被表象
的一切），还是一种横向的功能（它把被表象的一切与同思想一样的
模式联系起来）。由于普通语法使语言作为一种表象（即另一个表象
的连接）显现出来，所以，它无可置疑地是"普通的"：它所论及的是表
象的内在复制。但是，由于这个连接可以用许多不同的方式来完成，
所以，必定自相矛盾地存在着各种各样的普通语法：法语、英语、拉丁
语、德语，等等[27]。普通语法并不想限定所有语言的规律，而是依次
论及每一种特殊语言，作为思想与自身连接的一种方式。在每一种
孤立的语言中，表象为自身提供了"字符"（caractères）。普通语法将
限定由这些自发的字符假定和使用的同一性和差异性体系。普通
语法必须确立起每一种语言的分类学。换言之，它必须在每一种语
言中确立起拥有一个话语的可能性基础。

　　由此，就产生了普通语法必定会采纳的两个方向。由于话语把
自己的各个部分联结在一起，恰如表象把自己的各个要素联结在
一起一样，所以，普通语法必须研究彼此联系在一起的词的表象功
能；这就首先预定了一种对那些把词联结在一起的联系的分析（命
题理论，尤其是动词理论），接着预定了一种对各种类型的词和这
些词借以勾勒表象并彼此区别开来的方式的分析（连贯理论）。然

---

[27]　请参见，如比菲埃（Buffer）的《法语语法》（巴黎，1723 年，新版本）。这就是为什
么在 18 世纪末，人们喜欢"哲学语法"这个表达式甚于"普通语法"这个表达式，
后者"将是所有语言的语法"；D. 蒂埃博（Thiébault）的《哲学语法》（巴黎，1802
年），第 1 卷，第 6、7 页。

而,由于话语并不只是一个表象的整体,而是一个对另一个表象有所指示的被复制的表象——即起表象作用的表象——所以,普通语法还必须研究词借以指明自己所说的方式,首先必须研究词的原始价值(词源和词根理论),接下来必须研究词所具有的转移、引申和重组等持久能力(修辞空间和派生理论)。

## 第三节 动词理论

命题之于语言,如同表象之于思想:命题在具有最笼统的形式的同时,也具有最基本的形式,因为命题一旦被分解,我们就不再碰到话语,而只碰到话语的要素,这些要素是为数众多的分散的材料。我们的确在命题下面发现了词,但是语言并不在词那里实现自己的。确实,起初,人只发出简单的叫喊声,但是,只有当这些叫喊声(只是在它们的单音节词中)包含一个关系,即一个命题的秩序的关系时,才能成为语言。原始人在战斗中发生的吼叫,只有当它不再是他的痛苦的侧面表述时,只有当它具有作为"我闷死了"这样一个判断或声明的有效性时,才能成为真正的词[28]。把一个词构造为一个词并把它提升到叫喊声和噪音层面以上的,是隐藏在这个词里面的命题。如果说阿韦龙(l'Aveyron)的野蛮人最终未能讲话,那么,这是因为词对他们来说仍只是物的声音标记,和这些物在他们的头脑中产生的印象的声音标记;词并没有获得命题价值。当一碗牛奶放在他们面前时,他们的确能发出"牛奶"这个词,但是,这只是"含混地表达了这一食用液体,盛装这一液体的器皿,以及由这一液体产生的食欲"[29];这个词从未成为表象物的符号,因为他们从来没有想到说牛奶是热的,或准备好的,或期盼的。事实上,正是命题使声音符号脱离其直接的表达价值并且最终在其语

---

[28] 德斯蒂·德·特拉西:《观念学基础知识》,第 1 卷,第 87 页。

[29] 丁·伊塔尔(J. Itard):《有关阿韦龙的维克托(Victor de l'Aveyron)的新发展的报告》(1806 年)。后收入 L·马松的《野蛮的后代》(巴黎,1964 年),第 209 页。

言学可能性中把它确立起来。对古典思想来说,哪里有话语(而非表达式),哪里就有语言。当一个人说"不"时,他并不是在用一个叫喊声来转译他的拒绝;他是在把"整个命题:……我并不感到,或我并不认为"压缩成一个词㉚。

"让我们直接诉诸命题,诉诸这一基本的语法对象。"㉛在命题中,所有的语言功能都导回到构成一个命题所必不可少的三个要素:主词、谓语和它们之间的联系。还有,主词和谓词拥有相同的本性,因为命题证明了一个等同于或类似于另一个;因此,它们就有可能在某些条件下交换各自的功能。它们之间的唯一差异,尽管这是一个决定性的差异,但是,却是由动词的不可还原性所显明的:诚如霍布斯所言,"在每一个命题中,有三个东西要考虑到:两个名词,即主词和谓词,以及它们的联系或接合。这两个名词在我们的头脑中产生了有关同一个物的观念;而联系却产生了有关这样一个原因的观念,借助于这个原因,这些名词被置放在这个物上。"㉜动词是所有话语不可缺少的条件:凡是不存在动词的地方,至少以潜在的方式不存在,我们不可能说存在着语言。所有的名词性的命题都包含了一个动词的看不见的存在,亚当·斯密㉝认为,就其原始形式而言,语言只由非人称的动词(诸如"天下雨了"或"打雷了")组成,话语的所有其他部分,作为如此众多的派生的和次要的细节,开始脱离这一动词核心。哪里动词突然涌现,哪里就是语言的入口。因此,我们必须把这个动词当作一个混合的存在,同时把它当作其他词中间的一个词,同其他词一样,在相同的规则中,遵从宾语律和相配律(lois de régime et de concordance);此外,并不是在一个所言说的一切的区域内,而是在一个人们在其中言说的区域内,动词开始脱离其他所有的词。动词处于话语的边

㉚ 德斯蒂·德·特拉西:《观念学基础知识》,第 2 卷,第 60 页。
㉛ U. 多梅盖:《分析的普通语法》,第 34 页。
㉜ 霍布斯:《逻辑学》,德斯蒂·德·特拉西译,《观念学基础知识》,巴黎,1805 年,第 3 卷,第 620 页。
㉝ 亚当·斯密:《语言起源和构成的考察》,第 421 页。

缘,处于所言说的一切与正在言说的一切本身之间的联系上,恰恰处于符号正在成为语言的地方。

正是在这个功能中必须查问动词——通过抛掉动词上面一切不断地使其超载和变得模糊的一切。我们决不能像亚里士多德那样停留在这样一个事实,即动词指称时态(还有其他许多词、副词、形容词、名词,都能承担时态的指称)。我们也决不能像斯卡列格(Scaliger)那样停留在这样一个事实,即动词表示活动或激情,而名词则指示物,并且是永久的物(因为恰恰有"活动"这个名词)。我们也决不能像布克斯托尔夫(Buxtorf)那样把重要性赋予动词的不同人称,因为这些人称也能被某些代词所指明。我们必须立即十分清楚地指定动词的基本功能:动词起断言作用,这就是说,它表示"使用了这个词的话语,就是那个不仅设想到名词,而且还判定名词的人所具有的话语"[34]。当我们断言两个物之间的从属联系时,当我们说这个是那个时,一个命题就存在了,一个话语也存在了[35]。所有的动词种类都可以归并为意指存在(l'être)的独一无二的动词。其他所有的动词都暗中使用这个独特的功能,但是,它们用种种限定把它覆盖起来了,这些限定也就把它隐藏起来了:人们把属性添加在它的上面,我们并不说"我正在唱歌",而是说"我唱歌";人们把时态的指示添加在它的上面,我们并不说:以前我唱歌,而是说:我唱过歌;最后,某些语言已经把主词本身整合进动词中,这就是为什么拉丁人不说:我活着(ego vivit),而是说:生活(vivo)。所有这些都只是在一个完全微不足道但基本的动词功能周围及其上面的堆积和沉淀,"只存在存在(être)这个动词……仍处于这个简单性中"[36]。语言的全部本质都集中在这个单一的词

---

[34] 《波-鲁瓦亚勒逻辑学》,第106-107页。

[35] 孔狄亚克:《语法》,第115页。

[36] 《波-鲁瓦亚勒逻辑学》,第107页——参见孔狄亚克的《语法》,第132-134页。在他的《认识的起源》中,他以某种不同的方式分析了动词的历史,但对动词的功能却没有作分析——D. 蒂埃博的《哲学语法》(巴黎,1802年),第1卷,第216页。

中。没有这个词,万物都将沉默不语,并且,尽管同某些动物一样,人们将可能十分有效地使用自己的声音,但是,所有这些从树林中发出的叫喊声从未能结成巨大的语言链条。

在古典时代,语言的原始存在——那一大堆为了实施我们的质疑力量而置放在世界上的符号——消失了,但是,语言本身与存在建立了新型的关系,这些关系比较难以把握,因为正是借助于一个词,语言才表达了存在并与存在联系在一起;语言是从自身的内部断言存在的;但是,如果这个词本身事先不能支持话语的全部可能性,那么,语言也就不能作为语言而存在。假如不存在一种指定存在的方法,那么,语言也将不存在;但是,如果没有语言,存在(être)这个动词也将不存在,这个动词只是语言的一个部分。这个简单的词就是语言中的存在的表象;但它同样也是语言的表象的存在——它通过使语言断言语言自己所说的一切,使这一切可能成真或假。在这个方面,这个词不同于所有的符号,这些符号可能或不可能符合、忠于或适合于由它们指定但从未成真或假的一切。通过一个词的这种单一力量,语言完完全全地成了话语,这个词跨越了符号体系,而朝向被意指物的存在。

但是,这种力量来自何处呢?并且,这一突出了词并形成了命题基础的意义是什么呢?波-鲁瓦亚勒的语法学家们认为,存在(être)这个动词的意义就是断言。这就充分表明了这个动词的绝对优先权处于哪个语言区域内,但根本没有表明这种优先权存在于什么东西中。我们决不能认为存在(être)这个动词包含了断言观念,因为断言这个词本身,还有是(oui)这个词,都同样包含了这个观念[37];因此,存在(être)这个动词确保的是对这个观念的断言。但是,对一个观念的断言也是对它的存在的表述吗?实际上,这就是博泽(Bauzée)所认为的,并且,他还把它当作时态的变化之所以被集中在这个动词的形式中的一个原因:因为事物的本质并不发

---

[37] 参见《波-鲁瓦亚勒逻辑学》,第107页和修道院院长吉拉尔的《法语语言的真实原则》,第56页。

生变化,只是事物的存在有出现和消失,只是事物的存在有过去和
未来㊳。对此,孔狄亚克能发现:如果存在能从物中抽取出来,那
么,这必定是意味着,存在只是一个属性,并且动词既能断言存在,
又能断言死亡。动词断言的唯一的东西就是两个表象的共存,例
如,树木和绿色的表象,或者人与生或死的表象;这就是为什么动
词的时态并不表明物存在于绝对性中的时间,而只是表明一个有
关在不同的物之间存在的前后连接关系或同时关系的联系体系㊴。
事实上,共存并不是物本身的一个属性;共存只是表象的一种形
式:说绿色与树木共存,也就是说它们在我接受的全部或大多数印
象中联系在一起。

因此,存在(être)这个动词基本上把所有的语言与它们所指定
的表象联系起来当作自己的功能了。这个动词向某个存在物倾泻
出自己的符号,这个存在物就是思想的存在。因把语言比作一幅
画,18 世纪晚期的一位语法学家把名词定义为造型,把形容词定义
为颜色,把动词定义为画布本身,颜色在画布上显现。一块看不见
的画布,完全被词的光泽和构图所覆盖,但它又向语言提供了展现
其绘画的场所。动词最终指定的是语言的表象特征,是在思想中
有一席之地的事实,即能穿越符号的边界并向符号提供基础的独
一无二的词实际上只是达到了表象本身。因此,我们发现动词的
功能等同于语言存在的方式(动词始终贯穿这个存在):讲话就是
借助于符号进行表象,同时也是赋予符号一种由动词控制着的综
合形式。诚如德斯蒂所说,动词是系词:是所有属性的支撑和形
式:"存在(être)这个动词存在于所有的命题中,因为如果我们不能
说物是……那么,我们同样也不能说物是处于如此这般的方式中。
但是,处于所有命题中的这个词'是'(est)总是这些命题中的属性
(谓词)的一部分,它总是属性的开端和基础,它是一般的和共同的

㊳ 博泽:《普通语法》,第 1 卷,第 426 页及以后各页。
㊴ 孔狄亚克:《语法》,第 185 - 186 页。

属性。"⑩

人们将看到,动词的功能一旦达到这个一般性程度,普通语法的单一领域一旦消失,动词的功能就如何只能分解了。当纯粹语法的领域打开时,命题只是成了一个句法单元。动词,以及它自己的相配、词变和格(régime)的体系,只是在这个领域中,在其他所有的词中间呈现出来。并且,在另一方面,语言的表现力重新出现在一个比语法更为古老的独立的问题中。在整个 19 世纪,人们检查了语言作为动词的这一令人困惑的本性:在这方面,语言离存在最近,语言最能命名存在,最能传达存在的基本意义并使之闪亮,最能使存在变得完全明显。从黑格尔到马拉美,这一在存在与语言的关系面前产生的震惊,避免了把动词重新引入诸语法功能的清一色秩序中去。

## 第四节　讲说(连接)

存在(être)这个动词,作为属性和断言的混合物,作为话语与言语的初始和基本可能性的交织,确定了命题的第一个常量,并且是最基本的常量。在这个动词的旁边,在它的这边和那边,则是种种要素:话语或"词"的组成部分。这些地方仍是中性的,并且只是由不多的、几乎觉察不到的、但重要的、指定存在物的修辞格所确定的;这些场所在这一"法官"的周围起作用,即他作为将要加以裁决的东西——le judicande——和作为被裁决物——le judicat⑪。命题的这一纯粹意图如何能变成清楚的句子?话语怎么能陈述一个表象的全部内容?

这是因为话语是由一部分一部分地命名被表象对象的那些词组成的。

词指明什么,这就是说,就其本性来讲,词是一个名词。它是

---

⑩　德斯蒂·德·特拉西:《观念学基础知识》,第 2 卷,第 64 页。
⑪　U.多梅盖:《分析的普通语法》,第 11 页。

一个专名,因为它总是指向一个特殊的表象,除此之外,它什么都不指。因此,面对动词的均一性(它一直只是属性的普遍陈述),名词却会无限地增加差异性。有多少需要命名的事物,就该有多少名词。但是,在那时,每一个名词将如此有力地固定在它所指定的唯一的表象上,以至于人们从未能详细阐述最细微的属性;并且,语言将回复到一个较低的层面上去:"假如除了专名以外,我们没有其他的名词,那么,我们就必须无限地使它们增生。那些我们无法记住其数量的词,在我们的认识对象中,从而在我们的观念中,将不产生任何秩序,并且我们所有的话语都将混乱不堪。"㊷除非两个名词中的一个(至少是述词)指明了某个为几个表象所共有的要素,否则,名词就不能在一个句子中起作用,就不能允许属性的存在。存在的指明对命题的形式是必需的,同样,名词的普遍性对话语的组成部分也是必需的。

　　这个普遍性可以通过两种方式来获得。或者通过一个横向的讲说(une articulation),把共同拥有某些同一性的个体聚集起来,并把那些各不相同的个体区别开来;于是,这样的讲说形成了一个关于逐渐变得巨大(但其数量愈来愈少)的集合的连续的普遍化;它还可以借助于新的区分几乎无限地对这些集合作进一步的区分,并由此返回到它所由出发的那个专有名词㊸;并列和从属的所有秩序被语言所覆盖,并且每一个这样的点与它的名词一起出现在那里;从个体到种,从种再到属和纲,语言恰恰在不断增加的普遍性领域中被讲说;是名词把这一分类功能表达在语言中的:我们说一个动物,一个四足动物,一条狗,一条猎犬㊹。或者通过纵向的讲说,它与横向的讲说联系在一起,因为它们各自对对方来说都是必不可少的;纵向的讲说把独自存在的东西与那些从未独立的东西

---

㊷　孔狄亚克:《语法》,第 152 页。

㊸　同上书,第 155 页。

㊹　同上书,第 153 页。同样请参见 A. 斯密:《语言起源和构成的考察》,第 408 - 410 页。

（修改、特点、偶性或性质）区别开来了：在最深处是实体；在表面则是性质；这一划分——诚如亚当·斯密所说的，这一形而上学④⑤——是由形容词的存在表达在话语中的，形容词指定了表象中一切不能独自存在的东西。因而，语言的原初讲说（假如我们把"存在"这个动词搁在一边，"存在"既是话语的组成部分，又是话语的条件）沿着两条直交的轴心而形成了：一条是从单一个体到普遍物；另一条是从实体到性质。普通名词处于这两条线的交叉点上；一端是专名，另一端是形容词。

但是，恰恰只有在这样的程度上，即表象依据这同一个模式而被分析，这两种表象才能把词与词彼此区分开来。如同波-鲁瓦亚勒的作者所说："意指物的词被称作实体性名词，如地球、太阳。而那些既意指方式，又意指与方式相应的主词的词，就被称作辅助性名词，如好的、正当的、圆的。"④⑥然而，在语言的讲说与表象的讲说之间确实存在着某些作用。当我们谈到"白色"时，我们肯定是指明一个性质，但是，我们是借助于一个名词去指明它的；当我们谈到"人类"时，我们是使用了一个属性来指明独自存在的个体的。这一差距并不意味着语言只遵循表象律以外的其他规律，而是相反，语言凭其自身并且就其自己的深度而言，拥有与表象的关系相等同的关系。因为事实上难道语言不是一个复制的表象，并由此能把它的表象要素与另一个不同于第一个的表象组合在一起（即使第二个表象的唯一功能和意义是第一个表象的表象）？如果话语把握了能指明一种变更的形容词并在句子中赋予它命题的真正实体的价值，那么，这个形容词就成了名词；而在句子中像一个偶性那样起作用的名词却成了形容词，即使它仍像以前一样正在指明实体。"因为实体就是独自存在的东西，所以人们把所有那些在话语中独自存在的词称作实体性名词，即使它们意指的是偶性。相反，人们把那些意指实体的词（在它们的意指方式中，它们必须

---

④⑤　A.斯密：《语言起源和构成的考察》，第410页。

④⑥　《波-鲁瓦亚勒逻辑学》，第101页。

在话语中与其他名词联系在一起）称作形容词。"[47]命题要素之间的关系等同于表象要素之间的关系；但是，这种同一性是逐步得以确保的，以使每一个实体都被名词指明，每一个偶性都被形容词指明。这里的同一性是完全自然而然的：命题是一个表象；命题依据与表象相同的方式而得以表达；但是，命题有能力以一种或另一种方式去表达已被自己转变成话语的表象。就其本身而言，命题就是一个向另一个命题提供表达的表象，并拥有一种差距的可能性，这种差距既构成了话语的自由，又构成了语言之间的差异。

这是讲说的第一个层次——最表面的层次，或者，无论如何，也是最明显的层次。从此以后，一切都能成为话语了。但这只能发生在一个仍是很少有分化的语言中：我们仍然只拥有"存在"（être）这个动词的单一性以及它把名词联系在一起的系词功能。现在，表象的要素依据复杂关系的整个网络（连续、从属、结论）而得到了讲说，如果这个网络想真正成为表象的网络，那么，它必须成为语言。因此，在名词和动词中间流通的所有的词、音节甚至字母都必须指明那些在波-鲁瓦亚勒那里称作"次要的"观念[48]；必定存在着介词和连词；必定存在着表明了等同或相配关系以及依赖或宾格（régime）关系的句法符号[49]：复数和性的标记，性、数、格变化的情形；并且，最终还必定存在着能把普通名词与所指明的个体联系起来的词——莱默西埃（Lemercier）称之为"具体化因子"（concrétiseurs）或"非抽象化因子"（désabstracteurs）[50]的冠词或指示词。这么多的词构成了一个次于名词（无论是实体性名词还是从属性名词）统一体的讲说，这种统一体是命题的明确形式所需要的）：没有一个词凭自己和独立地拥有一个固定的和确定的表象内容；这些词只能与其他的词联系在一起，它们才能包含一个观

---

[47]　《波-鲁瓦亚勒逻辑学》，第 59 - 60 页。

[48]　《波-鲁瓦亚勒逻辑学》，第 101 页。

[49]　杜克洛（Duclos）：《波-鲁瓦亚勒语法评述》（巴黎，1754 年），第 213 页。

[50]　J. - B. 莱默西埃：《关于使语法成为一门艺术—科学的可能性的本文》（巴黎，1806 年），第 63 - 65 页。

念——甚至一个次要的观念;名词和动词是"绝对有所指的",而这些词只有在一个相关的模式中才会有意指[51]。可能,这些词是致力于表象的;只是就表象在分析自身的过程中,使得这些关系的内在网络能被人所见而言,这些词才是存在的;但是,这些词只有通过语法整体(它们是它的组成部分)才会有价值。这些词在语言中确立起一种新的表述和一个既是表象又是语法的复合性质,尽管这两个秩序不需要严格地相互适应。

在这里,句子充满了句法要素,这些要素拥有比命题的宽泛修辞格更为精致的显现(une découpe)。这一新的显现向普通语法提出了一个必要的选择:要么在一个比名词统一体要低级的层面上继续自己的分析,并在意指面前使由自己构建的一切东西的非意指要素呈现出来;要么借助于一个逆退式过程去简化这个名词统一体,以较为有限的方式去确认它的存在,并在虚词、不变词、小品词、音节以及甚至在相同的字母中,即在全部词的层面之下,去发现它作为表象的效力。一旦语言理论把话语及其表象价值的分析当作自己的对象,这些可能性就显示出来了——更多地是被规定了。这些可能性限定了使得 18 世纪语法分崩离析的异端观点(le point d'hérésie)。

哈里斯(Harris)说道:"我们该假定:任何意指都像物体一样在其他意指的无限性中是可区分的,任何意指本身都可以无限地区分吗? 这将是荒谬的;因此,我们必须承认存在着种种意指的声音,但是它们的每个组成部分本身却并不拥有意指。"[52]词的表象价值一旦被分解和悬置,意指就消失了:而是独立地出现了并不被思想讲说并且其关系不能被归并为话语关系的种种素材。存在着一种适合于词义一致、词格、词义变化、音节和声音的"机制",任何表象价值都不能说明这一机制。我们必须把语言当作一架能逐步完

---

[51] 哈里斯:《海尔梅斯》,第 30 - 31 页(参见 A. 斯密的《对语言起源的考察》,第 408 - 409页)。
[52] 哈里斯:《海尔梅斯》,第 57 页。

善的机器㉝:就最简单的形式而言,句子只是由主词、动词和谓词组成的;每增添一个意义都需要一个全新的和完整的命题;同样,最简陋的机器也都预定了种种对其机件有所不同的运动原理。但是,随着这些机器的完善,它们就使自己的机件都受制于同一个原理,于是,这些机件只是这个原理的中介物、转换途径、应用场所;同样,随着语言的自我完善,语言借助于种种语法手段,传递一个命题的意义,这些手段本身并不拥有任何表象价值,但是发挥着这样的作用:明确表达这种价值、把它的要素联系起来、表明它的实际的确定性。在一个句子中,并且在一个连成一体的句子中,人们能够表达时间、结果、所有、定位等的关系,所有这些关系肯定都处于主词—动词—谓词的系列中,却不能被这么宽泛的区分所勾勒。因此,自从博泽㉞以来,人们就把重要性赋予给了补语理论、从属关系理论。同样,句法发挥着愈来愈大的作用;在波-鲁瓦亚勒时代,句法等同于词的结构和秩序,并因此等同于命题的内在展开㉟;在西卡尔那里,句法变得独立自主了:正是句法"确定了每一个词的专门形式"㊱。这些就是西尔韦斯特·德萨西(Sylvestre de Saci)在那个世纪末限定的语法自律的轮廓,那时,他与西卡尔一起第一次把命题的逻辑分析与句子的语法分析区分开来㊲。

人们能够理解为什么只要话语仍是语法的对象,这种分析就会被悬置起来;人们一旦达到了一个在其中表象价值已毁灭的讲说层次,人们就能从不再具有任何力量的另一个语法方面转入用法和历史的领域——在 18 世纪,句法被视作任意性的场所,在这个场

㉝ A. 斯密:《对语言起源的考察》,430 - 431 页。

㉞ 博泽(在《普通语法》中)第一次使用了"补语"这个术语。

㉟ 《波-鲁瓦亚勒逻辑学》第 117 页以及以后各页。

㊱ 神甫西卡尔:《普通语法要素》,第 2 卷,第 2 页。

㊲ 西尔韦斯特·德萨西:《普通语法原理》(1799 年)。也请参见 U. 多梅盖的《分析的普通语法》,第 29 - 30 页。

所里面,每个人的习惯都依据想象而被展开⑱。

　　无论如何,这种分析在 18 世纪只能是抽象的可能性;它并不是即将成为的语文学的先兆,而是一个选择的并不占优势的分支。与此相面对,并从相同的异端观点出发,我们就能看到一个反思层面展开了,对我们和自从 19 世纪以来由我们建构的语言科学来说,这个反思层面缺乏任何价值,但它同时又能使所有的语词符号的分析保留在话语里面。这个层面借助于这一明确的重叠,成了明确的知识形象的组成部分。人们探寻了模糊的名词功能,这种功能被认为是在那些词、那些音节、那些词义变化、那些字母中被赋予和隐藏的,过于宽泛的命题分析允许这些东西穿过自己的网络。因为,毕竟,如同波-鲁瓦亚勒的作者们所说的,所有相关连的虚词或小品词都必定拥有某个内容,这是由于它们表象了客体借以被联系在一起并在我们的表象中关联起来的方式⑲。难道人们不会假定它们是同其他所有的词一样的名词吗?然而,它们并没有以自身来取代对象,而是取代了那些人们借以表达自身或伪造它们的关联和连续性的姿态⑳。正是这些虚词或小品词才或者渐渐丧失了它们自己的特殊意义(事实上,这个意义并不总是能被人看见的,因为它与讲话者的姿态、身体和境遇联系在一起),或者把它们自身整合进其他的词,在其他的词中,它们发现了稳固的支撑,它们反过来又赋予这些词一个修改系统㉑。所以,所有的词,无论什么样的词,都是潜在的名词:动词把形容词名词与"存在"这个动词联系在一起;连词和介词是现在静止不动的姿态的名词;性、数、格的变化与动词变位只是已被吸纳的名词。现在,词能展现和释放自己向所有名词的飞逝,这些名词是置放在这些词里面的。如同勒贝尔(Le Bel)所说的,他把它陈述为一个基本的分析原则,

---

⑱　例如,请参见热拉尔神甫的《法语语言的真实原则》(巴黎,1747 年),第 82 - 83 页。

⑲　《波-鲁瓦亚勒逻辑学》,第 59 页。

⑳　巴泰:《对倒装法判例的新考察》,第 23 - 24 页。

㉑　同上书,第 24 - 28 页。

即"任何集合的组成部分在被结合起来之前都是独自存在的"[62];这使他能把所有的词归并为音节要素,古老的已被遗忘的名词最终能在这些要素中重新出现——这些可能与"存在"这个动词一起存在的独一无二的词:例如,"罗慕路斯"(Romulus)[63]这个词就是源自"Roma"和"moliri"(建设);而"Roma"又源自"Ro"和"Ma","Ro"指明力量(Robur),"Ma"表示威严(magnus)。以同样的方式,蒂埃博(Thiébault)在"放弃"(abandonner)这个词中发现了三个潜在的意指:"a"表达了"一物向另一物趋向或移近的观念";"ban"表达了"有关社会机体总体性的观念";"do"则指明了"人们借以抛弃某物的行为"[64]。

并且,如果人们被迫在音节的下面降到字母,那么,人们仍能获得一个基础命名的价值。出于其巨大的和最不持久的荣誉,库·德·热贝兰(Court de Gébelin)完美地从事着这一任务;"嘴唇的接触,最容易实施的、最柔和的和最优雅的动作,都用来表示人们所认识的初始的存在物,表示人们周围的那些人和人们向其索取一切的那些人"(爸爸、妈妈、亲吻)。反之,"如同嘴唇是可动的和柔韧的,牙齿是坚硬的;从它们当中产生的语调是强劲的、响亮的、嘈杂的……"正是借助于齿音的接触,人们才表达了"打雷"(tonner)、"回响"(retentir)、"震惊"(étonner)这些动词背后的观念;也正是借助于齿音的接触,人们才表明了"鼓"(les tambours)、"定音鼓"(les timbales)和"喇叭"(les trompettes)。孤立的元音字母也能揭示古老名词的秘密,这些名词的用法深藏在元音字母里面:"A"表示所有(avoir),"E"表示存在,"I"表示力量(puissance),"O"表示震惊(étonnement,惊讶得眼睛睁得很大),"U"表示潮湿(humidité),并因而表示心境(l'humeur)[65]。也许,在我们最古老的

---

[62] 勒贝尔:《拉丁语语言剖析》(巴黎,1764年),第24页。

[63] 同上书,第8页。

[64] D. 蒂埃博(D. Thiébault):《哲学语法》(巴黎,1802年),第172-173页。

[65] 库·德·热贝兰:《言语的自然史》(1816年版),第98-104页。

历史层面上,只作为两个仍然含混的集合而被区分开来的辅音字母和元音字母,似乎形成了人类语言最终借以能被讲说的两种独一无二的名词:适于歌唱的元音字母说出了我们的情感;不悦耳的辅音字母则说出了我们的需求⑥。人们还能把北方人的刺耳的言语(林立的喉音字母,以及到处存在的饥饿和寒冷)与南方人的言语区分开来,南方人的言语都是元音字母,产生于两个恋人在早晨的相遇,那时"最初的爱的火花从清澈纯净的泉水中涌现出来"。

在其最深处,甚至直到把它首次从叫喊声中拯救出来的最古老的声音,语言保存了自己的表象功能;在语言的每一个讲说中,从时间的深处,语言总是已被命名了。语言本身只是大量的轻微的命名,这些命名是相互覆盖、相互压缩、相互隐藏,并且为了使最为复杂的表象的分析或组合成为可能而又相互保存。在句子内部(在那里,意指似乎依赖于非意指的音节的暗中支持),总是存在着一个潜在的命名和一种形式,这种形式把有关一个不可见的但仍抹不去的表象的映像封闭在自己的音壁内。对19世纪语文学来说,这样的分析仍是严格含义上的"一纸空文"。然而,对整个语言经验来说,情形就不是这样了——这种经验起先在圣-马克(Saint-Marc)、勒韦隆尼(Reveroni)、法布尔·达奥利韦(Fabre d'Olivet)和达奥热尔(d'O Egger)的时代是秘传的和神秘的,接着,当词之谜,以其厚实的存在,与马拉美、鲁塞尔(Roussel)、勒里斯(Leiris)或蓬热(Ponge)一起重新出现时,这种经验就是文学上的东西了。当我们摧毁词时,所剩下的,既非声音,又非任意的和纯粹的要素,而是其他的词,当这些其他的词又被摧毁时,它们又会释放另一些其他的词——这样一种想法,既否定了全部近代语言科学,又否定了神话传说(我们现在在神话传说中记录了最为模糊和最为真实的语言力量)。可能是因为语言是任意的,可能是因为人们能限定语言能有所意指的条件,所以语言才能成为科学的对象。但是,正是因

⑥ 卢梭:《论语言的起源》("著作",1826年版,第13卷,第144-151、188-192页)。

为语言从不停止在自身内讲话,因为无限的价值渗入了我们所能达到的语言的深处,所以我们能在语言内,在这个文学诞生于其中的不停的轻声细语中讲话。但是,在古典时期,关系根本不是一样的;这两个形象恰恰是相互包含的:为了使语言能被完全包含进命题的一般形式中,每一个词,甚至它最细小的部分,都必须成为一个谨小慎微的命名。

## 第五节　指明(la Désignation)

但是,"普遍化命名"的理论,在语言的末端揭示了某种与物的关系,这种关系具有一种完全不同于命题形式所拥有的本性。从基本上说,如果语言的功能是命名,就是说,是提升一个表象或者像一只手指把表象指出来,那么,语言就是指示,而不是判断了。通过一个标记,一个记号,一个联合的修辞格,一个指明的举动,语言与物联系在一起了:没有什么能被归结为一种说教的关系。初始的命名原则,词的起源原则,都被判断的形式至上性抵消了。似乎在语言的这一部分或那一部分(这两个部分都在语言的所有讲说中展开了),在语言所起的作为属性的词语作用中,语言拥有自己的存在,而在语言所起的作为初始指明的作用中,语言拥有自己的起源。后一种情况允许符号取代自己所表明的一切,而前一种情况则使一个内容与另一个内容的联系成为可能。由此,人们重新发现了关联和取代这两个既互相对立又互相从属的功能,人们把这两个功能给了一般的符号,这种符号能分析表象。

使语言的起源重见天日,也就是要重新发现语言尚是纯粹指明的初始时光。并且,通过这种方法,人们应该既说明语言的任意性(因为能进行指明的可以不同于被它们所指明的,恰如一个举动可以不同于它所针对的对象一样),又说明语言与其所命名的深远关系(因为一个特殊的音节或词总是被选择用以指明一个特殊的物)。对活动的语言所作的分析,符合第一个要求,而对词根的研究,则可以符合第二个要求。但是,这两件事情并不像在《克拉底鲁篇》(le *Cratyle*)中通过"自然本性"的说明与通过"法则"的说明之间那样对立起来;相反,它们之中任何一方都绝对离不开另一方,因为第一件事说明了符号取代被指明的物,而第二件事则验证了符号永久的指明力量。

活动的语言是由身体讲述的;但是,它并不是一开始就被给定的。大自然允许的一切就是:人应该在自己所处的各种境遇中能做出举动;人的面孔因运动而激动;人发出了不连贯的叫喊声——就是说,它们并不是"通过舌和唇的敲击而成的"⑥。所有这些叫喊声既不是语言,甚至也不是符号,而是我们的动物性的结果与后果。可是,这一明显的激动拥有普遍化的存在,因为它只依赖于我们的器官的构型。由此,人们就有可能观察到,它在人们自己身上与在同伴身上是等同的。因此,人们就能把出自他人之口的叫喊声和呈现在他人脸上的怪相与好几次伴随着他们自己的叫喊声和运动的相同的表象联系起来。他能把这一模仿当作他人思想的标记和替换而加以接受。也就是把它当作一个符号。理解就开始了。他反过来也能使用这一已成为符号的模仿,以便在他的同伴身上激起一个他正在体验的观念、种种感觉、需求,以及常常与某些举止和某些声音联系在一起的苦难:叫喊声是面对另一个人或物而被构想的,并针对一个对象,一个完全的感叹词⑥。凭着这种对符号(它早已成了表述)的具体使用,某种类似语言的东西正在产生。

通过孔狄亚克和德斯蒂所共有的这些分析,人们能清楚地看到:活动的语言的确是借助于一种发生学而把语言与大自然联系起来了。但是,这样做只是为了让语言离开大自然,而不是让语言在大自然生根,是为了突出语言与叫喊声的抹不去的差别并向语言的构型提供一个基础。只要活动是身体的简单延伸,活动就没

---

⑥　孔狄亚克:《语法》,第 8 页。
⑥　因此,话语的所有组成部分都只是这个最初的感叹词的组成部分的分解和结合(德斯蒂·德·特拉西:《观念学基础知识》,第 2 卷,第 75 页)。

有讲话的力量：活动不是语言。但是，经过了以下确定和复杂的操作以后，活动才能成为语言：标出关系的类似性（他人的叫喊声与他所经历的一切的类似，后者是不为人所知的，我的叫喊声与我的欲望或我的恐惧的类似）；颠倒时间，颠倒符号在由自己指明的表象前的有意识的用法（在体验足以使我叫出声的饥饿感之前，我发出了与此相联系的叫喊声）；最后，计划在他人身上产生与叫喊声或举动相应的表象（但是，凭着这一特殊性，即通过发出叫喊声，我并不产生并且也不想产生饥饿感，而是产生这一符号与我的食欲之间的关系的表象）。只有在这一复杂操作的基础上，语言才是可能的。语言并不基于理解或表述的自然运动，而是基于符号与表象之间的可转换和可分析的关系。当表象表露出来时，语言就不会存在，只有当表象以具体的方式，使符号脱离它自身，并使它自身被这个符号所表象时，语言才会存在。因此，并不是因为人作为一个讲话主体，或在一种早已具备的语言中，人才在自己的四周发现了也许可以被当作如此众多的沉默的词的符号，这些词将被辨读并再次能被人听见；而是因为表象向自身提供了符号，因为词能产生，因为与词一起产生的还有只不过是声音符号的外部结构的整个语言。尽管名义上是联系在一起的，但是"活动的语言"却使那个把语言与活动分离开来的不可化简的符号网络产生出来。

并且，凭此方式，活动的语言就把自己的妙法（artifice）建立在自然之上。因为这一活动语言所由组成的要素（声音、举止、脸相）都是由自然连续提出的，但是，它们的内容，就其大部分而言，并不与它们所指定的一切相等同，它们首先拥有的是同时性或连续性关系。叫喊声并不与恐惧相似，伸出的手也不与饥饿感相似。这些符号一旦变得一致，它们仍将不会"反复无常和突发奇想"⑲，因为它们是由自然一劳永逸地确立起来的；但是，它们并不表达由自己所指明的一切的本性，因为它们决不是这一切的意象。并且，从这个观点出发，人们就能确立一种约定俗成的语言：人们现在手中

---

⑲　孔狄亚克：《语法》，第10页。

拥有足够的作为事物标记的符号,使他们能确定新的符号,这些新的符号将对初始符号作分解和联合。在《论人类不平等的起源》[⑦]中,卢梭强调指出,任何语言都不取决于人与人之间的一种合意(un accord),因为这样一种合意预先假定了某种业已确立的、认可的和实施的语言早已存在了;因此,我们将不得不把它设想成已被人们接受了,而不是被人们建设起来的。实际上,活动的语言证明了这一必要性,并使这一假说变得一无是处。人们从自然界获取了制作符号的材料,并把这些符号当作人们相互了解的工具,从而去挑选那些应该保留的东西,挑选人们认为这些符号所拥有的价值和它们的使用规则;在这之后,人们还用这些符号,并以初始符号为模式,来构造新的符号。第一种合意形式在于挑选声音符号(它们从远处是易于确认的,并且是天黑时唯一能被使用的符号);第二种合意形式,为了指明尚未留下符号的表象,在于组合种种接近于那些表达了相邻表象的表象的声音。适当讲来,语言正是以此方式而被一系列的类推所构成,这些类推是活动的语言的侧面延伸,或者至少是其声音要素的侧面延伸:语言类似于这一声音要素,并且"正是这一相似性才使人们对语言的理解变得便利。我们把这一相似性称作类推……你们会发现,赋予我们规律的这一类推并不允许我们盲目或任意地选择符号"[⑦]。

基于活动语言的语言之发生,完全避免了自然模仿与任意约定之间的抉择。在存在着自然的地方——在通过我们的身体自发地产生的符号中——并不存在相似性;只有当人与人之间已达成了自愿的合意以后,人们才能使用相似性。大自然把差别并置在一起,并通过力量把它们结合在一起;反思发现、分析并展开了相似性。第一个时期使妙法成为可能,但是,这样做是借助于以同等方式安放在所有人身上的材料的;第二个时期排除了任意的选择,却打开了并不会在所有的人那里得到重叠的分析渠道。自然律就是词与

---

⑦ 卢梭:《论人类不平等的起源》(参见:孔狄亚克的《语法》,第27页,第一个注)。
⑦ 孔狄亚克:《语法》,第11-12页。

物之间的差异——语言的任务就是要指明语言与语言下面的一切之间的垂直区分；约定俗成的规则就是词与词之间的相似性，就是从其他词中产生词并无限地使词增生的巨大的水平网络。

现在，人们能够理解，为什么词根理论绝不与活动语言的分析相矛盾，而是恰恰处于这种分析之内。词根就是那些基本的词，这些基本的词总是千篇一律地出现在大量语言中——也许在所有语言中；自然把它们当作不由自主的叫喊声而强加给语言，活动的语言自发地使用了这些叫喊声。人们正是从活动的语言中把它们找出来，以使它们在它们的约定俗成的语言中凸显出来。并且，如果世界各地的人都从活动语言的素材中挑选相同的基本的声音，那是因为他们尽管以次要和反思的方式，但在这些声音中发现了一种与它们所指明的对象的相似性，或者把这种相似性应用于一个类似的对象的可能性。只有通过一种把人们结合在一起并把人们的语言安排成一种语言的约定俗成，词根与其命名物之间的相似性才取得其作为词语符号的价值。以此方式，从表象的内部，符号与其所指明的一切的真正本性统一起来了，并且原始的词库以相同的方式强加给所有的语言了。

词根可以通过几种方式得以构成。当然，可以通过象声词（象声词并不是一个酷似原物的符号的自发表述，而是其有意识的表达）："用一个人自己的声音，发出与他想要命名的对象相同的声音。"[72]通过使用一种一个人的感觉所经验到的相似性："由鲜艳的、快速感光的和刺眼的红颜色产生的印象，将会被在耳朵上产生了一个类似的印象的声音 R 所描绘。"[73]通过把与那些人们想要意指的运动相类似的运动强加给声音器官："以使得当这个声音器官处于这一状态时，从这个器官的形式和自然运动中产生出来的声音就成了对象的名字"；清嗓子是为了指明一物体与另一物体的摩

---

[72]　德·布罗斯（De Brosses）:《论语言机制的构成》（巴黎，1765 年），第 9 页。
[73]　神甫科皮诺（Abbé Copineau）:《语言起源和结构综论》（巴黎，1774 年），第 34 - 35 页。

擦,嗓子朝里凹陷是为了表达一个凹面⑭。最后,使用由器官自然而然产生的声音来表示这个器官:"干"(ghen)这一表述,把自己的名字给了产生这一停顿的咽喉,人们得用齿音(d 和 t)来表示牙齿⑮。每一种语言通过使用这些关于相似性的约定俗成的讲说,就能向自身提供一组原始的词根。这组词根是有限的,因为它们几乎都是单音节的,并且存在的数量也非常小——根据贝尔吉埃(Bergier)的估计,希伯来语有 200 个词根⑯;并且,当人们想到(由于这些词根确立起来的相似性关系)这些词根几乎是我们所有的语言共同拥有时,这些词根的数量甚至会更少:德·布罗斯认为,对欧洲和东方的所有方言来说,它们全都加在一起也不能填满"一张信纸"。但是,正是从这些词根出发,每一种语言才形成了自己的特殊性:"它们的展开是神奇的。恰如一粒榆树种子长成了一棵参天大树,这棵树又使每枝树根长出新芽,最后形成了大片真正的森林。"⑰

　　语言现在能在自己的谱系学中展现出来,德·布罗斯设法在一个连续的亲缘关系的空间内展示这一谱系学,这个空间被他称作"普遍的考古学的空间"⑱。在这个空间的顶端,人们能写上一些词根,它们的数量非常少,并在欧洲和东方语言中被人使用;在每一个词根下面,人们能置放从中派生出来的较为复杂的词,但是,人们必须小心谨慎地先置放那些最接近于词根的词,接下去以足够紧凑的序列置放其他的词,使得处于这个系列中的每个词之间的距离尽可能地缩小。这样,人们就能构建完善和详尽的系列,完全连续的链条,在这些链条中,如果存在着任何断裂,那么,这些断裂就表明了现已消失的一个词、一种方言或一种语言的位置⑲。一旦

---

⑭　德·布罗斯:《论语言机制的构成》,第 16 - 18 页。

⑮　同上书,第 1 卷,第 14 页。

⑯　贝尔吉埃:《语言的原始要素》(巴黎,1764 年),第 7 - 8 页。

⑰　德·布罗斯:《论语言机制的构成》,第 1 卷,第 18 页。

⑱　同上书,第 2 卷,第 490 - 499 页。

⑲　同上书,第 1 卷,前言,第 50 页。

这一广阔的、连成一体的区域得以构成，人们就将拥有一个能以纵向或横向的方式加以跨越的二维空间：以纵向的方式，人们就拥有关于每个词根的完整的亲缘关系；以横向的方式，人们就拥有一些被任何特定的语言所使用的词；人们愈是远离原始词根，被任何横向的线条所限定的语言就愈加变得复杂，并且，可能也愈加变得近期，但是，与此同时，作为表象分析的工具，词也就愈加变得精巧和有效。这样，历史空间和思想网络将恰恰是重叠的。

对词根的探讨，看上去似返回到了历史和古典主义似乎一度加以搁置的母语理论。实际上，词根的分析并不把语言重新置入历史中，这个历史似乎是语言诞生和展开的环境。相反，词根的分析把历史当成一个旅程，这个旅程通过几个连续的阶段，跨越了表象与词同时进行的划分。在古典时期，语言并不是历史的片断，这种历史在任何特定的时刻都使思想和反思的一种明确方式成为可能；语言是一个分析区域，时间和人类知识在这个区域上展示自己的行程。通过词根理论，语言并不成为——或并不再次成为——一个历史实在，这个事实被18世纪的人们借以探寻语源学的方式所轻易地证明了。我们并不把词的形体变化，而是把意指的恒常性，当作这种研究的指导线索。

这种探讨包括两个方面：对词根作限定，对词尾和前缀作分离。限定词根，也就是发现一种语源学。这是一种具有系统化规则的艺术[80]；人们必须抛掉因结合和词变在词上面可能会遗留下的所有蛛丝马迹；得到一个单音节的语素；在语言的整个往昔中，在所有古代的"契据和语汇"中，注意到这个语素；接下去追溯其他更为原始的语言。并且，我们还必须承认，在这一整个旅程的任何一个点上，单音节可能会发生变化：所有的元音会在一个词根的历史中相互取代，因为元音就是声音本身，而声音是没有间断性，也没有断裂的；反之，辅音则依照某些优先的通道得到了改变：喉辅音、舌辅音、颚音、齿音、唇音和鼻音组成了同音异义的辅音家族，在这

---

[80]　特别参见 S. 杜尔哥载《百科全书》的条目"语源学"。

个家族中,发音的变化,尽管没有任何必要,却是优先作出的[31]。在词根的整个历史中能保证词根连续性的唯一抹不去的恒常性,就是意义的统一性,即无限续存下去的表象区域。这是因为"也许没有什么能限制归纳,并且,从总体的相似性到最细小的相似性,任何东西都可充当归纳的基础":词的意义是"我们所能查考的最为确实的启示"[32]。

## 第六节　衍生(la Dérivation)

词就其原初本质而言,是名称和指明,并且词被讲说,恰如表象本身被分析一样;这样的词何以能不可阻挡地偏离自己最初的意指而获得一种较为宽泛或有限的邻近的意义呢?词何以能不仅改变自己的形式,而且改变自己的引申义?词何以能获取新的声音和新的内容,以致一开始就拥有一些大致等同的词根的各种语言,不仅已经形成了不同的声音,而且还产生了一些其意义不再能被涵盖的词?

形式的诸多改变是没有规则的,差不多是不确定的,并且从来都不是稳定的。所有变化的原因都是外在的:发音的便易、方式、习惯、气候——寒冷的天气促成了"唇音的鸣叫声",炎热的天气则促成了"喉音的虚声发音"[33]。与此相反,由于意义的改变仅仅局限于验证一门假如不是完全精确也至少是"或然的"语源学科学[34],所以,意义的改变遵循人们能够确定的原理。这些原理策动了语言内在的历史,都拥有一个空间的秩序。某些原理关涉物与物之间

---

[31] 作些附属的变动,这些就是被德·布罗斯(《论语言机制的构成》,第108-123页)、贝尔吉埃(《语言的原始要素》,第45-62页)、库·德·热贝兰(《言语的自然史》,第59-64页)、杜尔哥(条目"语源学")所确认的独一无二的语音变化规律。

[32] 杜尔哥载《百科全书》的条目"语源学"。参见德·布罗斯,第420页。

[33] 德·布罗斯:《论语言机制的构成》,第1卷,第66-67页。

[34] 杜尔哥载《百科全书》的条目"语源学"。

看得见的相似性或邻近性；其他原理则关涉这样一个区域，语言与语言借以用来保存自身的形式都积淀在该区域内。前者是比喻，后者是书写。

我们知道两大类书写：一是描绘词的意义，另一种是分析和重构词的声音。在这两种书写之间存在着一条严格的分界线，无论你承认在某些人那里，在一个真正的"天才举动"[35]以后，第二种书写从第一种书写那里获取了记录，还是承认这两种书写是如此截然不同，它们差不多是同时出现的，第一种书写出现在有绘画天才的人们中间，第二种书写出现在有歌唱天才的人们中间[36]。用图画来表象词的意义，也就是最初精确地描绘将被指明的物。说实话，这几乎不是书写，至多只是一种绘画复制，借助于这种复制，人们几乎只能记录最具体的故事。依据瓦布东（Warburton）的说法，墨西哥人几乎只知道这一方法[37]。当人们设法不再去表象物本身，而是去表象物的构成要素，或者去表象把物衬托出来的习惯状况，或者去表象与该物相似的其他某个物时，真正的书写就开始了。这三种方式产生了三个技巧：埃及人的奇文书写，这是最粗糙的一种技巧，它使用了"主体的主要环境，以代替整体"（用箭来表示战斗，梯子表示围城）；接下来是"热带地区的"难以理解的字符，这是一种稍有完善的技巧，并使用了某个引人注目的状况（由于上帝是全能的，能知晓一切东西和监视所有的人：所以，上帝就被眼睛所表象）；最后是象征性的书写，它使用了或多或少隐秘的相似性（鳄鱼的头象征着冉冉升起的太阳，它那双圆圆的眼睛恰与水平面看齐）[38]。我们能在这里发现修辞学的三个重要的辞格：提喻法（synecdoque）、换喻法（métonymie）、词的误用（catachrèse）。正是遵照这些辞格所规定的骨架，那些作为象征性书写的复制品的语言

---

㉟　杜克洛（Duclos）:《评普通语法》，第 43 - 44 页。
㊱　德斯蒂·德·特拉西:《观念学基础知识》，第 2 卷，第 307 - 312 页。
㊲　瓦布东:《论埃及象形文字》（法译本，巴黎，1744 年），第 15 页。
㊳　同上书，第 9 - 23 页。

才能发展。那些语言逐步具有诗歌的力量；它们的原始命名成了久远的隐喻的出发点：这些隐喻逐渐变得复杂，并且不久是如此远离它们的发源地，以至于难以重新发现它们。这就是种种迷信是如何产生的，人们凭这些迷信认为太阳是鳄鱼，或者上帝是监视这个世界的大眼睛；这也是秘传知识如何在那些人（牧师）中间产生，那些人一代接一代地把隐喻传递给他们的后代；这也是（在最最古老的文学中频频亮相的）话语的讽喻如何产生出来，以及知识在于认识相似性这一幻想是如何产生出来的。

但是，配备一种形象化书写的语言历史很快就停滞不前了。因为几乎不可能在这种语言历史中实现进展。符号并不是与精细的表象分析，而是与最遥远的类比一起增加的：因此，被促进的，与其说是使用这些符号的人们的反思，还不如说是他们的想象，与其说是科学，还不如说是他们的轻信。而且，认识使得两种训练成为必不可少：首先是词的训练（如同在所有语言中），接下来是与词的发音无关的符号的训练；人生还没有漫长到能完成这种双重的教育；而且，假如人们有闲暇时间作出某个发现，人们还是并不拥有传递这一发现的符号。相反，由于一个被传递的符号与自己所表示的词没有内在的关系，所以，这个符号总是可疑的：从一个时代到下一个时代，人们从未能确信相同的声音萦回在相同的形象中。因此，创新是不可能的，并且，传统得到了妥协。因而，学者们的唯一关切就是继续保留对取自于祖先的天才们、对保存这个遗产的诸制度都表示出“一种迷信般的尊重”：“他们感到风俗习惯中的任何变化又都会引起语言的变化，而语言中的任何变化都会混淆和破坏他们的全部科学”(89)。当一个人只拥有一种形象化书写时，他的策略必定排斥历史，或至少排除全部不再是纯粹而简单的保存的历史。在沃尔内（Volney）(90)看来，东方与西方之间的本质差别正是在这里，在这一空间与语言的关系中。似乎语言的空间排列规定

(89) 德斯蒂·德·特拉西：《观念学基础知识》，第2卷，第284－300页。
(90) 沃尔内：《废墟》（巴黎，1791年），第14章。

了时间法则；似乎它们的语言并不是经由历史而来到人们中间的，而是相反，它们通向历史的唯一途径是经过它们的符号体系。人们的命运正是默默地形成于表象、词和空间的这一交叉点上（词表象表象的空间，并接着在时间中表象自身）。

事实上，凭着字母书写，人类历史整个地发生了变化。他们在空间中记录了他们的声音，而不是他们的观念，并且，他们从这些声音中抽取了共同的要素，以便形成少量独特的符号，这些符号的结合将能使他们形成所有可能的音节和单词。象征性书写，因设法使表象本身空间化，从而遵循模糊的相似律，并使语言从反思思想的形式中失落，而字母书写，则通过放弃对表象的描述，把只对理性本身有效的种种规则搬进了它对声音所作的分析。因而，字母不表象观念，这是枉然的，因为字母能像观念那样被联结在一起，而观念又能类似字母的字母那样被结合和分离[91]。表象与字体符号间存在的明确的一致性的打破，使得有可能把语言的总体性，甚至书写语言的总体性引入普通的分析领域，并且使得书写的发展与思想的发展相互支持[92]。同样的字体符号能分解所有的新词，并传递每一个新发现，这种新发现一旦作出，就无须担心被人遗忘；同样的字母能用来记录不同的语言，因而能用来把一个人的观念传达给另一个人。由于这一字母的要素的数量十分有限从而使人们十分容易地学会了这一字母，所以，每个人都能把其他人在学写这些字母上所浪费的时间用于反思和观念的分析。并且，正是在语言本身内部，恰恰在分析与空间相遇的词的折叠处，有关进展的第一个却是无限的可能性产生了。就其根源讲来，进展如同18世纪的人们所限定的，并不是历史内部的一个运动，而是空间与语言之间的基本关系的结果："语言与书写的任意符号向人们提供了保证拥有他们的观念以及保证他们以一种遗产的方式相互交往的途径，这种遗产会与每个时代的新发现一起增加；并且从其起源处

---

[91]　孔狄亚克：《语法》，第 2 章。
[92]　亚当·斯密：《对语言的起源和形成的考察》，第 424 页。

121

考察,人类在哲学家的眼睛里似乎是一个巨大的整体,这个整体,像每一个体一样,拥有自己的童年和发展。"㉝语言向时间的永久中断提供了空间的连续性,并且,正是在语言分析、表达和划分了表象的程度上,语言才具有通过时间而把我们关于物的认识连接起来的力量。凭着语言,空间之模糊的单调性被打破了,而诸接续(des successions)的多样性却被统一起来了。

然而,尚遗留最后一个问题。因为尽管书写确实是这些逐渐变得精致的分析的支撑和始终觉醒着的守卫,但是,书写既不是这些分析的原则,甚至也不是它们的原初运动。分析是一个注意、符号和语词所共有的逐渐转变的运动。在一个表象中,精神能够致力于并把词语符号固定在这个表象的一个要素上,一个伴随着表象的环境中,某个缺场的物上(这个物类似于这个表象,并因这个表象而被回忆)㉞。这恰恰是因为语言是在初始时指明的基础上发展的并逐渐从中派生出来。起先,万物都有一个名字——专有名字或单称名词。接着,这个名字附在这个物的单一要素上,并能应用于其他所有同样包含这个要素的个别事物中去:被称之为树的,不再是一棵特殊的橡树,而是至少包括一根树干和一些树枝的一切东西。这个名字还附在明显的环境上:晚上不是指明这特殊一日的结束,而是指明把所有的日落与所有的曙光区分开来的那段黑暗时期。最后,这个名字还附在类推上:凡是像树叶那般轻薄和柔软的一切,都可称作叶子㉟。能使我们把一个单一名字给予几个物的这一语言的逐步分析和较为高级的表达,是沿着修辞学所熟知的提喻、换喻、夸张引申这三个基本的修辞格(或隐喻,如果类比是不太直接可感知的)而展开的。因为这些东西并不是讲究文体的结果;相反,它们揭示了所有自生的语言所特有的多变性:"巴黎中央

---

㉝ 杜尔哥:《人类精神连续发展的景象》,1750 年("著作",由施埃勒编辑,第 215 页)。

㉞ 孔狄亚克:《论认识的起源》("著作",第 1 卷),第 75 - 87 页。

㉟ 迪马尔赛(Du Marsais):《论比喻》(1811 年版),第 150 - 151 页。

菜市场在一个市场日所产生的辞格要比学术会议几天内所得出的要多得多。”[96]这个多变性在语言之初比现在要大得多，这是极有可能的：今天，分析是如此的完美，网络是如此的紧密，并列与从属的关系是如此牢固地确立起来了，以至于词几乎没有机会离开自己的位置。但是，在人类历史的开端，当词很少时，当表象仍被混淆不分和尚未很好地得到分析时，当情感改变了词或向词提供一个基础时，词就拥有巨大的多变力。人们也许甚至可以说，词在变得恰当之前是形象化的：这就是说，在词被一种自发的修辞力量散布在表象上之前，词几乎不拥有作为特殊名字的地位。诚如卢梭所言，人们可能是在指明人类之前谈论巨人[97]。人们最初是凭船帆来指明船的，而心灵，“灵魂”（la «Psyché»）则最初就获得了蝶蛾的形象[98]。

因此，在被谈论的语言的基础上，如同在书写的基础上，我们所发现的是词的修辞学空间：符号的这个自由，依据表象的分析，而停落在某个内在要素上，在某个邻近点上，在某个类似的形象上。并且，假如语言拥有我们所观察到的多样性；假如语言依据不同的形式，不停地从其初始的指明的出发点中发展出来（全由于人性的普遍性，这些指明可能是这些语言所共有的）；假如语言全都拥有自己的历史、方式、习惯和遗漏；那么，这是因为词在空间中，而不是在时间中，有其处所中，并且词在这个空间中能够发现自己的初始位置，改变自己的位置，反求于自身，并且缓慢地展开一整个曲线：一个譬喻学空间（espace *tropologique*）。并且，以这样的方式，人们再次返回到了语言反思的出发点。在所有符号中间，语言具有成为连续的特性：并非由于语言本身属于年代学，而是因为语言把表象的同时性展示为连续的声音。但是，这一连续性因分解了不连续的要素并使它们一个接一个地显示出来，所以遍及由表

---

[96] 同上书，第 2 页。

[97] 卢梭：《论语言的起源》，第 152－153 页。

[98] 德·布罗斯：《论机械发音》，第 267 页。

象提供给人们眼睛的空间。因而,语言只是把被表象的分散的片断排列成一个线性秩序。命题展现了修辞学使之被目光所见的那个辞格,并使这个辞格能被人听见。倘若没有这一譬喻学空间,语言就将不是由所有那些普通名词组成了,这些名词使得有可能确立起一种归属关系。并且,倘若没有这一对词的分析,辞格仍将是无声的和短暂的;并且,由于辞格可能只有在瞬间的炙热中被察觉到,所以,辞格就会立刻陷入一种甚至于没有时间的黑暗之中。

从命题理论到衍生理论,所有的古典语言反思——所有我们称之为"普通语法"的一切——都仅仅是对"语言分析"这个简单的短语所作的严密的评论。在 17 世纪,正是在这个方面,关于语言的整个西方经验,直到那时始终相信语言在言说这样的经验,被推翻了。

## 第七节　语言四边形

提出几点意见作为终结。命题、讲说、指明和衍生这四种理论似乎构成了一个四边形的四条线段。它们成对地相互对立和相互支持。讲说把内容赋予给命题之纯粹的但仍是空洞的词语形式;讲说填满了这个形式,但又与它相对立,恰如把物与物区分开来的命名与把物与物联系起来的谓词处于对立中一样。指明理论揭示了由讲说区分开来的所有名词形式的联结点;但是,这些名词形式与讲说相对立,恰如即时的、手势的、垂直的指明与基于普遍性之上的区分相对立。衍生理论描绘了词从其源头出发的连续运动,但是,发生在表象表面上的逐渐变化却与那个把一个词根与一个表象联系起来的独特和稳定的纽带相对立。最后,衍生又返回到命题,因为倘若没有命题,那么,所有的指明都仍将自我反省,并且仍将从未能获得那种能使归属关系成为可能的普遍性;然而,衍生是依据一个空间图形而产生的,而命题则是依据一个连续的秩序而展现的。

我们应该注意到,在这个长方形相对的顶角之间似乎还存在着对角关系。首先,在讲说与衍生之间:如果能够存在一种被讲说的语言,并且词与词之间又是相互并置,或相互接合,或相互整理的,那么,这只是就词从未停止派生并获得一种多变的广延而言的,并且,这些词是从它们的始源价值出发的,是从作为它们的基础的简单的指明活动开始的;因而就存在着一个贯穿整个语言四边形的轴心;语言状况正是沿着这根轴线才得以确定的:语言的讲说能力是由衍生的要点所决定的,语言是凭着这个要点而得以传达的;这个方面不仅限定了语言的历史处境,而且还限定了语言的辨别力(pouvoir de discrimination)。另一条对角线是从命题到始源的,这就是说,是从由每个判断活动所包含的断言到由每个命名活动所蕴涵的指明;词与词所表象的一切之间的关系正是沿着这一轴线得以确立的:在这里,很显然,词只谈论表象的存在,词总是命名被表象的某物。第一条对角线表明了语言在说明力(pouvoir de spécification)中的进展;第二条对角线则表明了语言与表象的无限缠绕——即复制,这个复制使得词语符号总是去表象一个表象。在这后一条对角线上,词是作为替代者而起作用的(凭其表象力);而在前一条对角线上,词是作为一个要素而起作用的(凭其组合和分解力)。

在这两条对角线交叉的地方,在这个四边形的中心,在表象的复制被揭示为分析的地方,在替代者具有分配力的地方,在最终存在着普通表象分类的可能性和原则的地方,都存在着名词(le nom)。命名也就是指在给出一个表象的词语表象的同时,把这个词语表象置于普通图表中。整个古典语言理论是围绕这个优先的和关键的存在组织起来的。语言的所有功能都在这个存在中相交叉,因为正是凭着命名,表象才能作为辞格(figurer)进入命题中。因此,也正是通过命名,话语才能在认识的基础之上得到讲说。当然,只有判断才有真假之分。但是,如果所有的名词都是确切的,如果作为所有名词的基础的分析得到了彻底反思,如果这里所说的语言是"精心制作的",那么,在作出正确的判断时,就不会碰到什么困难,并且,在即使发生了谬误的情形下,谬误也将如同在代

125

数学中的计算那样易于发现和明显。但是，分析的不完善以及衍生的所有逐步变化，都已把名词强加在分析、抽象和不合理的组合上。如果词并不把自身设定为表象的表象，那么，在这方面不会有什么不利的地方（如同把一个名词赋予神话中的怪物一样）：因而，倘若我们不能断言一个词所表象的一切的可能性，我们就不能思考一个词——无论这个词有多抽象、笼统和空洞。这就是为什么在语言四边形的中间，名词既显现为所有的语言结构的汇合点（因为名词是语言最亲密、最受保护的角色，是语言所有的惯例、规则和历史之纯粹内在的结果），又显现为语言借以能与真理发生关系的出发点（语言是依据这个真理而被判定的）。

这里结成了整个古典语言经验：语法分析的可逆特征（这种语法分析连成一起是科学和指示，是词的研究和一种构建词、使用词并在词的表象功能中改造词的规则）；从霍布斯到观念学的基本的哲学唯名论（这一唯名论是与语言批判和我们在马勒伯朗士、贝克莱、孔狄亚克和休谟那里所发现的关于一般和抽象词的所有怀疑分不开的）；一个关于极其透明的语言的崇高乌托邦，在这种语言中，事物本身能毫无干扰地被那个总体上是任意的但又确切地是反思的体系（人工语言）所命名，或者被一种自然语言所命名，这种自然语言译解思想，如同面部表情表达情感一样（卢梭在自己《对话录》第一篇中想到的，正是这一语言成了直接符号）。人们可以说，正是大写的名词（le Nom）才组成了所有的古典话语；说话或写作，并不是去说物或表达自身，这不是一件玩弄语言的事情，而是逐步成为至高无上的命名活动，并通过语言一直达到物与词借以能在自己的共同本质中联结在一起的那个地方，那个地方还使人们有可能赋予物与词一个名词。可是，这个名词一旦被人陈述，被引导到这个名词或者为了达到这个名词而被跨越的所有语言，就会被这个名词所吸收，从而也就消失了。因此，就其深刻的本质来讲，古典话语总是倾向于这一界限；但是，它的续存只是向外推远了这个界限。它在自己的道路上不停地保持大写的名词的悬置。这就是为什么在它的真正可能性上，它与修辞学联系在一起，即与环绕着名词、使名词在被名词表象的一切周围摆动并揭示被命名的一切的要素、邻近性或类推性的所有空间联系在一起。话语通过修辞格确保了名词的滞后，名词在最后时刻满足并废除修辞格。名词是话语的终结。并且，也许，所有的古典文学都存在于这一空间内，在这一达到一个名词的运动中，由于这个名词消灭、耗尽了言语的可能性，因而始终是可怕的。正是这一运动把语言经验从《克莱韦公主》(*Princesse de Clèves*)的有节制的忏悔带向了《朱丽叶》(*Juliette*)的直接的暴力行为。在后者，命名最后毫无掩饰地得到了设定，而直到那时还把命名悬置起来的修辞格则崩溃了并成了欲望的无限的格，这个欲望是：不断得到重复的相同的名词在跨越那些辞格时衰竭了，从未能达到自己的目标。

　　所有的古典文学都存在于从名词的辞格进到名词本身的运动，并从借助于新的辞格再次命名相同的物这一任务（这是细腻的活动）过渡到借助于一些词来命名事物这一任务，这样的词最终将确切地命名以前从未被命名的东西或仍然停留在久远的词的折叠处的东西：心灵的那些秘密，在物和身体的界限处产生的那些印象，卢梭孤独的幻想者的第五次漫步(la Cinquième Rêverie)的语言为了这些印象而自发地变得清楚明白。浪漫主义会认为自己已脱离了先前的时代，因为它学着用物的名词来命名物。说实话，所有的古典主义都为了达到这一目的：雨果实现了瓦蒂尔的许诺。但是，由于这同样的事实，名词就不再是语言的报偿；名词反而成了语言的高深莫测的材料。名词既是语言的实现，又是语言的实体，既是语言的许诺，又是语言的原材料——这样一个独一无二的时刻，一个无法忍受的并且长期来湮没无闻的时刻，就是在萨德那里欲望穿越了名词的整个领域时（名词即刻成了欲望的显现地点、满足和无止境的重复）。因而就产生了事实，即萨德的作品在我们的文化中起着一种不停的首要的低语作用。凭着名词最终为自身的缘故而被宣读所产生的这一暴力，语言在自己的物一般的粗暴性中浮现出来了；其他"部分的言词"依次取得了自律，逃脱了名词的统治，并且不再在名词的四周形成一个辅助的装饰圈。并且，由于在名词的四周和边缘"抑制住"语言,由于让名词表明它所没有说出的一切,都不再有任何特殊的美感,所以将存在一种非话语的(non discursif)话语,这种话语的作用是表达语言的原始存在。语言的这一特有的存在就是19世纪所说的言词(le Verbe),以与古典主义者的"动词"(le verbe)相对立,这种动词的作用是谨慎而又连续地把语言固定在表象的存在之上。占有这一存在并且为自身之故而释放这一存在的那个话语,就是文学。

在名词具有的这个古典特权的四周,理论片断(命题、讲说、指明和衍生)确定了那时的语言经验的边缘。在17和18世纪,人们并没有对这些片断作逐步的分析,以用来提供一部语法概念的历史,或用来确立有关人们在那时有可能对语言所作的思考的一般轮廓。目的是为了确定:在哪些条件下,语言能成为知识对象,以及在哪些界限之间,这一认识论领域能展现出来。目的并不是为了计算各种观点的共同点,而是要确定是什么使得有关语言的观点(无论什么样的观点)的存在成为可能。这就是为什么这一矩形构成了边周,而不是一个内在的图像,并且还表明了语言如何与外在于自己但又是自己所必不可少的东西纠缠在一起。我们已经看到,语言只有通过命题才能存在:如果没有存在(être)该动词之至少是隐含的出现以及这个动词使之成为可能的归属关系的出现,那么,我们正在论及的,就并不是语言,而是像其他符号一样的一些符号。命题形式把一种同一或差异关系的确认当作语言的条件:只是就这一关系是可能的而言,我们才能讲话。然而,其他三个理论片断却包含了一个截然不同的要求:为了从其源头有可能派生出词,为了一种初始的关系早已存在于词根与其意指之间,为了最终存在着一种被讲说的表象的区分,就必须存在最直接的经验、事物的类比的低语,必须存在从一开始就被给定的相似性。如果一切事物都是完全多种多样的,那么,思想就会专心于单一性,并且类似孔狄亚克的雕像在开始记忆和比较以前,它将会专心于完全的散布性和完全的单调性。因此,记忆、想象和反思都将是不可能的。并且也将不可能对物与物进行相互比较,不可能确定物的同一特性,不可能为物确立一个共同的名词。语言将不存在。
如果语言存在的话,这是因为在同一性和差异性的下面,存在着由
连续性、相似性、重复性和自然交织提供的基础。自从 17 世纪开
端被排除在知识以外的相似性,始终构成了语言的外部边缘:这一
环状物圈住了能被分析、整理和认识的事物的领域。话语所驱散
的正是低语(le murmure),但是,若没有低语,话语就不能讲话。

　我们现在能够把握语言的统一性在古典经验中有多么的稳固
和紧凑。正是这一统一性,通过一种被讲说的指明的作用,才使得
相似性进入了命题关系中,即进入了一个奠基于存在(être)这一动
词之上并被名词的网络所表达的同一性和差异性体系之中。古典
"话语"的基本任务是把名词赋予给物,并在这个名词中去命名物
的存在。两个世纪以来,西方话语是存在论的家园。当西方话语
笼统地命名了所有表象的存在时,它就是哲学:认识论和观念分
析。当西方话语把合适的名词赋予给每个被表象的物,并在整个
表象领域上布置精心制作的语言网络时,它就是科学——命名法和
分类学。

# 第五章 分　　类

## 第一节　史学家们说了些什么

观念史或科学史——在这里只是意味着它们的一般轮廓——相信 17 世纪，尤其 18 世纪具有一种新的好奇心：这种好奇心，假如不促使它们去发现生命科学，那么至少也向生命科学提供了一个直到那时还意想不到的范围和精确性。人们根据传统把某些原因和几个主要表现归于这一现象。

人们在起源和动机一旁置放了观察之新的优先权，即自从培根以来归于观察的种种力量，以及由显微镜的发明引入观察的技术完善。人们在那里同样置放了那些提供了合理性模式的物理科学近来获得的威望；由于通过实验和理论，人们有可能去分析运动规律或那些光线反射律，因此，通过实验、观察或计算，去探求种种可能组织了虽较为复杂但又相邻的生物领域的规律，难道是不正常的吗？随后被证明为障碍的笛卡尔机械论起先被当作一种转换工具，并且有点不情愿地从机械合理性被引导到去发现其他那个属于生物的合理性。观念史家以稍微杂乱的方式又在原因一旁倾注了各种关切：对农业的经济兴趣；重农主义证明了这一点，但是，农艺学的最初努力也证明了这一点；在经营与理论之间，则是对外来植物和动物的好奇心，人们力图使这些动植物适应气候，并且大量旅行调查或勘察［如图尔内福（Tournefort）到中东的旅行，或者亚当森到塞内加尔的旅行］都带回了有关这些动植物的说明书、图版和标本；接下来尤为重要的是大自然的伦理学价值的提高，以及整个这样的运动：这个运动的原则模糊不清，但是借助于这个运动，无论人们是贵族，还是资产阶级，人们都能在一片由先前时代长期废弃的土地上"投下"钱财和情感。卢梭在 18 世纪中叶采集过植物标本。

在记录种种表现时，史学家记载了这些新生命科学所呈现的各种形式，以及如同他们所说的指导这些生命科学的"精神"。在笛卡尔的影响下，它们起先是机械论的，一直保持到 17 世纪末；接着，初显雏形的化学的最初努力在那时把它们凸显了出来，但是，在整个 18 世纪，活力论主题被认为获得或重新获得了它们的优先地位，以便最终在一个统一的学说中被明确表达出来——这一"活力论"以稍微不同的形式，由博尔德（Bordeu）和巴尔泰斯（Barthez）在蒙彼利埃、由布卢门巴赫（Blumenbach）在德国、由狄德罗接着由比夏在巴黎公开表达。在这些不同的理论体制下，那些几乎总是相同但每一次的解答都有所不同的问题被提出来了：对生物进行分类的可能性——有些人同林耐一样认为，整个大自然都能被生物分类学所容纳，而其他的人则同布丰一样认为，大自然是如此丰富多彩以至于不能与如此死板的框架相吻合；对生殖过程，某些头脑比较机械的人赞成预成论（la préformation），而其他人则相信胚芽的特定发展；对功能分析［哈维（Harvey）之后对循环、感觉、运动机能的分析以及 18 世纪末对呼吸等的分析］。

通过这些问题及其所产生的那些讨论，史学家的职责该重构那些被认为已把人们的观点、激情和推论区分开来的重大争论。这意味着史学家们相信自己能够发现神学与科学之间主要冲突的蛛丝马迹：这一神学在每一种形式下并在所有的运动中，都安置了神的天意以及神意的简单性、神秘性和关切，而这一科学则早已设法限定大自然的自律。史学家们还发现了一门科学与另一门科学之间的矛盾：前者过分专注于天文学、力学和光学的陈旧的优先地位，而后者则早已怀疑了生命领域里可能存在的所有不可还原和特殊的东西。最后，史学家们似乎在自己的眼皮底下看到两种人之间的对立出现了：一种人相信大自然静止不动——以图尔内福，尤其以林耐的方式，另一种人则与博内（Bonnet）、伯努瓦·德·马伊（Benoît de Maillet）和狄德罗一起早已预见到了生命巨大的创造力、取之不尽的转换力、可塑性和漂移，通过这一漂移，生命把自己所有的产品（包括我们自身在内）都包罗进无人能控制的时间中。远在达尔文和拉马克之前，《泰利阿梅特》（le Telliamed）、《轮回》（le Palingénésie）和《达伦贝尔的梦想》似乎都已拉开了有关进化的重大争论的序幕。相互支持或不停地相互争论的机械论和神学，都使古典时代尽可能地靠近其起源——笛卡尔和马勒伯朗士的方面；与之相对，依次冲突（如同在博内那里）或协调（如同在狄德罗那里）的非宗教信仰和整个模糊的生命直觉，则把生命引向其最逼近的未来：直到 19 世纪，人们假定 19 世纪在生命科学中向 18 世纪之仍是模糊和受抑的试图提供了其确实和合理的实现；而这一生命科学，为了在自己敏捷的意识中保存生物的特殊性，保存这种在作为我们认识对象之生物与这里作为认识主体的我们之间循环的有点隐秘的热量，却并不需要牺牲合理性。

重新考虑这样一个方法的那些先决条件，将是毫无用处的。在此只需指出这一方法所产生的结果就足够了：难以理解那个能把分类学设想和微观观察这样一些各种各样的研究结合在一起的网络；必定把物种不变论者与物种可变论者之间，或者卫理公会的教徒与分类体系信奉者之间的冲突当作观察的事实加以记录；不得不把知识区分为两个交织在一起的网状结构，而实际上它们是互不相干的：前者的限定是通过早已所知的一切和诉诸别处（亚里士多德的或经院哲学的遗产，笛卡尔主义的影响，牛顿的威望），而后者的限定则要通过仍需被认识的一切（进化，生命的特殊性，有机体观念）；尤其是要应用那些对这一知识来说是完全过时的范畴。最为重要的，显然是生命。人们想在 18 世纪撰写生物学史；但是，他们并没有认识到生物学在那时并不存在，并没有认识到 150 年来已为我们所熟知的知识的区分对先前一个时期来说毫无价值。并且，假如生物学并不为人所知，那么，十分简单的理由将是：生命本身并不存在。存在的只有生物,生物只有通过一张由自然史(l'histoire naturelle)①构建的知识网络才能显现出来。

## 第二节 自然史

古典时代何以能确定这一"自然史"领域,有关该领域的现行证据甚至统一性在我们看来是如此遥远并且似乎模糊不清了?这是怎样一个领域:大自然在其中似乎能充分接近自身,使得大自然所包含的个体能被分类,并且大自然在其中似乎又能充分远离自身,使得这些个体必须通过分析和反思才能存在?

人们会有印象——并且人们经常谈到它——即随着笛卡尔机械论的衰落,自然的历史(l'histoire de la nature)必定出现了。当人们最终明白不可能使整个世界进行直线运动时,当动植物的复杂性已经充分地抵制了广延实体的种种单一形式时,自然就必须在自己所有奇异的丰富多彩性中表现自身;并且,对生物的仔细观察就在笛卡尔主义刚刚退出的地带诞生了。遗憾的是,事情并不这样简单地发生。很可能——尽管这需要检验——即一门科学能从另一门科学中产生出来;但是,任何一门科学都不能因另一门科学的缺乏或失败甚或遇到的障碍而产生。实际上,自然史的可能性,以及雷(Ray)、琼斯通(Jonston)、克利斯托夫·克瑙特(Christophe Knaut),是与笛卡尔主义而非其失败同时代的。同一个知识型准允了从笛卡尔到达伦贝尔的机械论以及从图尔内福到多邦东(Daubenton)的自然史。

为了让自然史出现,大自然没有必要变得浓密和暗淡,没有必要增加自己的机制,直至获取这样一种历史的模糊的重要性:人们只能对这种历史作叙述和描述,但无力测度、计算或说明它;恰恰

---

① 或称"博物学"、"博物志",下同。译者之所以偏向译作"自然史",是为了取其本义,而"博物学"、"博物志"似乎不太能让普通读者立马想到"自然史"。——译注

相反,历史(l'Histoire)必须成为自然的(Naturelle)。在 16 世纪,直到 17 世纪中叶,所有存在的一切都是历史(des histoires):贝龙(Belon)撰写了《鸟类习性史》;迪雷(Duret)撰写了《植物的奇妙历史》;阿德罗芬弟(Aldrovandi)撰写了《蛇龙的历史》。在 1657 年,琼斯通出版了《四足动物的自然史》。当然,这一诞生期并不是完全精确的[②];它在那里只是为了体现一个标志,并从远处表明一个事件的明显的谜语。这一事件就是:在历史(l'*Historia*)领域里,此后变得不同的两个认识秩序突然分离了。直到阿德罗芬弟,历史就是有关一切看得见的物以及在物中被发现或置放的符号的错综复杂和完全统一的结构:撰写一个植物或一个动物的历史,是一件描述其要素或器官的事,同样也是描述能在它上面发现的相似性、被认为它拥有的特性、与它有所牵涉的传说和故事、它在讽刺诗(les blasons)中的位置、从它的实体中制造出来的药物、它所提供的食物、古人对它的记载、以及旅行者关于它可能说的一切。一个生物的历史就是这个身处把它与世界联系起来的语义学网络内的生物本身。对我们来说是明显的,在我们所见和他人所观察和传达以及他人所想象或素朴地相信的一切之间的区分,观察(Observation)、文字资料(Document)和传说(Fable)这一显然如此简单和直接的重大的三分,并不存在。这并不是因为科学在一个合理的职责和素朴传统的广泛影响之间犹豫不决,而是有其较为明确和有约束力的理由,即:在那时,符号是物的一部分,而在 17 世纪,符号成了表象的方式。

当琼斯通撰写《四足动物的自然史》时,对于它们,他知道得要比半个世纪前的阿德罗芬弟多吗?并不很多,史学家证实了这一点。但是,这并不是问题,或许,如果我们必须要用这些词语来提这个问题,那么,我们必须回答说,琼斯通知道得要比阿德罗芬弟少得多。后者在其所研究的每一个动物的情形中,在相同的层面上,描述了动物的体型和捕捉动物的方法;描述了它的譬喻用法和

---

② J. 雷在 1686 年还写了一部《普通植物史》(*Historia plantarum generalis*)。

繁殖方式;描述了它的惯用的和传说中的视觉器官;它吃的食物和
对它进行烹调的最好方法。琼斯通把自己论述马的那一章区分为
12个标题:名称、体型部分、习惯、年龄、繁殖、声音、举动、好恶感、
利用、药用③。阿德罗芬弟并未忽视这一切,除了这一切以外,他还
提供了更多的说明。基本的差异在于琼斯通缺少的东西。整个动
物语义学像一个死了的和无用的肢体那样消失了。那些与兽类交
织在一起的词已被展开和排除了;并且生物,就其体型、形态、习
俗、生与死而言,似乎显得无所遮掩。自然史发现自己处于现在在
物与词之间敞开的那个间距中——这是一个沉默的间距,完全没有
词语的沉淀,但是依据表象的要素而得以表达,这些相同的要素完
全有理由能够被命名。物与话语相毗邻,因为物出现在表象的空
穴内。因此,人们最终开始观察之时,并不是人们放弃计算之时,
我们决不能把自然史的构成,以及自然史借以能展开的经验气候
视作一个实验,这个实验,无论愿意与否,都把在别处监视自然之
真相的一切驱赶进认识之中;自然史——并且这就是它何以恰恰在
这个时候出现——是由一种预见了意义可能性的分析在表象中打
开的空间;如果彼此相区分的物与词一开始就不在表象中有联系
的话,那么,自然史就是这样一种可能性,即看见人们将能说出、但
人们随后不能说出或从远处看到的一切。在琼斯通很久以后,由
林耐向自然史提供的描述性秩序,非常有特色。依据这一秩序,涉
及特定动物的每一章都应遵循以下步骤:名称、理论、属、种、属性、
用法以及最后还有文献(Litteraria)。由时间沉淀在物上的所有语
言都被迫退回到最后的界限,作为一种补遗,在这种补遗中,话语
描绘自己并记录了发现、传统、信仰和诗歌形象。在这一语言的语
言面前,出现的正是物本身,虽然这个物有其特征,但却是出现在
一开始就被名字勾画出来的这一实在之内。自然科学在古典时代
的创立,并不是(出于几何学或力学目的)而在别处形成的一种合
理性变迁之直接或间接结果。这种创立是一种独特的构成,即使

---

③　琼斯通:《四足动物的自然史》(阿姆斯特丹,1657年),第1—11页。

它与普通符号理论和普遍数学的设想有联系（尽管是以一种相关和同时的方式），它也拥有自己的考古学。

由此，"历史"这个古老的词就改变了自己的价值，并且也许重新发现了它的一个古式含义。无论如何，尽管对古希腊人来说，历史学家是一个从其眼光出发进行审视和描述的人，这是正确的，但是，在我们的文化中，情形并不总是这样的。是在相当晚的时候，在古典时代的开端，历史学家才获得或重新获得了这一作用。直到 17 世纪中叶，史学家的任务就是确立起有关文字和符号，以及有关世界上一切显得形成为一个标记的事物的巨大的编纂。把所有被埋藏的词还给语言，这正是史学家的职责。他的存在，与其说被他所见到的一切所限定，还不如说被他重复的语句，被一种第二言语（une parole seconde）所确定，这一第二言语清楚地说出了如此众多的声音已变轻的词。古典时代赋予历史一种截然不同的意义：第一次着手仔细检查物本身，并且接着记下历史在光滑的、中性的和可靠的词中汇集起来的一切。人们能理解，在这一"净化"中构建的第一种历史形式将是自然的历史（l'histoire de la nature）。因为它的构建只需要词毫无中介地应用于物本身。这一新型历史的文献，并不是其他的词、文本或记录，而是物与物并置在一起的清晰的空间：植物图集、收藏品、花园；这个历史的场所是一个无时间性的矩形，存在物在该矩形中被剥夺了所有的评论、所有无所不包的语言，从而一个接一个地呈现出来，它们的表面是看得见的，它们依照各自的共同特征而被集合在一起，并且由此它们早已潜在地得到了分析，并只拥有它们自己的个体名字。人们通常说，植物园的建立和动物学收藏品的收集，都表达了对外来植物和动物的新的好奇。实际上，这些东西长时间来已经道出了人们的兴趣。已发生变化的是这样一个空间，人们在该空间中有可能看到它们，人们从该空间出发，有可能描述它们。对文艺复兴来说，动物的奇异性是一个奇特行为；它出现在晚会、竞赛、虚拟或真实的战斗、传说的重构中，动物寓言集在这些地方展示了自己无年代的神话故事。自然史房间和花园（如同在古典时期所布置的）用物在"图表"

中的排列取代了"展示"的环形布局。悄悄地进入动植物场所和目录之间的,并不是对知识的欲求,而是一种把物与目光和话语联结在一起的新方式。是一种塑造历史的新方式。

并且,我们知道,在18世纪末,这些场所和这些"自然的"分布,在对词、语言、词根、文献、档案进行分类,总之,在构建整个历史环境(在该词现在熟悉的含义上)中已获得了方法论重要性,而19世纪在这一对物作纯描述以后,在这个历史环境中将重新发现了对词进行谈论的更新了的可能性。并且,这种对词进行谈论的可能性,并不是以评论的方式进行谈论,而是以一种被人们视作确实的、客观的、属于自然史的方式进行谈论。

在古典时代末,书写物之愈加完整的保存,档案的建立,档案的归档,图书馆的重组,目录、索引和盘存表的制定,所有这些事情与其说表达了对时间,对过去,对历史的深度的一种新的感受性,还不如说表达了一种把一个与在生物之间确立起来的秩序相同类型的秩序引入早已强加在物上的语言的方式,引入由语言留下的踪迹中去的方式。并且,正是在这一被分类的时间中,在这一公正的和空间化的生成中,19世纪的史学家才着手撰写一部最终"真实的"历史,这就是说,该部历史摆脱了古典合理性及其秩序布局(ordonnance)和神正论(théodicée),这部历史被交还给了时间之突然侵入的暴力。

## 第三节　结　　构

被如此安排和理解,自然史就把物和语言之共属于表象当作自己的可能性条件;但是,只就物和语言处于分离而言,自然史才作为一个任务而存在。因此,自然史必须缩小这一距离,以使语言尽可能地接近目光,被注视的物尽可能地接近词。自然史不是别的,只是对可见者的命名。由此,自然史具有明显的简明性,具有从远处看显得素朴的外形,它显得是如此简单和如此被物的明证性所强求。人们有印象,在图尔内福、林耐或布丰那里,有人最终着手言说在任何时候都是可见的,但在目光的一种难以遏制的心不在焉面前却保持沉默无语的某物。实际上,并不是一种古老的心不在焉突然消失了,而是一个新的可见性领域全方位地构建起来了。

自然史并不变得可能,因为人们较为令人满意和密切地在注视。在严格的意义上,人们可以说,古典时代想方设法,如果不是尽可能少地去看其经验领域,那也至少是为了有意限制其经验领域。从 17 世纪开始,观察一直是一种可感知的认识,这种认识配备了系统的消极的种种条件。当然,传闻被排除了;但味觉和滋味同样也被排除了,因为它们的不确定性和可变性使得不可能把能被普遍接受的一切分解成特殊要素。触觉十分狭窄地局限于对一些颇为明显的对照(例如光滑与粗糙)进行的指明;视觉具有几乎特有的优先权,这是一种明证性和广延的感觉,且因而是普遍为人接受的局部分析的感觉:18 世纪的盲人完全能成为一位几何学家,但不会是一位博物学家(naturaliste)④。并且,即使在那时,一切呈现给我们目光的事物并不都是可利用的:特别是颜色,几乎不能用作有用比较的基础。由此,观察借以能获得其力量的可见性领域,只是在作了这样一些排除以后所剩下的一切:可见性摆脱其他所有的感觉负担,并且变成了灰色。是这一领域,远非是最终专注于物本身的可接受性,才限定了自然史的可能性条件,以及它的被审查过的对象出现的可能性条件:线条、表面、形态、立体感。

人们也许会说,显微镜的使用弥补了这些局限性;并且,如果感觉经验在其较为可疑的边缘一端受到了限制,那它仍然向一种技术上被控制的观察之全新对象延伸。实际上,正是同一组消极条件限制了经验领域并使得光学工具的使用成为可能。为了更好地通过透镜进行观察,人们必须放弃通过其他感觉或传闻进行认识的试图。视觉领域中等级的变化,必定拥有比各种证据之间的相互关系更多的价值,这些证据是由人们的印象、学识或教训提供

---

④ 狄德罗:《盲人书简》。参见林耐:"我们应当抛掉……在植物界中无论是对肉眼还是对触觉都不存在的所有偶然摘记"(《植物学哲学》,第 258 页)。

的。如果显微镜能比较轻易地使人眼满意地看到可见物无限地囿
于它自己的范围内，那么，显微镜并不能脱离人眼。并且，对此所
作的最好证明可能是，光学工具尤其是被用来解决生殖问题：即用
来揭示个体成年人及其种类所具有的体形、心情和特有尺寸如何
能世代相传，而同时又保存了他们严格确定的同一性。显微镜之
被人使用，并不是为了超越可视性的基本领域的界限，而是为了解
决由该领域提出的诸问题之一：可见形式的世代保存。显微镜的
使用建基于物与眼之间的一种非工具关系之上。正是这种关系限
定了自然史。难道林耐没有说，自然（les Naturalia），与天空（les
Coelestia）和始基（les Elementa）形成对照，打算把自己直接显露给
感觉⑤？ 图尔内福认为，为了认识植物，"而不是以一种宗教顾忌去
细察植物的每一个变形"，最好是去分析植物，"让植物处于我们的
目光之下"⑥。

　　因此，观察就是满足于看。系统地看一些物。在表象有些混乱
的丰富性中看能被分析、被所有人认可并因此能被赋予一个人人
都将能够理解的名称的一切。林耐说："所有模糊的类似性被引
入，只是使艺术蒙羞。"⑦因在自身中被展示，被剥夺了所有的相似
性，甚至于被清除了自己的颜色，视觉表象最终将能够向自然史提
供适当的对象：甚至于提供其在旨在构建的精心制作的语言中想
要传达的一切。这一对象就是一切自然存在物所由构成的广延
（l'étendue）——这一广延可能受到四个变量的影响。并且只受到
四个变量的影响：要素的形式，这些要素的数量，这些要素彼此相
关地分布在空间中的方式，以及每个要素的相对尺寸。诚如林耐

---

⑤　林耐：《自然体系》，第 214 页。关于显微镜的有限效用，请参见该书的第 220 -
　　221 页。

⑥　图尔内福：《植物序论》(lsagoge in rem herbariam)，1719 年；贝克尔-图内福法译
　　本(巴黎，1956 年，第 295 页)。布丰批评林耐的方法过多依赖于特性(des
　　caractères)，以至于它被迫使用显微镜。从一个博物学家到另一个博物学家，关
　　于使用光学工具的指责，具有作为一种理论异议的价值。

⑦　林耐：《植物学哲学》，第 299 节。

在一个重要的段落中所说的，"每一个摘记都应当从数量、形式、比例和境况中得出"⑧。例如，当人们研究一个植物的性器官时，只需列举出雄蕊和雌蕊（抑或还观察到缺少这两样东西），并依据这些器官在花朵中分布的几何图形（圆形、六角形、三角形）以及它们与其他器官相关的尺寸，去限定这些器官所获得的形式，但这样做又是必不可少的。这四个变量，能以同样的方式应用于植物的五个部分——根、茎、叶、花、果——充分说明了提供给表象的广延，以便我们能把这个广延表达成一个能被所有人所接受的描述：在相同的个体面前，每个人都将能够作出相同的描述；并且，反之，从这样一个描述出发，每个人都将能够认出这个与描述相符合的个体。在对可见物的这一基本的表述中，语言与物的第一次相遇就能以排除所有的不确定性这样一种方式而被确立起来。

就一个植物或动物的每个明显有别的部分能够利用四个系列的价值而言，这样的部分因此是可描述的。影响并决定了任何一个要素或器官的这四种价值，就是植物学家所说的这个要素或器官的结构（structure）。"所谓一个植物的组成部分的结构，我们指的是组成该植物的躯干的片断的构成和连接。"⑨结构还使得对人们所见的一切进行描述成为可能，并且是以两种既不矛盾又不相互排斥的方式进行的。数量和尺寸总是能借助于计算或测度而被分配；因此，它们能用数量术语加以表述。反之，形式和排列必须被其他方法描述：或者通过与几何图形相等同，或者通过必定全部"具有最大明晰性"的类推⑩。以此方法，人们能从某些颇为复杂的形式与人体之间的可见的相似性出发，去描述这些形式，人体充当了可视性模式的一种储藏室，并且还是人们所能见的一切与所能

---

⑧　林耐：《植物学哲学》，第167节。还请参见第327节。
⑨　图尔内福：《植物学基础知识》，第558页。
⑩　林耐：《植物学哲学》，第299节。

说的一切之间的一种自发纽带⑪。

通过限制和过滤可见物，结构使可见物在语言中被记录下来。通过结构，动物或植物的可视性就完全进入了接受它的话语中。并且最后，结构也许设法通过词在可见形式中重构自身，如同在由林耐梦想到的那些植物学图形诗中一样⑫。他希望描述的秩序，其在段落中的分布，甚至于它的活版印刷模数，都能复制植物本身的形式。他希望印刷文本，就其形式、排列和数量的变式而言，都应具有一个植物结构。"遵从大自然是美好的：从根到茎，到叶柄，到叶子，到叶梗，到花朵。"植物有多少组成部分，描述就必须区分为多少个段落，涉及植物主要部分的一切都应用大字体印刷，而对"部分的部分"所作的剖析，则应用小字体印刷。人们会补充一些从别处知道的有关植物的情况，恰如画家通过阴影和光线的相互作用完成了他的素描："阴影恰恰包含了整部植物史，诸如它的名字，它的结构，它的外部协调，它的本性，它的使用。"植物因被搬进语言中去了，从而得到了语言的雕刻，并在读者眼前重组了自己的纯粹形式。书本成了结构的植物图集。不要让人说，这仅仅是分类学家的空想并且并不代表整个自然史。布丰一直是林耐的对手，但是，相同的结构也存在于他的著作中并发挥着相同的作用："检验方法将指向形式、等值、不同的组成部分、这些部分的数量、它们的位置、物的真正实体。"⑬布丰和林耐确定了相同的网络；他们的目光都落在物的相同的接触面上；存在着相同的黑色方格来容纳不可见物；相同的清楚明白的空间向词敞开着。

通过结构，表象以混乱和同时性形式提供的一切得到了分析并据此适合于语言的线性展开。实际上，描述之于被人们注视的对象，如同命题之于由命题表达的表象：描述的排列是成系列的，要

---

⑪　林耐（在《植物学哲学》第 331 节中）列举了能被用作原型（无论是对维度来说，还是特别对形式来说）的身体组成部分：头发、指甲、拇指、手掌、眼睛、耳朵、手指、脐、阴茎、外阴、乳房。

⑫　同上书，第 328—329 节。

⑬　布丰：《论探讨自然史的方式》（全集第 1 卷，第 21 页）。

素接着要素。但是，人们会记得，语言在其经验形式中蕴含着命题理论和表达理论。就其本身而言，命题仍然是空洞的；只有在表达受制于"存在"这一动词的明显的或秘密的功能的条件下，表达才能真实地形成话语。自然史是一门科学，即一种语言，却是一种有充分理由和精心构建的语言：它的命题展示无可置疑地是一种表达；把它的要素排列成一个线性系列，就是依据一个明显和普遍的方式对表象作了区分。鉴于同一个表象能产生相当数量的命题，这是因为体现这一表象的名词依据不同的方式表达了这一表象，所以，同一个动物，或同一个植物，就将以相同的方式得到描述，这是就其结构控制着其从表象到语言的过渡而言的。在古典时代贯穿自然史的结构理论，把由命题和表达在语言中所起的作用重叠在一起，以至于它们履行着同一个功能。

并且，正是通过这一方法，结构才把自然史的可能性与普遍数学(la *mathesis*)联系起来了。实际上，结构把整个可见物领域都归结为一个可变物体系，这个体系的所有价值，如果不是被数量，那至少也被一个极其清楚和总是确定的描述所派定。因此，人们能够确立起在自然存在物之间存在的同一性体系和差异性秩序。亚当森(Adanson)认为，有朝一日，人们将有可能把植物学当作一门严密的数学科学，并且人们可以像提出代数或几何学问题那样提出植物学问题："发现最可感知的点，这个点确立了山萝卜属植物家族与忍冬科家族之间的分界线或争议"；或者，再去发现人们所认识的植物的属(是自然，还是人工，都无关紧要)，这个属恰好处于类竹桃科(des Apocins)与琉璃苣科(des Bourraches)之间[14]。通过结构，存在物在地球表面的大量增殖，既能进入描述性语言的序列中，又能进入将成为一门普通秩序科学的普遍数学的领域。并且，这一构成关系，无论有多复杂，但都在被描述的可见物的明显的简明性中确立起来了。

所有这些对依据其对象来定义自然史，是至关重要的。这个对

---

[14] 亚当森：《植物的科》，第1卷，前言，第201页。

象是由面和线提供的,而不是由功能或可见的组织提供的。人们所看见的,与其说是植物和动物的有机统一体,还不如说是它们的器官的分化。在它们成为呼吸系统或内部体液之前,它们是爪子和蹄子,花朵和果实。自然史贯穿一个可见的、同时的、伴生的可变物领域,而没有从属或组织的内在关系。在 17 和 18 世纪,解剖学失去了它在文艺复兴时期曾经拥有并在居维埃时代重又获得的指导作用;这既不是因为那时的好奇心减退了,也不是因为知识已退化了,而是因为有关可见物和可陈述物的基本布局不再穿过躯体的深处。因此,存在着植物学的认识论优先性:对植物来说,词与物所共有的领域构成了一个比对动物来说更具容纳性、更少“昏暗”的网络;就人们能看见植物中的大量构成器官而动物并不具备这些器官而言,建立在直接可感知的可变物之上的分类学认识,在植物学秩序中,要比在动物学秩序中,更为丰富和连贯。因此,我们必须逆转人们关于这个话题通常所说的一切:并不是因为在 17和 18 世纪人们对植物学发生了大量的兴趣,人们才对分类方法作了许多研究。而是因为只有在可视性的分类学领域内,人们才有可能认识和说话,对植物的认识才比对动物的认识要占优势。

　　在机构的层面上,这一区分的必然相关物就是植物园和自然史藏馆。对古典文化来说,它们的重要性基本上不在于它们使之可能看得见的一切,而是在于它们所隐藏的一切,在于它们凭着这一阻塞而任其涌现的一切:它们除去了体型和功能,隐匿了有机体,以便在那些等待真理的人们眼前产生可见的立体形式、它们的要素、分布方式和尺寸。它们是配备有结构的书本,是一个特征在其中能结合和分类在其中能展现的空间。在 18 世纪末的某一天,居维埃拿走了博物馆的颈瓶,砸碎了这些瓶并仔细剖析了古典时代在其中保存的各种各样的动物可视性。拉马克本人从未能作出的这一无传统观念的行为,并不表示对一个以前从未有人感兴趣或有勇气去探明,或有认识可能性的秘密的新的好奇心。比较严肃地讲,这一行为是西方文化的自然领域中的一个突变:图尔内福、林耐、布丰和亚当森含义上的历史(l'histoire)的终结,当布瓦西埃·德·索瓦热（Boissier de Sauvages）把可见物的历史认识与可见物的哲学认识、隐藏物的哲学认识和原因的哲学认识对立起来时，也是在他的含义上的历史的终结[15]；这一行为也是这样一个举动的开端，这个举动，通过用解剖来取代分类，用有机体来取代结构，用内在的从属来取代可见的特性，用系列来取代图表，使得全部深远的时间（人们赋予它历史这个崭新的名词）突然陷入古老的、乏味的、黑白相间的动植物世界中去。

## 第四节　特　　性

结构是那个对可见物的指明，这个指明通过一种前语言学的分拣，把可见物记录在语言中。但是，由此获得的描述只是专名的一个方式：这种描述使每一个存在保留了严格的个体性，并且既不陈述这一存在所属于的图表，也不表述围绕这一存在的邻近区域，也不表述这一存在所占据的位置。它是一个纯粹和简单的指明。而为了使自然史成为语言，该描述必须成为一个"普通名词"。人们已经发现，在自发的语言中，只关涉个体表象的初始指明，在行动语言和初始词根中缘起以后，是如何通过衍生力量逐步获取较为一般的价值的。但是，自然史是一种精心制作的语言：它不该接受由衍生及其形式强加的约束；它不该信任任何词源学[16]。它应该把日常语言使之分离的一切联合成同一个操作：它不仅必须要十分精确地指明所有的自然存在物，而且还必须把它们全都置于那个把它们与其他所有的存在物联合和分离开来的同一与差异（identités et de différences）的体系中。自然史还必须同时确保一个确定的指明（désignation）和一个被控制的衍生（dérivation）。并且，恰如结构理论使表达和命题重叠在一起，同样，特性理论必须使起

[15]　布瓦西埃·德·索瓦热：《有条有理的疾病分类学》（法译本，里昂，1772 年），第 1 卷，第 91－92 页。
[16]　林耐：《植物学哲学》，第 258 节。

指明作用的价值与这些价值借以派生的那个空间等同起来。图尔
内福说:"认识植物,就是精确地得知人们赋予给这些植物的名字,
这一赋予是与这些植物的某些部位的结构相关的……特性基本上
把植物彼此区分开来,有关这一特性的观念总应成为一个具有每
个植物之名的观念。"⑰

特性的确立,既是容易的,又是困难的。说它是容易的,是因
为自然史不必确立一种基于难以分析的表象之上的名词体系,而
只是必须把这一体系从一种早已在描述过程中展开的语言中派生
出来。人们进行命名,并不是从人们所看见的一切出发,而是从早
已由结构引入话语的种种要素出发。重要的是,从那个虽是初始
但又是确定和普遍的语言出发,去构建一种第二语言。但是,主要
困难马上出现了。为了确立起所有的自然存在物之间的同一与差
异,将有必要考虑在一个描述中可能被提及的每一个特征。这一
毫无止境的任务会把自然史的降临后退到难以达到的远方,除非
存在着种种技巧,能避免这一困难并限制比较的作用。人们能先
天地观察到,这些技巧有两种类型。或者是从事总体比较,但只是
局限在以全凭经验的方式得以构建的组集内,在这些组集中,相似
性的数量明显地是如此的多,以至于差异的列举无需多长时间便
可圆满完成;并且这样的话,所有同一性和差别的确立就能逐步地
得到保障。或者选择一组确定的和相对有限的特征,其恒定和变
换能在任何自身呈现的个体中得到研究。人们把后一个程序称作
体系(le Système),把前一个程序称作方法(la Méthode),人们对这
两个程序作比较,如同人们对林耐与布丰、亚当森或安托尼-洛
朗·德·朱西厄(Antoine-Laurent de Jussieu)进行比较。如同人们
对一个死板的和明确的自然观与有关自然同源关系的细微的和直
接的知觉作比较。如同人们对静止自然观与一个关于具有密集连
续性的存在物的观点作比较,这些存在物全都是相互联系、相互混
合并且或许能相互转换……然而,重要的,并不在于对自然的许多

⑰ 图尔内福:《植物学基础知识》,第1-2页。

直觉之间存在的这一冲突,而是在于必然性网络,这一网络在这一点上,使得在把自然史构建为语言的两种方法之间作出选择,成为可能和必不可少。所剩的只是一个逻辑的必然结果。

体系在由自己通过描述详细地并置起来的要素之中,选择了一些特殊的要素。这些要素确定了优先的和实际上独一无二的结构,人们探讨了与这个结构相关的一组同一性或差异性。任何无关于这些要素中的一个要素的差异性,将被视作无关紧要的。如果同林耐一样,人们把"结果期的所有不同部分"[⑱]选作特有的标记,那么,叶子的差异,或茎的差异,或根的差异,或叶柄的差异,就必须有步骤地被忽视掉。同样,任何并不产生于这些要素中的一个要素的同一性,在定义特性时将毫无价值。反之,当这些要素在两个个体中是相似的时,它们就接纳了一个共同的名称。那个被选作确切的同一性和差异性之场所的结构,就是被称作特性(le caractère)的东西。在林耐看来,特性应该由"对初始物种的结果期所作的最仔细的描述组成。属的其他所有物种都与初始的物种相比较,所有不协和的标记都被排除了;最后,在作这一加工以后,特性就出现了"[⑲]。

体系的出发点是任意的,因为它以审慎的方式忽略了无关于享有优先权的结构的所有差异性和所有同一性。但是,并不存在法则,能在某一天通过这一技巧发现一个自然体系;在这个体系中,特性中的所有差异对应于植物的一般结构中具有相同价值的差异;并且,反过来,在这个体系中,在一个共同特性下集中在一起的所有的个体或所有的物种,在其每一个组成部分中,实际上都具有同样的相似性关系。但是,人们只有确实地建立了一个人工体系(至少在某些植物或动物领域中)以后,才能最终进入一个自然体系。这就是为什么林耐"在取得有关与自己的体系相关的一切事

⑱  林耐:《植物学哲学》,第 192 节。
⑲  同上书,第 193 节。

物的完整知识以前"[20]，并不设法立即建立一个自然体系。的确，自然方法构成了"植物学家的最初和最终愿望"，并且它的所有"部分都应得到最为仔细的研究"[21]，诚如林耐在自己的《植物分类》(*Classes Plantarum*)中对它们所作的研究；但是，在这一自然方法以其确实和完美的形式出现以前，"人工体系是绝对必需的"[22]。

而且，体系是相对的：它能够凭照人们所欲求的那种精确性而进行运作。如果所选的特性由一个巨大的结构组成，并具有大量的可变物，那么，一旦人们从一个个体过渡到另一个个体，即使这是直接邻近的，差异也就会立即出现：特性在那时会十分接近于纯粹和简单的描述[23]。反之，如果享有优先权的结构的范围狭小，并且它的可变物稀少，那么，差异就会非常少并且个体会密集地堆积在一起。人们依据人们想要获得的分类的精巧来选择特性。为了确立属，图尔内福把花和果的结合选作特性。这并不是因为，如同在云实科(Césalpin)，花和果是植物最有用的部分，而是因为它们使得一种数目上令人满意的结合成为可能：将从其他三个部分（根、茎和叶）提取的要素，事实上，其数量不是太多（如果它们合在一起被论及），就是太少（如果它们被分开来考虑）[24]。林耐估算38个生殖器官（每一个都由数量、形式、境况和比例这四个变量组成）会产生足以确定属的5776个构形[25]。如果人们想要获得比属为数众多的物群，那么，人们必须要求较为有限的特性（"植物学家之间公认的虚构的特性"）当作，例如，独一无二的雄蕊或唯一的雌蕊：这样，人们就能区分纲(les classes)或目(les ordres)了[26]。

这样，植物或动物界的整个领域就得分区控制。每一个物群都

---

[20]  林耐：《自然体系》，第 12 节。
[21]  林耐：《植物学哲学》，第 77 节。
[22]  林耐：《自然体系》，第 12 节。
[23]  "物种的自然特性就是描述"（林耐：《植物学哲学》，第 193 节）。
[24]  图尔内福：《植物学基础知识》，第 27 页。
[25]  林耐：《植物学哲学》，第 167 节。
[26]  林耐：《植物的性体系》，第 21 页。

能接受一个名称。其结果是，任何物种，不必被描述，就能借助于自己所在的不同集合的名称而被极为精确地指明。它的完整的名称将跨越人们已经确立起来的整个特性网络，直至最高级的纲。但是，诚如林耐所指出的，为了方便起见，这一名称的一部分应该保持"沉默"（人们并不命名纲和目），而另一部分则应"响亮"：人们必须命名属、种和变种㉗。在其基本特性中得到如此认可并在此基础上得到指明的那个植物，同时将表达那个精确地指明了它的东西以及把它与那些与它相似并属于相同的属（由此属于相同的科和相同的目）的植物联系起来的关系。这个植物同时还将被赋予其专名和它所处的整个系列的（明显或隐蔽的）普通名词。"属的名称，如此说来，是我们的植物界质量好的货币"㉘。自然史将会完成其基本任务，即"布局和指明"㉙。

方法（La Méthode）是解决同一个问题的另一个技巧。并不是从被描述的总体性中去勾勒出充当特性的数量或多或少的要素，方法在于逐步地演绎这些要素。在这里，演绎是取其缩减（soustraire）的意义。如同亚当森在考察塞内加尔的植物所做的一样㉚，人们不是从一个任意选择的物种出发，就是从一个偶然相遇的物种出发。人们依据其所有的组成部分，完整地描述了这个物种，并确定了可变物从这个物种取得的全部价值。这一过程在随后的物种中得到了重复，并且也由表象的任性所给出；描述应该像第一次那样全面，但是，除了一个差别，即已在第一次描述中提及的一切，都不应该在第二次描述中重复。只有差别被重复了。与前两个物种相关的第三个物种也是如此，并且可以无限地这样继续下去。因而，在最后，所有植物的全部不同特征都已曾被提及了，但从未超过一次。并且，通过在初始描述的周围聚集那些随后

---

㉗　林耐：《植物学哲学》，第 212 节。
㉘　同上书，第 284 节。
㉙　同上书，第 151 节。由特性确保的这两个功能恰恰对应于在语言中由普通名字确保的指明和衍生功能。
㉚　亚当森：《塞内加尔的自然史》（巴黎，1757 年）。

作出的并且逐渐变得稀疏的描述,我们就能通过初始的混沌看到一般的关系图表呈现出来了。能把每个物种或每个属区别开来的特性,是在无声的同一性基础之上被提及的唯一的特征。的确,这样的技巧可能是最确实可靠的,只是现存的物种数量是如此众多,以至于不可能全部穷尽它们。然而,对我们所遇到的这些物种作检验,将揭示巨大的"科"(familles)的存在,换言之,相当大规模的物群的存在,在这些物群中,种和属拥有相当数量的同一性。并且,其数量是如此的多,以至于它们通过大量的特征来标明自身,甚至于向有较少分析性的目光表示;毛茛的所有物种之间的相似性,或者乌头的所有物种之间的相似性,立即落到了感官的下面。在这一点上,为了不至于使这个任务变得永无止境,人们必须逆转这一步骤。人们承认这样大量的科的存在,这些科是明显可辨认的,并且其一般特征似乎已被有关它们的初次描述盲目地确定了。这些就是我们现在以肯定的方式确立起来的共同特征;于是,每当我们遇到明显从属于这些共同特征的一个属或一个种时,表明何种差异把它与其他充当它的一种自然饰品的属或种区分开来了,这就足够了。从这个一般的特性出发,我们能轻易地获得每个物种的认识:"我们将把这三个界区分为几个科,这些科会把所有那些明显相关的存在物集合在一起,我们将检查包含在这些科中的存在物的所有一般和特殊的特性";以此方式,"我们将保证把所有这些存在物与它们的自然科联系起来;并且这样的话,从石貂和狼、狗和熊入手,我们就能充分地认识狮子、老虎和鬣狗,它们是同科动物"[31]。

我们能立即看到方法与体系的对立所在。只能存在一个方法;但是,人们能想出并应用相当数量的体系:亚当森一人就确定了65个体系[32]。体系在展开过程中是任意的,但是,可变物的体系——特性——一旦开始就已被确定,就不再可能修改它,甚至于补充或

---

[31] 亚当森:《自然史课程》,1772 年(1845 年版本),第 17 页。
[32] 亚当森:《植物的科》(巴黎,1763 年)。

削减一个要素。方法是由把物相关起来的总体相似性从外部强加的；它立即把知觉记录成话语；它的出发点非常靠近描述；但是，总是有可能把方法凭经验而限定的从外部强加的修正应用于一般特性：被人们认为对一个植物或动物群来说是重要的一个特征，很可能只是一些动植物的特殊性，假如人们发现其他并不拥有这一特征的动植物，明显地属于同一个科；方法必定总是准备着修正自身。诚如亚当森所说，体系如同"算术中的试错规则"：它是作出决定的结果，但它必须完全协调一致；反之，方法则是"对依据某些便利或相似性而联系在一起的对象或事实所作的任意排列，人们是通过一个可应用于所有那些对象的一般观念，来表达这一点的，而不把这个基本观念或原则视作绝对的或不变的，或如此普遍，以至于它没有任何例外……方法与体系的差异，只在于由作者赋予其原则的想法，这个想法认为原则在方法中是可变物，而在体系中则是绝对物"③。

而且，体系只能确认动物或植物结构之间的协调关系：由于特性的选择，不是依据其功能重要性，而是依据其组合效能，因而，我们就不能证明，在个体的内在等级中，如此这般的雌蕊形式或雄蕊布局，必定导致了如此这般的结构：假如五福花的茎被置于萼和花冠之间，如果在海芋中，雄蕊被布置在雌蕊之间，那么，这些恰好就是"单一结构"④；这些结构的微不足道的重要性只产生于它们的匮乏，而萼和花冠的同等区分则只从它的频繁中获得价值⑤。反之，由于方法是从最一般的同一性和差异性进到那些不太一般的同一性和差异性，所以，方法能使垂直的从属关系呈现出来。实际上，方法能使我们看到，哪些特性重要得不至于在一个给定的科中被否认掉。就体系而言，翻转是十分重要的：最基本的特性使得有可能区分最大的和最截然不同的科，而对图尔内福或林耐来说，基本

③ 亚当森：《植物的科》，第1卷，前言。
④ 林耐：《植物学哲学》，第105节。
⑤ 同上书，第94节。

的特性限定了属;并且,选择一个能鉴别纲或目的人工特性,这对博物学家们的"惯例"来说,是足够的。在方法中,一般的结构及其内部附属,远比可变物的一个恒常配置的侧向移动来得重要。

尽管有这些差异,但体系和方法都奠基于同一个认识论基础。通过指出,在古典知识中,对经验个体的认识只能从有关所有可能差异性之连续的、有序的和普遍的图表中获取,人们就能简明地确定这一认识论基础。在 16 世纪,植物或动物的同一性,由它们都拥有的确实的标记(通常是看得见的,但有时是隐蔽的)所确保:例如,把鸟的不同种区分开来的,并不是在它们之间存在的差异,而是在于事实:这只鸟在夜间捕捉食物,另一只鸟则生活在水上,而其他的鸟则吃鲜肉㊱。每个存在物都带有一个标记,并且物种被一个共同纹章的广延所衡量。因而,每个物种都是以其自身而著称的,都是独立于其他所有的物种来陈述自己的个体性的:所有那些物种将不存在,这是极有可能的,因为限定标准并不为了那些仍可得见的物种而得到修正。但是,从 17 世纪开始,除了在依据同一性与差异性所作的表象分析之中,就不再存在任何符号。这就是说,每一个指明的形成,都必须借助于某种与其他所有的指明的关系。适当地认识归于一个个体的一切东西,就是在这个个体面前拥有关于所有其他个体的分类或分类的可能性。同一性和标志着同一性的一切东西,都被残余的差异性所限定。动物或植物并不是被我们发现烙在它上面的印记所表示或暴露的一切;它是其他的动物或植物所不是的一切;只就它被能与它相区分的东西所限定而言,它才是自在存在的。方法和体系只是两种通过一般的差异性网络来限定同一性的方式。以后,从居维埃开始,物种的同一性同样是通过一组差异性而被确定的,但是,在这里,差异性将从拥有自己的内在的附属系统(骨骼、呼吸、循环)的巨大的有机统一体的背景中浮现:无脊椎动物的特性,不仅可以用它们缺乏脊椎来说明,而且还可以用某种呼吸方式、一种循环的存在以及整个能描

---

㊱ 参见 P. 贝龙的《鸟的习性史》。

绘一个确实统一体的有机连贯来加以说明。有机体的内在法则，将通过取代那些有差别的特性，而成为自然科学的对象。作为自然史之基本的和构成的问题，分类历史地并且以一种必需的方式置身于标记（la *marque*）理论和有机体（l'*organisme*）理论之间。

## 第五节　连续与灾难

在自然史业已成为的这一精心制作的语言中心处，仍存在着一个问题。毕竟有可能的是，结构变成特性从未有可能，并且，普通名词从未能从专有名词中产生出来。谁能保证曾经作出的描述不会展现这样一些要素：这些要素在一个个体与另一个个体，或在一个物种与一个物种之间是如此地不同，以至于想要确立一个普通名词的任何试图，事先都将破产？谁能确信，每个结构并不严格地与其他所有结构相分离，并且不会作为一个个体标记而起作用？为了让最简单的特性能产生出来，那么，至少，首先得到考虑的结构中的一个要素必须在另一个结构中重复。因为使得有可能确立起物种布局的一般的差异性秩序，蕴涵了某组相似性。这个问题具有与我们早已碰到的、相关于语言的那个问题相同的形态㊲：为了使普通名词成为可能，物与物之间必须存在一种直接的相似性，这一相似性使得起指称作用的要素能够沿着表象伸展，在表象的表面滑行，获得表象的类似性，并因此最终构成集体指明。然而，为了描绘这一名词借以逐渐获得其一般价值的修辞空间，就无需确定这一相似性的地位，也无需弄清楚它是否建立在真实情况之上；它为想象提供了充足力量，这就够了。然而，对自然史这一精心构建的语言来说，想象的这些类推并不能拥有担保价值；并且，同所有语言一样，由于自然史受到由休谟对经验中重复的必然性实施的激进怀疑的威胁，所以，自然史必须找到一个逃避这种威胁的方法。自然中必定存在着连续性（continuité）。

---

㊲　参见本章第二节。——译注

　　自然应是连续的,这一要求在体系和方法中并不采取完全相同的形式。对分类学家来说,连续性只由能被特性清楚地辨别的不同区域的无裂缝的并置所组成;一个连续不断的价值渐变,是足够的了,被选为特性的那个结构,在整个物种领域中,能获取这一渐变;从这个原则出发,显而易见的将是,所有这些价值都被真实存在物所占据,即使人们还尚未认识它们。"体系表示了植物,甚至那些它所没有提及的植物;这是目录的列举所从未能做到的。"⑱在这一并置的连续性上面,目录并不只是任意的约定;目录会符合(如果目录被适当地制定的话)种种区域,这些区域清楚地存在于自然的这一连续层面上;它们将是些比个体要宽广但与个体一样真实的区域。依照林耐,这样的话,性体系使得人们有可能发现无可置疑地确立起来的属:"知道并不是特性构成了属,而是属构成了特性,是特性来源于属,而不是属来源于特性。"⑲反之,在方法中,由于相似性一开始就是以其大规模的和明显的形式而被设定的,所以,自然的连续性将不是这一纯粹否定的公设(在不同的范围之间不存在空白区),而是一个肯定的要求:整个自然形成一个巨大的网络,在这个网络中,存在物之间逐渐相似,相邻的个体无限地彼此类似;因而,并不表明个体的微小差异,而是表明较为宽泛的范畴的任何分界线,总是不真实的。存在着一种融合的连续性,在这种融合中,所有的总括性都是有名无实的。布丰指出:"我们的一般观念是关于一个连续的对象等级的,对于这个等级,我们只能清楚地觉察其中心部分,而它的两端却总是愈来愈逃避我们的考察……我们愈是增加自然产品的分科数量,我们就将愈加接近真实,因为除了个体以外没有什么真正存在于大自然,因为属、目和纲只存在于我们的想象中。"⑳并且,布丰还在相同的含义上说:"大自然不存在跃迁:大自然中的万事万物都是循序渐进和具

---

⑱　林耐:《植物学哲学》,第 156 节。
⑲　同上书,第 169 节。
⑳　布丰:《论探讨自然史的方式》("全集"第 1 卷,第 36、39 页)。

有细小差异的。倘若在任何两个存在物之间存在着一个真空,那么,从一个存在物进到另一个存在物将会有什么理由呢? 因此,不存在这样的存在物,即在它之上和之下都没有其他的存在物,(实际上)其他的存在物是通过某些特性而与它联结在一起,并通过其他特性而与它相分离的。"因此,人们总是有可能发现"中介的产品",如植物与动物之间的珊瑚虫,鸟类与四足动物之间的鼯鼠,四足动物与人之间的猴子。所以,我们的种和纲这样的分类"纯粹是有名无实的";它们所代表的只是"关于我们的需求和我们的知识界限的手段"④。

在 18 世纪,大自然的连续性是被所有的自然史所要求的,也就是说,任何想在大自然确立起一种秩序并在其中发现普遍范畴的努力(无论这些范畴是真实的并被明显的特性所规定,还是方便的并且极其简单地由我们的想象勾勒出来),都有这样的要求。只有连续性能够保证大自然重复自己,保证结构因此而成为特性。但是,这个要求立即变成了一个具有双重含义的要求。因为如果让经验凭其毫无干扰的活动去一步步精确地跨越(parcourir)个体、变种、种、属和纲这样一个巨大的连续性,那么,就无须建立科学;起描述作用的规定将极其自由地达到普遍性,并且,事物的语言将被它自己的自发活动构建为科学话语。大自然的同一性像用全部的文字那样呈现给想象,并且,词在其修辞空间内的自发变音将以完满的线路复制日趋概括的存在物的同一性。自然史将变得毫无用处,或者更确切地说,它早已被人类的日常语言撰写了;普通语法同时将成为存在物的普遍分类学。然而,假如完全不同于词之分析的自然史是必不可少的,那么,这是因为经验并没有向我们揭示出这样的自然的连续性。经验在把破碎的自然赋予给我们时——因为在由可变物所有效占据的价值系列中存在着大量的鸿沟(存在着可能的生物,人们能够查考它们在网络中的位置,却没有机会观察它们)——也把模糊的自然赋予我们了,因为我们所处的真实

_____

④　参见博内:《自然的沉思》,第一部分("全集",第 4 卷,第 35 - 36 页)。

的、地理的和陆上的空间向我们显示了相互混杂在一起的生物,这种混杂的秩序相关于分类学的巨大网络,却只不过是机缘、无序或扰乱。林耐发现,同一个地方,通过把水螅(作为一种动物)与海藻(作为藻类物),或者海绵与珊瑚结合在一起,大自然并不像我们的分类秩序那样把"最完善的植物与被最不完善地命名的动物"结合在一起,"而是把不完善的动物与不完善的植物结合在一起"[42]。并且,亚当森证明说,大自然"是一个有关似乎是凭偶然性而被集合在一起的存在物的混乱混合物:在这里,金子与另一种金属,与石头,与泥土混合在一起;在那里,紫罗兰生长在橡树一旁。在这些植物中间,还游荡着四足动物、爬行动物和昆虫;如此说来,鱼与它借以在其中漂浮的水质成分混杂在一起,与在水底深处生长的植物混杂在一起……这一混杂的确是如此普遍和五花八门以至于显得是大自然的诸法则之一"[43]。

　　然而,这一混杂是一系列有年代顺序的事件所产生的结果。并且,这些事件的发源地和最初应用场所并不是在生物物种本身,而是在这些物种借以停留的空间中。这些事件产生于地球与太阳的关系,产生于气候的流转变化,产生于地貌的种种变化;它们首先影响海洋和陆地以及地球的表面,生物只是通过反弹和次要的方式而被触动:热量吸引或排斥它们,火山毁坏它们;它们随着塌陷的陆地一起消失。例如,诚如布丰所假定的[44],很有可能地球在逐渐变冷之前,最初是炽热的;动物习惯于生活在高温中,接下来只是在现今炎热的地区群居,而温和和寒冷的地带则居住着直到那时才有机会出现的物种。随着地球史上的种种变革,分类学区域(在其中,相邻关系是特性的秩序关系,而不是生命方式的秩序关系)在一个把它搅乱的具体区域中得到分配。而且,这个分类学区域可能会分成几个部分,还有,许多物种(它们与我们所认识的那

---

[42]　林耐:《植物学哲学》。

[43]　亚当森:《自然史进程》,1772 年(1845 年巴黎版),第 4 - 5 页。

[44]　布丰:《地球史》。

些物种或那些介于我们所熟悉的分类区域之间的物种相邻)必定消失了,除了难以辨认的踪迹以外,它们什么都没有留下。无论如何,这一由诸多事件组成的历史系列只是对存在物领域的一个补充:它并不适当地属于这个领域;它是在世界的真实空间中,而不是在分类的这一解析空间中展开;它所质疑的是作为存在物场所的世界,而不是存在物本身,这是因为存在物具有活生生这一属性。存在着一种由圣经故事所象征的历史性,它直接影响我们的天文学体系并间接影响物种的分类学网络;除了"创世记"和"大洪水"以外,很有可能"我们的地球经历了尚未向我们揭示的其他变迁。我们的地球与整个天文学体系相关联,并且,把这个地球与其他天体,尤其是太阳和彗星连接起来的种种联系可能是许多尚未留下任何我们可感知的痕迹的变迁的根源,但是,邻近世界的居民也许对这些变迁知道点什么"[45]。

于是,自然史为了成为一门科学就必须预先假定两个集合。其中一个集合是由存在物的连续网络构成的;这一连续性会呈现出各种空间形式;C. 博内有时把该连续性视作巨大的线状等级,这个等级的一端是十分简单的,另一端则是十分复杂的,中间则是一个狭小的中介区域(这是一个唯一向我们展示的区域);博内有时又把该连续性视作树的主干,这个主干的一侧分出了一个树枝(在贝壳类主干中,蟹和螯虾都是增补的分支),在另一侧则分出了昆虫系列,其分支包括昆虫和蛙[46];布丰把这同一个连续性限定为"巨大的纬纱,或者还不如说,一束纬纱,这束纬纱不时地把种种把它与另一个秩序的束连接起来的分支抛在一旁"[47];帕拉斯(Pallas)则把这种连续性看成一个多面体图像[48];J. 赫尔曼(J. Hermann)则想要构建一个由这样一些线条组成的三维模式,这些线条都源出于一

[45] 参见博内:《哲学轮回》("全集",第 7 卷,第 122 页)。
[46] 参见博内:《自然的沉思》,第 20 章,第 130 - 138 页。
[47] 布丰:《鸟的自然史》(1770 年),第 1 卷,第 396 页。
[48] 帕拉斯:《植形动物索引》(1786 年)。

个共同的始点,互相区分开来,"通过数量众多的侧枝散发开来",然后重又汇聚在一起⑲。然而,事件系列与这些空间构型是有区别的,这些构型都以各自的方式描述了分类学连续性;事件系列是间断的,并且,它的每个插曲都各不相同;但是,事件系列作为整体只能描绘一个简单的线索,即时间本身的线索(并且人们可以把它设想成笔直的、间断的,或循环的)。就其具体形式和适合于自己的深度而言,大自然完全处于分类学区域与变迁线索之间。由大自然在人类眼中形成并且科学话语有责任加以浏览的"图表",是生物物种的巨大表面的片断,如同大自然在时间上的两个巨变之间被勾画、搅乱和凝结。

我们将看到,把"固定论"(fixisme)与"进化论"(évolutionnisme)当作两种不同的观点并认为它们的基本取向是相对抗的,从而将它们对立起来,是多么的肤浅。"固定论"满足于在永久不变的图表中对大自然的存在物进行分类,而"进化论"则相信大自然的远古历史,相信所有存在物在连续性历史中的深远的推进。种和属这一网络的毫无空隙的协同性,以及干扰这一网络的事件系列在同一个层面上都属于同一个认识论基础,从这个基础出发,自然史这样的知识在古典时代才有可能。它们并不是两种领悟大自然的方式,并不是因为深深植根于比任何科学都更为古老和更基本的哲学取向而完全相对立;它们是在那个限定了古典时代的大自然的知识的考古学网络中所同时提出的两个要求。但是,这两个要求是相互补充的。因而,它们是不可还原的。时间系列是不能被整合进存在物的渐变中心的。大自然的年代并不规定存在物的内在时间和它们的连续性;大自然的年代只是口述了种种坏天气,这些坏天气不停地驱散、摧毁、搅乱、分隔和结合存在物。在古典思想中,不存在并且甚至也不可能有对进化论或变化说的怀疑;这是因为时间从未被视作生物在其内部结构中的发展原则;时间只被视作在生物所生活的外部空间中发生的大变革的

⑲　J. 赫尔曼:《动物亲缘关系图表》(斯特拉斯堡,1783 年),第 24 页。

可能称号。

## 第六节 怪兽与化石

有人会提出异议，认为在拉马克（Lamarck）前很久，早已存在着一整套进化论思想。认为这种思想在 18 世纪中叶，直到由居维埃标明的突然停止时，具有巨大的重要性。认为博内、莫培督（Maupertuis）、狄德罗、罗比内（Robinet）和伯努瓦·德·马耶都十分清楚地阐述了这样的观点，即生物形式会相互转化，眼下的物种无疑是先前转化的结果，并且整个生物界也许朝着一个未来的点运动，因而人们不能确保生物界曾经明确获得并且现在永远使之稳定的任何生物形式。事实上，这样的分析与我们今天所理解的进化论思想不相容。这种分析实际上所关心的是把同和异的图表与一系列连续的事件联系起来。并且为了思考该图表与该系列的统一性，这种分析只能使用两种手段。

第一种手段在于对连续的序列与存在物的连续性和存在物在图表上的分布进行整合。那么，由分类学布局在连续的同时性中的所有生物都从属于时间。这不是在这样一个意义上说的，即时间系列会产生物种的多样性，并且一种水平目光依据分类学网络的要求就能对多种多样的物种进行布局；而是在另外一种意义上说的，即分类学的所有要点都受到一种时间指数的影响，其结果是"进化"只是整个生物等级从其最初的要素向其最后的要素作连成一体的和一般的移动。这个体系也就是夏尔·博内的体系。博内首先暗示说，通过无数系列的链条而努力达到上帝的完美，这样的存在链在目前并没有达到完美[50]；上帝与他的很少有缺陷的创造物之间存在的差距仍然是无限大的；并且，存在物的整个连续结构一旦跨越这一也许不可逾越的距离，就能不停地朝着巨大的完美前进。博内进一步暗示说，这一"进化"使得在不同物种之间存在的

---

[50] 参见博内：《自然的沉思》，第一部分（"全集"第四卷，第 34 页及以下诸页）。

关系保持完整无缺:如果其中有一个物种在完善自身的过程中将达到先前由高一级的物种所拥有的复杂程度,那么,这并不意味着这两种物种因此就交接在一起,因为受同一种运动所牵引,这种物种不能避免以同样的比例完善自身:"所有物种都将连续地并且多少有点缓慢地朝着一种最高的完美前进,其结果是,所有的生物等级程度在一种确定的和恒常的关系中继续是可变的……一旦转移到一个较适于发挥自己的官能的卓越才能的住所,人就会把先前自己在地球上的动物中间占据的最初的居所留给猴子和大象……在猴子中间会有许多牛顿,在海狸中间会有多个沃邦(Vauban)。鸟和四足动物现在同人的关系,就是牡蛎和珊瑚虫将与生物最高等级的物种之间的关系。"⑪这一"进化论"并不是一种把存在物的出现设想为存在物相互产生的过程的方法;实际上,它是一种对连续性原则和那种要求所有存在物都形成一个连续区域的法则进行概括的方法。它以一种莱布尼茨的方式⑫,把时间的连续性加到空间的连续性上去,并把存在物向完美的无限前进加到存在物的无限多样性上去。这不是一件逐渐等级化的事情,而是一件由一种早已确立的等级实施的连续不断的和总体的推力的事情。最终,这预先假定了时间远非分类学原则,时间仅仅是分类学的一个要素,并且,类似于其他被所有其他的可变物拥有的所有的价值一样,时间是预先确立起来的。因此,博内必定是一位预成论者(préformationniste),并且尽可能地远离我们从 19 世纪起开始理解的"进化论"(évolutionnisme);他必须假定,地球的突变和灾变是事先安排好的,就像能使无限的存在链继续在无限改良的方向上前进的同样多的机会是事先安排好的一样:"这些进化在动物被创造的那一天起就被预见到了并印刻在动物的胚胎中。因为这些进化是与事先由上帝安排好的整个太阳系的革命联系在一起。"宇宙整

---

⑪　参见博内:《哲学轮回》("全集"第七卷,第 149-150 页)。

⑫　参见博内:("全集"第三卷,第 173 页)引用的莱布尼茨致赫尔曼的关于存在物链条的一封信。

个说来曾是一个幼虫；它现在是一个蛹；将来的某一天，它无疑会变成一只蝴蝶㉝。任何一种物种都会以相同的方式陷入巨大的突变之中。显然，这样一个体系并不是一种开始推翻固定论陈旧教条的进化论；它是一种包括时间在内的分类学（une taxinomia）。它是一种笼统的分类。

"进化论"的另一种形式就是赋予时间一种完全相反的作用。它不再总是沿着那条通向完善的有限或无限线索来安排分类的图表，而是一个接着一个地揭示出种种当结合在一起看时将形成连续的物种网的方格。它使得生物界的诸可变物依次获得所有的可能的价值：正是特性的直接性才被逐步并且似乎是一个要素接着一个要素完成了。那些使分类学图表成为可能的相似性或部分的差异性，将是同一个生物的在目前被揭示的标记，在大自然的所有灾变中存留并且由此填补了由分类学图表提供的所有的空白的可能性。伯努瓦·德·马耶指出，假如鸟有翅恰如鱼有鳍一样，那是因为在地球上的原水（des eaux premières）退潮时鸟曾是脱水的鲷或海豚，而这些脱水的鲷或海豚总是转而生活在空中。"这些鱼的种子，被带进沼泽，也许产生了物种从其海洋到其陆地的第一次迁移。即使一亿个物种可能死亡了，而未能适应这次迁移，也足以使其中的两个物种到达那个地方去产生诸物种"㉞。如同在某些进化论的形式中，生物生活条件的变化似乎在这里引起了新物种的出现。不过，空气、水、气候或地球作用于动物的方式，并不是环境作用于功能以及作用于该功能借以执行的器官上的方式；在这里，只是就外部因素引起了特性（un caractère）的出现而言，才介入进来。尽管那种出现在年代学上是由某某地球上的事件决定的，但是，那张限定了生物界所有可能形式的一般可变物图表却使之先天地可能。18 世纪的准进化论似乎同样妙地预见了特性的自发变异（如

---

㉝ 参见博内：《哲学轮回》（"全集"第七卷，第 193 页）。

㉞ 伯努瓦·穗·马耶：《泰利阿梅特或一位中国哲学家与一位法国传教士的对话》（阿姆斯特丹，1748 年，第 142 页）。

同后来在达尔文那里所发现的)和环境的积极作用(如同将由拉马克所描述的)。但是,这是一种追溯已往的幻想:因为这种思想形式,事实上,那个时间序列从来都只能描述预先确立的可变物之所有可能价值借以相互接替所遵循的线索。因此,修正原则必须在生物内部得到限定,使得生物在自然突变发生时具有新的特性。

于是,我们面临着新的选择:或者去预先假定生物改变其形式的一种自发倾向(或者至少在世代里去获得一种与原初给定的稍有不同的特性,使得这种特性因变得面目全非而渐渐地终结),或者赋予生物对一个顶生物种(l'espèce terminale)的模糊探寻,这个顶生物种将拥有所有那些先前的物种的特性,只是以较高的复杂和完善程度来拥有的。

第一个体系是趋于无限的错误体系——正如人们在莫培督中所看到的那样。自然史有可能确立的物种图表由不断出现在大自然中的以下两者之间的平衡一点点获取了:一是保证自然史连续性的记忆(在时间中保存物种及其相互间的相似性),一是一种同时保证历史、差异和散布的偏离趋向。莫培督假定物质微粒具有活性和记忆。当它们相互吸引时,最不具活性的微粒形成了矿物;最具活性的微粒形成了较复杂的动物躯体。当这些归功于吸引和机缘的形式不断继续存在时,就会消失。那些继续存在的形式产生了新的个体,一对亲代的特性在这些新个体中由记忆保存下来了。这个过程会持续到微粒的偏向——一种机缘——产生一个新的物种,顽固的记忆力反过来保持这个新物种的存在:"由于翻来覆去的偏向,动物的无限多样性产生了。"[55]如此,生物通过连续的变异逐渐获得了我们现在在它们那里认可的所有特性,并且,当我们在时间维度中考察它们时,它们形成的那个连贯的、坚固的区域仅仅是一种较为严密的、精细的连续性的部分结果,这个连续性由其数量无法估算的微小的、被遗忘或丢弃的诸差异所组成。现在出现在我们的分析中的可见的物种已从这样一些怪物的连续背景

___

[55]　莫培督:《论有机体的构成》(柏林,1754年),第41页。

中呈现出来:这些怪物出现、闪烁、堕入深渊并不时地存留下来。
基本的要点是:只就自然可以接受连续性而言,自然才具有历史。
正是因为大自然依次具有所有可能的特性(所有可变物的每个价
值),它才呈现出连续性的形式。

这对原型和顶生物种的逆向体系同样有效。在这个情形中,有
必要与 J‑B. 罗比内一起假定:连续性并不是由记忆确保的,而是
由一个设想确保的——设想大自然是从其逐渐加以联结和排列的
简单要素出发而趋向于成为一个综合体:"首先,诸要素联结在一
起。数目较小的简单原则充当着所有物体的基础";这些原则完全
主宰了矿物的构造;于是"大自然的壮丽"不停地增加,"直到产生
了在地球表面上生活的生物的层面";"器官在数量、尺寸、精致、内
部结构和外部形式上的变化,产生了种种因新的排列而被区分和
无限细分的物种"⑤⑥。就这样继续下去,直到我们获得我们所知的
最复杂的排列。因此,自然的全部连续性就处于一个比任何历史
埋葬得都要深的绝对古老的原型与这个模式的极端复杂性之间,
诚如我们现在有可能至少在这个地球上的人类身上观察到它一
样⑤⑦。在这两个极端之间存在着所有可能的复杂性程度和联
结——类似一个大型的系列实验,其中的某些实验续存于连续性物
种的形式中,有些实验则已湮灭了。怪物并不具有一种与物种本
身有所不同的"本性":"我们应该相信:最明显怪诞的形式……必
定且基本上属于生物的一般图式;它们是那个与其他生物形式一
样自然的原型的变态,即使它们向我们呈现了不同的现象;它们是
通向相邻形式的途径;它们准备并规划了后继的联结,恰如它们自
身是由那些先于它们的联结所规划的一样;它们决非打乱了物之
序,而是有助于物之序。也许,只是由于怪诞生物,自然才成功地

---

⑤⑥　J‑B. 罗比内:《自然论》(第 3 版,1766 年),第 25－28 页。
⑤⑦　J‑B. 罗比内:《对生物形式的自然渐变的哲学考察》(巴黎,1768 年),第 4－
　　　5 页。

产生较为固定且又具较为对称结构的生物。"⑱在罗比内那里,如同在莫培督中一样,接续与历史对自然来说只是跨越它易于发生的变化的无限结构。于是,并非是时间或绵延保证了生物在多种多样的连续性环境中的连续性和特殊性,而是在所有可能的变化的连续性背景下,时间描绘了一个气候和地理借以仅仅抽取某些注定要存在的特许的区域的过程。连续性并不是同一个生命原则与可变的环境作斗争的基本历史的可见的醒悟。因为连续性先于时间。连续性是时间的条件。而历史在与时间的关系中只是起否定作用:历史或者挑选一个存在并让它续存,或者忽视它并让它消亡。

这产生了两个结果。首先,产生了引入怪物的必然性,作为自然之背景噪音,作为自然之无休止的咕哝。的确,假如有限的时间有必要穿过——或者也许早已穿过——自然的整个连续性,那么,人们被迫承认相当数量的可能的变化已经遭遇到了,并且进而被抹去了;恰如地质灾难对我们通过一种模糊的、混沌的和零碎的经验而能从分类学图表上升到连续体是必要的一样,怪物毫无结果的繁殖对我们能通过一个时间系列从连续体下到分类学图表也是必要的。换言之,在一方必须被读解成土和水的惨剧的,在另一方则必须被读解成诸形式的明显畸变。怪物在时间中并且为我们的理论知识固定了一种连续性,这种连续性对我们的日常经验来说因洪水、火山和崩塌的陆地而在空间中变得模糊不清。另一个结果是,贯穿这样一种历史的连续性符号除了相似性秩序以外不能再有任何其他的秩序。因为这个历史并不被有机体与环境的任何关系所限定⑲,生命形式在环境中将发生所有可能的变态,并且在背后除了相似性标记以外并不留下任何它们所遵循的路径踪迹。

---

⑱ J‑B. 罗比内:《对生物形式的自然渐变的哲学考察》(巴黎,1768 年),第198 页。

⑲ 论"环境"这个生物学观念在 18 世纪的不存在,请参见 G. 康吉莱姆(G. Canguilhem)的《生命的认识》(巴黎,第 2 版,1965 年,第 129‑154 页)。

例如,我们如何认识到,自然从原始原型出发而从未停止开始显露出人之临时成为最终的形象呢?是由于这样的事实,即自然在途中抛弃了数以千计向我们提供退化模式的图景的生命形式。存在着多少化石能使人的耳朵、或头颅、或性器,像众多的石膏雕塑那样,在某一天成了形并因赞成一种更为完善的形式而丢弃了下一个形式?"类似人心并且因此而被命名为人类心脏(Anthropocardite)的物种值得特别注意。它的物质是内部的石头。心的形式被尽可能完善地得到模仿。人们可以在心当中辨识出腔静脉的干,连同心的两个横截面的一部分。人们也可以看到从左心室里显露出的大动脉的干,连同它的下部或下行部分"[60]。化石因其混合在一起的动物和矿物本性而成了一种倡导连续统一体的历史学家所要求的相似性存在的特许场所,而分类学空间则极其严格地分解了这一相似性。

怪物与化石在这个构型(configuration)中起了一种非常明确的作用。在由自然掌握的连续性的力量的基础之上,怪物使差异(la différence)出现了:这个差异仍然没有规律,没有任何明确限定的结构;怪物是列举(la spécification)的根基,但它只是在难以对付的缓慢的历史潮流中的一个次种(une sous-espèce)本身。化石使得相似性继续存在于被自然横越的所有偏差中;化石所起的作用是作为一种遥远的和近似的同一性形式;化石在时间的变迁中标明了一种准特性(un quasi-caractère)。这是因为:怪物和化石仅仅是那些为分类学先提供结构、后提供特性的差异与同一的向后投射。它们在图表与连续统一体之间形成了一个阴暗的、移动的、波动的区域。在这个区域中,分析所要限定为同一的东西仍然只是沉默的类推;并且,分析将要限定为可确定和恒常差异的东西也仍然只是自由和随意的变化。但事实上,自然史(l'histoire naturelle)[61]要设想自然的历史(l'histoire de la nature)是如此的不可能,由图表和

---

60  J-B. 罗比内:《对生物形式的自然渐变的哲学考察》,第19页。
61  或译"博物学"、"博物志",下同。——译注

连续统一体勾勒出来的认识论部署是如此的基本，以至于生成（le devenir）除了占据一个只因整体的要求而被测定的间接位置以外，什么都没有占有。这就是为什么生成的发生只是为了引起从此到彼的必然过渡——或者作为一个与生物不符且只在生物外部发生的反常的总体性，或者作为一个处于其被忽视的边缘的运动，这个运动不停地被勾勒，接着一旦被勾勒后又停顿下来，并且只有在图表的边缘才是可察觉的。这样，在连续统一体的背景下，怪物叙述了差异的发生，似乎是歪曲的叙述，而化石则在其相似性的不确定性中使人们想起了同一性的最早迷恋。

## 第七节　自然的话语

自然史理论不能脱离语言理论。然而，这并不是一个方法从此转移到彼的问题；也不是概念的交流问题；也不是关于一个因在一个领域中"成功"而在下一个领域中被试验的模式的威望问题。它也不是一个关于把同一性形式强加在语法思维和分类学上的较为一般的合理性的问题。更确切地说，它涉及到知识的基本部署，这个部署对存在物的知识进行部署，以便有可能把存在物表达在一个命名体系中。在这一我们现在称作生命（la vie）的区域中，除了分类的企图，可能存在着许多探究；除了同一性与差异性的分析以外，可能存在着许多种分析。但是，它们全都取决于一种历史的先天性（a priori historique），这种先天性准允它们的散布（dispersion）和它们单一而歧异的设想，并且使得渊源于它们的所有观点分歧同样成为可能。这个先天性并不是由一组恒常的问题组成的（这些问题因具体现象而作为如此多的谜连续不断地呈现给人们的好奇心）；它也不是由某种在先前的时代进程中沉淀下来并为多多少少不规则、多多少少快速的合理性进程提供土壤的获得性知识状态组成的；假如我们把精神状态（la mentalité）或"思想框架"（cadres de pensée）理解成任何特定时代的思辨旨趣、信念或宽泛的理论选择的历史轮廓，那么，这个先天性可能也不是由我们所说的这个时

代的精神状态或"思想框架"决定的。正是这个先天性在一个特定
的时期,在经验总体性中勾勒出一个可能的知识领域,限定了在该
领域中出现的对象的存在方式,为人的日常知觉武装了理论力量,
并且还界定了人能够拥有一个被认作是正确的关于物的话语的条
件。在18世纪,为探索和争论那些属(des genres)的存在、物种的
稳定性以及特性的代代遗传提供基础的历史先天性,就是自然史
的存在:把某一种可见的存在组成为一个知识领域,去限定描述的
四个变量,构建一个无论什么样的个体存在都能有一席之地的毗
邻区域。古典时代的自然史并不仅仅是和简单地去发现一个新的
好奇对象;而是涵盖了一系列把一个恒常的秩序的可能性引入表
象的总体性的复杂操作。它把整个经验性(empiricité)领域同时构
成为可描述的(descriptible)和可整理的(ordonnable)。使它与语言
理论相似的一切也把它与我们从19世纪以来所理解的生物学区
分开来,并促成它在古典思想中起着某种批判作用。

自然史与语言是同时的:它与那个在记忆中分析表象的自发活
动(le jeu spontané)处于同一个层面上,确定了表象的共同要素,在
这些要素的基础上确立起符号,并且最终强加名称。分类和言语
(parler)都起源于表象在自身内部打开的同一个地方,因为这个地
方是奉献给时间、记忆、反思、连续性的。但是,如果自然史不是一
种构造精良的语言——并且不是一种普遍有效的语言,那么,自然
史就不能并且不应作为一种独立于所有其他的语言的语言而存
在。在自发的和"构造粗糙"的语言中,(命题、讲说、指明、衍生)这
四个要素之间就留下了空隙:个体经验、需求或激情、习惯、偏见、
多少觉醒了的专心,都确立起数以百计的不同语言——这些语言不
仅在它们的言词的形式上相互不同,而且最重要的是这些言词用
来勾画表象的方式也相互不同。只有当自然史中的活动被封闭
时:当它的描述性的精确性把每一个命题转变为实在的一种不变
的样式(假如人们总是能把命题中明确讲说的一切归于表象)并且
当每个存在的指明(la désignation)明确表明了它在整体的一般布
局中所占的位置时,自然史才能成为一种有效构建的语言。在语

言中,动词的功能是普遍的和无效的;它仅仅规定了最一般的命题形式;并且正是在后者之中名词才使它们的讲说体系发挥作用;自然史把这两个功能重新组合成结构的统一体,这个统一体同时明确讲说了所有能够被归于存在的变项。鉴于在语言中,就指明的个体功能而言,指明被置于衍生的偶然性下(衍生赋予普通名词以范围和外延),而特性(如同自然史所确立的那样)使得有可能指明个体并把个体置于一个其内部相互适合的一般性空间中。因此,在日常的、普通的言词(并且通过这些言词,因为使用它们对初始描述来说当然是必要的)上面,崛起了物之精确之名最终统治着的次等的语言大厦:"科学的方法、心灵指示了自然中的任何物体,以至于这里所讲的物体陈述了适合于自己的名词,并且这个名词使人回想起所有在时间进程中可能获得的有关被命名为物体的知识:这样,我们就能在极端混乱中发现至高无上的自然之序。"⑫

但是,这个基本的命名——这个从可见的结构到分类学特性的转换——反而导致了一个代价昂贵的要求。为了满足和完成那个从动词 être 的单一功能进到衍生和修辞空间的路径的修辞格,自发的语言除了想象的作用,即直接相似的作用,别无他求。另一方面,为了使分类学成为可能,自然必定真的是连续的,并且是完全连续的。在语言要求印象之相似性的地方,分类则要求事物之间最少的可能的差异原则。现在,这个因此在命名的基础上、在描述与部署之间留下的开口中出现的连续统一体,恰恰在语言之前并且作为语言的条件而被预先假定。不仅因为这个统一体能为一种有效构建的语言提供基础,而且还因为它一般地说明了所有的语言。在一个表象通过某个含混的并且被无效设想的同一性去回忆另一个表象并使得把一个普通名词的任意符号应用于两者成为可能时,可能正是自然的连续性才赋予记忆以操练自身的机会。在想象中被表达为盲目相似性的一切,仅仅是同一性和差异性之巨大的不间断的结构的模糊的和未经思索的踪迹。(通过使

---

⑫　林耐:《自然体系》(1766 年),第 13 页。

比照成为可能而检验了语言的)想象无需被人所知就构成了自然之被破坏的但又一贯的连续性与意识之空洞的但又引人注目的连续性相结合的模糊场所。假如在自然的深处,在所有的表象面前,自然未曾是连续的,那么,我们就将不可能说最小的名称未曾占有一席之地。为确立起有关种、属和纲的巨大的、无缺点的图表,自然史不得不使用、批判并最终以新的代价重构一种其可能性条件恰恰在于那个连续统一体的语言。物和词十分严密地交织在一起:自然只是通过命名之网才被设定的,并且——尽管没有这样的名称,自然就会保持沉默和不可见——自然在远离名称的那一头闪烁着,不停地在这张网的远侧呈现,不过,这张网又把自然呈现给我们的知识,并且只有使得自然全被语言跨越时,自然才成为可见的。

可能,这就是为什么自然史在古典时期未能确立为生物学的原因。事实上,直到 18 世纪末,生命并不存在:只有生物。这些生物在世界上的所有事物系列中形成了一个纲,或者更确切地说几个纲;并且,假如有可能谈论生命,那只是在谈论生物之普遍散布中的一个特性(在这个词的分类学含义上)。人们通常把自然中的事物划分为三纲:矿物(被认作能生长,但不能移动或感觉)、植物(能生长并且对感觉敏感)和动物(能自发地移动)⑤。至于生命和生命确立起的界限,依照人们采纳的标准,它们能从上述尺度的一端滑到另一端。如果人们与莫培督一样把生命限定为把诸要素结合在一起并保持在一起的亲和性之运动和关系,那么,人们必须把生命视作置于最简单的物质微粒中。但是,如果人们通过一种密集而复杂的特性来限定生命,就像林耐在把出生(通过种子或萌芽)、营养(通过内滋)、成熟、外部移动、液体的内部驱动、欲望、死亡和血管、腺、表皮及前列腺囊⑤的存在当作他的标准时一样,那么,人们必须把生命置于系列中的较高位置。生命并不构成一个明显的界

---

⑤　参见,如林耐的《自然体系》(1756 年),第 215 页。

⑤　林耐:《植物学哲学》第 133 节。也请参见《植物的性体系》,第 1 页。

限(人们在这个界限之外要求一种全新的知识形式)。生命是一个
分类范畴,它像所有其他的范畴一样,相关于人们确定的标准。还
有,类似于其他所有的范畴,一旦确定其边界的问题提出来,生命
就有模糊的倾向。恰如植形动物类位于动物和植物之间的模糊边
缘,化石和金属也处于那个人们并不知道是否该谈生命的不确定
范围中。然而,生物与非生物之间的鸿沟从未是一个决定性的问
题⑥。诚如林耐所说的,博物学家(le naturaliste)——林耐称之为
"自然史学家"(Historiens naturalis)——"凭肉眼区分了自然物体的
各部分,根据它们的数量、形式、位置和比例恰当地描述它们,并且
还命名它们"⑥。博物学家是关注具有结构的可见物和依照特性进
行命名的人。博物学家并不是关注生命的人。

　　因此,我们决不能把在古典时期所显现的自然史与一种含混的
且仍处于摸索阶段的生命哲学联系在一起。实际上,自然史是与
言词理论交织在一起的。自然史既处于语言之间,又处于其后;自
然史分解了日常生活的语言,但这样做只是为了重组它并且发现
使它在想象之盲目的相似性中成为可能的一切;自然史批评了语
言,却是为了揭示语言的基础。如果自然史复述了语言并设法使
之完善,这是因为自然史也返回到语言的源头了。自然史越过了
为其提供直接基础的日常词汇,并且在这个基础以外搜寻能构成
其存在的理由的一切;然而,相反,自然史完全处于语言领域内,因
为它基本上是对名称的协调使用,因为它的最终目标是赋予物以
真正的命名。因此,在语言和自然理论之间存在着一种紧要关系;
认识自然事实上就是在语言基础上建立一种真正的语言,这种语
言能揭示所有语言都变得可能的条件和自己的有效性范围的界
限。关键问题的确在18世纪存在着,却是相关于一种确定的知识

---

⑥　博内接受了一种对自然的四重划分:无机的、无理性的存在物,无生命且有机的
　　存在物(植物),有生命有机的存在物(动物),有生命、有机且有理性的存在物
　　(人)。参见《自然沉思》,第2部分,第1章。

⑥　林耐:《自然体系》,第215页。

的形式。鉴于此,关键问题既不能获得自主性,又不能获得激进怀疑的价值:它不停地游荡在一个相似性、想象的力量、自然和人性以及一般和抽象观念的价值——简言之,相似性之知觉与概念之有效性之间的关系等都重要的区域中。在古典时代——洛克和林耐、布丰和休谟都是这个时代的见证人——关键问题是相似性的基础和属的存在问题。

在 18 世纪后期,一个新的构型快出现了,它肯定会使近代人看不清自然史的旧空间。一方面,我们看着批判移置自身并使自身脱离自己最早借以产生的基础。鉴于休谟使因果性问题成为对诸相似性提出一般疑问的一个事例⑰,康德则通过孤立地看待因果性而逆转了这个问题;鉴于在以前,这是一个在相似性的连续背景下确立起同一或差异的关系的问题,而康德则突出了把多种形式综合起来这一相反的问题。这同时就把关键问题从概念转移到判断,从(由表象之分析而获得的)属的存在转移到把诸表象结合在一起的可能性,从命名权转移到归因的基础,从名词性的讲说转移到命题本身,再到确立起该命题的动词 être。因此,关键问题就完全被推广了。关键问题并非只有当应用于自然和人性的关系时才具有价值,而是质问了所有知识的可能性。

然而,另一方面,在同一时期,生命获得了相对于分类概念的自主性。生命逃脱了那个在 18 世纪构成了自然知识的批判关系。这里讲的逃脱意味着两件事:生命成了其他对象中的一个知识对象,并且在这个方面一般地对所有批判负责;但生命也抗拒这个批判的权限,这个权限是生命为自身之故而接管并且以自己的名义用来影响所有可能的知识。因此,在整个 19 世纪,从康德到狄尔泰再到柏格森,批判思想和生命哲学发现自身处于一种相互借鉴和争辩的位置上。

---

⑰　休谟:《人性论》(勒鲁瓦译),第一卷,第 80 页和 239 页及其以下诸页。

# 第六章　交　　换

## 第一节　财富分析

在古典时期，没有生命，没有生命科学，也没有语文学。可是，存在着一种自然史和一种普通语法。同样，也没有政治经济学，因为在知识之序中，生产并不存在。相反，在 17 和 18 世纪存在着一个尽管对我们来说已失去其基本确切性但至今仍为我们所熟悉的观念。再有，"观念"并不是凭其主题我们应该加以谈论的，因为它并没有处于经济学概念的相互作用中：它通过占有它们的一点意义或侵入它们的适用范围而轻易地置换了它们。更重要的是存在着一个一般领域：一个像如此多的不完全对象一样包含和容纳了价值、价格、贸易、流通、收入、利润观念的连贯而有效分层的层面。这个领域，这个古典时代"经济学"的土壤和对象，就是财富的领域。向这个领域提出诸多产生于一种截然不同的、如围绕生产或劳动而组织起来的经济学的问题，是毫无用处的；不考虑该领域的各种概念得以从中获取其实证性的体系，而去分析这些概念（甚至且尤其是，假如它们的名词随同某种多少有点类似的意义在后来已被永久保存下来），也是毫无用处的。人们可能还会设法在自然史领域以外去分析林耐的属，或不考虑普通语法是博泽（Bauzée）时态理论的可能性历史条件这个事实而去分析这一理论。

因此，我们必须避免对这些事情作追溯性的阅读；这种阅读仅仅赋予古典财富分析一种政治经济学在构建自身的尝试性过程中具有的外部统一性。可是,观念史学家正是用这种方式来从事他们对这一知识的神秘发端的重构;这种知识在西方思想中,在李嘉图和 J－B. 塞(J.－B. Say)的时代,完全武装起来了并且早已充满着危险。他们假定:一门科学的经济学长期来因利润和收入的纯粹道德问题(有关公平价格的理论,对利润的辩护和谴责),继而因货币与财富、价值与市场价格之间的浑沌一片而变得不可能:在这个融合同化中,重商主义(le mercantilisme)成了最重要的原因之一,并且还是最显著的表观。但是,渐渐地,人们假定 18 世纪已经确定了基本的区分并勾勒出某些实证主义经济学随后用较为适应的手段来处理的巨大问题:货币就这样揭示了其约定的——尽管不是任意的——特征[并且这经历了金银主义者与反金银主义者之间的长期争论:前者包括蔡尔德(Child)、佩蒂(Petty)、洛克、康帝永(Cantillon)、加列尼(Galiani);后者包括巴蓬(Barbon)、布瓦吉耶贝(Boisguillebert),尤其是劳(Law),接着,不太受人注意的是在 1720 年的灾难之后,还包括孟德斯鸠和梅龙(Melon)];一个开端被认为已在康帝永的著作中制订了(这部著作涉及到把内在固有价值理论与交换价值理论分离开来);通过把钻石的无用的昂贵与我们在生活中必不可少的水的价廉对立起来(事实上,我们有可能在加列尼那里发现这个问题得到了严格的阐述),那个巨大的"价值悖论"被勾画出来了;在把价值与一般的效用理论联系起来时[这个理论在加列尼、格拉斯朗(Graslin)和杜尔哥(Turgot)那里初显轮廓],一个起点被认为已经设定,并由此预示了杰文斯(Jevons)和门格(Menger)的工作;高物价对商业发展具有的重要性,这样的理解已被假定达到了[这是"比彻原理"(principe de Becher),布瓦吉耶贝和魁奈(Quesnay)在法国接受了这个原理];最后,这里有重农主义者们(les Physiocrates),他们开始分析生产的机制。这样,零零星星地,政治经济学被认为已经默不作声地使自己的基本论题就位,直到在另一方面上再进行生产的分析时,亚当·斯密被假定为阐明了日益增长的劳动分工的过程、李嘉图阐明了资本所起的作用以及 J－B. 塞阐明了市场经济的某些基本规律为止。从这时开始,政治经济学被认为凭自己恰当的对象和内在的连贯性而开始存在了。

事实上，在17和18世纪，货币、价格、价值、流通和市场诸概念并不是依据一个阴暗的未来而被考虑的，而是建立在一个严格而一般的认识论部署的基础之上。正是这个部署在其全部必要性中支撑着"财富分析"。财富分析之于政治经济学，就像普通语法之于语文学，自然史之于生物学。并且恰如若不通过普通语法指涉使得下述东西成为可能而必要的考古学网络就不可能理解动词和名词理论、行动语言的分析以及词根及其展开的分析一样；恰如若不探究自然史领域就不能懂得古典的描述、特征和分类学，也不能懂得体系与方法或"固定论"与"进化论"之间的对立一样；同样如果人们不首先澄清作为下述诸项之同时性场所的财富领域，那就将不可能发现把货币、价格、价值和商业等分析关联起来的必然性纽带。

可能，财富分析并不是依照与普通语法或自然史相同的曲线或者与之相同的进度而被构建的。这是因为对货币、商业和交换的思考与实践和制度联系在一起。当然，人们能把实践与纯粹思辨置于相互对立的位置上，但无论如何，它们都建立在同一个基本知识之上。货币改革、银行惯例、商业实践全都能依据适当的形式而被合理化、发展、保存或消失；它们全都建立在某种知识基础之上：这是一种晦涩的知识，它并不为自身的缘故而显现在一个话语中，但是，它的必然性对不与实在明确相关的抽象理论或思辨来说恰恰是一样的。在任何特定的文化和任何特定的时候，总是存在着一种对所有知识的可能性条件加以限定的知识型（une épistémè）。这种知识或者体现在一个理论中，或者被默默地投入一个实践中。由1575年的全国三级会议（les états généraux）规定的货币改革、重商主义措施或者劳（Law）的实验及其清算，都具有与达旺柴底（Davanzatti）、布特鲁埃（Bouteroue）、佩蒂或康帝永等的理论相同的考古学基础。我们必须谈论的正是知识的这些基本必要性。

## 第二节　货币和价格

在 16 世纪,经济学思想局限于或几乎局限于价格问题和货币实物问题。价格问题关涉到食品涨价的绝对或相对特性,关涉到美洲金属货币的连续贬值或汇聚可能对价格产生的影响。货币实物的问题,就是计量标准的性质问题,是在所使用的不同的金属货币之间的价格关系,是在货币的重量与其面值之间的失调问题。但这两个系列的问题是联系在一起的,因为只是就金属货币本身是财富而言,金属才显得是标记,是度量财富的标记。如果金属货币能有所指称的话,那是因为它是一个真实的标记。诚如词具有与其所言说对象相同的实在一样,诚如生物的标记如同可见的和确实的标记铭写在其躯体上一样,表示财富并度量财富的标记本身也应具有财富真实的标记。为了能说出价格,金属货币这些标记就必须是珍贵的。它们必须是稀少的、有用的和合乎愿望的。所有这些性质必须是稳固的,以便它们规定的标记是一个真实的、普遍清楚的标记。由此,产生了价格问题与货币性质之间的相互关系,这个关系从哥白尼一直到博丹(Bodin)和达旺柴底都是任何有关财富思考的优先对象。

在货币的有形实在中建立起了货币的两个功能,即作为商品之间的共同尺度,作为交换机制中的替代物。度量是稳定的,被所有人所认可并在任何地方有效,如果度量把可指定的实在当作标准,人们可把实在比作人们想要度量的各种各样的物:哥白尼说道,于是就有长度单位和容量单位,其有形的长度和体积就充当单位了[①]。因此,只有当货币的单位是一个真实存在的实在并且我们可用它来指无论什么样的商品时,货币才真实地进行度量。在这个意义上,16 世纪修正了至少在中世纪部分时间里被接纳的理论,这个

---

① 哥白尼:《论货币的轧制》,载 J. - Y. 勒布朗许(Le Branchu):《有关货币的著名论述》,巴黎,1934 年,第一卷,第 15 页。

理论把以下权利交给了国王或民众同意，即确定货币的归与价值（le valor impositus），修改其汇率，停止使用钱币种类或人们想要的金属货币。货币的价值应该由货币所包含的金属量来调节，即货币又回到了它从前的所是，那时君主们还未印制他们在钱币上的头像，也没有在金属断片上盖上他们的国玺；那时，"铜、金、银都没有被铸成钱币，而只是根据它们的重量来被估价的"[②]；人们并不为了真实的标记而强调任意的符号；货币是公正的尺度，因为货币只指称自己的力量，即从它自己的有形财富的实在出发来校正财富。

正是在这个认识论基础之上，16世纪才实施了种种改革，争论才获得了其维度。有人设法把货币符号归并为其度量的精确性：印在钱币上的面值必须符合人们用作标准的金属的数量，金属的数量被人们选择用来归并进钱币中的；于是，货币只指称其度量价值。在此意义上，《对某些怨言的简明或简洁审察》（Compendious）一书的匿名作者要求"从某个日期起，任何流通的货币都不再应该是其所是了"，因为其面值的"增高"很久以来就已经改变了度量的功能；已经铸成的钱币应该只"根据所包含的金属的估算"而被接受；至于新的货币，它自己的重量就将是它的面值："从此时起，新旧货币是唯一流通的，根据相同的价值、相同的重量、相同的名称，这样，货币就按其旧有的利率和优质而将得以恢复。"[③]我们不知道《对某些怨言的简明或简洁审察》（Compendious）这本书（它在1581年之前尚未出版，但它在这之前30年前肯定以手稿的形式存在和流传了）是否启发了伊丽莎白统治时期的货币政策。有一件事是肯定的，即在1544－1559年间（贬值）的一系列"增高"之后，1561年3月的宣告"压低"了货币的面值并把它归并为货币所包含的金属数量。同样，在法国，1575年的全国三级会议要求取消计算单位并获得了成功（计算单位引入了第三个货币定义，完全是算术的并

---

② 作者不明：《简要地或简洁地研究某些怨言》，载J.－Y.勒布朗许：《有关货币的著名论述》，第二卷，第117页。
③ 《简要地或简洁地研究某些怨言》，同上，第155页。

可添加到重量的定义和面值的定义上去：这个补充关系向不熟悉此情况的人们隐藏了操纵货币的含义）；1577 年 9 月的法令确立了金钱货币居埃（l'écu），既作为真实的钱币，又作为计算单位，宣布其他所有金属都从属于金子，尤其是银子保留了清偿债务的价值，但失去了其不变的权利。这样，货币在其金属重量的基础上得到了重新校正。它们带有的记号"归与价值"（le valor impositus）只是由它们构建的度量所具有的确切的和透明的标记。

但在这个回归被要求、有时被完成的同时，某些现象就显露出来了，它们是货币—记号所特有的并也许明确地影响到其度量作用。首先是事实，即货币因为不太令人满意而能更快地流通，而有很高金属含量的货币就被隐藏了，并不出现在商业贸易中：这是格雷斯汉（Gresham）④所说的法则，哥白尼⑤和《对某些怨言的简明或简洁审察》（Compendious）⑥一书的作者也早已知晓这个法则了。其次，尤其是，货币行为与价格运动之间的关系：正是由此货币才显得是其他商品中的一种商品——不是所有等值的绝对标准，而是食品，其交换能力并因而其在交换中的替代价值根据其频率和稀少而得到修改：货币也有其价格。马莱斯特鲁瓦（Malestroit）⑦曾经提出撇开其表面现象，价格在 16 世纪并没有涨价：因为商品始终是其所是，并且就其性质来讲，货币是确实不变的标准，食品的涨价只能归因于由一种金属量含有的面值的涨价：但是，对相同数量的小麦，人们总是给出相同重量的金和银。因此，"什么都没有涨"：如同金币居埃的计数在菲利浦六世时值 1 个图尔城铸造的钱币在现在等于 2 个了，从前值 4 古斤银的一古尺丝绒在今天必定相当于 10 个了。"任何物品的涨价都不起因于有更多的要给与，而是源自在人们所已经习惯的纯金银的数量上接受得更少了。"但

---

④ 格雷斯汉：《Th. 格雷斯汉先生的见解》，载 J.‐Y. 勒布朗许（Le Branchu）：《有关货币的著名论述》，第二卷，第 7 页和 11 页。

⑤ 哥白尼：《论货币的轧制》，同上，第一卷，第 12 页。

⑥ 《简要地或简洁地研究某些怨言》，同上，第二卷，第 156 页。

⑦ 马莱斯特鲁瓦（Malestroit）：《货币活动的悖论》，巴黎，1566 年。

是,在这一货币作用与由货币使之流通的金属量相等同的基础上,我们清楚地设想货币与其他所有的商品经受了相同的变化。如果马莱斯特鲁瓦暗含地承认金属的商品数量和价值仍是稳定的,那么,仅过两年后⑧,博丹就看到了新大陆引进的金属量的增加,因而,也看到了商品的真实涨价,因为君主们,作为数目极大的特殊金条的拥有者或接受者,已经轧制了大量高质量的钱币;因此,对同一个商品,人们给出了较重要数量的金属货币。因而,价格的上涨有一个"主要原因,并且几乎是唯一的、直到此时无人触及的原因":这就是"金银的富足","给物品估价并赋予物品以价格的金银的富裕"。

　　等值标准本身处于交换体系之中,货币的购买力只表明金属的商品价值。因而,把货币区分开来、决定货币、使货币变得确定和可为所有人所接受,这样的标记是可转换的,并且我们可在两个含义上辨读这个标记:它诉诸作为永久度量的金属的数量(这如同马莱斯特鲁瓦对它所作的辨认一样);但它也诉诸这些在数量和价格上可变的商品,即金属(这是博丹的读解)。我们在此面临一个布局,它类似于能刻画 16 世纪一般符号体制的布局;我们记得,符号是由相似性构建起来的,而相似性为了使自己被人所认识又必需符号。在此,货币符号只有根据金属量才能定义自己的交换价值,才能确立为标记,而金属量在其他商品的秩序中定义自己的价值。如果我们承认需求体系中的交换与认识体系中的相似性相符合,那么,我们就看到唯一一个知识型构型在文艺复兴时期控制着自然的知识和反思或涉及货币的实践。

　　诚如小宇宙同大宇宙的关系对停止相似性和符号的无限摇摆是必不可少的,在金属货币与商品之间也必须以同样的方式确定某种关系,这种关系在最大程度上能确定贵金属的总体商品价值,并因此能以肯定的和确实的方式校正所有食品的价格。当上帝在地里深埋金银矿时,当上帝使它们缓慢增长时,如同地上植物的生

---

⑧　博丹:《对马莱斯特鲁瓦先生的悖论的答复》,1568 年。

长和动物的繁殖,被上帝确立起来的正是这个关系。在人们能需
要或欲求的所有物品与有金属默默生长的闪烁的、隐藏的矿脉之
间,存在着一种绝对的一致性。达旺柴底曾说,"大自然使地上的
物品变得恰当、合理,依照人们得出的一致同意而获得的物品的总
量其价值等于被加工的金子;因此,所有的人都欲求一切,以便获
得所有物品……为每一天都了解物品之间具有的以及物品与金子
之间具有的数学的规则和比例,就必须能从天上或某个非常高的
观察所来沉思在地上存在和形成的物品,或者不如说它们的图像
必须在天空中得到复制和反射,如同在符合真实的镜子中一样。
于是,我们可能抛弃了我们所有的估量并且我们可能会说:地球上
有这么多的金子,这么多的物品,这么多的人,这么多的需求;就每
个物品都可能满足需求而言,它的价值就将是这么多的物品或这
么多的金子"⑨。这个卓绝的和透彻的估算,只有上帝才能作出来:
它符合另一个把小宇宙的每个要素与大宇宙的每个要素关联起来
的估算——除了这唯一的差异之外,即它把地与天连接起来了,从
事物、动物或人直到星星;而另一个估算则把大地与其洞穴和矿床
连接起来了;它使得诞生于人手之间的事物与创世以来就被埋藏
的珍宝相一致。这些是相似性的标记,因为它们引导着认识,针对
的是天的完美;这些是交换的符号,因为它们满足了欲望,依赖于
金属之黑暗的、危险的和该诅咒的闪烁。这是模糊的闪烁,因为它
在大地深处复制了在黑夜尽头吟唱的闪光:它像幸福之相反的允
诺那样存在于其中,还因为金属类似于天体,有关所有这些危险的
珍宝的知识同时就是世界的知识。对财富的思考就这样在有关宇
宙的重大思辨中摇晃,诚如相反的是,对世界秩序的深刻认识应该
导向金属的秘密和财富的占有。我们看到多么严密的必然性网络
在 16 世纪把知识的要素结合在一起了:符号宇宙学如何重复并最
终创立了对价格和货币的反思,它如何由此准允对金属作理论和

⑨　达旺柴底:《货币课程》,载 J.‐Y. 勒布朗许:《有关货币的著名论述》,第二卷,第
　　230‐231 页。

实践的思辨,它如何使欲望的承诺与认识的承诺进行交流,以金属与星体通过秘密的相似性而互相呼应和互相靠近的相同方式。在知识的界限内,该网络是全能的和几乎是神圣的,三个重大的功能汇合了,即豪华(Basileus)、思辨(Philosophos)和冶金(Métallicos)这三种功能。但诚如这个知识只是通过片断并只在占卜(divinatio)的关注的闪光中给出的,同样,对物品与金属、欲望与价格的特殊的和部分的关系来说,神圣的知识或者我们可从"某个高升的观察所"获得的认识并不是给与人的。这个知识除了不时地和碰巧地给与知道观察的人,即商人以外,就不给与其他人。占卜者(les devins)使相似性与符号无限地作用,商人也同样使交换与货币处于始终开放的作用中。"在世上,我们费劲地发现一点点物品,它们围绕着我们,我们根据它们在每个地点和每个时间被多少需求的程度来赋予它们价格。商人们敏捷地和强有力地注意到它们,这就是为什么商人们令人赞赏地知道物品的价格。"⑩

## 第三节　重商主义

为了使财富领域被构建为古典思想中的反思对象,就必须解开在 16 世纪业已确立起来的构型。在文艺复兴时期的"经济学家们"中,并直到达旺柴底本人,货币具有的度量商品的能力及其可交换性都基于其内在固有的价值:我们熟知贵金属在铸币之外很少有用;但如果贵金属被选作标准,如果它们在交换中被使用,如果它们因此达到一个高的价格,那是因为在自然秩序中,并且在其本身中,它们都具有一个绝对的、基本的和比其他所有价格都要高的价格,每个商品的价值都可参照它⑪。质量好的金属本身就是财

---

⑩　达旺柴底:《货币课程》,载 J.‐Y. 勒布朗许:《有关货币的著名论述》,第二卷,第
　　231 页。

⑪　还请参见 17 世纪初安托万·德·拉·皮埃尔(Antoine de La Pierre)的主张:"金
　　银硬币的根本价值基于它们所包含的贵重材料之上。"(《论权衡的必要性》,既
　　无出版地点,又无出版日期)

富的标记；它的被埋藏的光泽足以表明它既是世界所有财富的隐
藏的存在，又是其可见的标记。正是由于这个原因，它才有一个价
格；也是由于这个原因，它才度量所有的价格；最后，也是由于这个
原因，我们可用它来交换具有价格的一切东西。它是极其珍贵的。
在 17 世纪，人们总是把这三个属性归于货币，但人们这样做时并
不使它们基于第一个属性（具有价格），而是基于最后一个属性（替
代具有价格的东西）。文艺复兴时期把被铸造的金属的两个功能
（度量和替代）都建立在其内在固有的特性的重复之上（它是贵金
属这一事实），而 17 世纪则推翻了这个分析；正是交换这个功能才
用作另两个特性的基础（这两个特性：即度量的能力和接受价格的
能力，价格在那时显得就是源自该功能的性质）。

　　这个颠倒就是分布在整个 17 世纪的[自从西皮翁·德·格拉
蒙（Scipion de Grammont）直至尼古拉·巴蓬（Nicolas Barbon）]并且
由我们归之于"重商主义"这个有点不太确切的名下的一组思考和
实践的活动。匆忙地，人们有通过绝对的"货币主义"，即通过系统
地混淆财富和货币来描述这个颠倒的习惯。实际上，"重商主义"
在财富和货币相互之间确立的并不是多少有点混淆的同一性，而
是一种反思的连接，它使货币成为表象和分析财富的工具，并反过
来使财富成为由货币表象的内涵。诚如相似性和标记之古老的循
环的构型被解开了，以便根据表象和符号这两个相关层面来展开，
同样，"贵重"这个循环在重商主义时代也被解开了，财富展现为需
要和欲望的对象；它们通过作为其能指的货币的作用而相互划分
和相互替代；货币与财富的相互关系以流通和交换的形式确立起
来。如果人们可以相信重商主义混淆了财富和货币，那可能是因
为货币对它来讲具有表象所有可能财富的力量，是因为货币是其
分析和表象的普遍工具，是因为货币毫无遗留地覆盖了其整个领
域。任何财富都是可用货币来表示的（monnayable）；如同货币进入
流通之中。正是以相同的方式自然存在才是可特性化的
（caractérisable），才能进入分类之中；任何个体才是可命名的
（nommable），并能进入被讲说的语言之中；任何表象才是可意指的

(signifiable)，并为了能被认识而能进入一个同一与差异的体系（un système d'identités et de différences）之中。

但这要求进一步作检验。在存在于世上的所有事物中间，有什么东西是重商主义所说的"财富"呢？是所有那些因可被表象而能更成为欲望对象的东西。即所有那些由"必需、效用、快感或稀少"⑫来标记的东西。然而，我们可以说用来制造钱币的金属是财富的组成部分吗（在此并不涉及在某些地方只用作零钱的辅币，而是涉及在对外贸易中使用的金属）？金和银只具有很少的效用——"就按照我们可用它们来装饰房子"；不管它们有多么稀少，它们的充裕都超出了它们这些用途所需的。如果人们寻找它们，如果人们发现自己总是缺少它们，如果他们挖掘金银矿并为了占有金银矿而进行战争，那是因为金银币的制造给他们带来了这些金属本身所并不持有的效用和稀少。"货币并不从自己的组成材料中获得其价值，而是从作为君主的形象或标记的形式中获得其价值。"⑬这是因为金子是珍贵的货币。而不是相反。在16世纪被如此紧密地确立起来的关系突然间被颠倒了：货币（并且直至做成货币的金属）从其纯粹的符号功能接受了自己的价值。这导致了两个结果。首先，物品的价值不再来自金属。物品的价值是自己确立自己的，无需参照货币，根据效用、快感或匮乏的标准；物品正是通过相互之间的关系才获得价值的；金属只表象这个价值，如同名词表象一个意象或一个观念，但并不构建它："金子只是实施物品价值的常用的符号和工具；但对这个价值的真实估价却来源于人的判断和人们称之为估价这个官能。"⑭财富之所以是财富，是因为我们对其作估价，如同我们的观念之所以是观念，是因为我们表象了观念。而且，货币的或词语的符号添加在这上面。

---

⑫ 西皮翁·穗·格拉蒙：《皇家辅币，关于金银的奇论》，巴黎，1620年，第48页。
⑬ 同上书，第13-14页。
⑭ 西皮翁·德·格拉蒙：《皇家辅币，关于金银的奇论》，巴黎，1620年，第46-47页。

但为何本身只是勉强成为财富的金银接受或取得了这个意指力量呢？可能，人们可以恰当地使用另一个商品，"而不管它有多劣等和下等"⑮。铜在许多国家仍然是便宜的材料，在某些国家，只有当我们把它转变成货币时，它才是珍贵的⑯。但人们以笼统的方式利用金银，是因为它们本身包含有一种"特有的完美"。这不是价格上的完美，而是属于其无限的表现力的完美。它们是坚硬的、不灭的和持久不变的；它们可被划分成细小块；它们可在脆弱的体积中集中很重的重量；它们可被轻易地携带；它们能被轻易地穿孔。所有这些都使得金银成为表象所有其他财富的优先工具，并通过分析使金银成为严格的比较尺度。这样，货币与财富之间的关系就被限定了。这是任意的关系，因为这不是金属内在固有的价值赋予物品以价格；即使没有价格的物体也能用作货币；但它必须具有特有的表象性质和分析能力，它们使得它能在财富之间建立起平等和差异关系。于是，似乎金银的效用被恰当地建立起来了。如同布特鲁埃（Bouteroue）所说的，货币"是一份材料，公共当局赋予它总量和某个价值，以用作价格并在商业中使所有物品的不平等能平等起来"⑰。"重商主义"既把货币从金属特有的价值的设定中解放出来——"认为银子是像其他商品的商品，这是荒唐的"⑱——又在货币与财富之间确立起一种严格的表象和分析关系。巴蓬说，"我们在货币中注意到的并不是货币所包含的银的数量，而是货币可以流通这一事实"⑲。

人们通常不公正地对待恰当地所说的"重商主义"，并且是两度如此：人们或者在它里面揭示出它不停地加以批判的东西（金属内在固有的价值作为财富原则），或者在它里面发现了一系列直接

---

⑮ 同上书，第14页。

⑯ 施罗德（Schroeder）：《皇室宝藏和房租》，第111页，蒙塔纳利：《货币》（Della moneta），第35页。

⑰ 布特鲁埃：《法国货币的好奇研究》，巴黎，1666年，第8页。

⑱ 乔素哈·吉（Josuah Gee）：《论述商业》，法译本，1749年，第13页。

⑲ N.巴蓬：《关于新货币铸造得轻一些的谈话》，伦敦，1696年，没有编页码。

的矛盾:重商主义难道没有就货币纯粹的符号功能来定义货币,而要求货币像商品那样来积累吗? 它难道没有认识到货币的数量变动的重要性,而又看不到它们的变动对价格的影响? 它难道不是贸易保护主义的,而把财富增长的机制全都基于交换之上? 实际上,只有当我们向重商主义提出一个对它来说毫无意义的困境时,这些矛盾和迟疑才存在:商品货币或符号的困境。对正在形成的古典思想来说,货币就是能表象财富的东西。如果没有这样的符号,财富就是静止不动的、无用的和像是沉默的;在此意义上,金和银就是人们所能垂涎的一切的创造者。但为了能起这个表象作用,货币必须表现出使它能充分完成其任务并因此是珍贵的属性(物理的,而非经济的)。正是作为普遍符号,货币才成了匮乏商品并被不均匀地分布:"加注在所有货币上的市价和价值是货币内在固有的真实优质。"[⑳]诚如在表象的秩序中,取代和分析表象的符号也应该是表象本身,货币若本身不是财富的话,就不能指称财富。但货币成为财富,是因为货币是符号;而表象应该首先被表象,以便随后成为符号。

由此,在积累原则与流通规则之间产生了明显的矛盾。在时间的某个瞬间,所存在的货币数量是确定的;尽管有矿床的开采,美洲金属的进口,但科尔贝(Colbert)甚至认为"在欧洲流通的金钱的数量是恒定不变的"。然而,人们所需的正是这个金钱,以便表象财富,即通过从国外带来财富或在国内制造财富而吸引财富,使财富出现;人们也是需要金钱来使财富在交换过程中传递。因此,必须从邻近国家进口金属:"只有商业和依赖于商业的一切才能产生这个重大的效果。"[㉑]因此,立法应该注意两件事:"禁止金属转移到国外或用作铸币以外的其他目的,并确定关税使得关税能使贸易平衡总是确实的,支持原材料的进口,尽可能防止制造物的进口,

---

⑳　迪穆兰(Dumoulin):《货币理论史》,由戈纳尔(Gonnard)引用,第一卷,第173页。

㉑　克莱芒(Clément):《科尔贝的书信、指示和论文》,第七卷,第239页。

出口制造品,而非食物本身,食物的消失会导致缺粮和诱发价格的上升。"㉒然而,积累起来的金属并不注定要膨胀的,也不注定要沉睡的;金属被吸引进一个状态之中,是为了能在其中被交换所消费。诚如贝谢(Becher)曾经说过的,对对子的一方来说是耗费,对另一方则是收益㉓;托马斯·芒(Th. Mun)把现金与财产等同起来㉔;这是因为金钱只有在履行其表象功能的确切度量中才能成为真正的财富:那时金钱取代了商品,那时金钱使得商品能被转移或料想,那时金钱向原材料提供了可消费的机会,那时金钱用来付报酬。因此,没有理由害怕一个国家中的金钱的积累会造成价格的上升;16世纪的物价飞涨归因于美洲金子的充裕,由博丹确立的这个原则并不有效;如果货币的增多真的首先使价格上升的话,那么,它就促进了商业和制造业;财富的数量增加了,并且要素的数量也同样增加了(货币在这些要素之间分布)。无需担心物价的飞涨:相反,既然贵重的物体增加了,既然如同西皮翁·德·格拉蒙所说,资产阶级能够穿"缎子和丝绒",那么,物品的价值,即使最匮乏的物品的价值,也只有相关于其他物品的总量而下降;同样,随着流通中的货币量的增加,每一片金属面对其他金属都失去了其价值㉕。

因此,财富与货币之间的关系在流通和交换中确立起来了,而不再在金属的"高贵"中被确立。当财产能流通时(这归功于货币),财产就增加了,财富就增多了;当货币的数量由于受良性流通和有利的平衡的影响而变得众多时,我们就可以吸收新的商品,并增加耕作和作坊。因此,必须同意霍尔内克(Horneck)的看法,即认为金和银"是我们血液中最纯净的部分,是我们的力量的精髓",

---

㉒ 同上书,第284页,也请参见布特鲁埃著的《法国货币的好奇研究》,第10-11页。

㉓ J. 贝谢:《政治谈论》,1668年。

㉔ Th. 芒:《通过对外贸易得来的英国财富》,1664年,第二章。

㉕ 西皮翁·德·格拉蒙:《皇家辅币,关于金银的奇论》,第116-119页。

"是人类活动和我们的生存所最必不可少的工具"[26]。我们在此重新发现了古老的比喻，即货币之于社会，如同血液之于躯体[27]。但在达旺柴底那里，货币的作用只是灌溉国家的各个部分。既然货币和财富都包含在交换和流通的内部，重商主义就能根据最近由哈维提供的模式来调整自己的分析。根据霍布斯[28]，货币布满纹路的流通就是税收的流通，税收从商品的运输、买卖中获取某个量的金属；金属一直被带到利维坦巨人（l'Homme-Léviathan）的心脏，即国家的银箱。正是在此，金属才接受了"极其重要的原则"：实际上，国家能熔化它或重新使它流通。只是无论如何，只有国家的权威才能使它流通；因金属被分布在特殊的人中（以补助金、薪水或对由国家购买的供应品进行报偿的形式），所以，金属就在二级的、现在是静脉的流通中将刺激交换、制造和耕作。流通就这样成了分析的基本范畴之一。只有深深地打开一个为货币和符号、财富和表象所共有的空间，这个生理学模式的转移才能变得可能。在我们西方社会中持续不断地出现的这个城市与躯体的比喻，在17世纪只有在极其彻底的考古学必然性的基础上才具有其想象力。

通过重商主义的经验，财富领域是依照与表象领域相同的模式得以构建的。我们看到表象具有在自身的基础上表象自身的力量：在自身上打开一个能分析自身的空间，并凭着它们自己的要素来塑成自己的替代物，这些替代物既能确立一个符号体系，又能确立一张同一性与差异性的图表。以同样的方式，财富就具有被交换的能力；财富有把自己分析成各部分的能力，这些部分准许平等和不平等的关系；能够通过这些完全可比的财富（即贵金属）的要素相互指称。诚如在一个连续不断的链条中，整个表象世界充满着两度对它们进行表象的表象，同样，世界上的所有财富，就其是

㉖ 霍尔内克：《奥地利关于何时想要的一切》（*Oesterreich über alles，wenn es will*），1684年，第8和188页。

㉗ 参见达旺柴底：《货币课程》，由 J.-Y. 勒布朗许引用，《有关货币的著名论述》，巴黎，1934年，第二卷，第230页。

㉘ 霍布斯：《利维坦》，1904年版，剑桥，第179-180页。

交换体系的组成部分而言,就处于相互关系之中。从一个表象到另一个表象,并不存在自主的意指活动。而只存在简单的和无限的交换可能性。无论重商主义的经济规定性和结果是什么样的,但如果我们在知识型层面上询问重商主义的话,重商主义就似乎是把有关价格和货币的反思置于表象分析轨道内的缓慢的和漫长的努力。重商主义使得一个"财富"领域涌现出来了,这个领域相关于大约同一时期在自然史面前敞开的领域,同样相关于在普通语法面前展开的领域。但在最后两个情形中,突变是突然发生的(语言的某种存在方式突然在《波-鲁瓦亚勒语法》中建立起来,自然个体的某种存在方式几乎一下子在琼斯通和图内福尔那里表现出来),相反,货币和财富的存在方式,由于与所有实践、与一个制度整体相联系,所以,就具有非常高的历史粘滞性迹象。自然存在和语言都无需漫长的重商主义操作的等值物,就可进入表象的领域,服从表象的规律,从表象那里接受其符号和秩序原则。

## 第四节　质押与价格

古典的货币和价格理论通过人们熟知的历史经验而得以被阐明。在 17 世纪的欧洲开始得足够早的首先是对货币符号的重大把握;难道我们必须在科尔贝的断言,即金属量在欧洲是稳定的,并且美洲带来的投资可以忽略不计中看到对这种把握的最初意识吗? 总之,在该世纪末,人们体验到被铸币的金属是太匮乏了:商业的倒退,价格的回落,支付债务、租金和税收的困难,土地的贬值。由此,在 18 世纪头十五年期间的法国,产生了一系列货币贬值,以便增加货币;11 次"缩减"(重新估值),从 1713 年 12 月 1 日至 1715 年 9 月 1 日,被分期进行并打算(但是失败的)使被藏起来的金属重新流通;一整个系列的措施,减少了租金的定价和税率并减少了票面资本;纸币在 1701 年问世,不久就被国家的债券取代。在其许多其他结果中,劳(Law)的经验使得金属的重新出现、价格的上升、土地的上扬、商业的复苏成为可能。1726 年 1 月和 5 月的法令确立了对整个 18 世纪来说都是稳定的金属货币:这两个法令命令制造金路易(un louis d'or),这个金路易等值并直至法国大革命将等值图尔城铸造的 24 个古斤银。

人们通常习惯于在这些经验中,在它们的理论上下文中,在由它们引发的讨论中,看到货币—符号的拥护者与货币—商品的拥护者之间的对抗。一边,有劳(Law)当然还有泰拉松(Terrasson)㉙、迪托(Dutot)㉚、孟德斯鸠㉛、若古骑士(Jaucourt)㉜;其对面有帕里斯-迪韦尔内(Paris-Duverney)㉝、达盖梭(d'Aguesseau)㉞主事、孔狄亚克、德斯蒂(Destutt);在这两边之间,在中间线上,必定有梅隆(Melon)㉟和格拉斯朗㊱。的确,对诸观点作确切分析并确定它们在不同的社会团体中是如何分布的,这可能是有趣的。但如果我们询问使它们相互在同时变得可能的知识,那么,我们感到对立是表面上的;我们感到如果对立是必然的,那么,这是在唯一的布局的基础上的,这个布局在一个确定的地方只是设置了一个不可或缺的选择的分叉。

正是这个唯一的布局才把货币定义为质押。我们在以下诸位中都发现了该定义:在洛克那里,在比洛克稍早一点的沃恩(Vaughan)㊲那里发现了这个定义;接着在梅隆那里("根据普遍的约定,金和银都是供人们使用的一切的质押、等价物或共同尺

---

㉙　泰拉松:《关于新金融体系的三封信》,巴黎,1720 年。
㉚　迪托:《对商业和金融的思考》,巴黎,1738 年。
㉛　孟德斯鸠:《论法的精神》,第十二卷,第二章。
㉜　《百科全书》词条"货币"。
㉝　帕里斯-迪韦尔内:《研究有关金融的政治思考》,海牙,1740 年。
㉞　达盖梭:《货币评述》,1718 年,《著作集》,巴黎,1777 年,第十卷。
㉟　梅隆:《对商业的政治评论》,巴黎,1734 年。
㊱　格拉斯朗:《对财富的分析评论》,伦敦,1767 年。
㊲　沃恩:《论铸币和货币制度》,伦敦,1675 年,第 1 页。洛克:《论降低利息》,载《著作》,伦敦,1801 年,第五卷,第 21-23 页。

度"㊳），在迪托那里（"信任或观点的财富只是有代表性的东西，就
像金、银、青铜和铜一样"㊴），在福尔博耐（Fortbonnais）那里（在约
定俗成的财富中，"重要的关节点"在于"货币和商品的所有者的确
信中，即当他们想的话，能在由用法确立起来的基点上……交换货
币和商品"㊵）。说货币是质押，也就是说货币只是一个由公共同意
所接受的筹码，因而，也就是一个纯粹的虚构；但这也就是说，货币
恰恰具有与人们赋予它的相同的价值，因为货币可用来与这相同
数量的商品或其等值进行交换。货币总是能把刚刚与其交换的一
切置于其所有者手中，如同在表象中，一个符号应该能把它所表象
的一切带给思想。货币，就是一种稳固的记忆，一个具有两重性的
表象，延迟的交换。如同勒·特罗斯纳（Le Trosne）所说，就商业贸
易是"未完成的商业贸易"㊶，是一个一度缺乏补偿的活动，一个允
诺和期待逆向交换的半操作（une demi-opération）而言，利用货币进
行的商业贸易就是一个改善。凭借交换，质押的实际内涵就将恢
复原样。

　　但是，货币质押如何能提供这个确信呢？货币质押如何能逃脱
无价值的符号或类似于所有其他商品的商品这样的困境呢？对古
典的货币分析来说，这就是异端邪说所在之处——这个选择把劳
（Law）的支持者与其对手对立起来了。实际上，我们可以设想以货
币进行质押的操作是由物质的商品价值确保的，它来自于这个物
质的价值；或者相反，这样的操作是由另一个商品来确保的，这另
一个商品在它之外，但又通过集体统一或君主的意志而可能与它
相联系。劳（Law）所选择的正是这第二个解决措施，因为金属匮
乏，因为金属的商品价值有波动。他认为，我们可以使一种可能由

---

㊳　梅隆：《对商业的政治评论》，载戴尔的《18 世纪的经济学家和金融家》，第
　　761 页。
㊴　迪托：《对商业和金融的思考》，同上，第 905－906 页。
㊵　韦龙·德·福尔博耐：《商业基础知识》，第二卷，第 91 页。也请参见《对法国财
　　富的研究和评述》，第二卷，第 582 页。
㊶　勒·特罗斯纳：《论社会利益》，载戴尔的《重农主义者》，第 908 页。

地产质押的纸币流通：于是，问题只是发行"以土地作抵押并且应该可通过每年付款加以抵消的票据……这些票据像被铸造出来的钱币那样进行流通，具有自己所体现的价值"[42]。我们知道劳（Law）在其法国人的体验中抛弃了这个技术，并通过一场商业贸易运动确保了货币的质押。他的事业的失败并未损害货币—质押理论，这个理论使他的事业成为可能，但这个理论同样使有关货币的所有思考、甚至与劳（Law）的想法相对立的思考成为可能。当稳定的金属货币在1726年将被确立时，人们甚至就将向货币的实体提出质押的要求。能确保货币可交换性的，将是出现在货币中的金属所具有的商品价值。杜尔哥批评劳（Law）相信"货币只是具有符号的财富，符号的信用基于君主的标记之上。这个标记出现在货币上，只是为了证实货币的重量和成色……因此，正是作为商品，银子才不是符号，而是其他商品的共同尺度……金子从其稀有中获取价格，金子在被使用作商品的同时又被使用作尺度，这决非是缺点，金子的这两种使用支撑着金子的价格"[43]。劳（Law），与其支持者一起，并不作为信用货币之天才的（或轻率的）先驱而与其时代相对立。以与其对手相同的方式，劳（Law）也把货币定义为质押。但劳（Law）认为，货币的基础将被外在于货币本身的商品所更好地（既更丰富的，又更稳定的）确保；相反，他的反对者则认为，货币将更好地（更确实和更不受制于思辨）被构成了有形货币实在的金属的实体所确保。在劳（Law）与那些对他作批评的人之间，对立只涉及到进行质押的与被质押的之间的距离。在一个情形中，货币本身卸掉了全部商品价值的负荷，而被一个外在于它的价值所确保，这样的货币就是人们"据以"交换商品的东西[44]；在另一个情形中，自身具有价格的货币既是人们"据以"交换财富的东西，又是

---

[42]　劳：《货币评述》，载戴尔的《18世纪的经济学家和金融家》，第519页。

[43]　杜尔哥：《致西塞教士的第二封信》，1749年，《作品》，由舍勒出版，第一卷，第146—147页。

[44]　劳：《货币评述》，第472页及其下诸页。

人们"为之"交换财富的东西。但在一个情形如同在另一个情形中,货币使得我们能确定物品的价格,全仰仗于某种与财富的比例关系和某种使财富流通的力量。

作为质押,货币意味着某种(实际的或非实际的)财富:货币确立起财富的价格。但是,货币的数量或商品的数量在时间的某个点上一经改变,货币与商品之间的关系、因而价格体系就发生变化了。如果相关于财产,货币的数量太少,货币就将具有重大的价值,价格就将低;如果货币的数量增加,以至在财富面前太充裕了,那么,货币就将很少有价值了,价格就会高了。货币具有的表象和分析力量,一方面随着货币的数量的变化而变化,另一方面随着财富的数量的变化而变化:只有当这两个数量是稳定时或以相同的比例一起变化时,这个力量才是恒定不变的。

"数量法则"并不是由洛克"发明"出来的。博丹和达旺柴底在16世纪都早已熟知流通中金属量的增加使商品的价格上涨了;但这个机制似乎与金属内在固有的贬值相联系。在17世纪末,这同一个机制是在货币具有的表象功能的基础上被定义的,"货币的数量与整个商业成比例"。金属愈多——并且存在于世上的商品一下子就能拥有稍多的表象因素;商品就愈多并且每一个金属单元将被稍为有力地抵押。我们只需把某个无论什么样的食品当作稳定的标志,变化现象就会完全清楚地显现出来。洛克曾说,"如果我们把小麦当作固定的尺度,那么,我们就会发现银子的价值已经遭受了与其他商品一样的种种变化……其原因是敏感的。自从发现西印度群岛以来,世界上的银要比那时曾经有过的多10倍;这时的银子要比以前贬值9/10,即为了购买相同数量的商品,必须要支付10倍于200年来所一直支付的银子"⑤。在此被援引的金属所具有的价值的降低并不涉及到专属于它的贵重性质,而是涉及到其普遍的表象能力。必须把货币和财富看作必定相互对应的两个成对的量:"一方的部分之于另一方的部分,如同一方的总体之于

---

⑤　洛克:《论降低利息》,第73页。

另一方的总体……如果只存在一种像金子那样可以分割的商品，那么，这个商品的一半就将对应于其在另一边的总体的一半"⑯。假定世上只存在一种财产，那么，地球上的所有金子就是为了表象这个财产的；相反，如果人们自身都只拥有一枚硬币，那么，诞生于大自然或产生于人们之手的财富就应该共同分割它。从这个界限——境遇出发，如果钱币处于汇集的状态之中（而食物仍然是同等的），那么，"货币每个部分的价值就会以同样的量减少"；另一方面，"如果工业、艺术和科学在交换范围内引入了新的对象……那就必须在这些新产品的新价值上适用价值的一部分表象符号；这个部分由于得自于一批符号，所以就将减少这批符号之相对的量，并增加其同样量的表象价值，以便面对更多的价值，这个部分的功能就是以适当的比例表象所有这些价值"⑰。

因此，并不存在公正的价格：在无论什么样的商品中，都没有什么通过某个内在固有的特性来表明必须用来支付商品的报酬的货币数量。便宜恰恰只是昂贵。当然，存在着方便的规则，它们使得我们能确定货币的数量，人们想通过这些货币的数量来表象财富。在最大范围内，每一个可交换的物品在货币上都应具有其等价（其指明）；在被使用的货币是纸币的情形中（人们根据劳的想法，根据交换的需求，制造出纸币和销毁纸币），这没有什么不方便；但如果货币是金属的话，这就将是不方便的甚或不可能的。然而，同一个货币单位在流通时获得了表象多个物品的能力；当同一个货币转手易主时，它时而是支付业主的物品，时而是支付工人的薪水，支付商人的商品，农民的农产品，或者还支付房东的租金。同一个金属量，在时间进程中并依据作为其接受者的个体，可以表象多个等价物（一个物体、一分劳作、一定量的小麦、收入的份额），诚如一个普通名词有能力表象多个事物，或者一个分类学特性有能力表象多个个体、多个种、多个属等。但是，特性只有通过变成

---

⑯　孟德斯鸠：《论法的精神》，第十二卷，第七章。
⑰　格拉斯朗：《对财富的分析评论》，第54－55页。

较简单的,才能布满较大的普遍性,而货币只有流通得较快才能表象更多的财富。特性的扩展是由它作出分类的种来确定的(因而是由特性在图表中的位置确定的);货币流通的速度受制于货币在回复到其出发点之前在多少人的手中间通行(这就是为什么人们把向农业支付其收获的农产品当作起源,因为人们在农业中具有完全确实的年度循环)。因此,我们看到,在一段确定的时间内,货币运动的速度符合特性在图表的同时性空间中的分类学扩展。

这个速度有两个界限:一是直接交换所具有的无限快速的速度,货币在这个直接交换中没有什么作用可以发挥,另一个是无限缓慢的速度,在其中,每个财富要素都具有其货币的复本。在这两个极端之间存在着可变的速度,使得这些可变速度成为可能的货币的数量与这些可变速度相一致。然而,流通的循环受制于收成按年交付的款项:因此,有可能在收成的基础上并考虑一个国家的个体居民的数量,来定义对能在所有的人之间流通并在所有人那里至少代表每个人的生计来说充分必要的货币数量。我们明白了,在18世纪,对基于农业收成的流通所作的分析,人口发展的问题和被铸造的货币的最佳数量的估算,所有这些是如何联系在一起的。这三个问题以规范的形式被提出来:因为问题并不是要知道货币通过何种机制进行流通或停滞,货币如何被花费或积累(这样一些问题只有在一个能提出生产和资本问题的经济中才有可能),而是要知道需要多少必需量的货币来使一个特定国家中的货币的流通在通过足够众多的人时能够足够快捷。于是,价格就将不是内在固有地"公正的",而恰恰是被纠正的:货币总量的划分将根据一种既不太宽松也不太紧密的连接来分析财富。"图表"(tableau)将被合理地制定。

无论我们是考虑一个孤立的国家,还是考虑其对外贸易的活动,这个最佳比例并非一样。如果我们假定一个国家能靠自身生存,那么,必须置于流通中的货币量就取决于多个变数:进入交换体系中的商品的数量;这些既非由物物交换体系分发也非由其报偿的商品的份额,在其发展过程中的任何一个瞬间,必须由货币来表象;已签名的票据可以取而代之的金属的数量;最后,据以执行偿付的节奏:诚如康帝永(Cantillon)[48]所看到的,工人们是否按周或日获得报酬,租金是否应在年末,或者如同惯例一样,在每季度末支付,这并非无关紧要。由于这四个变数的价值对任何一个特定的国家来说都是明确的,所以,我们可以确定金属货币的最佳数量。为了做出这样一种估算,康帝永始于土地的产品,所有的财富都直接或间接地来自土地。这个产品划分为农夫手中的三个赢利:支付给物主的利润;为供养农夫本人、其家人和马匹而使用掉的利润;最后就是"第三个赢利,应该为农夫留下,以便使他的事业获利"[49]。然而,只有第一个赢利和第三个赢利的几乎一半才必须用货币来支付;其他赢利可用直接交换的形式来支付。由于考虑到一个事实,即有一半人口居住在城市里并且日常给养的花费要高于农村,所以,人们就看到流通中的货币总量应该差不多等于人口的 2/3。只要任何支付的执行至少都是每年一次;但实际上,土地赢利是每季度偿付的;因此,货币的数量只需等同于人口的 1/6。而且,有许多支付都是在每日里、每周中进行的;因此,所需的货币数量约计人口的 1/9,即地产赢利的 1/3[50]。

但是,只有在想象一个孤立的国家的条件下,这个估算才是精确的。然而,大多数国家相互之间都保持着贸易往来,在贸易往来中,唯一的支付手段就是物物交换,就是根据其重量得以估价的金属货币(而非具有票面价值的货币),或许还有银行的票据。在这个情形中,我们也可以估算出合乎流通所需的货币的相对数量:不过,这个估算不应把土地生产当作参照,而是要把薪水和价格与在外国实施的薪水和价格的某种关系当作参照。实际上,在价格相对不太高的国家(由于货币的数量较少),外币被巨大的购买的可能性所吸引:金属货币的数量就增加了。诚如我们所说的,国家变

---

[48]　康帝永:《论普通贸易的性质》,1952 年版,第 73 页。

[49]　同上书,第 68 - 69 页。

[50]　同上书,佩蒂(Petty)给出了 1/10 的类似比例,《爱尔兰的政治剖析》。

得"富裕和强大";国家能够保持拥有舰队和军队,完成征服,进一步富裕。流通中货币数量使得价格增加,同时赋予私人向国外购买的能力,国外的价格是低的;金属货币逐渐消失了,而国家再次变得贫穷。这就是康帝永所描述的循环,他把它表述成一个普遍原则了:"当多得过剩的货币使国家的强力持续下去的同时,也难以觉察地和自然而然地把国家重新抛入了贫穷"⑤。

可能,如果物之序中不存在这样一种相反的趋向,即不停地加剧已经贫穷的国家的贫苦,另一方面又增强富国家的繁荣昌盛,那就不可能避免这些波动。这是因为人口的运动的走向与货币背道而驰;货币是从繁荣的国家流向价格低的地区;而人则是被较高的薪水、因而被拥有充裕货币的国家所吸引。因此,穷国家有居民减少的趋向;穷国家的农业和工业会恶化,贫苦就增加了。相反,在富裕的国家,劳动力的汇聚能开发新的财富,财富的买卖成比例地增加了流通着的金属货币的数量㉜。因此,政策应该设法让人口和货币这两个相反的运动和解。居民的数量应该逐步逐步地但不停止地增加,使得制造业可找到始终富裕的劳力;于是,薪水的增加就不再会超过财富的增加,也不会超过其价格的增加;商业的平衡可仍然是顺利的:我们在此看出人口主义论题的基础㉝。但另一方面,货币的数量也必须始终处于缓慢的增长之中:这是土地生产或工业生产得到合理报偿的唯一手段,是使薪水充分有余的唯一手段,是使人口在由自己创造的富裕环境中不致贫穷的唯一手段;由此就有种种措施,来支持对外贸易和维持积极的贸易差额。

因此,能够确保贸易平衡并防止富裕和贫穷之间波动的,并不是某种明确地取得的地位,而是两个运动既自然又具体的和解。国家有繁荣的时候,但这不是当国家中的货币量多或价格高的时

⑤ 康帝永:《论普通贸易的性质》,1952年版,第76页。
㉜ 迪托:《对商业和金融的思考》,第862页和第906页。
㉝ 参见韦龙·德·福尔博耐:《商业基础知识》,第一卷,第45页,尤其是塔克(Tucker):《关于商业的重要问题》(杜尔哥的译本,《著作》,第一卷,第335页)。

候,而是当国家的货币处于增多的这个阶段(即必须无限地延续下去)的时候,这个阶段能维持薪水而不增加价格:于是,人口就有规则地增长,其劳作总是能产生更多的东西,货币的连续增加在为数不多的财富之间被分配(根据表象法则),相比于在外国实施的价格,国内的价格就并不上涨。这只是"在金子数量的增加与价格的上涨之间,金银数量的增加才有利于工业。无论人们在何时作比较,一个其货币正在减少的国家要比另一个并不拥有更多的货币但其货币正在增长的国家更加虚弱和贫穷"[54]。这就说明了西班牙的灾难:实际上,矿物的拥有大大增加了货币,因而也大大增加了价格,而工业、农业和人口在原因与结果之间却没有时间按比例地发展:致命的是,美洲金子在欧洲散布,在那里购买商品,使那里的制造业增长,使那里的农场富足,同时任凭西班牙比以前更贫穷了。另一方面,如果英国吸引金属的话,那么,这样做总是为了劳动的利润,而非只为了居民的奢华,即在价格的任何飞涨之前,增加工人的数量和其产品的数量[55]。

　　这样一些分析是重要的,因为它们把进步观念引入了人类活动的秩序中。但它们是更重要的,是因为它们使符号和表象的游戏带有时间标志,这个时间标志为进步确定了其可能性条件。我们不能在秩序理论的任何其他区域找到这个标志。实际上,像由古典思想所设想的货币,如果没有被时间从内部加以修改的这种力量,就不能表象财富——也许一个自发的循环在减少货币表象财富的能力之后又增加了这种能力,也许一种政策通过具体的努力,保持着货币永久不变的表象性。在自然史秩序中,诸特性(一堆被选择用来表象和区分多个种或多个属的身份)位于由自己在分类学图表上勾勒出来的大自然之连续的空间内部;时间只从内部介入,以推翻有非常细小差异的连续性,并根据地理学被撕碎的场所来

────────────

[54]　休谟:《论货币流通》(《经济学著作》,法译本,第29-30页)。
[55]　韦龙·德·福尔博耐在《商业基础知识》第一卷,第51-52页中提出了英国商业的8条基本规则。

分布这些差异。相反,在此,时间属于表象的内在法则,时间与这个法则相结合;时间连续不断地追踪和改变财富拥有的在货币体系中表象自身并剖析自身的力量。哪里自然史发现了因差异而区分开来的身份平面,哪里财富分析就发现了"差别"——增长和减少的趋向。

自从货币被定义为质押并比作信贷时起(在 17 世纪末),时间在财富中的这个功能就必定出现了:于是,信用的期限,信用到期的速度,在一定时间内经手信用的人的数量,都成了其表象能力的可变特征。但所有这些都只是一种思考形式的结果,这种思考把相关于财富的货币符号都置于完全意义上的表象的处境中了。因而,正是同一个考古学网络支撑着财富分析中的货币—表象(la monnaie-représentation)理论,自然史中的特性—表象(le caractère-représentation)理论。通过把存在物置于其邻近的地方,特性就指明了存在物;货币价格指明了财富,但这只是指明了处于增长或减少运动中的财富。

## 第五节　价值的形成

货币和商业理论答复了这样一个问题,即在交换运动中,价格如何能够描述物品? 货币如何能在财富之间确立起一个符号和指明体系? 价值理论答复了与此问题相交叉的另一类问题,这另一类问题纵深地考察了交换得以无限实现的水平区域:为何在这个区域中存在着人们想要交换的物品,为何有的物品比其他物品要值钱,为何某些无用的物品具有高的价值,而其他必不可少的物品反而毫无价值? 因此,问题不再是要知道财富根据何种机制能在相互之间进行表象(以及根据贵金属这一普遍可表象的财富来表象它们自身),而是要知道欲望和需求的对象为何要被表象,人们如何设定物品的价值,人们为何能断定值这样或那样的价钱。

对古典思想来说,值钱首先就是值某物品,就是可替代交换过程中的某物。只是就这个交换存在着而言,货币才被发明,价格才被确定和发生变化。然而,交换只在表面上是一个简单的现象。实际上,只有当交易双方都承认对方所拥有的物品中的价值,双方才能进行物物交换。因此,在某种意义上说,这些物品必须是可交换的,具有其专门的价值,事先存在于每一方的手中,使得最终产生双重的让与和双重的获得。但另一方面,只要每个人并不出让自己吃的和喝的,自己生存所需的一切,这一切就并不具有价值;只要每个人并不使用自己所并不需要的一切来获取自己所需的某个物品,这并不需要的一切就同样缺乏价值。换言之,为使得一个物品能在交换中表象另一个物品,那么,它们的存在就都必须早已充满价值;然而,价值只存在于(实际的或可能的)表象的内部,即在交换或可交换性的内部。由此,产生了读解的两种同时的可能性:一是分析甚至处于交换活动中的价值,这个交换达到了给与和接受相互交织在一起的程度;另一个是把价值分析为先于交换并是交换得以发生的初始条件。在这两种读解中,第一种对应于一种把整个语言的本质都置于和包含在命题内部的分析;第二种对应于一种在初始名称边上发现这同一个语言本质的分析(活动或词根的语言);实际上,在第一个情形中,语言的可能性场所在于由动词确保的归属(une attribution)中,即在于由动词这个语言要素确保的归属中,这个动词从所有的词那里退隐,又把它们相互关联在一起;动词在语言的词的命题纽带的基础上,使得语言所有的词成为可能,这样的动词对应于交换,这个交换作为比其他活动更初始的活动,创立了被交换的物品的价值和物品为之而被让与的价格;在另一种分析形式中,语言植根于自身之外,植根于自然或事物的类似性中;词根,这一甚至在语言诞生之前就使得词诞生的最初叫喊声中,对应于价值先于交换的直接形成和需求的相互度量。

但是,对语法来说,这两个分析形式(基于命题或词根)是完全有区别的,因为语法是与语言,即与表象体系打交道的,这个表象体系既要负责指明(désigner),又要负责判断,或再者,它既与对象有关,又与真理有关。在经济领域中,这个区分并不存在,因为对欲望来说,与其对象的关系以及认为对象是可欲求的这一断言,这都只是同一件事；去指明对象，这早已设定了纽带。因此，哪里语法拥有两个相互分离和相互适合的理论部分，并首先形成命题（或判断）的分析、接着形成指明（致使或词根）的分析，哪里经济学就只认识一个理论部分，但这个部分可同时作意义相反的两种读解。一种读解在需求对象（有用对象）的交换的基础上来分析价值；另一种读解则是在对象形成和诞生的基础上，即自然絮叨的基础上来分析价值，对象的交换接着将定义对象的价值。我们在这两种可能的读解之间看到了我们所熟悉的异端：它把人们所说的孔狄亚克、加列尼（Galiani）、格拉斯朗（Graslin）的"心理学理论"与魁奈及其学派的重农主义理论区分开来了。可能，重农主义并没有经济学家们在 19 世纪上半叶赋予它的重要性，那时经济学家们在重农主义中寻找政治经济学的基础行为；但可能，像边际效用主义者把同样的作用归于"心理学学派"，这也可能是徒劳的。在这两个分析模式之间，除了始点和被选择用来跨越始终如一的必然性网络的方向以外，就没有其他差异。

　　重农主义者说，为了使得有价值和财富，交换就必定是可能的：即有人支配着其他人所需的剩余物。我所渴望的、我所采摘的和我所吃的水果，是大自然向我提供的一个财产（un bien）；只有当我树上的水果的数量足以超过我的胃口时，才会有财富。还必须有其他人渴望并向我要求这些水果。魁奈曾指出："我们所呼吸的空气，我们从河中舀取的水以及极丰富的和所有人共有的所有其他的财产（biens）或财富，都并不可交易：这些是财产（des biens），而非财富。"⑤在交换之前，只存在有大自然提供的这个稀少的或充裕的实在；只有一方的要求和另一方的放弃才能使价值出现。然而，财富的目的恰恰就是分派剩余物，其方式就是剩余物应分派给缺少剩余物的人。因此，剩余物只是以临时的方式才是"财富"，在那样一段时间内，即由于出现在某些人那里，而在其他人那里不存在，所以，剩余物就开始并完成了旅程，这个旅程在把它们带给消

---

⑤　魁奈：词条"人物"，见戴尔：《重农主义者》，第 42 页。

费者时将恢复它们作为财产的初始性质。梅西埃·德·拉·里维埃(Mercier de La Rivière)曾说:"交换的目的就是享受、消费,因此,商业就可以被简要地定义:有用物品的交换,是为了使它们在其消费者的手中分布。"[57]然而,如果不摆脱财产,价值通过商业这样得以形成[58],就是不可能的:实际上,商业转让物品,造成了运输、保存、改造和销售的费用[59]。简言之,必须对财产作某种消费,使得财产本身应能被转换成财富。不花费任何金钱的唯一商业就是完全的物物交易;因为在物物交易中,只有在进行交换的刹那间,财产才是财富和价值:"如果交换能被直接和毫不费力地进行,这只是对交换双方更有利:这样,当人们甚至把用作经商的中间操作当作商业时,人们就大大地错了。"[60]重农主义者只假定了财产的物质实在:于是,价值在交换中的形成就变得代价昂贵并包含在现存财产的减少中。因此,形成价值,这并不是满足极大多数的需求;而是牺牲某些数量的财产,以便交换其他的财产。这样,价值就形成了财产的否定。

但是,价值怎么会这样被形成呢?剩余物使得财产能被转换成财富而不由于连续的交换和流通而因此被忘却和消失,这样一个剩余物的起源是什么呢?价值这样连续不断的形成所需的成本,并没有穷尽人类所支配的财产,这是怎么可能的呢?

商业贸易可以在自身中发现这个必然的补充吗?肯定不能,因为商业贸易打算以价值换价值并依据最大可能的平等。"为接受得多,就必须给与得多;为给与得多,就必须接受得多。这就是商业贸易的所有艺术。就其性质而言,商业贸易只是对具有平等价

---

[57]　梅西埃·德·拉·里维埃:《政治社会的自然和根本秩序》,载戴尔:《重农主义者》,第709页。

[58]　"在把小麦、铁、硫酸盐和钻石视作可交易的财富时,这些东西同样就是财富,其价值只在于价格"。魁奈:词条"人物",同上,第138页。

[59]　杜邦·德·内穆尔(Dupont de Nemours):《所需的答复》,第16页。

[60]　圣-佩拉维(Saint-Péravy):《农业新闻》,1765年12月。

值的物品进行全部交换。"⑤可能,一个商品在赢得一个偏远的市场时可被一个高于原产地所能获得的价格所交换,但这个涨价对应于运输的真实费用;如果这件商品没有因这个行为而丢失什么,那是因为作为其交换对象的不流动的商品已经从它自己的价格中丧失了这些运输的费用。不管人们怎样把商品从世界的一端带到世界的另一端,但交换的成本始终从被交换的商品提取。这并不是商业贸易产生了这个商品剩余。这个剩余必须存在着,以使得商业贸易成为可能。

工业同样不能报偿价值形成所需的成本。实际上,制造业的产品可依据两个体制而被销售。如果价格是自由的,竞争就倾向于降低价值,使得除了补偿原材料的成本以外,价值最多只补偿加工原材料的工人的劳动;按照康帝永的定义,这个薪水对应于工人在劳动期间的生计;可能,还必须添加企业主的生计和利润;但无论如何,归因于制造业的价值的增长都代表了价值所报偿的成本的消费;为制造财富,就必须牺牲财产:"手工业者在生存时所毁坏的,是与其通过劳动所生产的一样多的。"⑥当存在有垄断价格时,物品销售的价格就可上升得相当高。但这并不意味着工人们的劳动更好地得到了报偿:在工人之间起作用的竞争倾向于把他们的薪水维持在对他们的生计所必不可缺少的水平上⑥;至于企业主的利润,垄断的价格的确使它们增长了,即就投放市场的物品的价值上涨了而言;但这个上涨只是其他商品的交换价值的成比例地降低:"只因为其他人付出了费用,所有这些企业主才能发迹。"⑥显然,工业增加了价值;实际上,工业从交换本身中摄取一个或多个生计的价格。价值并不是通过生产,而是通过消费而得以形成或上涨的。无论这是确保其生计的工人的消费,还是获得利润的企

---

⑤　圣-佩拉维:《农业新闻》,1765 年 12 月。

⑥　《治理准则》,载戴尔,《重农主义者》,第 289 页。

⑥　杜尔哥:《对财富形成的反思》,第 6 节。

⑥　《治理准则》,载戴尔,《重农主义者》,第 289 页。

业主的消费,还是作为购买者的有闲者的消费:"归因于有闲阶层的市价的上涨产生于工人的花费,而不产生于其劳动。因为光花费而不劳动的有闲者在这方面产生了相同的结果。"[65]价值只出现在财产消失的任何地方;劳动起着花费的作用:劳动形成了由它自己消费掉的生计的价格。

　　农业劳动本身也是如此。耕田工人并不具有一个不同于织布工人或运输工人的地位;他只是"劳动或耕作的工具"[66]之一,这个工具需要生计并从土地产品中把它提取出来。如同在其他所有的情形中,农业劳动的报偿倾向于与这个生计确切地相一致。然而,农业劳动具有特权,但这并不是交换体系中的经济特权,而是财产生产范围内的自然特权:这是因为当土地被耕作时,土地就提供了大量可能的胜于耕作者所必需的生计。作为获得了报偿的劳动,所以,农业工人的劳动与制造业工人的劳动一样负面和花费庞大;但作为与大自然进行的"物质贸易"[67],农业工人的劳动就在其中产生了巨大的丰富的物品。尽管这个过多的物品事先得到了劳动、种子、动物饲料的价格的报偿,但我们熟知哪里人们已种下了种子,哪里就会有穗子;畜群"每一天都长肥了,甚至在它们睡觉时也是如此,这不能被说成是货仓里的一包丝或羊毛"[68]。农业是唯一领域,在那里,归因于生产的价值的增长并不等同于生产者的给养。这是因为说真的,存在着无需任何报偿的看不见的生产者;耕作者就是在不知不觉的情况下与这样的生产者相联系着的;在劳动者消费的数量与劳动者的劳动相同的情况下,这同一个劳动通过其合作者(Co-Auteur),产生了价值的形成得以从中提取的所有的财产:"农业就是神奇体制的制造,在这个体制中,制造主把大自然的作者、所有财产和所有财富的生产者都当作自己的合作者。"[69]

---

[65]　米拉博(Mirabeau):《乡村哲学》,第56页。
[66]　同上书,第8页。
[67]　杜邦·德·内穆尔:《农业的新闻》,1766年5月。
[68]　米拉博:《乡村哲学》,第37页。
[69]　同上书,第33页。

我们理解了已由重农主义者赋予土地收入(而非赋予农业劳动)的理论和实践重要性。这是因为农业劳动已得到了消费的报偿,而土地收入则代表或者应该代表纯收益:由大自然提供的财产的数量,除了大自然向劳动者确保的生计,除了大自然本身为了继续生产而要求的报偿之外。正是这个收益使得人们能把财产转变成价值或财富。这个收益向所有其他的劳作和与此相对应的消费提供了报偿。由此产生了两个主要的忧虑:拥有大量的货币,使得货币能供给劳动、商业贸易和工业;务必使为了使土地还能生产而应该返回土地的投资股份得到绝对保护。因此,重农主义者们的经济和政治计划将必须包括:农业价格的上涨,而非那些土地耕作者的薪水的增加;对土地收益本身征收所有的税收;废除垄断价格和所有的商业贸易特权(以便受制于竞争的工业和商业都必然维持公正的价格);有大量金钱返回到土地,作为未来收获所必需的投资。

整个交换体系,整个昂贵的价值形成都可回想起在业主的投资与大自然的慷慨之间确立起来的这个不平衡的、彻底的和原始的交换。只有这个交换才是完全获利的,只有在这个净利的内部才能提取出每一个交换所必需的费用,因而才能出现财富的每一个要素。说大自然自发地产生价值,这样的说法将是错误的;但大自然是被交换转换成价值的财产之取之不尽的源头,尽管不是没有花费和消费。魁奈及其信徒们在分析财富时是基于交换中所发生的一切的,即基于这样一个剩余之上,这个剩余的存在没有价值,但它在进入替代的循环中时就成了价值,在这个循环中,这个剩余应该报偿通过薪水、食品、生计,总之,通过它本身所属的这个过剩的一部分来实施的每一个转移、每一次加工改造。重农主义者的分析始于在价值中被指明但又先于财富体系而存在的事物本身。当语法学家基于词根,基于把声音与物联合起来的关系,基于这个词根据以成为语言中的一个词的连续抽象,来分析词时,情形也是如此。

## 第六节 效 用

孔狄亚克、加列尼、格拉斯朗和德斯蒂的分析都对应于命题的语法理论。该分析所选的出发点,并不是在交换中被给出的,而是被接受的:说真的,这是同一个物品,但是从这样一个人的观点来看待的物品,即他需要它,要求它,同意放弃自己所拥有的,以获得他认为更有用并且他赋予了更多价值的其他物品。实际上,重农主义者及其对手跨越了相同的理论部分,但在相反的意义上:前者询问在什么条件下(并且付出什么代价)一个财产能成为交换体系中的价值;后者则寻思在什么条件下一个评价(appréciation)判断能转变成这同一个交换体系中的价格。我们懂得了为什么重农主义者的分析和效用主义者(或功利主义者——译注)的分析通常是如此接近,有时相互补充;为什么康帝永(由于他的关于三个土地收益的理论和他赋予土地的重要性)能被前者所请求,(由于他对流通的分析和他使货币所起的作用)又被后者所请求⑳;这就是为什么杜尔哥在《财富的形成和分配》中能忠于重农主义,在《价值和货币》中能非常接近加里亚尼。

让我们假定最基础的交换场景:一个人只有玉米或小麦,而他对面的另一个人则只有酒或树木。还没有任何确定的价格,没有等值,没有共同的尺度。然而,如果这两个人收集这个木头,如果他们种植和收获玉米或小麦,那是因为他们对这些物品怀有某个判断;无需把这小麦或这树木比作其他任何东西,他们判定这小麦或这树木能满足他们的需求之一,判定这小麦或这树木对他们是有用的:"说一个物品值钱,这就是说它是其所是,或者我们估计它能很好地供人使用。因此,物品的价值基于其效用之上,或者还是一回事,基于我们所能对物品进行的使用之上。"㉑这个判断创立了杜尔哥所说的物品

---

⑳ 康帝永:《论普通商业》,第 68、69 和 73 页。

㉑ 孔狄亚克:《商业和管理》,《著作》,第四卷,第 10 页。

的"估价价值"（valeur estimative）[72]。这是绝对的价值，因为它是个别地关于每个商品而不与其他商品进行比较的；然而，它也是相对的和发生变化的，因为它随着人的胃口、欲望或需求而变化。

然而，在这些初始效用的基础上完成的交换并不是把它们简单地归结为一个共同点。这个交换本身就是效用的创造者，因为它向一方的估价提供了直到那时对另一方只具有很少效用的东西。在此时，存在着三种可能性。或者如同孔狄亚克所说的"每一方的过剩"[73]（即它所没有使用或不打算立即使用的商品）在性质和数量上都对应于另一方的需求：在交换场景中，小麦所有者的剩余向酒的所有者显得是有用的，反过来也是如此；从那时起，通过每一方同时的和同等的价值的创造，曾经无用的东西就变得完全有用了；在一方的估价中曾经无用的东西，在另一方的估价中就变得实际；如同境遇是对称的，如此被创造的估价价值就自动地是等同的；效用与价格是毫无保留地相一致的；评价（l'appréciation）理所当然地与估价（l'estimation）相一致。或者一方的过剩不能满足另一方的需求，另一方避免给出他所拥有的一切；他会保留其部分，以便从第三者获得对他的需求来说是不可或缺的补充；这个被提取的部分（并且对手设法加以尽可能缩减的部分，因为他需要前者所有的剩余）使价格显现出来：人们不再设法用太多的小麦来交换太多的酒，而是在争辩之后，人们用那么多桶的酒来换那么多升的小麦。难道我们将说，给出最多的一方在交换中丢失了他所拥有的一切的价值吗？根本没有丢失，因为这个剩余对他而言是没有效用的，或无论如何，因为他同意去交换它，因为他赋予给他所得的价值要多于他所放弃的。最后，第三个假说，对任何一方来说都不存在绝对的过剩，因为双方中的每一方都知道自己在或长或短的期限内能使用他所拥有的全部：需求的状态是普遍的，每小部分的财产都成了财富。从那时起，双方都有可能没有什么可交换了，但每一方

---

[72]　杜尔哥：《价值和货币》，《全集》，舍勒版，第三卷，第 91-92 页。
[73]　孔狄亚克：《商业和管理》，《著作》，第四卷，第 28 页。

都同样能估算到另一方的部分商品可能比自己的部分商品更有用。双方确立起了(并且每一方都为自身,因而都依据一种不同的计算)一种最小程度的不平等:一方说,我所并不拥有的那么多容量的玉米要比我那么多容量的木头来得值钱;另一方说,这么多数量的木头将比这么多的玉米珍贵。这两个估价的不平等为每一方都确定了他赋予给他所拥有的和所不拥有的东西的相对价值。为了调整这两个不平等,唯一的手段就是在它们之间确立起两个关系的平等:当一方的玉米与木头的关系等同于另一方的木头与玉米的关系时,交换就会发生。鉴于估价价值(la valeur estimative)被需求和对象的唯一游戏(因而被孤立个体的唯一的旨趣)所确定,而在评价价值(la valeur appréciative)中,如同它现在所显现的,"存在着两个进行比较的人和四个被比较的旨趣;缔约双方每一方两个特殊的旨趣首先在相互之间单独地进行比较,这就是随后被完全比较的结果,以形成一个中间的估价价值";例如,这个平等关系使我们能说,四个容量单位的玉米和五个长度单位的木头具有一种平等可交换的价值[74]。但这个平等并不意味着我们通过同等的部分来进行效用与效用的交换;人们交换不平等,即双方(虽然市场的每一个要素都具有内在固有的效用)都获取了比曾经获过的要大得多的价值。我们获得的并不是两个直接的效用,而是其他两个被认为能满足较大需求的效用。

　　这样的分析表明了价值与交换的交织:如果不存在直接的价值,即如果物品中并不存在"一个对它们来说是偶然的并且唯一依赖于人的需求的属性,如同结果依赖于其原因一样"[75],那么,人们并不进行交换。但交换反过来创造了价值。并且这样的创造以两种方式进行。交换首先使得物品有用,如果没有交换,这些物品可能很少有用或也许没有用:钻石对食不果腹或衣不遮体的人来说有什么价值呢?但是,世上只需存在一个想讨人喜欢的妇女,一个

[74]　杜尔哥:《价值和货币》,《全集》,第三卷,第91-93页。
[75]　格拉斯朗:《对财富的分析评论》,第33页。

能把她的愿望带到他的双手的商业,使得石头成为"并不需要它的所有者的间接财富……这个对象的价值对他而言就是一种交换价值"⑦;他可以通过卖出只用作发光的东西来养活自己:由此产生了奢侈的重要性⑦,由此就有事实,即从财富的观点看,在需求、舒适和娱乐之间没有什么差异⑦。另一方面,交换使一种新的、"评价的"价值诞生了:交换在效用之间组织了一种相互关系,这个关系重复了与简单需求的关系。尤其是,这个关系修改了与简单需求的关系:这是因为在评价的范围内,因而在每个价值与所有价值相比较的范围内,最不新颖的效用的创造减少了早已存在的效用的相对价值。财富的总量没有增加,虽然新对象的出现能满足需求;任何生产都只创造了"相关于财富量的新的价值种类;最初的需求对象已经降低了价值,以便在总量上让位于舒服或娱乐对象的新价值"⑦。因此,交换能增加价值(通过使得至少间接地满足需求的新效用显现出来);但交换同样能减少价值(在人们对它们每一个进行的评价中,它们彼此相关在一起)。通过交换,无用成了有用,并且以同样的比例,较有用的就成了较不有用的。这就是交换在价值游戏中所起的构建作用:交换把价格赋予给所有的物品并降低每一个物品的价格。

我们看到,理论因素在重农主义者及其对手那里都是相同的。基本命题体系都是它们所共有的:所有的财富都诞生于土地;物品的价值与交换联系在一起;货币的价值就是作为流通中财富的表象:流通要尽可能地简单和完整。但是,这些理论部分被重农主义者和"效用主义者"安排进相反的秩序之中;并且作为这个安排游戏的结果,对一方而言具有积极作用的却对另一方而言只具消极作用。孔狄亚克、加里亚尼和格拉斯朗始于效用的交换,把它当作

---

⑦　格拉斯朗:《对财富的分析评论》,第 45 页。
⑦　休谟:《论货币流通》,见《经济学著作》,第 41 页。
⑦　格拉斯朗把"需求"理解成"必然性、功效、爱好和娱乐",见《对财富的分析评论》,第 24 页。
⑦　格拉斯朗,同上书,第 36 页。

所有价值之主观的和确实的基础;因此,凡能满足需求的都具有一个价值,任何能满足最大数量需求的加工或运输就构成了价值的上涨:正是这个上涨才能报偿工人,同时向工人提供其生计的等值,这个等值是取自这个上涨的。但所有这些构成为价值的确实的因素都基于人身上的某个需求状态,因而都基于大自然多产的有限特性之上。对重农主义者来说,同一个系列应该以相反的方式而得到浏览:关于土地产品的任何加工和作业都是被工人的生计所报偿的;因此,它们包含在财产总量的减少之中;价值只诞生于有消费的任何地方。因而,为了使价值显现出来,大自然就必须应该具有无限的多产性。在两种读解中,凡是在其中一种读解中被确实地感知的并且是鲜明的东西,那么,在另一种读解中就是被否定地感知的并且是空洞的东西。"效用主义者"把某个价值之归属(l'attribution)于物品建立在交换的讲说(l'articulation)之上;重农主义者通过财富的存在说明了价值的逐渐切割(le découpage)。但在两种阐释中,价值理论,如同自然史中的结构理论,把进行归属的瞬间与进行讲说的瞬间联系在一起了。

也许,以下种种说法可能是太过简单了:说重农主义者代表了地主,而"效用主义者"代表了商人和企业主。因而说当自然产品被加工或转移时,"效用主义者"就相信价值的上涨;说由于实际情况,"效用主义者"全神贯注于由需求和欲望制定法则的市场经济。说重农主义者反而只相信农业生产,并为自己要求更好的报偿;作为地主,他们把一个自然基础归于土地收益,在要求政治权力时,他们想成为应课税的唯一主体,因而成为由税授予的权利的拥有者。可能,透过旨趣的融贯性,我们可以发现两者巨大的经济学取舍。可是,虽然属于一个社会集团这总是能说明诸如此类的人选择了一个思想系统,而非另一个思想系统,但这个系统得以被思考的条件却并不在于这个集团的存在。我们必须仔细区分两个研究形式和两个研究层面。第一个将是研究诸多见解,以知晓在 18 世纪谁是重农主义者,谁是反重农主义者;有关的旨趣或利益是什么;争论的要点和论据是什么;为权力而进行的斗争是如何展开的。第二个并不考虑有关的人物及其历史,而是在于定义这样的条件,即从这些条件出发,我们就有可能以连贯和同时的形式去思考"重农主义的"知识和"效用主义的"知识。第一种分析属于老生常谈。考古学只能承认和实践第二种分析。

## 第七节　一般图表

经验秩序的一般构造现在都能整个地被勾勒出来(见图)。

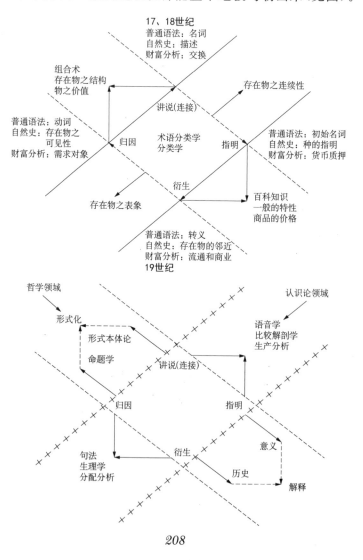

我们首先看到的是：财富分析与自然史和普通语法都服从同一个构型（la même configuration）。事实上，价值理论有可能说明（无论是通过资产匮乏和贫困，还是通过自然的过剩）：某些东西是如何进入交换体系的；一物通过原初的交易行为如何能被设定为另一物的等同物；依据一种等同关系（A 和 B 具有相同的价值）或者一种类比关系（我对手拥有的 A 的价值对我的需求而言，就好比我拥有的 B 的价值对他而言），对第一物的估价如何相关于对第二物的估价。于是，价值就对应于归与功能（la fonction attributive），这个功能对普通语法说来是由动词来确保的，并且还因使命题产生出来而构成了一个初始的界限，语言就存在于这个界限的基础上。但是，当评价性价值（la valeur appréciative）成了估价性价值（valeur d'estimation），即当它在由所有可能的交换组成的体系内被确定和限定时，每个价值都会发现自身被其他所有的价值所确定和显现：这个时候，价值就保证了讲说作用（le rôle articulatoire），普通语法在命题的所有非动词要素（即在名词，在所有或者可见或者秘密地包含命名功能的言词）中确认了这个作用。在交换体系中，在允许财富的每个部分都去意指其他部分或被其他部分所意指的相互作用中，价值既是动词，又是名词，是联结力，是分析、归与（attribution）和剪切（découpe）的原则。于是，价值在财富分析中所占的位置，恰恰就是结构在自然史中所占的位置；如同结构，价值在同一个操作中把两种功能联合在一起，一种是允许一个符号归因于另一个符号、一个表象归因于另一个表象，另一种是允许构成表象总体性的要素或分解这些表象的符号得到明确讲说。

而货币与贸易理论这一方则说明任何物质如何能通过与一个对象的关系以及充当它的永久符号而获得了意指功能；它还说明了（通过贸易的作用以及货币的增加和减少的作用）：符号与所指的这一关系如何能被改变而从未消失过，同一个货币要素如何能或多或少地意指财富，在与价值的关系上，这个货币要素要表象这些价值，那它又如何能变换、扩展、缩小。因此，货币价格理论对应于在普通语法中以词根分析和行为语言分析（指明功能）的形式出现的一切以及以意义转义和变换（衍生功能）的形式出现的一切。类似于词，货币具有指明作用，但一直不断地在垂直轴周围波动：价格变动对金属与财富之间关系的最初确立，就好比修辞置换对动词符号的原初价值。而且，凭借在自己可能性基础上确保财富的指明、价格的确立、名词价值的改变以及国家的贫穷和富有，货币相关于财富所起的作用就好比特性相关于自然存在物所起的作用：货币既有可能把一个特殊记号强加在财富上，又有可能在实际上由物的总体性和人们使用的符号的总体性所限定的地方为财富指明一个可能是临时的位置。货币和价格理论在财富分析中所占的位置，就是特性理论在自然史中所占的位置。同特性理论一样，货币和价格理论把下述可能性统一成同一种功能了：赋予物以符号这一可能性，一物被另一物所表象的可能性以及引起一个相关于其所指的符号交换的可能性。

由此，我们可以在自然史的理论指明（la signalisation théorique）和货币符号的实际利用中发现四个功能：这些功能确定了动词符号的特殊属性并且把动词符号与表象所能为自身提供的所有其他符号区分开来。就需求对象之间和可见的个体之间确立起这样的符号体系而言（这些符号使表象相互之间的指明成为可能，使得与那些所指相关的能指的表象之衍生成为可能，使得被表象物的讲说成为可能，使得把某些表象归因于某些其他的表象成为可能），财富的秩序和自然存在物的秩序被确立和揭示了。在这个意义上，人们可以说，对于古典思想，自然史体系和货币或贸易理论具有与语言本身相同的可能性条件。这意味着两件事：首先，对古典经验来说，自然中的秩序和财富领域中的秩序拥有与由词显明的表象的秩序相同的存在方式；其次，当问题是为了揭示物之序时，词就形成了这样一个符号体系：这个符号体系对于自然史（假如是有效组织起来的）和货币（假如是有效调节的）像语言那样起作用是足够特许的。代数学之于普遍数学（la mathesis）就好比符号尤其是词之于分类学：都是物之序的构成和明确显现。

可是，存在着一种阻碍分类成为自然之自发语言以及价值成为

财富之自然话语的重大差异。更确切地说,存在着两个差异:一个
差异有可能把动词符号的领域与财富领域或自然存在物领域区分
开来;另一个差异有可能把自然史理论与价值或价格理论区分
开来。

界定语言基本功能的那四个要素(归因、讲说、指明、衍生)是
牢固地相互联系在一起的,因为当其中一个要素凭着动词越过语
言存在的界限时,它们是相互需要的。但是在语言的真实发生中,
这个过程的发生既不是在相同的意义上,也不具相同的严密性:从
原始指明出发,人们的想象(根据他们生活的气候、他们的生存条
件、他们的情感和激情、他们的体验)产生了在不同的人那里都不
同的衍生,可能这个衍生除了说明语言的多样性外,还说明了每一
种语言的相对不稳定性。在这个衍生的特定时机,并且在特定的
语言内部,人们控制着词的总体性,控制着名词的总体性:这些名
词是互相表述的并且还提供了其表象的轮廓;可是,这个分析是如
此不完善(它任凭如此多的模糊性和如此多的重叠继续存在),以
至于人们凭着同一个表象来利用不同的词并阐述不同的命题:他
们的思考不能抵御错误。想象的变换在指明和衍生之间增多;思
考的错误在讲说与归因之间扩散。这就是为什么在也许无限遥远
的语言域上投射出普遍语言观;在这种普通语言中,为了让思考能
完全清晰地作出关于任何一个命题的决定,词的表象价值将被足
够清楚地确定、足够清楚地奠基、足够清楚地确认——借助于这种
语言,"与哲学家现在所做的相比,农民能更好地判断物之真理"[80];
一种极其清晰的语言将使一种完全清楚的话语成为可能:这种语
言本身将成为一种组合术(L'Ars combinatoria)。这也是为什么任
何真实语言的操作都将获得百科全书的支撑(être doublé):这一百
科全书确定了词的路线,为词规定了最自然的途径,描绘了知识的
合法变换,并使毗邻性与相似性之间的关系系统化。词典的创立,
是为了从词的初指明出发来控制衍生的作用,恰如普遍语言的

---

[80]　笛卡尔:《致梅塞内的一封信》,1629 年 11 月 20 日(A. T. , I,第 76 页)。

创立是为了从一个被有效确立的讲说出发来控制思考的错误（当思考在阐述一个判断时）。组合术和百科全书一起弥补了真实语言的缺陷。

自然史（由于它必定是一门科学）和财富流通（由于它是一个由人们创立又被人们控制的制度）必定避免了自发语言内在固有的危险。在自然史秩序的讲说与归因之间不可能存在错误，因为结构处于其直接的可见性中；也不存在想象中的变换，不存在虚假的相似性，不存在不恰当的邻近（这种邻近把一个正确指明的自然存在置于一个并非它自己的空间中），因为特性（le caractère）或者是由体系的连贯性确立的，或者是由方法的精确性确立的。在自然史中，结构和特性保证了把在语言中仍然敞开着的并且在其边界产生了基本上不完全的艺术之设想的一切从理论上加以封闭。同样，价值（它自发地从估价的变为评价的）和货币（它凭着自己量的增加或减少引起并总是限制了价格的波动）都在财富秩序中确保了归因与讲说的调节以及指明与衍生的调节。价值和价格保证了把在语言中仍然敞开着的那些部分在实践中加以封闭。结构使自然史立即发现置身于组合的要素中，而特性使自然史确立起一种与存在物及其相似性相关的精确而确定的诗学（une poétique）。价值把诸财富形式彼此组合起来，货币则允许它们真正交换。哪里语言的无序之序蕴涵了与艺术及其无限任务之连续关系，哪里自然和财富的秩序就显现在结构和特性、价值和货币的纯粹而简单的存在中。

然而，应该注意到自然秩序在一个其价值体现在对一个真实系列或图表正确诠释的理论中得到了详细阐述；而且，存在物的结构既是可见物的直接形式，又是其讲说；同样，特性指明并集中在同一个运动中。相反，只有通过转换，估价价值才变为评价价值；并且金属与商品之间的初始关系只是缓慢地成为一个易于变化的价格。在第一种情形中，归因与讲说、指示与衍生就确确实实地叠加在一起了；在第二种情形中，存在着一个与物的本性和人类活动相联系的过渡。与语言一起，符号体系的缺陷被动地为人们所接受，并且只有一种艺术才能纠正它:语言理论是直接约定俗成的。自然史把自身确立为一个指明存在物的符号体系,而这就是它成为理论的原因。财富是被人们生产、增殖和变更的符号体系;财富理论从这边到那边都与政治学相联系。

可是,这个基本四边形的另两条边仍然是敞开着的。指明(一个单一而精确的行动)如何使自然、财富和表象的讲说成为可能?一般讲来,两个相互对立的部分(对语言来说是指判断和指称,对自然史来说是结构和特性,对财富理论来说是价值和价格)如何能以下述方式相互关联在一起:使一种语言、一个自然体系和财富的连续不断的运动成为可能? 正是在这里才真正有必要假定诸表象在想象中是彼此类似和相互回想的;自然存在物都彼此处于毗邻和相似关系中;人们的需求是相互对应并能得到满足的。如果要有语言,如果要有自然史,如果可能要有财富和财富的实用,那么,诸表象的连接、完整无损的存在物区域,以及自然的增殖总是需要的。表象与存在的连续统一体,一个被消极地限定为缺乏虚无的本体论,存在之一般可表象性(une représentabilité)以及呈现在表象之出场中的存在——所有这些都是古典知识型总体构型的组成部分。人们能在这个连续性原则中发现 17 和 18 世纪强有力的形而上学思想阶段(这个阶段使命题形式具有实际意义,使结构被整理为特性,并使物的价值计算为价格);而讲说与归因、指明与衍生之间的关系(这一方面为判断奠定了基础,另一方面为意义奠定了基础,于是就有结构与特性、价值与价格)则确定了强有力的科学思想阶段(这个阶段使语法、自然史和财富的科学成为可能)。因此,赋予经验性(l'empiricité)以秩序,这一做法与作为古典思想特征的本体论联系在一起;事实上,这个思想在一个本体论中起作用(这个本体论因存在毫无破裂地提供给表象这个事实而变得明朗);并且还在一个表象内部起作用(这个表象因自己释放了存在的连续性这个事实而被阐明)。

至于在 18 世纪末的整个西方知识型中产生的突变,我们通过说明:科学上强有力的阶段确立的地方恰恰是古典知识型在形而上学上强有力的地方;以及另一方面,哲学空间出现的地方就是古典主义最最稳固地确立起其认识论网络的地方,我们现在就有可能从远处描述这个突变。事实上,生产之分析,作为新"政治经济学"的新设想,具有其基本作用:即分析价值与价格之间的关系;有机生物与生物结构的概念、比较解剖学的概念——简言之,新兴"生物学"的所有论题——都说明了个体中可观察到的结构对属、科(des familles)、门(des embranchements)来说为何具有像一般特性那样的有效性;最后,为了把语言之形式上的布局(语言确立命题的能力)与属于词的意义统一起来,"语文学"将不再研究话语的表象功能,而是研究一种屈从于历史的形态学恒项的总体性。语文学、生物学和政治经济学确立起来了,但确立的地方并非先前由普通语法、自然史和财富分析占据的地方,而是在一个这些知识形式并不存在的地方,在它们留下空白的地方,在那个把它们重大的理论环节分割开来而又充满本体论连续统一体之喧闹声的沟痕深处。19世纪的知识对象形成于古典的全部存在都陷入沉默的地方。

相反,一个新的哲学空间从古典知识对象消解了的地方解放出来。归因(作为判断形式)这个要素与讲说(作为存在物的一般勾勒)这个要素相分离,并由此创立了命题学与形式本体论之间的关系问题;初始指明这个要素与贯穿时间的衍生要素也相分离了,并打开了一个空间:原初意义与历史之间的关系问题从中产生了。这样,近代哲学反思的两种主要形式确立起来了。第一种反思质疑了逻辑学与本体论之间的关系;它沿着形式化道路前进并在新的方面背后与普遍数学(la mathesis)问题相遭遇。第二种反思质疑了意指(la signification)与时间之间的关系;它从事着一种没有完成而且大概从未能完成的揭开面纱(un dévoilement)的工作,并且它使解释的论题和方法凸显出来。可能,能向哲学提出的最基本的问题就关涉到这两种反思形式之间的关系了。当然,并不是在考古学内我们说这个关系是否可能,或者它如何能有一个基础;而是考古学能指明这个关系设法存在下去的区域,能表明近代哲学试图在哪个知识型区域内发现自己的统一性,在哪个知识点上发现自己的最大范围:在(处于命题学和本体论中的)形式的东西与由解释所阐明的意味的东西(le significatif)相接合的地方。古典思想的基本问题就处在名词与秩序之间的关系上:如何去发现一种即将成为生物分类学(une taximonie)的术语分类法(une nomenclature),还有,如何去确立一个对存在之连续性来说将是清晰的符号体系。近代思想基本上加以置疑的是意义与真理形式和存在形式之间的关联:在我们的反思天空,一种话语占着支配地位——这也许是一种无法理解的话语——它把本体论和符号学连成为一个整体。结构主义不是一种新的方法;它是对近代知识的活跃而不安的意识。

## 第八节　欲望与表象

　　17 和 18 世纪的人们并不凭借从先前世代获得的一切,也不依照不久将被发现的一切,来思考财富、自然或语言;他们是从一个一般布局出发来思考它们的:这个布局不仅规定了它们的概念和方法,而且更为基本的是为语言、自然个体和需要及欲望的对象确定了某种存在方式;这个存在方式就是表象的存在方式。从那时起,一整个共同基础出现了:科学史作为一个表面效果在这个基础上出现了。这并不是说,从现在起人们可以把问题搁在一边了;而是对知识史的反思不再能满足于在时间序列中遵循一系列认识的展开;事实上,这样系列的认识并不是遗传和传统之现象;并且人们并不是通过陈述前一系列的认识,也不是通过陈述由此一系列认识借助于——诚如我们所说的——"新的给予"(apporté de nouveau)而提供的一切,来说明此一系列认识是如何可能发生的。只有从同时代的一切出发,并且肯定不是依据相互影响,而是依据在时间中确立起来的条件和先天性,知识史才能被撰写。正是在这个意义上,考古学能说明普通语法、自然史和财富分析的存在,并由此开放了科学史、观念史和舆论史假如愿意就能随意嬉戏的一个并未分裂的区域。

虽然表象、语言、自然秩序和财富等的分析相互之间是极其连贯和一致的,但还是存在着深远的不平衡。这是因为表象支配着语言、个体、自然和需求本身的存在方式。因此,表象的分析对所有经验领域来说都具有一种决定性的价值。在那个当表象表象自身时而在表象内部敞开的区间内,即在存在和同(le même)所处的地方,整个古典的秩序体系、通过物的同一性体系而有可能认识物的整个分类学展现了。语言只是词之表象;自然只是存在物的表象;需求只是需要的表象。古典思想的终结(la fin)——和那个使得普通语法、自然史和财富科学成为可能的知识型的终结——会与表象之退隐,更确切地说与相关于表象的语言、生物和需求的解放相吻合。谈话者的晦涩而执拗的精神、生命之强力与不懈的努力、需求之隐秘的力量,所有这些都避开了表象之存在方式。表象本身将被设定为意识之形而上学反面的自由、欲望或意志的巨大冲动所并置、限制、框定、也许蒙蔽、无论如何从外部规定。类似于意志或力量的某物是在近代经验中涌现出来的:这种经验构成了它,但总的来说是表明古典时代现在终结了,随之终结的还有表象的话语(un discours représentatif)的统治,还有意指自身并在其词的序列中陈述蛰伏在物中的秩序的那个表象王朝。

这个颠倒发生在萨德(Sade)的时代。更确切地说,这个坚持不懈的工作显明了没有欲望律的规律与话语表象(une representation discursive)的细致秩序之间存在的不确定的平衡。在这里,话语的秩序发现了自己的界限(Limite)和规律(Loi);但是,它还是有足够的力量与其统治者共存。可能,这里存在着西方世界最后的"放荡"原则(继这个世界之后的是性时代的开端):放荡者是这样一个人,他虽然屈从于欲望的所有幻想和欲望的每一个狂恋,但他能够而且必须用一种清晰而又故意被澄明的表象来澄清它们最细小的运动。有一个严格的秩序控制着放荡者的生活:每个表象必须立即从欲望的生命体中获得活力,每个欲望必须在表象的话语(un discours représentatif)的纯粹之光中得到表达。由此产生了那个僵硬的"场景"序列(在萨德那里,这个场景就是屈从于表象之序的放荡),在这些场景内还产生了肉体的组合与理性的连接之间细小的平衡。可能,《朱斯蒂娜》(*Justine*)和《朱丽叶》(*Juliette*)在近代文化发端处的位置,就好比《堂吉诃德》在文艺复兴与古典主义之间的位置。塞万提斯笔下的英雄像 16 世纪的人们那样来读解世界与语言的关系,并仅仅通过相似性作用在小旅店中辨认城堡、在乡村少女中辨认夫人;这个英雄毫不知晓地把自身囚禁在纯表象的方式中;但是,由于这个表象只拥有相似律,所以它必定出现在谵妄(le délire)的可笑形式中。在小说的第二部分,堂吉诃德从那个被表象的世界获得其真理和规律;在那本作为他诞生地的书中,他没有更多的期望:他未曾读过这本书,但必须遵循该书的路径,一个命运从此由其他人强加在他上面了。他只是必须让自己生活在一个城堡中:在这个城堡中,他本人因凭其癫狂而渗入纯表象世界中而最终成了表象诡计中的简单角色。萨德的角色在古典时代的另一终端、在古典时代衰落时与他对应。不再是表象讽刺地战胜相似性;是欲望之晦涩而反复的强力拍打着表象的边界。《朱斯蒂娜》对应于《堂吉诃德》的第二部分;她是无限的欲望对象(她是欲望的纯来源),恰如堂吉诃德(不顾他本人)是表象的对象一样(这个表象与他一样都处于他的存在的深处)。在朱斯蒂娜那里,欲望和表象只有通过他人(un Autre)的出场才能交流:这个他人把女英雄当作欲望对象而表象给他自己的,而她本人除了知道欲望拥有表象之轻巧的、久远的、外在的和冰冷的形式以外,对欲望一无所知。这就是她的不幸:她的无知总是保持为欲望和表象之间的第三者。朱丽叶只是所有可能的欲望的主体;但这些欲望被毫无遗留地放回到表象中去了:这个表象在话语中为它们提供了基础并且自愿地把它们转变为场景。因此,朱丽叶的生活之大量叙述,从欲望、强力、野蛮到死亡,展示了表象之光辉灿烂的图表。这张图表对欲望的所有形态来说(这些形态坚持不懈地在欲望中积累并只通过它们的组合力量而在欲望中增殖),是微不足道和显而易见的,以至于恰恰像堂吉诃德那样没有理性:当他相信自己是沿着世界与书籍的混合途径而从相似性进到相似性,(实际上)陷入他自己的表象的迷宫中去时,情况就是这样。《朱丽叶》把被表象物的这一厚度变薄了,以便欲望的所有可能性以一种无丝毫缺点、无丝毫沉默、无丝毫遮蔽的方式显露出来。

借此,这个故事结束了古典时代,恰如《堂吉诃德》打开了这个时代那样。尽管我们的确可以说,它是尚与卢梭(Rousseau)和拉辛(Racine)同时代的最后语言,尽管它是着手从事"表象"、即命名的最后话语,但我们都充分地认识到:它在把这一仪式归结为最大的正义(它用其僵硬的名词来称呼物,这样就排除了修辞的空间)的同时,又把这一仪式加以无限拓展(通过命名一切,包括最小的可能性,因为这一切是依据欲望之一般特性而被阅览的)。萨德抵达了古典话语和思想的终点。他恰恰统治着它们的边界。从他开始,强力、生和死、欲望、性将在表象下面展延一片巨大的阴影区:现在,我们将尽我们的所能设法在我们的话语、我们的自由和我们的思想中复述这一阴影区。但是,我们的思想是如此的简易、我们的自由是如此的受束缚、我们的话语是如此的反复,以至于我们说明,实际上,下面的阴影区必定是无底的大海。《朱丽叶》的兴隆(Les prospérités)总是较为孤独,并且这些兴隆并无期限。

# 第二编

# 第七章  表象的界限

## 第一节  历史时代

　　18世纪的最后几年被一种与在17世纪初摧毁文艺复兴思想的东西相对称的间断性所中断；那时，包含相似性在内的巨大循环形式被拆散和打开了，以致同一性图表能够展开；而现在轮到这个图表将被取消了，知识处于一个新空间内。间断性就其原则、初始的分裂而言，也像那个把帕拉塞尔斯循环（les cercles de Paracelse）与笛卡尔秩序区分开来的东西一样捉摸不透。认识论布局的这个意外的变幻不定，相互关连的诸实证性（des positivités）的流变，更为深层的是这些实证性的存在方式的改变，这些东西突然来自何方？思想脱离先前栖居的地区——普通语法、自然史、财富——并任凭不到20年前在认识的灿烂区域被设定和确证的一切跌入谬误、幻想、非知识，这是怎么回事呢？突变实然地确定：物并不以相同的方式而被描述、陈述、刻画、分类和认识，并且在词的空隙或通过它们的透明性，呈现给知识的不再是财富、生物和话语，而是截然不同的存在；这些突变遵从什么样的事件、什么样的规律呢？对知识考古学来说，连续性区域中的这个深深的切口，尽管必须得到分析并且是细致的分析，但不能用单一言词来"说明"甚或记录。它是一个激进事件，分布在所有可见的知识表面上，并且我们有可能一步步注意到它的标记、震颤和结果。思想只有在它自己的历史的根基处重新认识自身，才能完全确信无疑地为这一事件的独

221

立真理提供基础。

考古学必须依据它自己的明确的布局来审视每一个事件；它将叙述适合于每个实证性的构型是如何改变的（如对语法来说，它将分析适于名词的主要作用的消失和词变体系之新的重要性；或者，在另一个例子中，它将分析生物中特性对功能的服从）；它将分析充斥实证性的经验存在的改变（用语言代替话语，用生产代替财富）；它将研究相互关联的诸实证性的移动（如生物学、语言科学和经济学之间的新关系）；最后，尤其是它将表明一般的知识空间不再是同一与差异的空间、非数量秩序的空间、一般特性化的空间、一般分类学的空间、非可测的普遍数学的空间，而是由生物结构组成的空间，即其总体确保一个功能的诸要素间的内在关系的空间；它将表明这些生物结构是不连续的，它们并不由此形成一张关于未分裂的同时性的图表，而是某些结构处在相同的层面上，而其他的结构则构成了系列或线状序列。因此，我们看到：作为这一经验性空间之组织原则，同功①（l'Analogie）和接续（la Succession）涌现出来了：事实上，生物结构相互之间的关联不再是一个要素或诸要素之同一性，而必定是诸要素间关系（可见性在这个关系中不再起作用）之同一性以及由这些要素确保的诸功能之同一性；而且，假如这些生物结构偶尔相邻（作为同功之特别高的密度的结果），那并不是因为它们在一个分类区域中占据着邻近的位置；而是因为它们都是在同一时间内形成的，并且在接续之生成（le devenir）中是一个紧接着另一个的。鉴于在古典思想中，年代学序列只是浏览了事先描述所有可能性的先决的和较基本的图表空间，从现在起在空间中同时发生和同时可观察到的相似性则仅仅是从同功到同功的固定的接续形式。古典秩序在一个永久的空间上散布了对物加以分离和统一的非数量化的同一与差异：正是这个秩序才控制着人们的话语、自然存在物的图表和财富的交换，但它在每个情形中都依据稍稍不同的形式和规律。从 19 世纪起，大写的历史将在

---

① 在语法中，译为类同。——译注

222

一个时间系列中展开把独特的生物结构相互关联起来的诸同功。正是这个大写的历史才逐渐地把自己的法则强加在生产分析、有机存在分析及最后的语言群分析之上。大写的历史让位于同功的生物结构，恰如大写的秩序为接续的同一和差异开辟了道路。

　　但是，人们能清楚地看到，大写的历史不能被理解成实际接续（如同其构成的那样）的汇集；大写的历史是经验性（des empiricités）之基本的存在方式，正是在这个存在方式的基础上，经验性才得以在可能的认识和可能的科学的知识空间中被确认、设定、布局和散布。恰如大写的秩序在古典思想中并不是物之可见的谐和，或其被观察到的调节、规则性或对称性，而是物之存在的特殊空间（这个空间先于所有有效的认识而在知识中把物确立起来）一样，大写的历史从 19 世纪起限定了经验（ce qui est empirique）的诞生地：经验先于所有确立起来的年代学而从这个诞生地获得了它自己的存在。可能正是因为这一点，大写的历史才不久依照一种大概不可能控制的含混性而被划分为：一门事件的经验科学和那个根本的存在方式（这个存在方式为所有经验存在、为那些特殊的存在即人规定了命运）。诚如我们所知的，大写的历史的确是我们记忆之最博学、最警醒、最活跃并且无疑是最拥挤的区域；大写的历史同样是一个深底：所有存在物都是从这个深底开始存在并且不确定地闪烁。由于大写的历史是所有在经验中赋予我们的一切的存在方式，所以，大写的历史成了我们思想之不可绕过的要素：在这方面，大写的历史与古典秩序没有什么不同。古典秩序也能在一致的知识（un savoir concerté）中确立起来，但是它更基本地是每个存在借以达到认识的空间；并且古典形而上学恰恰处于从秩序（ordre）到大写的秩序、从分类到大写的同一性、从自然存在（des êtres naturels）到大写的自然的距离中；简言之，处于从人的知觉（或想象）到上帝的理解和意志的距离中。在 19 世纪，哲学处于从历史到大写的历史、从事件到大写的起源、从进化到源头的最初分裂、从忘却到大写的返回的距离中。因此，就哲学是大写记忆（Mémoire）而言，哲学将是形而上学，并且它必然会把思想引向这样的问题:要知晓思想之具有历史这意味着什么。这个问题始终困扰着从黑格尔到尼采及以后哲学家的哲学。但是,我们决不能把这看成是一种自主的哲学反思的终结:这种反思出现得太早并且太自傲以至于不能独独依靠先于它并且由他人所说的一切;我们不要把这看成是宣告思想无力独立并总是被迫盘绕着先前确立起来的思想的借口。我们足以在此确认一种贬低了某种形而上学的哲学,因为这种哲学已脱离秩序的空间,但是,它必定具有大写的时间,它的流变和它的返回,因为它陷入了大写的历史的存在方式之中。

但是,我们必须以一种稍为具体的方式回到 18 世纪末和 19 世纪初所发生的一切:回到太快地勾勒出来的从大写的秩序到大写的历史的突变,回到那些实证性的基本变化(那些实证性近一个半世纪以来已让位于许多邻近的知识)——表象的分析、普通语法、自然史和对财富与商业的思考。整理经验性(话语、图表和交换)的这些方法是如何消失的? 言词、存在和需求对象是在另一个什么样的空间中并依照什么形式而获得自己的位置并相互关联地布局在一起? 为了使所有这些变化成为可能,并且为了让那些现在熟悉的知识(从 19 世纪起我们称其为语文学、生物学和经济学)在仅仅几年以后出现,言词、存在和需求对象要接受什么样新的存在方式呢? 我们自然会想到,假如这些新领域在最近一个世纪被限定了,那么这只是认识客观性、观察精确性、推理严密性、科学研究和信息组织中的一点提高——即所有这一切,凭着一些幸运的发现,再加上一点好运或天才,有助于我们从一个前历史的时代出发:在这个时代中,知识再次与波-鲁瓦亚勒语法、林耐的分类和商业理论或农业理论一起结结巴巴地说话。当然,我们可以从学识合理性的观点来较好地谈论前历史,对实证性来说,我们只能谈论非常简短的历史。并且一个基本的事件(可能是西方文化中发生的最激进的事件之一)将拆散古典知识的实证性,并构造另一个实证性:我们现在可能还未完全摆脱这个实证性。

可能由于我们仍然陷于这个事件的发端处,所以这个事件多半是我们所不能理解的。这个事件的规模、它所达到的深度层面、它能打乱并加以重组的所有实证性、使它在仅仅几年以后能席卷我们整个文化空间的至上力量,所有这些都只有在一种恰恰关涉到我们的现代性的真正存在的准无限的研究(une enquête quasi infinie)之后,才能被估价和测定。如此多的实证科学的构成、文学的出现、哲学向它自己的生成的退却、同时作为知识和作为经验性之存在方式而出现的历史,都只是一个深深断裂的众多符号。符号散布在知识空间中,是由于它们让自身在这里的语文学的构成、在那里的经济学的构成、还有在那里的生物学的构成中被人们觉察到。符号也散布在年代学中:的确,整个现象都处于可易于确定的年代之间(最远的时间点是 1775 年和 1825 年);但在每一个研究领域中,我们都能确认两个接续的阶段:它们大约在 1795 - 1800 年是相互连接在一起的。在这第一个阶段,实证性之基本的存在方式并没有变化;人的财富、自然的种、充斥在语言中的词仍然保留在古典时代:双重表象——其作用是指示表象、分析表象、组合和分解表象,以便使一般的秩序原则,与表象之同一和差异的体系一起,在诸表象中涌现。只是在第二阶段,词、纲和财富才会获得一种不再可与表象的存在方式相共存的存在方式。另一方面,从亚当·斯密、A-L. 德·朱西厄或维克·达齐尔(Vicq d'Azyr)的分析到琼斯(Jones)或安魁梯尔-迪佩龙(Anquetil-Duperron)的时代,很早就发生变化的是实证性之构型,即在每个人那里,诸表象要素相互关联地发生作用的方式,诸表象要素发挥其指示和连接这双重作用的方式,诸表象要素通过比照(des comparaisons)作用能够确立起秩序的方式。将要在本章加以研究的正是这第一阶段。

## 第二节　劳动的度量

人们通常肯定亚当·斯密通过在一个他尚未知晓的反思领域引入劳动概念,就创立了近代政治经济学(人们可以说仅仅创立经济学而已）：所有关于货币、商业贸易和交换的陈腐分析一下子都被归到知识的一个史前时代——可能唯一的例外就是重农主义，人们认为它的长处就是至少已经尝试着分析农业生产。的确，亚当·斯密一开始就把财富观念归于劳动观念："一个国家的年度劳动是初始资金，它向年度消费提供了生活所有必需的和舒适的物品；这些物品始终或者是这个劳动的直接产物，或者是用这个产品从其他国家买来的。"②的确，斯密把物品的"使用价值"与人的需求关联起来，把物品的"交换价值"与用于其生产的劳动量关联起来："无论什么样的商品的价值，对于拥有这个商品且不打算自己使用或消费这个商品但有意用它来交换其他商品的人来说，等同于这个商品使他处于购买或支配状态中的劳动量。"③实际上，斯密的分析与杜尔哥或康帝永的分析之间存在的差异要比我们想象的小得多；或更确切地说，这个差异并不存在于我们想象它的地方。自康帝永以来，并且早在他之前，人们就开始极好地把使用价值与交换价值区分开来；同样自康帝永以来，人们利用劳动量来度量这后者。但是，包含在物品价格中的劳动量只是度量的工具，既是相对的，又是可缩减的。实际上，人的劳动赢得了人及其家庭所必需的食物的数量，以便在劳动持续期间供养自己和家人④。因此，作为最后的要求，需求（食物、衣服和居所）确定了市场价格的绝对度量。在整个古典时代，正是需求度量了等值，使用价值用作为交换价值的绝对参照；正是食物评定了价格，赋予农产品、小麦和土地以普遍认可的特权。

因此，亚当·斯密并未发明作为经济学概念的劳动，因为我们早已在康帝永、魁奈和孔狄亚克那里发现了劳动；亚当·斯密甚至也没有使劳动发挥新的作用，因为他也把劳动用作交换价值的度

---

② A.斯密：《国富论》，法译本，巴黎，1843年，第1页。
③ 同上书，第38页。
④ 康帝永：《论普通商业》，第17-18页。

量:"劳动是整个商品的使用价值的真实度量。"⑤但他转移了劳动:
他始终保留着对可交换的财富进行分析的功能;然而,这个分析不
再是一个把交换归于需求(和把商业贸易归于物物交换的初始姿
态)的完全的瞬间;这个分析发现了一个不可缩减的、不可逾越的
和绝对的度量单元。突然间,财富不再通过对要加以交换的物品
作比较,也不通过对每个人所特有的表象需求对象(并且作为最后
的手段,最基本的需求,即食物)的能力作评价,来确立其等值的内
在秩序;财富将根据劳动的单元而被分解,劳动单元真正产生了财
富。财富总是那些起着作用的表象因素:但由财富最终表象的,不
再是欲望的对象,而是劳动。

但是,有人立即会提出两个异议:当劳动本身有一个价格——
一个可变的价格时,劳动怎么能成为物品自然价格的固定度量呢?
当劳动改变了形式并且制造业的进步通过愈来愈实施劳动分工而
不停地使得劳动变得更具生产性时,劳动怎么能成为一个不可逾
越的单元呢?然而,正是通过这些异议并且如同通过其代言人,我
们才能阐明劳动的不可还原性及其初始特性。实际上,在世上存
在着地区,在同一个地区存在着劳动变得昂贵的时候:工人的数量
极少,薪水很高;而在其他地方,或其他时候,劳力充裕,对劳力的
报偿就很差,劳动很便宜。但在这个交替中所发生变化的,正是人
们凭借一个劳动日所能谋得的食物的数量;如果食物很少,消费者
又很多,那么,每个单元的劳动就将只能得到数量很少的衣食;相
反,如果食物很充裕,那么,每个单元的劳动就将能得到很好的报
酬。这些只是一个市场境遇的结果;劳动本身、花费在劳动中的时
间、辛劳和疲倦无论如何都是相同的;所需的劳动单元愈多,劳动
产品就将愈昂贵。"同等数量的劳动对劳动者来说始终具有同等
的价值。"⑥

然而,人们可以说,这个劳动单元并不是固定的,因为为了生

---

⑤ 亚当·斯密:《国富论》,第38页。
⑥ 同上书,第42页。

产同一个物品,就必需根据制造的完美与否(即根据人们已经确立的劳动分工)而定的或长或短的劳作。但说实在的,已发生变化的,并不是劳动本身;而是劳动与自己能进行的生产之间的关系。因被理解成一天辛劳的和疲倦的工作,劳动就是固定的分子:只有分母(被生产的物品的的数量)才是可变的。一个工人要靠自己来实施制造别针所必需的 18 次不同的操作,这样一个工人在一整天可能不会生产超过 20 支别针。但 10 个工人,每个工人只完成一个或两个操作,就能在一整天生产出多于 48000 支别针;因此,生产出占总产量 10% 的每个工人就能被认为在他的一天内制造出了4800 支别针⑦。劳动的生产力增加了;在相同的劳动单元内(薪水日),被制造的产品增加了;因而,它们的交换价值就将降低,即每一个这样的产品都将只能购买相应较少数量的劳动。对物品而言,劳动并没有减少;对劳动单元来说,正是物品得到了紧缩。

的确,人们之所以交换,是因为人们有需求;没有需求,商业就不存在,劳动也不存在,尤其是不存在使劳动变得更加生产性的分工。相反,当需求满足时,正是需求限制着劳动及其改善:"由于正是交换能力导致了劳动分工,因而,这个分工的增加就应该总是受制于交换能力的广度和深度,或换言之,总是受制于市场的广度和深度。"⑧需求与能回应这个需求的产品的交换始终是经济学原则:它们是经济学的初始动机,并限制着经济学;劳动以及组织劳动的分工只是经济学的结果。但在交换内部,在等值领域内,能确立起平等和差异的度量,其性质不同于需求。这个度量并不与个体单独的欲望相联系,并不随着这个欲望的变化而变化,也不像这个欲望那样是可变的。这是一个绝对的度量,如果这只是意味着它并不依赖于人心或人类欲望的话;度量是从外部强加给人类的:这是人类的时间和辛劳。相比于其先驱者的分析,亚当·斯密的分析代表着一个根本的脱钩:亚当·斯密的分析区分了交换的理由与

---

⑦ 同上书,第 7-8 页。
⑧ 同上书,第 22-23 页。

可交换物的度量，被交换物的性质与使得它能被分解的单元。人们进行交换，是因为人们需要，人们恰恰交换自己所需要的对象，但是，交换的秩序，交换的等第和体现在该等第中的差异则是由沉淀在所需对象中的劳动单元所确立的。如果对人的经验（在不停地被称之为心理学的层面上）来说，人所交换的是对人所"不可缺少的、舒适的或愉快的"东西，那么，对经济学家来说，以物的形式进行流通的就是劳动。不再是需求对象相互表象，而是时间和辛劳被转化、隐藏和遗忘。

　　这个脱钩极其重要。的确，亚当·斯密像其先驱者一样仍然分析 18 世纪称之为"财富"的这个实证性领域；他也把"财富"理解成在交换运动和过程中能表象自身的需求对象，因而理解成某种表象形式的对象。但在这个重复的内部，为了调整其规则（交换的统一性和尺度），他阐明了一个不能归结为表象分析的秩序原则：他阐明了劳动，即辛劳和时间，这个劳动日既勾勒出又消耗一个人的生命。欲望对象的等值不再由其他对象和其他欲望的中介所确立，而是由一个过渡确立的，即向完全不同于它们的东西过渡；如果财富中存在着秩序的话，如果这能够买那，如果金子要比银子贵两倍，那不再是因为人们具有可比较的欲望；那不再是因为人们通过自己的躯体体验到了相同的饥饿，也不再是因为人们的心都受相同的诱惑；那是因为人们都服从时间、辛劳和疲倦，并且最终都服从死亡本身。人们之所以进行交换，是因为他们体验到了需求和欲望；但是，他们能够交换并安排这些交换，是因为他们都服从时间和巨大的外部命运。至于这个劳动的多产性，它并不如此归因于个人的能干或利益的计算；它是建立在外在于其表象的那些条件之上的：工业的进步，工作分工的增加，资本的积累，生产劳动与非生产劳动之间的分割。我们看到，在亚当·斯密那里，对财富的反思是以何种方式开始溢出在古典时代分配给它的空间；那时，人们把该反思置于"观念学"（idéologie）的内部——表象分析的内部；从今以后，该反思从侧面涉及两个都逃避观念分解的形式和法则的领域：从一方面，该反思早已指向一种对人的本质（人的有限性、人与时间的关系、死亡的迫近)和对象进行质疑的人类学,人在这个对象中投入了他的时间的劳动日和辛劳而不能从中知道自己的直接需求的对象;从另一方面,该反思表明了仍然毫无结果的一种政治经济学的可能性,这个政治经济学不再把财富交换(和创立了财富交换的表象游戏)当作对象,而是把财富的真实生产(劳动的形式和资本的形式)当作自己的对象。我们懂得在这些新近形成的实证性(谈论自我异化的人的人类学和谈论外在于人类意识的机制的经济学)之间,观念学或表象的分析如何只是马上归结为心理学,而在它的对面,在它的对立面,不久将完全统治它的一种可能历史的维度敞开了。从亚当·斯密开始,经济学的时间将不再是贫穷和富裕相循环的时间;也将不再是精明的政治所完成的线性的增长,这种政治通过始终轻微地增加流通中的货币而使生产加速得比价格快;这将是一种构造的内在时间,这个构造根据它自己的必然性而增长,根据本地法则而发展——这是资本的时间和生产体制的时间。

## 第三节　存在物的构造

在自然史领域中,我们可以观察到的在 1775 和 1795 年间发生的变化是相同类型的变化。人们没有重新讨论分类原则:分类的目的总是为了确定"特性"(le caractère),这个特性在较普遍的单位中对个体和种进行归类,把这些单位相互区分开来,并最终使这些单位能接合在一起,其方式就是形成一张所有已知的或未知的的个体和类群都能在其中占有一席之地的图表。这些特性是从有关个体的总体表象中提取出来的;这些特性是对其所作的分析,并且在表象这些表象时能构建一个秩序;分类学(la taxinomia)的普遍原则(甚至那些支配着图尔内福和林耐的体系、亚当森的方法的原则),以相同的方式,继续对 A. - L. 朱西厄、维克·达齐尔(Vicq d'Azyr)、拉马克和康多勒(Candolle)有价值。然而,使得人们能确立起这个特性的技巧,可见结构与同一性标准之间的关系都得到了修改,诚如需求或价格的关系被亚当·斯密所修改一样。在整个 18 世纪,分类已确立起特性,其手段就是对可见结构作比较,即使得诸要素处于相互关系之中,这些要素是一致的,因为每一个要素都能依据所选择的整理原则(le principe ordinateur)用于表象所有其他要素:唯一的差异在于,对分类学家来说,表象要素一开始就被确定了,而对墨守成规者来说,表象要素逐渐摆脱了渐进的对抗。但是,从被描述的结构向分类特性的过渡,这完全是在可见物对自身实施的表象功能的层面上进行的。从朱西厄、拉马克和维克·达齐尔开始,特性,或确切地说,结构之转变成特性,将奠基于可见物领域所陌生的一个原则之上,这个内在原则是不可还原为表象的交互作用的。这个原则(在经济学领域中,劳动与之相对应),就是构造(l'organisation)。作为分类学的基础,构造以四种不同的方式呈现出来。

　　1. 首先,它以特性等级的形式呈现出来。如果我们实际上并不把物种连成片地并具有极大差别地展现出来,而如果是为了立即限定研究的领域而接受由明晰性确定的宽大的类群(对植物来说,如禾本科、菊科、十字花科、豆科;或对动物来说,如虫类、鱼类、鸟类、四足动物),那么,我们可以看到某些特性是完全确实不变的,并且在我们能从中认可的任何属和任何种中都并不缺乏:例如,雄蕊的插入,雄蕊相关于雌蕊的位置,当花冠带有雄蕊时花冠的插入,与种子胚胎相伴而生的叶子的数量。其他特性则在一个科中是很常见的,但并不达到相同的稳定程度;这是因为它们是由不太根本的器官形成的(花瓣的数量,花冠的有无,萼或雌蕊各自的位置):这些是"次生的和次均匀的"特性。最后,"第三级的半均匀的"特性,有时是确实不变的,有时是可变的(萼具有的一叶的或多叶的结构,果实中室的数量,花和叶的位置,茎的性质):凭这些半均匀的特性,是不可能定义科或目的——如果我们把它们应用于所有的种,这并不是因为它们不能够形成普遍存在物,而是因为它们并没有涉及到一个生物类群中本质的东西。每一个大的自然科都具有能定义自己的必不可少的东西,都具有使自己能被确认的特性,这些特性最接近于这些基本条件;由此,由于繁殖是植物的主要功能,植物的胚胎就将是最重要的部分,人们能把植物分成三类:无子叶植物、单子叶植物和双子叶植物。在这些根本的和"初生的"特性的基础上,其他特性就将显现并引入更精细的区分。我们看到,特性不再是从可见结构中直接提取的,并且其在场与否就是标准;特性基于对生物来说是根本的功能的存在之上,基于并不仅仅属于描写的重要性关系之上。

2. 因此,特性是与功能联系在一起的。在某种意义上,人们又回到了古老的记号或标记理论,这些记号或标记假定,在生物最明显的表面上,生物带有自身最根本部分的符号。但在此,重要性关系就是功能从属关系。如果子叶的数量对于植物分类是决定性的话,那是因为子叶在繁殖功能中起着一种决定作用,并且基于同样的理由,子叶是与植物整个内在构造联系在一起的;子叶表明了一种功能,该功能支配着个体的整个布局⑨。同样,对动物来说,维克·达齐尔已经表明饮食功能可能是最重要的;正是由于这个原因,"确实不变的关系才存在于食肉动物类的牙齿结构与其肌肉、爪子、指甲、胃和肠等的结构之间"⑩。因此,特性并不是由可见物与其自身的关系所确立起来的;特性本身只是一个复杂的和成等级的构造的可见点,在这个构造中,功能起着支配和决定这样的根本作用。特性之所以重要,这并不是因为特性经常出现在被观察的结构之中;我们之所以经常碰到特性,是因为特性在功能上是重要的。诚如居维埃通过概述他那个世纪最后那些重大的唯方法论者的工作所要指出的,随着我们上升到最普遍的纲,"仍然是共同的属性也最确实不变;由于最确实不变的关系是属于最重要部分的关系,所以,高级分工的特性就将取自于最重要的部分……这如同方法是自然的,是因为方法考虑到了器官的重要性"⑪。

---

⑨ A.-L. 朱西厄:《普通植物学》,第 18 页。

⑩ 维克.达齐尔:《四足动物的解剖学体系》,1792 年,"引言",第 87 页。

⑪ G. 居维埃:《自然史的基础图表》,巴黎,1795 年,第 20-21 页。

3. 在这些条件下,我们懂得了生命概念对自然存在的有序是如何能变得必不可少的。生命概念之变得必不可少,出于两个原因:首先,必须能在躯体深处把握住这样一些关系,即这些关系能把以下两者联系起来,一是表面器官,一是那些其存在和隐藏的形式能确保根本功能的器官;这样,斯托尔(Storr)提议根据哺乳动物蹄子的布局来对哺乳动物进行分类;这是因为这个布局是与动物走动的方式和运动的可能性联系在一起的;然而,这些方式反过来又是与进食的形式和消化体系的不同器官相关联的[12]。而且,最重要的特性有可能是最被隐藏的;在植物王国中,我们早已能观察到,意味深长的要素并不是花和果实(植物最看得见的部分),而是胚胎器官和像子叶这样的器官。这个现象在动物那里更为常见。斯托尔认为,必须根据循环形式来定义巨大的纲;尽管拉马克本人并不实施解剖,但他否认低等动物可适用只基于可见形式之上的分类原则:"对甲壳动物的躯体和肢体的关节所作的考虑使得所有博物学家把它们看作真正的昆虫,在这方面,我本人长期来遵循这个共同见解。但是,由于众所周知,无论从哪方面来看,构造对在动物之方法的和自然的分类中进行引导是最根本的,也对在它们之间确定真实的关系是最根本的,所以,结果是,唯一像软体动物那样通过腮呼吸并像软体动物那样具有肌肉心的甲壳动物,应该被直接置于软体动物之后,置于并不具有类似构造的蛛形纲和昆虫之前。"[13]因此,分类将不再是把可见物归诸它自身,而同时使它的一个要素负责表象其他要素;在一个使分析得以运转的运动中,分类就是把可见与不可见关联在一起,如同把可见与其深层原因关联在一起,接着从这个秘密的结构回溯到在躯体表面展现出来的明显的符号。诚如皮内尔(Pinel)在其博物学著作中所说,"坚持由术语分类学规定的外部特性,这难道没有关闭最为多产的知识的源头,并(也就是说)拒绝打开人们其时打算加以认识的自然这

---

[12]　斯托尔:《哺乳动物的征兆方法》,图宾根,1780年,第7-20页。
[13]　拉马克:《无脊椎动物的分类法》,巴黎,1801年,第143-144页。

本巨书"⑭。从现在起,特性又重新发挥它以前的可见符号的作用,这个符号直指被埋的深层;但是,由特性指明的,并不是一个秘密文本,一个被包裹的言语或一个太珍贵的以至不能被揭示的相似性;而是一个构造的融贯整体,这个构造在其最高权力的唯一网络中把可见复述为不可见。

4. 分类与术语分类之间的类似因同一个事实而被解除了。只要分类在于可见空间之逐渐接合的分割,那就很好理解这些整体的界定和命名能同时完成。名词的问题和属的问题是同形的。既然特性只有首先参照个体的构造才能进行分类,"区分"的进行就不再依据与"命名"相同的标准和相同的操作。为发现把自然存在物重新聚集在一起的基本集合,就必须深入浏览一个空间,这个空间从表面器官延伸到较秘密的器官,从较秘密的器官延伸到由它们确保的重大功能。另一方面,合理的术语分类法将继续在图表的平面空间中展开:从个体可见的特性出发,就必须达到确切的情形,在这个情形中存在着这个属和种的名词。在构造的空间与术语分类学的空间之间存在着基本的失真:或确切地说,它们远非确切地相互包含,而是从此以后它们彼此垂直;在它们的接合点上存在着明显的特性,这个特性深刻地表明了一个功能并使得表面能重新发现一个名词。我们把这个区分(它在几年之内将使自然史和分类学的优势逐渐被废除)归于拉马克的天才;在《法国植物志》的"引言"中,他把植物学的两大任务截然对立起来:一是"规定性",它援用分析规则,并通过一种二分方法的简单游戏,使得有可能重新发现个体的名词(或者这样一个特性出现在我们所检验的个体之中,那就必须设法把它置于图表的右边;或者这样一个特性并不出现在我们所检验的个体之中,那就必须在图表的左边加以寻找;这样继续下去直至最后的规定性);二是发现真实的相似性

⑭ Ph. 皮内尔:《四手动物新的分类方法》,载《自然史学会会刊》,第一卷,第52页,由多丹(Daudin)在《动物学的纲》中引用,第18页。

关系,这个发现假定了要对种的整个构造作检验⑮。名词与属、指明与分类、语言与自然不再理所当然地交织在一起。词的秩序和存在的秩序只在一条被人为地确定的线条上相交。它们之间古老的从属关系,曾经创立了古典时代的自然史,曾经通过一个单一的运动使结构导向特性、使表象导向名词、使可见个体导向抽象属,这个从属关系现在开始解除了。人们开始谈论发生在词这个空间以外的事物。通过作出这样一个区分,并且很早就作出了,拉马克就终止了自然史的时代,并开启了生物学时代,这个生物学时代要比他 20 年之后通过复述有关单一系列的物种及其渐进转化的已知论题而获得的时代更加合理,其方式更加确实和彻底。

　　构造这个概念早已存在于 18 世纪的自然史之中了,诚如在财富分析中,劳动这个观念也不是在古典时代结束时被发明创造的;但在那时,构造这个概念是用来定义复杂个体在较基本的材料的基础上所具有的某个组合方式;例如,林耐区分了使矿石增加的"并置"(la juxtaposition)与植物据以在进食时得以成长的"内滋"(l'intussusception)⑯。博内把"未加工过的固体"的"总量"与"有机固体的组合"对立起来,"有机固体的组合"使"几乎无限数量的部分(有的是流体,有的是固体)交织在一起"⑰。然而,构造这个概念在 18 世纪末以前从未被用于创立自然的秩序,定义自然的空间,也不用于界定自然的形象。正是通过朱西厄、维克·达齐尔和拉马克的著作,构造这个概念才开始第一次起着显示特性的方法的作用:它使特性相互归属;它把特性与功能联系起来;它依据一个既内在又外在、同样可见和不可见的结构排列这些特性;它把特性分布在不同于由词、话语和语言所占据的空间中。因此,它不再满足于指明其他范畴中的一个存在范畴;它不再仅仅表明分类学空间中的一个裂口;它为某些存在确定了内在法则,这个内在法则使

⑮　拉马克:《法国植物志》,巴黎,1778 年,"引言",第 90－102 页。
⑯　林耐:《植物的性体系》,法译本,巴黎,1795 年,第 1 页。
⑰　博内:《对自然的沉思》,载《全集》,第四卷,第 40 页。

得某些存在的某一个结构能获得特性的价值。构造位于起连接作用的结构与起指明作用的特性之间——并在这两者之间引入了一个深刻的、内在的和根本的空间。

这个重要的突变还在自然史要素中起作用；它改变了分类学的方法和技巧；它尚不否认分类学的基本可能性条件；它并不涉及自然秩序的存在方式。然而，这个重要的突变引起了一个主要的结果，即有机与无机之间的根本区分。在由自然史展开的存在图表中，有机与非有机只限定了两个范畴：这两个范畴与生物和非生物之间的对立相交织，但并不必然相吻合。自这样一个时刻起，即那时构造成了自然特性化的基本概念，并能从可见的结构过渡到指明，构造本身就不应只是一个特性了；构造勾勒出了自己曾经所处的空间的轮廓，并且正是构造使一个可能的分类得以产生。由于同样的事实，有机与无机之间的对立成为根本的对立了。实际上，正是从 1775-1795 年间起，三个或四个领域之间陈旧的连接才消失了；有机与无机这两个领域之间的对立并没有完全取代这个陈旧的连接；这个对立通过规定另一个区分，在另一个层面上并在另一个空间中，而使得这个陈旧的连接成为不可能。帕拉斯（Pallas）和拉马克[⑱]阐明了这个重大的二分法，生物与非生物之间的对立将与这个二分法相吻合。维克·达齐尔在 1786 年写道，"大自然中只存在两个领域，其中一个享受生命，而另一个被剥夺生命"[⑲]。有机成了生命，而生命就是进行生产、增长和繁殖的东西；无机则是非生命，就是既不成长，也不繁殖的东西；无机处于生命的界限上，是惰性和不育——死亡。虽然无机介入了生命，但这如同生命中的因素一样，倾向于摧毁和杀死生命。"在所有的生物中都存在着两个强大的力量，彼此截然不同并总是处于对立之中，以至它们中的每一方都老是摧毁另一方能够产生的效果。"[⑳]我们看到，因深深地

---

⑱　拉马克：《法国植物志》，第 1—2 页。

⑲　维克·达齐尔：《解剖学基本话语》，1786 年，第 17-18 页。

⑳　拉马克：《物理学和自然史论集》，1797 年，第 248 页。

打碎了自然史的巨大图表，像生物学这样的某物就将成为可能；生与死的根本对立也如何将在比夏（Bichat）的分析中出现。这并不将是活力论（le vitalisme）是否确定地战胜机械论；活力论及其为定义生命的特殊性而作出的努力只是这些考古学事件的表面结果。

## 第四节　词的词形变化

我们发现了来自语言分析方面的有关这些事件的确切的类似事件。但可能，它们在语言分析中具有比在自然史中更隐蔽的形式和更缓慢的年代学。对此，存在着易于发现的一个原因；这是因为在整个古典时代期间，语言被设定和反思为话语，即被确定为有关表象的自发分析。在所有形式的非定量秩序中，语言是最直接的，最不谨慎的，最深刻地与表象特有的运动相联系。在这个范围内讲，语言要比这些考虑周到的秩序（无论是学术性的，还是谋求利益的）更好地扎根于表象，扎根于表象的存在方式，这些秩序是由存在的分类或财富的分析创立的。像那些已经影响了交换价值的度量的技巧变化，或者特性化描述的过程，都足以在很大程度上改变财富分析或自然史。为了使得语言科学遭受同样重要的突变，就必须具有较深刻的、直至在西方文化中能改变表象的真正存在的诸多事件。诚如 17 和 18 世纪的名词理论最接近地位于表象的边上并由此在某种程度上支配着生物中的结构和特性的分析，支配着财富中的价格和价值的分析，正是这个名词理论在古典时代末以同样的方式才继续存在得最久，只是在很晚的时候才垮掉，那时表象本身在其考古学体制的最深层面上被改变了。

直至 19 世纪初，语言分析只显示出很少的变化。词总是在其表象价值的基础上得到询问，作为话语的潜在要素，话语为词规定了同一个存在方式。然而，这些表象内容不再仅仅在这样一个维度上得到分析，即这个维度使表象接近于一个无论神秘与否的绝对的起源。在普通语法中，在其最纯粹的形式中，语言的所有词或多或少隐藏着的，或多或少被派生的意义的持有者，但词的初始的

存在理由却在于最初的指明。每一种语言，无论有多复杂，都处于
一种由古老的呼声一劳永逸地设置的开启中。与其他语言的侧面
相似——邻近的声音包含着类似的意义——只是为了证实每一个
语言与这些深层的、深埋的和几乎沉默的价值之间的纵向关系而
被注意和纪录。在 18 世纪的最后 25 年中，语言之间的横向比较
获得了另一个功能：这个比较不再使我们能知道每一个语言能够
带走祖先的记忆中的什么，不再使我们能知道在能听到不同语言
的巴比城之前，有哪些标记沉淀在语言的词的声音中；但这个比较
应该能够衡量在什么程度上语言之间是相似的，语言的相似性的
程度是什么，在什么界限内语言彼此透明。由此，出现了我们在 18
世纪末所看到的各种语言之间的这些重大的对照——并且有时是
出于政治动机的压力，如同在俄罗斯[21]作出的尝试一样，以确立一
张帝国所有语言的清单；在 1787 年，在彼得格勒出现了第一卷《全
球比较词汇》(*Glossarium comparativum totius orbis*)；它必须参考
279 种语言：亚洲有 171 种语言，欧洲有 55 种语言，非洲有 30 种语
言，美洲有 23 种语言[22]。这些比较仍然唯一地基于并根据表象内
容来进行的；人们使同一个意义核(作为不变量)与词相对照，各种
各样的语言通过词就能指明这个意义核[阿德隆格(Adelung)[23]给
出了"Pater"在不同的语言和方言中的 500 个说法]；或者通过把一
个词根选择为贯穿缓慢变化的形式的确实的要素，人们就确定了
这个词根所能具有的全部意义[这是词典学的最初尝试，诸如比泰
(Buthet)和拉萨尔特(La Sarthe)的词典学]。所有这些分析总是诉
诸两个原则，它们早已成为普通语法的原则了：初始的和普通的语
言的原则，这种语言提供了最初一批词根；一系列历史事件的原
则，这些事件是语言所陌生的，并且它们通过增加或混合语言的形

---

㉑　巴克梅斯特(Bachmeister)：《典型的语言统一的理想和希望》，彼得格勒，1773
年；居尔登斯塔德(Güldenstadt)：《在高加索山脉旅行》。

㉒　《全球比较词汇》四卷本第二版出版于 1790－1791 年。

㉓　F. 阿德隆格：《小亚细亚本都王》，四卷本，柏林，1806－1817 年。

式(认识的传播、迁移和进步,政治的自由或奴役等),而从外部使
语言服从,使用语言,提炼语言,使语言变得灵活。

然而,在 18 世纪末语言之间的对照阐明了内容的表述与词根
的价值之间的一个中间形式:即词形变化。的确,语法学家很早以
前就知道词形变化的现象(恰如在自然史中,人们在帕拉斯和拉马
克之前就知道了构造这个概念;在经济学中,人们在亚当·斯密之
前就知道了劳动概念);但是,词形变化只是为了其表象价值而被
分析的——也许我们把词形变化看作附属的表象,也许我们在其中
看到了一种把表象联系起来的方法(如同另一种词之序)。但当我
们像克杜(Cœurdoux)㉔和威廉·琼斯(William Jones)㉕那样对梵
语、拉丁语或希腊语中的系动词"是"(être)的不同形式之间作比较
时,我们就会发现一种恒定的关系,这个关系与人们通常所承认的
关系截然相反:正是词根被改变了,正是词形变化是相似的。
Asmi, asi, asti, smas, stha, santi 这一梵文系列恰恰(但通过词形
变化的类似)对应于 sum, es, est, sumus, estis, sunt 这一拉丁文
系列。可能,当克杜在这个类似中看到一种初始语言的残余,安魁
梯尔-迪佩龙(Anquetil-Duperron)从中看到了在中亚巴克特里亚
(Bactriane)王国时期能在印度人与地中海沿岸地区的居民之间发
生的历史混杂的结果时,克杜和安魁梯尔-迪佩龙就仍停留在普通
语法的分析层面上。但在这个被比较的动词变位中起作用的,已
不再是原始音节与初始意义之间的联系了,而是词根的变化与语
法功能之间较为复杂的关系;我们发现在两种不同的语言中存在
着以下两者之间的一个稳定关系:一是被确定的一系列形式变化,
二是同样是被确定的一系列语法功能、句法价值或意义变化。

由于同样的事实,普通语法开始改变其构型:它各种各样的理
论部分相互之间不再以完全同样的方式连接在一起;并且把它们
联系在一起的网络勾勒出了一个早已稍微不同的历程。在博泽或

㉔　R.-P. 克杜:《铭文学会论文集》,第四十九卷,第 647-697 页。
㉕　W. 琼斯:《著作》,伦敦,1807 年,第 13 卷。

孔狄亚克的时代,在具有如此不稳定形式的词根与在表象中勾勒出来的意义这两者之间的关系,或者指明力与讲说力之间的联系,都是由大写的名词的统治权确保的。现在,一个新的要素介入了:在意义和表象一方,它只表明了一个附属的、必定是次要的价值(这涉及到个体或被指明的事物所起的主体的或补充的作用;这涉及到行动的时间);但在形式一方,它构成了一个坚固的、稳定的、几乎不可改变的整体,这个整体的统治法则强加给表象的词根,直至改变这些词根本身。而且,这个要素因其有意义的价值而是次要的,因其形式的稳固而是首要的;这个要素本身并不是一个孤立的音节,像一种确实不变的词根;这个要素是变化体系,其不同的部分是相互联系着的:字母 s 并不指第二人称,如同在库·德·热贝兰(Court de Gébelin)看来字母 e 指呼吸、生命和存在;正是 m,s,t 这个变化的整体赋予了动词词根第一、第二和第三人称的价值。

直至 18 世纪末,这个新的分析处于有关语言的表象价值的研究之中。这仍然涉及到话语。但通过词形变化系统,早已出现了纯粹语法的维度:语言不再仅仅是由表象和表象这些表象的声音所组成,这些声音如同思想的联系所要求的那样布局在表象之间;语言也是由形式要素构成的,这些形式要素被集合成系统,并为声音、音节、词根规定了一个并非表象所具有的体制。这样,人们就在语言分析中引入了一个不能还原为语言的要素(诚如人们把劳动引入交换分析或把构造引入特性分析)。作为最初的结果,我们可以注意到在 18 世纪末出现了语音学,这个语音学不再研究初始的表达价值,而是分析声音、声音的关系和声音相互之间可能的转化;埃尔瓦格(Helwag)在 1781 年定义了元音的三角形㉖。我们也可注意到比较语法最初轮廓的出现:人们不再把由一组字母和一个意义形成的对子(le couple),而是把具有语法价值(动词变位,性、数、格的变化,词缀)的变化整体,当作不同语言中的比较对象。语言不再通过由词指明的对象来被对照,而是通过这些词彼此之

㉖ 埃尔瓦格:《言词的形成》,1781 年。

间的关联而被对照；现在，语言将进行交流，但不是通过语言要加以表象的这个匿名的和普遍的思想的中介，而是直接从一个语言到另一个语言进行交流，全靠表面上这些微不足道的手段，这些如此脆弱、但又如此恒定如此不可还原的手段，把词相互关联地布局在一起。诚如蒙博多（Monboddo）曾经所说的："语言的机制要比词的发音更少任意性和更有规律性，我们从中发现了极好的标准，以确定语言之间的相似性。这就是为什么，当我们看到两个语言以相同的方式使用衍生、组成和音变这些重大的语言手法时，我们可以得出结论说一个语言派生于另一个语言，或它们两者都是同一个原始语言的方言。"[27]只要语言被定义为话语，语言的历史就只能是其表象的历史：如果观念、事物、认识、情感都碰巧发生了变化，那么，语言也只能发生变化，而且语言发生的变化恰恰与观念、事物、认识、情感发生的变化成比例。但从现在起，存在着语言的一个内在"机制"，它不仅决定了每一个语言的个体性，而且还决定了每一个语言同其他语言之间的相似性：正是这个机制，作为同一与差异的持有者，作为邻近性的符号，作为相似关系的标记，才将成为历史的支撑。对这个机制而言，历史性将能够进入言语本身的深处。

## 第五节　观念学与批判

因此，在接近 18 世纪最后岁月里，在普通语法、自然史和财富分析中，曾出现了一个在到处都具有相同类型的事件。其表象受到影响的符号，那时可确立起来的对于同一与差异的分析，人们在丰富的相似性中创立的既连续又连接的图表，在大量的经验中得到确定的秩序，所有这些从现在起都不再能基于与自身相关的表象的唯一重复之上。从这个事件开始，使得欲望对象被看重的，并不仅仅是欲望能够加以表象的其他对象，而是不可还原为这个表

---

[27]　洛德·蒙博多：《古代的形而上学》，第四卷，第 326 页。

象的一个要素：即劳动（le travail）；使得能描述一个自然存在的，不
再是我们可以在我们关于这个存在和其他存在所作的表象中加以
分析的诸要素，而是这个存在所内在固有的某个关系，我们把这个
关系称作其构造（son organisation）；使得能够定义一种语言的，并
不是语言表象诸表象的方式，而是某种内在结构，是依据词相互之
间占据的语法姿态来改变词本身的某种方式：这就是其词形变化
的系统（son système flexionnel）。在所有这些情形中，表象与其自
身的关系，以及有可能在所有的定量措施之外加以确定的秩序关
系，现在经由了外在于表象本身之现实性的条件。为了把意义的
表象同词的表象联系起来，就必须诉诸和求助于一个语言之完全
是语法上的法则，这个语言除了表象诸表象的能力之外，服从于有
关其语音学变化和其综合从属的严密体系；在古典时代，语言有语
法，因为语言具有表象的力量；现在，语言是在这个语法的基础上
进行表象的，这个语法对语言而言，是一个历史的反面，一个内在
的和必然的容量，这个容量的表象价值只是外在的、闪烁的和可见
的正面。为了在一个确定的特性中把一个生物的部分结构与总体
可见性联系起来，现在就必须求助于完全是生物学的法则，这些生
物学法则除了描述和躲避所有体貌特征的标记之外，在功能与器
官之间组成了关系；生物不再从自己的被展开的可描述性出发来
定义自己的相似性、类似性和科；生物具有语言能够加以浏览和定
义的特性，因为生物具有一个结构，这个结构作为其可见性之阴暗
的、庞大的和内在的反面：特性正是出现在这个隐密的但最高的整
体之清楚的和分散的表面上，是现在依靠自身得以结成的有机体
周围外面的一种沉淀。最后，当问题是要把一个欲望对象的表象
与所有那些能在交换行动中与之面对的其他欲望对象联系起来
时，就必须求助于能决定其价值的劳动的形式和数量；在连续的市
场运动中，能对物品进行分类的，既不再是其他对象，也不再是其
他需求；而是那个生产这些物品并默默地沉淀在这些物品中的活
动；是制造、开采或运输这些物品所必需的劳动日和时间，这些劳
动日和时间构成了这些物品特有的重量、商品稳固性、内在法则，

并由此构成了人们所说的真实的价格；从这个本质核心出发，交换就将完成，市场价格在波动之后就会找到其固定的点。

　　这个有点令人迷惑的事件，这个来自下面并在近18世纪末产生于这三个领域，同时一下子使它们都经受了同一个断裂的事件，现在能在创立了其各种各样形式的那个同一性中被确定。我们看到，在合理性进步方面或在新文化论题的发现中来寻求这个同一性是多么的肤浅。在18世纪的最后岁月里，人们并没有使生物学、语言历史或工业生产这些复杂的现象进入它们直到那时都仍然陌生的理性分析的形式之中；人们也没有在新生的"浪漫主义"的"影响"下突然开始对生命、历史和社会这些复杂的形式感兴趣；人们并没有在其问题的逼迫下摆脱一个服从于机械论模式、分析规则和知性法则的理性主义。确切地说，以下这一切的确发生了，但都是作为表面运动：文化旨趣的改变和转移，见解和判断的重新分配，科学话语中新形式的出现，闪光的知识面上第一次被追踪的涟漪。以一种较为基本的方式，并在认识植根于其实证性的那个层面上，事件不再涉及到在认识中被追求的、被分析的和被说明的对象，甚至也不涉及到借以认识和使这些对象合理化的方式，而是涉及到表象与在表象中被给出的东西之间的关系。与亚当·斯密，与第一批语文学家，与朱西厄、维克·达齐尔或拉马克一起产生的，是一个虽微不足道的但绝对根本的距离，这个距离已使得整个西方思想摇摇欲坠：表象已失去了这样的创造力，即在自身的基础上、在自己的展开中并通过使自己能自我复制的游戏，而去创立能把自己不同的要素统一起来的纽带。没有一个组合，没有一个分解，没有一个同一与差异的分析能够证明表象之间的相互联系；秩序，秩序得以在其中空间化的图表，由秩序定义的邻近关系，由秩序准许的系列（作为其表面的点之间那么多可能的路径），所有这些都不再能把诸表象或每个表象的要素联系起来了。从现在起，这个联系的条件处于表象之外，在表象直接的可见性之外，处于一种比表象本身更深刻和更厚实的世界后院（arrière-monde）中。为了重返可见的存在形式在其中得以联系在一起的那个接合点——生物的结构,财富的价值和词的句法——我们就必须走向这个最高点,这个必然的但从未可达到的最高值,这个最高值消失在我们的目光之外,消失在物真正的心脏深处。由于物向自己特有的本质隐退,最终位于对自己进行激发的力量中,位于对自己进行维持的构造中,位于不停地产生自己的发生(la genèse)中,因此,物就其基本真理而言是逃避图表空间的;物并不只是那个依据相同的形式来分布其表象的恒定性,而是自我封闭的,被给出了它们自己的体积,为自己定义了一个内在空间,这个空间对我们的表象而言是在外部的。正是在由物隐藏的结构的基础上,在其保持对每个部分进行最高的和秘密的支配所具有的凝聚力的基础上,正是从这个使物产生并在物中仍保持为静止不动的但仍颤动的力量的深处,物(及其片断、侧影、小块、鳞片)才交付给表象,尽管这只是局部的物。从不可达到的物的库区,表象只能逐渐取出细小的要素,这些要素的统一性总是在那儿被结成的。秩序空间曾作为表象与物、经验可见性与根本规则的共同区域(lieu commun),曾在同一与差异的分区控制中把自然的规则性与想象的类似性统一起来,曾把表象的经验序列展示在一张同时的图表中,并曾使得能依据一种逻辑的序列来逐步浏览大自然那些成为同时代的要素集合—这个秩序空间从现在起却要被粉碎了:将会有物,物所特有的构造,物具有的秘密的脉络,把物连接起来的空间,把物产生出来的时间;接着,将会有表象,一个纯粹的时间序列,在这个序列中,物总是部分地显现给主体性、意识、认识的特殊努力、"心理学"个体,这个"心理学"个体从他自己特有的历史深处,或在人们传递给他的传统的基础上,设法进行认识。表象正是不再能定义物与认识所共有的存在方式。甚至被表象物的存在现在也落在表象本身之外。

然而,这个提法是轻率的。无论怎样,这个提法都预期了在18世纪末尚未明确确立起来的知识的一种布局。决不能忘记,虽然斯密、朱西厄和 W. 琼斯使用了劳动、构造和语法体系这样的观念,但这并不是为了摆脱由古典思想确定的图表空间,这并不是为了绕开物的可见性并逃避进行自我表象的表象的游戏；这仅仅是为了从中确立起一种既是可分析的、恒定的，又是有根据的联系形式。问题总是在于发现同一与差异的普遍秩序。在表象的另一端还有巨大的迂回要去寻找，因为甚至被表象物的存在也尚未完成；只有一个场所早已确立起来了，从这个场所出发，寻找才将有可能。但这个场所总是体现在表象的内在布局中。可能，有一个哲学的二元性对应于这个模糊的认识论构型，这种二元性表明了这个构型最近的解开。

在 18 世纪末，德斯蒂·德·特拉西的观念学和康德的批判哲学的共存，在两种彼此外在但又同时的思想形式中划分了科学反思在一个预期将立即分解的统一性中所保持的东西。在德斯蒂或热朗多（Gerando）那里，观念学既作为哲学所能具有的唯一理性的和科学的形式，又作为能向一般科学和每个特殊认识领域推荐的唯一的哲学基础。作为观念科学，观念学应该成为这样一种认识，即其类型应该相同于那些把自然的存在，或语言的词，或社会的法则当作对象的认识。但就观念学把观念，把在词中检验观念的方式，在推理中把观念联系起来的方式当作对象而言，观念学的价值就在于它是所有可能科学的大写的语法（la Grammaire）和大写的逻辑（la Logique）。观念学并不询问表象的基础、界限或根源；观念学浏览一般的表象领域；观念学确定在表象中出现的必然的序列；观念学定义在表象中结成的联系；观念学表明能在表象中盛行的组合和分解的法则。观念学使所有的知识都安放在表象的空间中，并且通过浏览这个空间，观念学就阐明了能组织这个空间的法则所具有的知识。在某种意义上说，观念学是所有知识的知识。但这个作为奠基者的重复并没有使观念学摆脱表象领域；这个重复的目的就是把所有的知识都强加在表象之上，人们逃避不了表象的直接性："当您想到无论什么时，难道您曾经恰恰有点了解您所思的，您所体验的？……当您有见解时，当您形成一个判断时，您就对自己说道：我想到这。实际上，具有一个或真或假的判断，这是一个思想活动；这个活动就在于感受到存在着关系、关联……

诚如您所看到的,思考始终就是感受,并且也只是感受。"㉘然而,必须注意到,在通过对关系的感受来定义这个关系的思想时,或更简洁地说,在通过感觉来定义一般思想时,德斯蒂就恰恰覆盖了(而没有摆脱)整个表象领域;但他折回到了边界,在这个边界,感觉作为表象之初始的和完全简单的形式,作为思想对象的最少内容,感觉就跌入了能对它作分析的生理学状况的领域。如在一个方向上加以读解,显现为思想之最微不足道的笼统性,那在另一个方向上加以辨认的话,就显现为一种动物学独特性的复杂结果:"如果我们不了解动物的理智官能的话,我们就只能对其有不完整的认识。观念学是动物学的组成部分,并且尤其在人身上这个部分才显得重要并值得探讨。"㉙当表象延伸得最广时,表象的分析就凭其最外在的边缘去触及一个领域,这个领域几乎正是(确切说来,几乎将要,因为它尚未存在)有关人的自然科学的领域。

虽然在形式、风格和目的上都有所不同,但康德的问题与观念学家们的问题都具有相同的适用点:即表象之间的关系。这个关系创立并证明了这个点,但康德并不是在表象的层面上去寻找这个关系的,即使表象的内容减弱了,直至表象在被动性和意识的边缘只是纯粹而简单的感觉,也是如此;康德是在这样的方向上对这个关系作询问的,即什么使它一般地成为可能。康德并不是通过一种内在的挖掘(这个挖掘逐渐在表象之间的关联上进行,直至纯粹的感受),而是在诸条件的基础上来建立表象之间的关联的,这些条件能定义这个关联具有的普遍有效的形式。通过这样引导其问题,康德就绕开了表象本身和在表象中被给出的东西,以致力于那个无论什么样的表象都能据以被给出的基础。因此,这并不是表象本身,依据它们自己的游戏法则,能够在自我的基础上被展开,并在单一运动的基础上被分解(通过分析)和再组合(通过综合):只有经验判断或经验的观察才能建立在表象的内容的基础之

㉘ 德斯蒂·德·特拉西:《观念学要素》,第一卷,第 33 - 35 页。
㉙ 同上书,"前言",第 1 页。

上。任何其他的联系如果要成为普遍的,就都必须建立在所有经验以外的基础上,都要建立在使得经验成为可能的先天(l'a priori)之中。这并没有涉及到另一个世界,而是涉及到世界的任何表象一般据以能存在的诸条件。

因此,在康德的批判与同时期显现为第一个几乎是完整的观念学分析形式之间存在着某种一致性。但是,在拓展其对整个认识领域(从原初的感受,经过逻辑学、算术、自然科学和语法,直至政治经济学)的反思时,观念学就设法在表象形式中复述正在表象之外被构建和重构的一切。这个复述只有以一个既特殊又普遍的发生之准神秘的形式才能进行:一个孤立的、虚空的和抽象的意识应该在最微不足道的表象的基础上逐渐发展有关所有可表象对象的巨大图表。在这个意义上,观念学是最后的古典哲学,有点像《朱丽叶》是最后的古典叙事。萨德的场景和说理复述了在一个透明的和毫无缺点的表象的展开中所具有的所有新的欲望暴力;观念学的分析在一种有关起源(une naissance)的叙事中复述了所有形式的表象,直至最复杂的表象。另一方面,面对观念学,康德的批判标志着我们的现代性的开端;康德的批判对表象的询问,不再依据从简单的要素到其所有可能的组合这样的无限运动,而是基于表象的权利界限。由此,康德的批判首次承认与18世纪末同时代的欧洲文化的这个事件:即知识和思想隐退到表象空间之外。于是,这个空间的基础、起源和界限都受到了质疑:出于同样的事实,由古典思想确立的、观念学想依据话语的和科学的逐步方法加以浏览的这个无限的表象领域,现在显现为形而上学了。但这是显现为这样一种形而上学,即它从未绕开它自身,它是在一个未引起注意的独断论中被假定的,并且从未明确阐明它自己的权利问题。在这个意义上,康德的批判凸显了18世纪哲学只通过表象的分析想要加以缩小的形而上学维度。但康德的批判同时也开启了另一种形而上学的可能性,这另一种形而上学旨在在表象之外询问作为表象的源头和来源;康德的批判使得这些有关大写生命(la Vie)、大写意志(la Volonté)和大写言语(la Parole)的哲学成为可能,19世纪将在这种批判的网络中来展开这些哲学。

## 第六节  客观综合

从这里产生了几乎无穷系列的结果——在所有情形下,都是无限的结果,因为我们今天的思想仍然属于同一个王朝。我们可能必须把先验论题和新的经验领域(或者至少以一种新的方式而被分布和奠基的领域)的同时出现放在第一位。我们已经看到,在17世纪,作为一般秩序科学的普遍数学(la mathesis)的出现,不仅在数学学科中起了基础作用,而且还相关于普通语法、自然史和财富分析之类的各种纯粹经验领域的构成;这些经验领域的构建,并不依据一个由自然的数学化和机械化为它们规定的"模式";它们是在一般可能性的背景下被构建和布局的:这个背景有可能在诸表象之间建立一张同一与差异之有序图表。在18世纪的最后岁月中,正是可整理之表象的这一同质领域的分解才使两种新的思想形式相关地出现。一种思想形式从使诸表象成为可能的一切出发质疑了诸表象间的关系条件:它由此揭示了一个先验领域;在这个领域中,从未赋予给经验(因为它不是经验的)但却是有限的(因为不存在理智直觉)主体,在与其等于 X 的客体的关系中,决定了一般经验的所有形式条件;正是对先验主体的分析才产生了诸表象间可能的综合的基础。面对先验(le transcendantal)上的这一开口并与之相对称,另一种思想形式则从被表象的存在本身出发质疑了诸表象间的关系条件:在所有实际的表象的水平面上,作为它们的统一性的基础而被表明的一切,就是那些从未可客观化的客体,那些从未可完全表象的表象,那些既明显又不可见的可见性,那些以这样一种方式而退却的实在:劳动力、生命力、言语力这些赋予我们和传达到我们的东西就是以这些实在为基础的。正是从这些在我们的经验的外部界限游荡的形式出发,物的价值、生物的有机结构、语言的语法结构和历史类同才到达了我们的表象并激励我们去从事也许无限的认识任务。我们也在客体及其存在的可能性

条件中寻找经验的可能性条件,而在先验反思中,经验客体的可能
性条件等同于经验本身的可能性条件。生命、语言和经济学诸科
学的新的实证性与先验哲学的创立相一致。

　　劳动、生命和语言作为如此众多的"先验物"(transcendantaux)
而出现,这些先验物使得生物、生产律和语言形式等的客观认识成
为可能。就其存在而言,劳动、生命和语言处于认识以外,但是,也
正因为这一点,它们成了认识的条件;它们与康德发现的先验领域
相一致,可是,它们在两个基本的要点上不同于这个领域:它们位
于客体旁边,并且以某种方式处于客体以外;类似于先验辩证法(la
Dialectique transcendantale)中的大写观念(l'Idée),它们计算了现象
的总数并表达了繁杂经验的先天连贯性;但是,它们在一个存在中
向繁杂的经验提供了基础:这个存在的神秘实在,先于所有的认
识,构成了它必须认识的一切的秩序和联系;而且,它们关涉到后
天真理领域及其综合的原则——而不关涉所有可能的经验的先天
综合。第一个差异(先验物位于客体旁边这个事实)说明了那些形
而上学学说的起源,那些形而上学尽管具有其后康德式的年代学,
但却是作为"前批判"(précritiques)而出现的:事实上,它们避免对
在先验主体性(la subjectivité transcendantale)层面上可能被揭示的
认识条件作任何分析;但是,这些形而上学是从客观先验(des
transcendantaux objectifs,即大写的上帝的言词、大写的意志、大写
的生命)出发而发展起来的:只是就表象的领域事先被限定而言,
这些客观先验才是可能的;因此,它们与大写的批判(Critique)具有
同样的考古学土壤。第二个差异(这些先验物关涉到后天综合这
个事实)说明了"实证主义"的出现:一整个经验层面赋予给经验
了,这个经验的合理性和联系基于一个不可能阐明的客观基础之
上;我们能认识现象,但不能认识实体;我们能认识规律,但不能认
识本质;我们能认识规则性,但不能认识遵守规则性的存在。如
此,从批判出发——更确切地说,从与表象相关的存在之移位
(décalage)出发,康德主义对之作了最早的哲学陈述——一个基本
的相关性确立起来了:一方面有客体之形而上学,或更精确地说,

从未可客体化之基础的形而上学：客体是从这个基础上升到我们的表面的认识的；而另一方面，哲学为自身设定了唯一的任务：观察恰恰赋予实证认识的一切。我们将看到这对立的双方是如何相互支持和相互加强的；正是在实证认识的宝库（尤其是，生物学、经济学或语文学能从那些实证认识中释放出来）中，"基础"之形而上学或客观"先验物"之形而上学才会发现其攻击点；相反，正是在不可认识的基础与可认识物的合理性之间的区分中，实证主义才发现了其证据。关于客体，批判哲学—实证主义—形而上学这一三角形构成了从 19 世纪初到柏格森的欧洲思想。

就其考古学可能性而言，这样一个结构是与那些经验领域的出现联系在一起的：从现在起，对表象作单纯内在的分析不再能说明这些领域。因此，这个结构与某些适合于近代知识型的布局相关。

首先，论题（un thème）开始阐明到那时仍未被明确阐明并且实际上不存在的一切。在古典时代，不存在对观察科学或语法认识或经济学经验加以数学化的尝试，这一点似乎是奇怪的。似乎伽利略对自然所作的数学化以及力学的基础凭自身都足以完成普遍数学的设想。在此不存在悖论：依据其同一与差异、依据其在永久图表中的整理而作的表象之分析，自发地把性质科学置于普遍的数学领域。在 18 世纪末，一个新的基本的区分产生了；由于诸表象之间的联系不再在分解它们的运动中确立起来，因此，分析学科在认识论上就不同于那些求助于综合的学科。于是，一方面，我们有基于逻辑和数学之上的先天科学、纯形式科学、演绎科学的领域；在另一方面，我们看到后天科学、经验科学领域的分离：经验科学只是部分地和严格限于局部区域地使用演绎形式。这一分离导致的结果是产生了一个认识论关切，即在另一个层面上去发现随着普遍数学和普通秩序科学的分离而丢失的统一性。于是人们作出了某些努力，这些努力描绘了对科学所作的近代反思：从数学出发对知识领域作分类，以及向较为复杂而较不精确的东西靠近而确立的等第；对归纳之经验方法的反思，以及向经验方法提供哲学基础和从形式出发进行论证而作出的努力；对经济学、生物学和最后语言学本身的领域加以纯化、形式化和可能的数学化的试图。与这些重构统一的认识论领域的试图相比，我们在固定的间隔外发现了一种不可能性的确证：这被认为或者是由于生命之不可还原的特征性（尤其在 19 世纪初，人们设法勾画这一特征性），或者是由于人文科学的特殊性，人文科学抗拒所有的方法论还原（限定并测定这一还原的尝试主要是在 19 世纪下半叶作出的）。在这一能或不能对经验（l'empirique）加以形式化作交错或同时的双重确证中，也许我们将发现这一深刻事件的走向：在 18 世纪末，这个事件使综合的可能性脱离了表象空间。正是这一事件把形式化或数学化置于所有近代科学设想的核心处；正是这一事件同样说明了为什么经验之过早的数学化或素朴的形式化类似"前批判"的独断论并回到了观念学的陈词滥调。

我们还应提及近代知识型的第二个特征。在古典时代，知识，即使经验知识与普遍数学的恒常而基本的关系，证明了有关一个最终统一的认识体（un corpus）的设想：这个设想不断获得不同的形式；尽管这个设想的基础未发生变化，但这个设想同样获得了有关以下这些东西的普遍科学的形式：运动、普遍特性、在其分析的价值和所有的句法可能性中被反映和重构的语言，最后就是知识之按字母顺序的或分析的百科全书；这些试图并没有实现或者并未完全实现那个让它们存在的意图，这样说只具一点点重要性：它们都在事件或文本的可见表面显现了深刻的统一性，这种统一性是古典时代通过设定同一与差异的分析和有序之普遍可能性，而向知识之考古学基础确立的。因而，笛卡尔、莱布尼茨、狄德罗和达伦贝尔，就可以称之为他们的失败而言，就他们的中断或偏向的工作而言，都尽可能地接近构成为古典思想的一切。在 19 世纪初，普遍数学之统一性被打破了。是双重的打破：首先，沿着把纯分析形式与综合律划分开来的路线，其次，在确立起综合的情况下，是沿着把先验主体性与客体之存在方式区分开来的路线。这两种打破形式产生了两个系列的尝试，某种对普遍性的企图似乎会把这些尝试置于笛卡尔或莱布尼茨事业的回响中。但是，如果我们更加仔细地审视的话,认识领域的统一在 19 世纪并不具有并且不可能具有在古典时期那样的形式、要求、基础。在笛卡尔或莱布尼茨的时代,知识和哲学的相互显明是完整的,以致知识在哲学思想中的普遍化并不需要一种特殊的反思方式。从康德开始,问题就截然不同了;知识不再在一种普遍数学之被统一的和起统一作用的基础上展开。一方面,存在着形式领域与先验领域之间的关系问题(并且在这个层面上,知识之所有的经验内容都被置于括号内了并且暂时失去了所有的有效性);而另一方面,存在着经验性领域与认识之先验基础之间的关系问题(那时,形式之纯秩序被置于一旁,因为它无关于对这样一个区域的说明:所有经验,甚至纯思想形式的经验都奠基于这个区域)。但是,在这两个情形中,普遍性之哲学思想处在一个与真实知识领域不同的层面上;它或者被构建为可以起奠基作用的纯反思,或者被构建为能揭开面纱(dévoiler)的复兴。第一种哲学形式最初体现在费希特的事业中,他着手根据遗传学观点从纯粹的、普遍的和空洞的思想律中演绎出先验领域的总体性:这打开了一个研究领域,人们在这个领域中或者设法把所有的先验反思归并为形式主义分析,或者设法在先验主体性中揭示所有形式主义之可能性的基础。至于另一个哲学通道,它首先出现在黑格尔现象学,当时,经验领域的总体性被带进意识内部,这个意识自身显现为精神,这就是说,同时显现为经验和先验领域。

我们能看到,胡塞尔后来为自己确定的现象学任务,就其最深刻的可能性和不可能性而言,是如何相关于在 19 世纪确立起来的西方哲学的命运。事实上,西方哲学设法把形式逻辑的权利和界限固定在先验类型的反思上,并把先验主体性与经验内容的不言明的境域联系起来,单单这个境域通过无限的说明就包含了构造、维持和开放的可能性。可是,也许西方哲学并未摆脱危险,这个危险甚至在现象学以前,就威胁到所有的辩证事业并总是不管愿意与否而在人类学中颠覆这个事业。可能,不可能向经验内容赋予先验价值,或在一个构成的主体性旁边移动这些内容,而不至少默默地产生人类学,这就是说,不产生一种思想方式:认识(并且因此所有经验知识)的权利界限,在这种思想方式中,同时是具体的存在形式,恰如它们在那相同的经验知识中所给定的。

　　18 世纪末突然发生在西方知识型中的基本事件所产生的最遥远并且我们不能避免的最困难的结果可以这样概括:从消极方面说,纯认识形式的领域被孤立了,在与所有经验知识的关系中,既获得了自律,又获得了主权,使得对具体(le concret)加以形式化并不顾一切地去重构纯科学这样的设想得以诞生和无限再生。从积极方面讲,经验领域与主体性、人类和有限性(la finitude)等的反思联系在一起,既获取了哲学的价值和功能,又得到了哲学之还原或反哲学之还原的价值和功能。

# 第八章　劳动、生命和语言

## 第一节　新的经验性

我们现在已远远地向前超越了要加以定位的历史事件,远远地超越了这样一个断裂的年代学边缘,这个断裂深入地划分了西方世界的知识型,并为我们分离出了对经验性(les empiricités)进行认识的某种现代(moderne)方式的开端。这是因为与我们同时代并且我们不管愿意与否都据以思考的思想仍然在很大程度上受制于那个在近 18 世纪末显现出来的在表象空间中创立综合的不可能性,受制于相关的、同时的但立即不顾它自身而被划分的义务,这个义务就是开启主体性之先验领域,并反过来在对象之外,去构建对我们而言是大写的生命、大写的劳动和大写的语言这些"准先验物"(quasi-transcendantaux)。为了使这个不可能性和这个义务在其不平坦的历史侵入中涌现,就必须让分析沿着那源于同样的裂口的思想进行下去;话题就必须匆忙地重复现代思想的命运或倾向,以最终达到其尖点(point de rebroussement):今日的这一光亮虽仍暗淡但也许是决定性的,它使得我们能够即使不是完全勾勒出,也至少是进行部分控制,并稍稍把握源自这个形成于现代开端的思想、仍直抵我们、包围我们并充当我们话语的连续土壤的一切。然而,该事件的另一半仍悬而未决;这另一半可能是最重要的,因为它涉及到我们的经验认识要加以依靠的实证性(les positivités)的存在和扎根;现在必须加以分析的正是这另一半。

254

　　在第一个阶段——在年代学上，这个阶段从 1775 年一直延伸到 1795 年，我们可以通过斯密、朱西厄和威尔金斯（Wilkins）的著作来指明该阶段的构型——劳动、有机体和语法体系这些概念已被引入（或者凭特殊地位被重新引入）表象的分析之中和这个分析迄今为止仍在其中得以展开的图表空间之中。可能，这些概念的功能仍然只是准许这个分析，使得能够确立起同一与差异，并为有序这个过程提供工具，类似定性尺度。但是，无论是劳动，还是语法体系，还是生命的构造，都不能被表象的简单活动所确定或确保，表象通过这个简单活动而被分解、分析、重组并由此在一个纯粹的复制中表象自身；因此，分析空间必定丧失其自主性。从现在起，由于图表不再是所有可能秩序的场所，所有关系的发源地，所有的存在在特殊个体中分布的形式，因而，图表对知识来说只形成微不足道的表面薄膜；由图表显现的邻近关系，由图表限定并表明其重复的基础同一性，由图表在展开相似性时所消除的相似性，图表使得能够加以浏览的恒定性，所有这些都只是某些综合、构造或体系的结果，这些综合、构造或体系全都处于我们在可见物的基础上能使之变得有序的所有分布之外。被交付给目光的秩序及其永久的区分控制，只是深度上面的一种表面的闪烁。

　　现在，西方知识的空间会摇晃不定：分类学巨大的普遍的平面曾经相关于一种普遍数学的可能性而得以展开并构成了知识的强拍（即分类学既是知识的初始可能性，又是知识的完美的终结），而分类学现在将依据模糊的垂直性而使自己获得秩序：这个垂直性将定义相似性法则，规定邻近关系和间断性，创立可感知的布局，并宣告分类学向有点次要的结果区域实施的重大的和水平的展开。这样，欧洲文化就为自身创造了一种深度，在这个深度中，问题将不在于同一性、不同的特性、永恒的图表及其所有可能的路径和历程，而是在于在其初始的和难以达到的核心的基础上发展起来的隐藏着的巨大力量，是起源、因果性和历史。从现在起，只有从这个向自我隐退的深度的深处出发，物才会被表象，物因这个深度的模糊而也许变得混乱和黑暗，但物又紧密地与自身结合在一

255

起，物被隐藏在下面、隐藏在这个深处的力量所聚集或划分、无援地集结。可见的形式，这些形式之间的联系，把这些形式隔离开来并勾勒出它们的轮廓的空白，所有这些只有在一个地下的黑夜中被合成、早已被确定时，才会呈现给我们的目光，这个黑夜用时间激发了这些可见的形式。

于是——这是事件的另一个阶段——知识的实证性改变了其性质和形式。把这个突变归因于像梵文的语法体系，像生物的解剖学布局与功能平面图之间的关系或像资本的经济学作用这样的尚未知的对象的发现，这将是错误的，尤其是不充分的。以下设想同样是不确切的，即认为普通语法变成了语文学，自然史变成了生物学，财富分析变成了政治经济学，是因为所有这些认识方式已经纠正了其方法，已更加接近其对象，已使其概念合理化，已选择了更好的形式化模式，简言之，是因为它们已经通过一种理性本身的自我分析摆脱了其史前史。在世纪之交发生变化并经受无可挽回的变化的，就是知识本身，作为认识主体与认识对象之间预先的和共有的存在方式；如果人们着手研究生产的成本，如果人们不再使用理想的和初始的物物交换的场景来分析价值的形成，那是因为在考古学层面上，生产作为知识空间中的基本形式，已经取代了交换，生产一方面使得新的可认识的对象（如资本）呈现出来，另一方面又规定了新的概念和新的方法（如生产形式的分析）。同样，如果人们在居维埃的基础上研究生物的内在构造，并且人们为之使用了比较解剖学方法，那是因为大写的生命，作为知识的基本形式，使得新的对象（如特性与功能的关系）和新的方法（如对类似的寻求）呈现出来。最后，如果格里姆（Grimm）和博普（Bopp）设法定义元音交替或辅音变化的法则，那是因为作为知识方式的大写话语已被大写的语言所取代，大写的语言定义了直至那时尚未明显的对象（语法体系在其中彼此类似的语言的家族）并规定了尚未被使用的方法（对辅音和元音的转换规则作分析）。我们决不能从生产、生命和语言中寻求这样的对象，即这些对象凭其自己的影响并在自主坚持的影响下，从外部把自己强加给一种长期来对它们视而不见的认识之上；我们也决不能从生产、生命和语言中寻求这样的概念，即这些概念是逐渐建造起来的，归功于新的方法，得力于迈向其合理性的科学的进展。正是这些基本的知识方式才铁板一块地支撑着新科学技术与新对象之间次要的和派生的相关性。可能，这些基本方式的构成深埋于考古学层面的深处；然而，我们可以通过李嘉图的经济学著作、居维埃的生物学著作和博普的语文学著作来觉察其某些征兆。

## 第二节　李嘉图

在亚当·斯密的分析中，劳动把自己的特权归于它所知晓的权力，这个权力就是要在物的价值之间确立起一个恒定的尺度；劳动使得能在需求对象的交换中实现等值，否则其尺度会发生变化或根本就是相对的。但劳动只有以一个条件为代价才能承担这个作用：即生产一个物品所必需的劳动量必须等同于这个物品在交换过程中所能购买到的劳动量。然而，如何证明这个同一性？如果不是基于某种在作为生产活动的劳动与作为我们可以买卖的商品的劳动之间存在的、在不止是光亮的阴影中被接受的类似性之上，那么，这个同一性基于什么之上呢？在这第二层意义上，劳动并不能被用作为恒定的尺度，因为它"遭受了与可和自己相比较的商品或事物一样多的变化"①。在亚当·斯密那里，这个混同起源于被赋予给表象的优先性，即任何商品都表象某个劳动，任何劳动都可表象某个数量的商品。人类活动与物的价值在表象的透明要素中相沟通。李嘉图的分析正是在此发现了其决定性的重要性的场所和理由。李嘉图的分析并非第一次为劳动在经济活动中安排一个重要地位；但他使劳动这个观念的单元显现出来，并第一个以彻底的方式把这些被买卖的工人的力量、辛劳和时间与作为物品价值之源头的活动区分开来了。因此，一方面，我们将有由工人提供

---

① 李嘉图：《全集》，法译本，巴黎，1882 年，第 5 页。

的、由企业主接受的或要求的并得到薪水报偿的劳动;另一方面,我们会有这样的劳动,即它开采金属,生产食物,制造物品,运输商品,并由此形成在它之前并不存在并若没有它也不可能出现的可交换的价值。

的确,对李嘉图来说,就如同对斯密来说,劳动能度量经受交换流通的商品具有的等值:"在社会初期,物品的可交换价值或能确定我们应该给出多少数量的物品以交换另一个物品这样的规则,全都只依赖于在生产每一个这样的物品时所使用的可比较的劳动的数量。"②但斯密与李嘉图之间的差异在于:对前者而言,由于劳动可解析为生计日,所以,劳动可充当所有其他商品的共同单元(生计所必需的食物本身是其组成部分);对后者而言,劳动的数量能确定一个物的价值,这不仅仅是因为这个价值可在劳动单元中得到表象,而且首先和基本上是因为作为生产活动的劳动是"所有价值的来源"。这个价值不再能像在古典时代在总的等值体系以及商品能具有的相互表象的能力的基础上得以确定。价值已不再是一个符号,价值已成了一个产品。如果物品与人们用于物品的劳动是等值的,或至少物品的价值是与这个劳动成正比,那么,这并不是因为劳动是一个在任何地方和任何时间都是确定的、恒定的和可交换的价值,而是因为无论什么样的价值都起源于劳动。对此,最好的证据就是物品的价值随着为生产物品而必须付出的劳动的数量而增加;但物品的价值并不随着薪水的增加或降低而变化,劳动是像其他商品一样与薪水进行交换的③。由于在市场上流通,相互之间进行交换,所以,价值就仍具有一种表象力量。但价值是从别处获取这个力量的,是从这个比任何表象更原始和更彻底并因而不能被交换所确定的劳动中获取的。在古典思想中,商业贸易和交换充当财富分析之不可超越的基础(并且这在亚当·斯密仍是一样的,在他那里,劳动分工受制于物物交换的标

② 李嘉图:《全集》,法译本,巴黎,1882年,第3页。
③ 同上书,第24页。

准），可从李嘉图以来，交换的可能性却基于劳动之上；并且，从现在起，生产理论总是应该先于流通理论。

由此，必须记住三个结果。首先，这是一个具有完全崭新形式的因果系列的创立。在 18 世纪，人们并未、远未忽视经济规定性的作用：人们说明了货币如何能流失或汇聚，价格如何能上涨或降低，生产如何能增加、停滞或减少；但所有这些运动都是在价值得以在其中相互表象的一个图表空间的基础上被确定的；当表象因素增长得比被表象因素快时，价格就上涨了；当表象的工具相比于要被表象的物品而减少时，生产就下降了，等等。重要的总是一种循环的和表面的因果性，因为这只涉及到分析者与被分析者之间的相互关系的力量。从李嘉图开始，劳动因脱离了与表象的关系，并处于表象不再盛行的地区，劳动就依据自己所特有的因果关系而被组织起来。对制造（或收获，或运输）一个物品所必需的并且能决定其价值的劳动量都依赖于生产的形式：生产发生的变化，将根据劳动分工的程度，工具的数量和性质，企业主拥有的并在建立其工厂时所投资的资本的总量；在某些情形中，生产成本将很高；在其他情形中，生产成本将不太高④。但由于在所有的情形中，这个成本（薪水、资本和收入、利润）都是由早已完成的并应用于这个新生产中的劳动所确定的，所以，我们就看到了一个巨大的、线性的和一致的系列产生了，这个系列就是生产的系列。任何劳动都具有一个结果，这个结果以一种或另一种形式而被应用于新劳动，这个新劳动的成本就是由这个结果确定的；并且这个新劳动又进入了一个价值的形成之中，等等。系列中的这个积累首次与在古典财富分析中唯一起作用的相互规定性相决裂了。出于同样的事实，这个积累引入了一个连续的历史时间的可能性，即使事实上，诚如我们将要看到的，李嘉图只思考以历史的减慢和至多总体暂停为形式的即将到来的发展。在思想的可能性条件的层面上，李嘉图通过把价值的形成与表象性区分开来，已使得根据历史来表

---

④　同上书，第 12 页。

述经济学成为可能。"财富"并不是被分布在一个图表上并由此被一个等值体系所取代,而是在一个时间链条中被组织和积累的:任何价值的确定,都不是根据使得价值的分析成为可能的工具,而是根据使得价值产生的生产条件;并且更进一步讲,这些条件也是由在生产它们时所使用的劳动量确定的。甚至在经济学思考与事件的或社会的历史在一个明确的话语中相联系之前,历史性也已经并且可能长期以来渗入经济学的存在方式中了。经济学的实证性不再与一个有关差异和同一的同时性空间相联系,而是与连续生产的时间联系在一起。

至于同样具决定性的第二个结果,它涉及到匮乏(rareté)这个观念。对古典分析来说,匮乏是相关于需求而被确定的:人们承认匮乏是随着需求的增加或呈现出新的形式而加剧或转移;对那些饥饿的人来说,是小麦匮乏;而对经常出没于社交的富人来说,是钻石匮乏。无论是否是重农主义者,18世纪的经济学家们都认为土地或土地上的劳作都至少能部分地战胜匮乏:这是因为土地具有神奇的地产,即能覆盖比耕耘土地的人们所具有的需求多得多的需求。在古典思想中,之所以有匮乏,是因为人们把自己所并不具有的物品表象给自己;但之所以有财富,是因为土地生产出某种程度上充裕的物品,这些物品不是立即被消费的,于是在交换和流通中能表象其他物品。李嘉图颠倒了这个分析的项:事实上,土地明显的施与只归因于其日益增长的贪婪;首要的,并非人们头脑中的需求和需求的表象,而完全是一种原初的缺乏。

实际上,只有当人数太多以致不能以土地自生的果实为食时,劳动即经济活动才会出现在世界历史上。由于缺乏生计的手段,某些人就死去了,而其他许多人要是不开始耕作土地的话也会死去。随着人口的增加,新的森林边缘应被砍掉、开垦和耕种。在其历史的每个瞬间,人类都只是在死亡的威胁下劳动的:任何不能发现新财源的群体都注定将灭绝;相反,随着人类的增加,人类从事着数量更多、更久远、更困难和更不直接多产的劳动。由于死亡的降临随着必需的生计变得难以获得而更加可怕时,因此,相反地,劳动的强度就必须增加,并使用所有的手段使自己变得更加多产。由此,使得经济学成为可能和必要的,正是永恒的和基本的匮乏境遇:面对本身是惰性的并且除了极小部分之外都是贫瘠的大自然,人类冒着生命危险。经济学不再是在表象的活动中,而是在生命面对死亡这样一个危险区域的方面,发现其原则的。因此,经济学诉诸这类相当含糊的、人们称之为人类学的考虑:实际上,经济学相关于人类的生物学属性,与李嘉图同时代的马尔萨斯已表明,如果人们不对其进行纠正或约束,经济学总是倾向于增长;经济学也相关于生物的境遇,生物有可能在周围的大自然中发现不了确保其生存所必需的东西;最后,经济学在劳动中,甚至在这个劳动的艰辛中指明了能否定基本缺乏并战胜死亡瞬间的唯一手段。经济学的实证性处于这个人类学空洞中。经济人(L'homo oeconomicus)并不是对自己的需求和能满足这些需求的物品进行表象的人;而是为逃避死亡的逼近而度过、耗费和丧失其生命的人。它是一个有限的存在:并且诚如自康德以来,有限性(la finitude)问题变得比表象的分析更基本(表象的分析只能来自有限性问题),自李嘉图以来的经济学也以一种或多或少明确的方式基于一种设法为有限性规定具体形式的人类学之上。18 世纪经济学相关于一种作为所有可能秩序之一般科学的普遍数学(une mathesis);19 世纪经济学将诉诸于一种作为有关人的自然有限性话语的人类学。由于同样的理由,需求、欲望就退出了主观领域——这个领域在同时期正在成为心理学对象。在 19 世纪上半叶,边际效用论者恰恰是在这里探究效用观念。于是,人们会相信孔狄亚克、格拉斯朗或福尔博内"早已"是"心理主义者"了,因为他们是在需求的基础上来分析价值的;人们同样会相信,重农主义者是一种经济学最早的先驱,即这种经济学,自李嘉图以来,是在生产成本的基础上来分析价值的。实际上,这是因为人们将摆脱同时使魁奈和孔狄亚克成为可能的构型;人们将逃避把认识建立在表象秩序基础上这样一个知识型的统治;人们将进入另一种认识论布局中,它通过使它们相互参照的方式,把一种有关被表象需求的心理学与一种有关自然有限性的人类学区分开来了。

最后,最后一个结果涉及到经济学的发展。李嘉图表明我们决不能把大自然以始终较为坚持的方式显现出来的根本贪婪解释为大自然的多产。直至亚当·斯密本人⑤的所有经济学家,都在地租中看到了土地所特有的多产的象征,这样的地租恰恰只在这样的程度上才存在,即农业劳动变得愈来愈艰难,"收益"变得愈来愈少。随着人们受生产连续不断地发展的驱使而去开垦不太多产的土地,这些新的小麦单位的收割就需要更多的劳动:或者是因为地必须耕得很深,或者是因为播种面积必须更广,或者是需要更多的肥料;因此,对这些最后的收获来说,其生产成本远远高于那些起先从富饶和肥沃的土地取得的最初的收获。然而,如果人们不想使某一部分人死于饥饿,那么,这些难以获得的食物就同其他商品一样必不可少。因此,正是生长在贫瘠土地上的小麦的生产成本将决定小麦的一般价格,即使它是少花了两三倍的劳动而被获得的。由此,易于耕耘的土地所具有的利润就增长了,它使得其地主能在提取重要的地租时出租这些土地。地租并不是多产的大自然的结果,而是贪婪的土地的结果。然而,这个贪婪每天都变得更明显:实际上,人口发展了;人们开始耕耘愈来愈贫瘠的土地;生产成本增加了;农业价格上涨了,地租也随之涨价。在这个压力下,很有可能,也的确有必要,工人的名义薪水开始增加,以支付最低的生计费用;但出于同样的理由,薪水的上升实际上并没有高于工人穿、住和吃所必不可少的费用。最后,随着地租的增加,工人的报偿保持不变,企业主的利润就下降了。如果没有一个界限的话,企业主的利润就将无限地降低,直至最终消失;实际上,从某个时候开始,工业利润太低了,以致人们不能使新工人劳动就业。由于缺乏额外工资,劳力就将不再增加,人口就将变得停滞了;将不再有必要开垦仍比先前的土地更不多产的新土地了:地租将达到极限并将不再对那时将能稳定的工业收入施加通常的压力。大写的历

⑤ 亚当·斯密:《国富论》,第一卷,第190页。

史最终将变得平静。人的有限性将得到确定——一劳永逸地，即在一个无限的时间内而被确定。

不合常情的是，正是由李嘉图引入经济学中去的历史性才使得有可能思考这个静止不动的大写历史。古典思想把经济学看作一个总是开放的和变化着的未来；但实际上，重要的是空间类型的变化：被认为是由财富形成的图表，在被展开、交换和变得有序时，能够扩大很多；它仍是同一张图表，每一个要素都丧失了其相关的表面，但与新的要素相关在一起。相反，正是人口和生产之累积的时间，正是匮乏之连续不断的历史，才使得从 19 世纪以来能够思考大写历史的贫乏、逐渐的惰性、僵化和立即像岩石般的静止。我们看到大写的历史和人类学相关地起着哪种作用。只是就作为自然存在的人是有限的而言，才存在着历史（劳动、生产、积累、真实成本的增加）：这个有限性伸展在人类的初始界限及肉体的直接需求之外，但又悄悄地不停地伴随着文明的整个发展。人愈处于世界的中心，人就愈能占有大自然，就能愈强烈地感受到有限性的压力，就更接近自己的死亡。大写的历史并不允许人摆脱其初始的界限——除了表面上，并且人们赋予界限最肤浅的含义；但如果我们考虑人的基本有限性，那么，我们就能意识到人的人类学境遇总是不停地更夸大他的大写的历史，使它变得更危险，可以说，使它更接近于它自己的不可能性。在涉及这样的边界时，大写的历史只能停滞不前，在它自己的轴上颤抖片刻，并永远静止不动了。但这可依据两种方式而得以发生：或者大写的历史逐渐地并凭着始终很明显的缓慢折回到一个稳定的状态，这个状态在不确定的时间中认可这个大写的历史始终迈向的目标，认可这个大写的历史从一开始就不停地成为的所是；或者正好相反，这个大写的历史达到了一个转折点，在这个点上，只是就大写的历史取消了自己直到那时的一直所是而言，大写的历史才能被确定。

在第一种解决措施中（以李嘉图的"悲观主义"为代表），大写的历史面对人类学的规定性起着一种重大的补偿机制的作用；的确，大写的历史处于人的有限性之中，但它在其中是以一种实证的和鲜明的形式出现的;它使得人类能战胜人类注定要遭受的匮乏。如同这个缺乏每一天都变得更严峻一样,劳动也变得更紧张;生产的绝对数量增加了,但与此同时,并且出于同一个运动,生产的成本,即生产一件物品所必需的劳动量也增加了。因此,一个时候必定不可避免地会到来,在那时,劳动不再通过由劳动生产出来的食物来支撑(食物只值由工人获得的膳食)。生产不再能填满缺乏。于是,匮乏将以自己为限(通过一种人口的稳定),并且劳动将确切地与需求相一致(通过财富的一种确定的分配)。从现在起,有限性与生产将确切地在一个唯一的形式中相重叠。任何额外的劳作都将是毫无用处的;任何超额的人口都将消失。这样,生与死恰恰将相互对立地被确定,表面对表面,这两者都因其对抗的推力而无法行动并得到加强。大写的历史将把人的有限性一直引导到临界点,在那个点上,人的有限性最终将以其纯粹的形式呈现出来;人的有限性将不再有边缘使它能逃避它自身,不再做出努力去为自己安排一个未来,不再向未来的人开创新的土地;在大写历史的严重侵蚀下,人将逐渐被剥夺那使人自己的眼睛对人视而不见的一切,人将逐渐耗尽所有这样一些可能的要素,即这些要素有点弄乱和在时间的允诺下回避了其赤裸裸的人类学;通过漫长的但不可避免的和强制的道路,大写的历史将把人一直引导到一个真理,这个真理使人在自己的面前停滞不前。

在第二个解决措施中(以马克思为代表),大写的历史与人类学有限性的关系是根据相反的方向得以辨认的。于是,大写的历史起着一种消极的作用:实际上,正是这个大写的历史增加了需求的压力,使得缺乏增长了,强制人类去劳动并始终产生更多的物品,尽管人类只接受对自己的生存所必不可少的一切,并且有时候接受得稍少一些。因此,劳动产品随着时间而积累,并不间断地逃避那些履行着劳动的人:这些劳动着的人无限地产生出要比那部分以薪水的形式返回给他们的多得多的物品,并由此向资本提供了重新购买劳工的可能性。这样,由大写的历史维持在其生存条件的界限处的那些人的数量就不停地增加了;同样,这些条件不停地变得更加不确定并接近将使得存在本身成为不可能的一切；资本的积累，企业及其能力的增长，加在薪水上面的一贯的压力，所有这些都缩小了劳动市场，减少了劳动的报偿，增加了失业。因被在死亡边缘的贫穷所击退，所以，整整一类的人都毫无遮掩地体验着需求、饥饿和劳动是什么。由其他人归之于大自然或自发的物之序的一切，却在这一类人看来是一种历史的结果和一个并不具有此形式的有限性的异化。出于这个原因，这一类人能够并且只有他们才能够重新控制的，正是人类本质的这个真理，以便恢复这个真理。但要获得这一切，只能通过废除或至少颠倒那个一直展开到现在的大写的历史：于是，将只有一个时间开始，这个时间将既不再有相同的形式，也不再有相同的法则，不再有相同的流逝方式。

但是，在李嘉图的"悲观主义"与马克思的革命承诺之间进行取舍大概是没有什么要紧的。这样的选择体系只代表了两种可能的浏览人类学与大写历史之间关系的方式，如同经济学通过匮乏和劳动观念确立起来的那些关系一样。对李嘉图来说，大写的历史填满了那个由人类学有限性安排的并由永恒的缺乏所显明的空洞，直至一个明确稳定的点被达到；根据马克思的读解，大写的历史在剥夺人的劳动时，使人的有限性的实证形式凸显出来——人的具体的真理最终得到了解放。的确，我们毫无困难地懂得，在见解的层面上，真实的选择是被如何分布的，为何某些被选作首要的分析类型，而其他的则被选作次要的分析类型。但这些只是被派生的差异，这些差异全都属于一个荣耀颂的研究和探讨。在西方知识的深层面上，马克思主义并没有引入任何真实的断裂；它像一个充分的、确信无疑的、令人安慰的和肯定能满足一个时代（它的时代）的形象那样，毫不费力地处于一个已欢心接受它的认识论布局的内部（因为恰恰是这个布局给马克思主义让位了），而马克思主义则反过来既没有意图去打乱这个布局，又更没有能力去改变它，哪怕只是悄悄地改变，因为马克思主义是完全建立在这个布局的基础之上的。马克思主义处在19世纪思想中，犹如鱼在水中，即是说马克思主义在其他任何地方都会停止呼吸。虽然马克思主义与"资产阶级的"经济学理论相对立,虽然在这个对立中,马克思主义设想了一种对大写历史的彻底改变来反对这些"资产阶级的"经济学理论,但这个冲突和这个设想的可能性条件,并不是重振整个大写的历史,而是这样一个事件,即整个考古学都能确切地确定这个事件的位置,并且这个事件已经按照相同的模式同时规定了 19世纪的资产阶级经济学和革命经济学。它们之间的争论徒劳地激起了某些波浪并勾画了表面的涟漪,但这些只是小孩涉水池中的风暴而已。

根本的是,在 19 世纪初,一个知识的布局被构成了,在这个知识的布局中不仅出现了经济学的历史性(相关于生产形式),人类存在的有限性(相关于匮乏和劳动),而且还出现了大写的历史终结的期限——无论它是不确定的放慢速度,还是彻底的颠倒。大写的历史、人类学以及生成变化的悬置都是依据这样一个形式而相互属于的,即这个形式为 19 世纪的思想确定了其主要的网络之一。例如,我们知道这个布局为了复活人本主义疲劳不堪的善良意志而已经发挥的作用;我们知道这个作用如何使完美的乌托邦得以再生。在古典思想中,乌托邦更确切地起着一种起源的梦想的作用:这是因为世界的清新必须确保一张图表的理想的展开,每个事物都将在这张图表中各就其位,具有其邻近关系,特有的差异,直接的等值;在这束初始的光线中,表象不应该再与由它们所表象的生动的、敏锐的和敏感的对象的存在相分离了。在 19 世纪,乌托邦所涉及的,如其说是时间的早晨,还不如说是时间的黄昏;这是因为知识不再是根据图表的模式而被构成的,而是根据系列、连贯和生成的模式而被构成的:当结局的阴影将在预期的夜晚降临时,有关大写的历史的缓慢侵蚀或暴力,将使像石头般静止不动的人的人类学真理凸显出来;日期时间表将能继续下去;但这样的时间将是空洞的,因为历史性将确切地与人类本质相重叠。生成的流溢及其所有悲剧、遗忘和异化的对策都将在一种人类学有限性中被截获,而人类学有限性则转而将在它们之中发现其明亮的表现。有限性(la finitude)及其真理是在时间(le temps)中被给出的;时间(le temps)一下子就是有限的(fini)。有关大写历史终结的重大梦想,就是因果关系思想的乌托邦,如同起源的梦想曾是分类学思想的乌托邦。

这个布局长期以来一直受约束;在 19 世纪末,尼采通过燃烧它而使它最后一次闪闪发光。尼采已复述了时间的终结并使它成为上帝之死和末人之游荡;尼采已复述了人类学的有限性,但这是为了使超人神奇的跳跃显现出来;尼采已复述了大写的历史之巨大的连续的链条,但这是为了在轮回的无限性中使它屈从。上帝之死,超人的逼近,重大年代的允诺和惊恐都徒劳地想逐项恢复那些布局在 19 世纪思想中并形成其考古学网络的要素;事实依然是,它们都点燃了所有这些稳定的形式,从这些形式被烧焦的残余物中勾勒出了奇异的也许是不可能的面目。在一束光线(我们尚未确切地知道它是否拨旺了最后的大火,或者是否显示出了曙光)中,我们看到可能是当代思想的空间敞开了。总之,正是尼采为我们并且在我们出生之前就已经焚烧了辩证法和人类学之混杂的允诺。

## 第三节　居维埃

在其具有的确立起像方法一样可靠和像体系那样严密的一种分类学设想中,朱西厄已经发现了特性的从属关系规则,诚如斯密曾使用劳动的确实的价值去确立物在等值游戏中的自然价格。正如李嘉图已使劳动摆脱了其度量的作用,以便使劳动在交换之前,就进入生产的一般形式中一样,居维埃⑥使特性的从属从其分类学功能中解放出来,以便使这个从属关系在任何可能的分类之前,就进入生物构造的各种层面中去。使得结构相互之间依靠的内在关联不再只处于重复发生的层面上,它甚至还成了相互关系的基础。

---

⑥　参见多丹对居维埃所作的引人注目的研究:《动物学的纲》,巴黎,1930 年。

当若弗鲁瓦·圣伊莱尔（Geoffroy Saint-Hilaire）说"构造成了一个抽象的……可以具有许多形式"⑦时，他在某一天所引入的正是这个间距和这个倒转。生物空间围绕着这个观念而旋转，所有直至那时通过自然史的分区控制（属、种、个体、结构、器官）而已能出现的一切，所有已能呈现给人的目光的一切，从现在起都具有新的存在的样态。

处于第一位的，是当目光浏览个体的肉体时能够加以连接的并且被人们称之为器官（les organes）的那些要素或不同的要素集合。在古典的分析中，器官既通过其结构，又通过其功能而得到定义；器官曾像一个有两个入口的系统，我们可以或者在这个系统所起的作用（如繁殖）的基础上，或者在其形态学变换（形态、大小、布局和数量）的基础上，彻底地读解这个系统：这两个辨认方式更确切地相互包含，但它们又是相互独立的——前者陈述可使用物（l'utilisable），而后者则陈述可同一物（l'identifiable）。居维埃使之动摇的就是这个布局；通过消除有关器官与功能相调整的公设和互相独立的公设，居维埃就在很大程度上使功能超出了器官的范围，并使器官的布局从属于功能的统治权。他即使没有废除器官的个体性，那至少也是废除了器官的独立性；"一个重要器官中的一切都重要"这样一个想法是错误的；与其说必须把注意力"引向器官，还不如说必须把注意力引向功能本身"⑧；在通过其可变量来定义器官之前，必须使器官与由它们所确保的功能相关起来。然而，这些功能在数量上相对是很少的：呼吸、消化、循环、运动……因此，可见的结构多样性不再是在变量图表的基础上浮现的，而是在能以多种多样的方式被实现和能完成其目标的重大的功能单元的基础上涌现的："在所有的动物中，所考察的每一类器官的共性都可归结为微不足道的，并且通常器官之间只通过由器官产生的

---

⑦ 由 Th. 卡恩（Th. Cahn）引用：《E. 若弗鲁瓦·圣伊莱尔的生平著作》，巴黎，1962年，第138页。

⑧ G. 居维埃：《比较解剖学课程》，第一卷，第63－64页。

结果才彼此类似。关于呼吸,这必定尤其使人震惊了,呼吸是通过这样的器官而在不同的纲中起作用的,即这些器官是如此地千变万化以致它们的结构没有表现出任何共同点。"⑨因此,通过考察与功能相关的器官,我们就看到哪里没有"同一的"要素,哪里就会出现"相似性";这个相似性是由功能之转变为明显的不可见性构建的。鳃和肺是否共同具有一些多变的形态、大小和数量,这毕竟是微不足道的:它们彼此类似,是因为它们是这样一个器官的两个变种,即这个器官是不现存的、抽象的、非真实的、不可确定的,是任何可描述的物种所缺乏的,但又存在于整个动物王国之中并能用作一般的呼吸(respirer en général)。这样,人们就在生物分析中恢复了亚里士多德类型的同功(les analogies):鳃之于水中的呼吸,如同肺之于空气中的呼吸。的确,类似的关系在古典时代也是完全为人所熟知的;但这些关系只是用来确定功能的;人们并没有用这些关系在自然空间中确立物之序。从居维埃开始,以要达到的结果的非可感知的形式而被确定的功能,将用作一个确实不变的中间项并使得有可能把缺乏最微小的可见同一性的要素集合相关起来。对古典眼光而言曾只是与同一性相并列的完全的差异性,现在必须在功能一致性的基础上被整理和思考,功能一致性秘密地支撑着这些差异性。当同(le Même)与异(l'Autre)只属于同一个空间时,就会存在自然史(a histoire naturelle);当这个平面统一性开始崩溃时,当差异在一个比统一性更深刻和更严肃的同一性的基础上涌现时,像生物学(biologie)这样的某物就变得可能了。

这个对功能的参照,同一性的平面与差异性的平面之间的这个脱离,都使得下述新关系涌现出来,即共存(coexistence)关系,内在等级(hiérarchie interne)关系,关于组织结构平面(plan d'organisation)的依赖关系。共存指的是这样一个事实,即一个器官或器官系统不可能出现在生物之中,除非具有确定性质和形式的另一个器官或器官系统同样出现在生物之中:"同一个动物的所

---

⑨　同上书,第34－35页。

有器官形成了一个唯一的系统,这个系统的所有部分都相互依靠、作用和反作用;其中任何一个部分的改变都将导致所有部分类似的改变。"⑩在消化系统内部,牙齿的形态(事实是,无论牙齿是锋利的,还是咀嚼的),都同时随着"供给系统的长度、深度、扩张"的变化而变化;或再有,作为不同系统之间共存的实例,消化器官不能独立于肢体形态学(尤其是爪子的形态)而发生变化;依据动物是否有爪子或蹄子,因而依据动物是否能抓住和撕裂其食物,食道、"溶解液"和牙齿的形态将并不相同⑪。在此,正是侧边相关关系,才在相同层面的要素之间确立了由功能必然性创立的伴生关系:因为动物必须进食,所以,猎物的性质及其捕捉方式不可能仍无关于咀嚼和消化的器官(反之也然)。

不过,存在着等级化的(hiérarchiques)分级。我们看到古典分析如何被引导去悬置最重要的器官的特权,以便只考虑其分类学功效。既然我们不再谈论独立的变量,而是谈论相互支配的系统,相互重要性的问题就再次被提出来。这样,哺乳动物的食道并不简单地处于一个可能的共变与运动器官和攫取器官的关系中;哺乳动物的食道至少部分地是由繁殖方式规定的。实际上,以其胎生的形式,繁殖并不简单地包含直接与其相联系的器官的存在;繁殖也就要求哺乳器官存在,嘴唇存在,同样要求肉质的舌头存在;另一方面,繁殖规定了温血的循环和心脏的双室⑫。因此,有机体的分析,在有机体之间确立起相似性和区别的可能性,都假定人们已确定了这样的图表,即这并不是能随着物种而有所不同的要素的图表,而是有关在一般的生物中相互支配、控制和整理的功能的图表:不再是可能的变化的多角形,而是重要性的等级金字塔。居维埃首先认为,存在的功能先于关系的功能("因为动物首先是

---

⑩ G. 居维埃:《自然科学状态的历史报道》,第 330 页。

⑪ G. 居维埃:《比较解剖学课程》,第一卷,第 55 页。

⑫ G. 居维埃:《二论放完血的动物》,1795 年,载《百科全书书库》,第二卷,第 441 页。

[est]，然而，才感觉［sent］和行动［agit］”）：因此，他假定生殖和循环应给首先确定其他器官的布局所从属于的某些数量的器官；这某些数量的器官形成了首要的特性，而其他器官则形成了次要特性⑬。接着，居维埃使循环从属于消化，因为消化存在于所有的动物之中（珊瑚虫的整个躯体都只是一种消化器官），而血和血管只存在于"高级动物中并连续地在低等动物中消失"⑭。稍后，在他看来，正是神经系统（以及脊柱索的存在与否）才是所有器官布局的决定因素："神经系统实质上是动物的全部：其他系统只是为了服务于它和维护它。"⑮

　　功能之这样优于其他东西，这包含了有机体可见的布局服从一个规划（un plan）。这样一个规划确保了根本的功能的统治，并且具有更大自由度地把这样一些器官归入这个统治之中，即这些器官能确保不太主要的功能。作为等级原则，这个规划定义了具有优势的功能，分布了使它得以实行的解剖学要素，并把这些要素安置在躯体的享有特权的场所中：由此，在庞大的一组关节（Articulés）中，昆虫的等级使得运动功能和运动器官首要重要性显现出来；另一方面，在其他三个等级中，是生命功能最为重要⑯。在对不太根本的器官实施的区域控制中，构造的规划并不起着一个决定性的作用；可以说，随着人们远离中心，准允可能形式或使用中的变化、改变、变化，这个规划就变得自由了。人们会重新找到它，但它变得更柔韧了，更可被其他形式的规定性所渗透。在哺乳动物的运动系统中易于观察到的，正是这一点。运动的四肢是构造的规划的组成部分，但仅仅作为次要的特性；因此，运动的四肢从未被废除，也不缺乏和被取代，而是"有时候被遮掩了，如同在蝙蝠的翅膀中和海豹的后部的鳍状足"；运动的四肢有时甚至会"在

⑬　G. 居维埃：《二论放完血的动物》，1795 年，载《百科全书书库》，第二卷，第 441 页。
⑭　G. 居维埃：《比较解剖学课程》，第二卷，第 4‑5 页。
⑮　G. 居维埃：《论要确立的新的接近关系》，《博物馆年鉴》，第十九卷，第 76 页。
⑯　同上。

使用时变性，如同在鲸类的鳍状胸肌中……大自然从臂腕中制造
出鳍。你们看到在根据其伪装的次要的特性中始终存在着一种稳
定性"[17]。我们懂得物种如何能既相互类似（以形成像属、纲和居维
埃所说的门这样的类群），又相互区分。使物种相互接近的，并不
是某些数量的可重叠的要素，而是一种同一性焦点，我们不能把这
个同一性焦点分解为可见的平面，因为在这个焦点定义了功能彼
此间的重要性；在这个不可感知的同一性中心的基础上，器官得到
了分布，并且随着器官离开这个中心，器官就在柔韧性、变化的可
能性、有区别的特性方面都得到了发展。动物物种在边缘上是互
不相同的，在中心则是彼此类似的；难以接近的东西把它们重新联
系在一起，而明显的东西则使它们分散了。动物物种在对其生命
是根本的一边变得普遍，而在对生命更次要的一边使自己变得独
特。人们愈想重返宽广的类群，就愈必须更专注于有机体的黑暗
之中，趋向不太看得见的部位，深入到这个逃避感知的维度中去；
人们愈想勾勒出有机体的个体性，就必须更加回溯到表面，并使由
光线触及的那些形式完全可见地闪烁；因为增多是看得见的，而统
一性是隐藏的。总之，生物物种"逃避"个体和物种的集聚，只因为
生物物种生存着并在由其隐藏的东西的基础上，生物物种才能被
分类。

我们要估量由这相关于古典分类学而假定的巨大的颠覆。古
典分类学完全是在描述的四个变量（形态、数量、布局和大小）的基
础上建立起来的，这四个变量在同一个运动中是由语言和眼光浏
览的；在可见物的这个展开中，生命似乎是一个划分的结果——简
单的分类学边界的结果。从居维埃开始，正是生命之非可感知的
和完全功能的方面创立了分类的外部可能性。在巨大的秩序层面
上，不再存在生物的类别；但进行分类的可能性是来自生命的深处
的，是来自目光所难以触及的远处的。生物曾是自然分类的场所；
可分类这个事实现在成了生物的一个属性。这样，普遍分类学的

---

[17]  G.居维埃：《二论放完血的动物》，载《百科全书书库》，第二卷，第441页。

设想就消失了；展开一个重大的自然秩序这样的可能性也消失了（这个秩序毫无间断性地从最简单的和最惰性的事物进到最具活性的和最复杂的事物）；对作为普遍自然科学的土壤和基础的秩序所作的探求也消失了。"自然"也消失了——作这样的理解，即在整个古典时代，"自然"首先不是作为"论题"，作为"观念"，作为无穷的知识来源而存在的，而是作为可安排的同一性和差异性的一致空间而存在的。

这个空间现在被分解了，并且可以说它被深深地打开了。我们并不拥有可见性与秩序相统一的一个领域（其要素相互之间具有特殊的价值），而是拥有一系列的对立（其两个对立的项并不具有相同的层面）：一方面，存在着次要的器官，它们在躯体的表面是看得见的，能毫无干预地被人所直接感知，另一方面，存在着主要的器官，它们是根本的、关键的和隐藏的，我们只有通过解剖，即通过在肉体上除去次要器官的红润的包膜，才能达到这些主要器官。在一个更深的层面上，还存在着以下两者之间的对立：一是一般的器官，它们是空间的、坚固的、直接或间接地是看得见的，一是功能，它们虽不能感知，但通过下面可规定被我们所感知的对象。最后，在最大范围内，在同一性与差异性之间都存在着对立：它们并不具有相同的微粒，它们不再是在同质均匀的平面上被相关地确立起来的；但当差异相互之间深深地被消除、混淆和连接，并接近巨大的、神秘的、不可见的焦点的统一性（多重性似乎是源自这个焦点的，如同通过连续不断的散布）时，差异是在表面扩散的。生命不再是能以或多或少确定的方式与机械力学相区分的东西；生命是生物之间所有可能的区分据以奠基的基础。在科学观念的年代学中，由在 19 世纪初复活的活力论论题标明的，正是从生命的分类学观念向生命的综合观念进行的这个过渡。从考古学的观点看，在 19 世纪初被确立起来的，正是生物学（une biologie）的可能性条件。

总之，这一系列对立，因分解了自然史的空间，因而具有极其重要的结果。实际上，这是两个相关技术的出现，它们是相互依赖和相互关联的。在这两个技术中，第一个是由比较解剖学构建的：比较解剖学使得一个内在的空间涌现出来，这个空间一方面以皮肤和贝壳的表层为限，另一方面以无限小的事物之准不可见性为限。因为比较解剖学并不是人们在古典时代所使用的描述技术的纯粹的深化；因为它并不满足于力求在下面、更合适地和更接近地观察；它确立了一个空间，这个空间既非可见特性的空间，也非微小要素的空间⑱。比较解剖学在这个空间中使得器官的交互布局、它们的相关性，以及一个功能的主要时刻据以被相互分解的方式、据以被相互空间化的方式、据以被相互间整理的方式都呈现出来了。这样，与简单的目光相反（简单的目光通过浏览整个有机体，就看到大量的差异性展现在自己的面前），解剖学则通过真正分割躯体，把躯体分割成不同的小块，在空间中把它们分成小块，就使得尚未看得见的重大相似性涌现出来；解剖学重构了隐藏在重大的看得见的散布下面的诸单元。宽广的分类学单元（纲和目）的形成，在 17 和 18 世纪，曾是语言学划分（découpage linguistique）的问题：必须发现一个既普遍又有根据的名词；而现在它则属于一种解剖学断离（une désarticulation anatomique）；必须抽出主要的功能体系；这些就是解剖学的真正划分，它们将使得有可能结成生物巨大的科。

　　第二个技术建立在解剖学的基础上（因为它是解剖学的结果），但又与解剖学相对立（因为它有可能避免解剖学）；它在于在表面的、因而看得见的要素与其他隐藏在躯体深处的要素之间确立起指示关系。这是因为通过有机体内部的相互关联的法则，我们可以知道一个如此边周的和附属的器官包含了一个更基本的器官中的如此的结构；由此，"有可能建立外部形态与内部形态之间的对应，这两种形态都是动物本质的组成部分"⑲。例如，在昆虫那

⑱　对显微镜的拒绝，这在居维埃和解剖—病理学家那儿都是一样的，参见《比较解剖学课程》，第五卷，第 180 页，《动物界》，第一卷，第 28 页。
⑲　G.居维埃：《根据其构造分布的动物界》，第一卷，第 14 页。

里,触角的布局并不具有独特的价值,因为它与重大的内在构造并不相关;相反,下颌的形态可起主要的作用,以便根据这些构造的相似性和差异性而对它们进行分布;因为下颌是与昆虫这个动物的进食、消化、并通过消化而与其根本功能联系在一起的:"咀嚼器官必定相关于营养器官,因而必定相关于生命的整个属,因而必定相关于整个构造。"[20]说实在的,这个指示技术并不必然从可见的边界进到器官内在性的暗淡形态:它可以确立起从躯体的一个无论什么点直到另一个无论什么点的必然性网络,因此,在某些情形中,一个要素就可足以使人想起一个有机体的普遍结构;我们可以认出整个动物,"只通过一块骨头,只通过一块骨头的一个面:这是一个对化石动物产生如此奇特结果的方法"[21]。对 18 世纪的思想来说,化石曾是实际形态的预示并由此表明了时间的巨大连续性,而从现在起,化石将标明它曾实际所属的那个形态。解剖学不仅仅摧毁了同一性之图表的和同质均匀的空间,而且还打断了时间之假想的连续性。

从理论的观点看,这是因为居维埃的分析完全重组了自然连续性和间断性的体制。实际上,比较解剖学使得有可能在生物界确立起两种完全独特的连续性形态。第一种连续性形态涉及到在大多数物种中重新出现的重大的功能(呼吸、消化、循环、繁殖、运动……);这种形态在所有生物中确立起了一种我们可以依据从人类直至植形动物这样复杂性在逐渐减少的标尺加以分布的宽广的相似性;在高级物种中,所有的功能都在场,接着,我们看到这些功能依次消失了,并且最后在植形动物中,不再有"循环中心、神经、感觉中心;每个点似乎都是通过吸取而进食的"[22]。但这个连续性是虚弱的,是相对松弛的,并通过有限数量的根本功能而形成了一张有关

---

[20] G. 居维埃:《致阿特曼的一封信》,由多丹引用,《动物学种类》,第二卷,第 20 页,第一个注。

[21] G. 居维埃:《关于自然科学的历史报道》,第 329、330 页。

[22] G. 居维埃:《基础图表》,第 6 页及其以下诸页。

在场和缺场的简单图表。另一种连续性则要严密得多：它涉及到器官之或多或少重大的完善。但在此基础上，我们只能确立起有限的系列、很快被中断并且在不同的方向上相互交错的区域连续性；这是因为在各种各样的物种中，"器官并不遵循相同种类的退化：一个器官在一个物种中达到了其最高程度的完善；而另一个器官则在一个不同的物种中达到了其最大程度的完善"㉓。因此，我们具有人们所说的诸有限的和局部的"微观系列"，这些系列如其说支撑在物种之上，还不如说支撑在某个器官之上；而在另一端，我们则具有一个间断的、松弛的"宏观系列"，这个宏观系列如其说支撑在有机体本身之上，还不如说支撑在功能之巨大的基本的区域之上。

我们看到在这两个既不相互重叠又不相互一致的连续性之间分布着巨大的间断性整体。这些整体服从不同的构造规划，相同的一些功能就根据多变的等级而得到整理，并通过各种类型的器官而得到实现。例如，易于在章鱼中重新发现"在鱼中被应用的所有功能，然而，并不存在相似性、布局的同功"㉔。因此，必须分析每一个这样的类群本身，我们决不能考虑能把一个类群与另一个类群连接起来的狭小的相似性线索，而是必须考虑使类群自我紧缩的内聚力；我们并不设法知道充满血的动物是否像抽干血的动物一样处在同一水平上，而只具有补充的完善；我们确定，任何充满血的动物——正是在此它才属于一个自主的平面——总是拥有骨骼粗大的头颅、脊椎、肢体（蛇除外）、动脉和静脉、肝、胰、脾和肾㉕。脊椎和非脊椎形成了完全隔离的面，我们在它们之间不可能发现向任何一个方向过渡的中间形态："无论我们向脊椎和非脊椎动物赋予什么样的排列，在这些重大的类群中，我们都将不能在一个类群的末端或另一个类群的开头发现两个相似得足以用作它们之间

---

㉓　G. 居维埃：《比较解剖学课程》，第一卷，第 59 页。
㉔　G. 居维埃：《论头足纲》，1817 年，第 42-43 页。
㉕　G. 居维埃：《自然史的基础图表》，第 84-85 页。

的关联的动物。"㉖因此,我们看到门的理论并没有向传统的分类添加额外的分类学范围;门的理论是与一个新的同一性和差异性空间的构建联系在一起的。这是一个没有根本连续性的空间。这个空间一开始就是以分块的形式而被给出的。这个空间贯穿着有时发散有时相交的线条。因此,为了指明该空间的一般形式,就必须用发散的影像,确切地说用大量光线据以展开的一组中心的影像,来取代在 18 世纪从博内到拉马克曾经是传统的连续标尺的影像;这样,我们可把每一个存在都重新置于"这个构成为有机自然的巨大网络……但 10 条或 20 条光线都不足以说明这些数不胜数的关系"㉗。

摇摇欲坠的是有关差异的整个古典经验,以及存在与自然的关系。在 17 和 18 世纪,差异的功能是把物种相互重新联系起来,并由此填满存在的两端之间的间距;差异起着"连接"的作用:差异是尽可能地有限的、细小的;差异位于较狭窄的分区控制中;差异总是可划分的,并甚至能陷于知觉的界限的下面。相反,从居维埃开始,差异本身增多了,添加了各种各样的形式,扩散了并回响在有机体中,以各种同时的方式把它与所有其他的有机体隔离开来;这是因为差异不再处于存在的空隙中,以便把存在重新联系起来;差异是相关于有机体而起作用的,以使得有机体能与自身"结成一体"并在生命中保持原状;差异并不通过接二连三的细小来填满存在间隙;差异是通过深入挖掘自身再来挖掘这个间隙的,以便在它们的隔离中确定重大类型的相容性。甚至就其是活的而言,19 世纪的自然才是间断性的。

我们可以测定这个剧变的重要性;在古典时代,自然存在形成了一个连续的整体,因为它们曾是存在物,并且它们没有理由去打断它们的展开。不可能去表象把存在与其自身分割开来的一切;因此,表象的连续性(符号和特性)和存在的连续性(结构的极其邻

---

㉖　G.居维埃:《比较解剖学课程》,第一卷,第 60 页。

㉗　G.居维埃:《鱼的历史》,巴黎,1828 年,第一卷,第 569 页。

近）是相关的。与居维埃一起，正是这个既是本体论的又是表象的网络被明确撕裂了：由于生物存活着，所以，生物不再能形成一连串渐进的和渐增的差异；生物应该紧缩在这样的融贯性核心的周围，这些核心是彼此完全不同的，并且像这么多不同的面一样是为了维持生命。古典的存在曾是无缺点的；生命既无边缘，又无退化。存在倾注在一张巨大的图表中；生命把与自身相连结的诸形态抽离出来。存在在一个始终是可解析的表现空间中被给出；生命隐退于一种本质上是不可达到的力量的谜语中，只有这个力量为表象和维持自身而在到处所作的努力才是可领会的。总之，在整个古典时代，生命属于一种本体论，这个本体论以相同的方式关涉到所有能经受广延、总量和运动的物质存在；正是在这个意义上，所有的自然科学，尤其是生物科学才具有深刻的机械论使命；从居维埃开始，至少作为第一个要求，生物逃避了广延的存在的普遍法则；生物存在被区域化了和变得自律了；在存在的边缘，生命就是外在于存在但又体现在存在中的东西。虽然人们提出了其与非生物的关系问题，或其物理—化学规定性的问题，但这并不完全是在那个坚持其古典样态的"机械论"的路线上，而是以一种全新的方式使两个自然相互连接在一起。

但由于间断性必须通过生命的维持和生命的条件得到说明，所以，我们看到在有机体与使它能生存的一切之间有一种未预见到的连续性，或至少一种尚未被分析的相互作用的游戏被勾勒出来了。如果反刍动物区分于啮齿动物，并且如果这是取决于问题并不在于加以减轻的大规模的差异性体系，那是因为它们具有另一口牙齿，另一个消化器官，另一类爪子和指甲的布局；那是因为它们不能捕捉相同种类的食物，它们不能以相同的方式处理食物；而是因为它们不必消化相同性质的食物。因此，生物不应只理解为具有明确特性的分子的某种结合；生物勾勒出了一个构造，这个构造与外在要素保持着连续不断的相互关系，这些外部要素是它为了维持或展开自己的结构而加以使用的（通过呼吸，通过营养）。在生物的周围，确切地说贯穿着生物并通过对其表面的过滤，实施着"一种从外部到内部和从内部到外部的连续循环,这个循环经常是在某些界限之间被维持的和被确定的。由此,生物躯体应被视作一种熔炉,死的物质接二连三地被送到这个炉子中去,以便以各种各样的方式在它们之间进行组合"[28]。通过使得生物保持与自身相间断的这同一个力量的作用和统治,生物就服从一种与周围环境的连续关系。为了使生物能生存,就必须要有几个不能彼此还原的构造,在每一个这样的构造与它所呼吸的空气、它所饮用的水、它所吸收的食物之间还必须要有一个连续不断的运动。通过打断存在与自然之从前的古典的连续性,生命之分裂的力量将使散布的但都与生存条件相联系的形态显现出来。在几年之后,在18和19世纪之交,欧洲文化完全改变了生物的基本空间化:对古典经验来说,生物曾是存在的普遍分类学中的一个区域或一系列区;如果说生物的地理学定位曾有作用的话(如同在布丰那里),那么,这就是为了使早已可能的变换呈现出来。从居维埃开始,生物自我包裹,中断其分类学的邻近关系,摆脱广阔的、约束性的连续性平面,并构建一个新空间:说实在的,这是一个双重空间——因为它既是解剖学融贯性和生理学相容性的内在空间,又是这样一些要素的外在空间,即它居于这些要素之中并从中形成它自己的躯体。但这两个空间都具有一个统一的控制:这不再是存在的可能性的控制,而是生命的条件的控制。

生物科学的整个历史先天性由此被推翻和更新了。如在考古学深度上,而非在发现、讨论、理论或哲学选择等较为明显的层面上加以考察的话,那么,居维埃的著作就远远地主宰着可能是生物学的未来。人们通常把拉马克的似乎"预示了"进化论的"变化说的"直觉与居维埃所坚持的、完全充满着传统偏见和神学公设的古老的物种不变论对立起来了。通过混合、隐喻和被不恰当控制的类似这样一整个活动,我们就勾勒出了一种"反动"思想的侧影,这种思想热切地坚持物之静止不动,以确保人类不稳定的秩序;这就

---

[28]　G. 居维埃:《比较解剖学课程》,第一卷,第4-5页。

是大权在握的居维埃的哲学；与此相对，我们描绘了一种渐进主义思想的艰难命运，它相信运动的力量，连续不断的创新，适应的生气：革命的拉马克就持这样的观点。以撰写严格历史意义上的观念史为借口，人们就这样举出了天真幼稚的恰当例子。因为在知识的历史性中，具有重要性的是，并不是见解，也不是我们通过年代可以在这些见解之间确立起来的相似性（实际上，在拉马克与某个进化论之间，如同在进化论与狄德罗、罗比内或伯努瓦·德·马耶等人的观点之间存在着"相似性"）；重要的，使得能在自身中表述思想史的，是其可能性的内在条件。然而，人们只需尝试作出分析，就立即能发觉拉马克只是在本体论连续性（即古典自然史）的基础上来思考物种的转变的。他假定一个渐变，一个不中断的改善，一个巨大的连续不断的并能互为基础而形成的存在层面。使得拉马克的思想成为可能的，并不是对将要到来的进化论的遥远的领会，而是存在的连续性，如同自然"方法"所发现和假定的。拉马克是与 A.‐L. 朱西厄同时代，而非与居维埃同时代的。居维埃在古典的存在范围内已引入了一个彻底的间断性；并且由于同样的事实，他使得生物学的不相容性、与外部要素的关系、生存的条件这样的观念涌现出来；他也使得某种必须维持生命的力量和某种作为对生命的死亡制裁的威胁涌现出来；在此，我们发现使得进化思想这样的某事成为可能的几个条件聚集在一起了。生物形态的间断性使得有可能设想一个重大的暂时的偏差，尽管表面上类似，但结构和特性的连续性是不准允这样的偏差的。凭着空间的间断性，凭着图表的断裂，凭着所有的自然的存在在其中有其秩序位置的这个平面的折断，我们就可以用自然的"历史"（une "histoire" de l'histoire）来代替自然历史（l'histoire naturelle）。的确，我们看到，古典空间并未排除生成的可能性，但这个生成只是确保了对可能变异之审慎地是先决的图表进行的浏览。这个空间的断裂使得有可能发现一种生命所特有的历史性；即生命在其生存条件中得以维持的历史性。当这一历史性首次在西方知识中涌现时，居维埃的"固定论"，作为对这样一种维持的分析，曾是最初思考这一历史性的方法。

因此，历史性现在被引入自然——确切说，被引入生物中去了；但它在其中远不止是一个可能的系列形式；它构建了一个基本的存在方式。可能，在居维埃的时代，尚未存在像进化论所描述的生物史；但生物一开始就是与使得生物能具有历史的条件一起被思考的。正是以同样的方式，财富才在李嘉图的时代获得了一种历史性地位，这个历史性尚未被阐述为经济史。像被李嘉图所预见的工业收入、人口和地租即将到来的稳定性，由居维埃断定的物种的固定不变性，在作表面检验以后，被看成是对历史的拒斥；实际上，李嘉图和居维埃只取消了像在 18 世纪所思考的年代学序列的样态，他们使得时间不再属于表象之等级的和分类学的秩序。相反，他们只有在一个历史的可能性基础上才能设想由他们描述的或预告的这个实际的或未来的静止不动性；或者通过生物的生存条件，或者价值生产的条件，这个历史才能提供给他们。反常的是，李嘉图的悲观主义和居维埃的固定不变论只有在一个历史基础上才能呈现出来：它们定义了存在的稳定性，从现在起，在其深层样态的层面上，存在有权具有一种历史；相反，财富能根据一个连续的进步而增长，或者物种能随着时间而相互转化，这样的古典观念定义了存在的运动性，存在甚至在任何历史之前，就早已服从一个有关变量、同一性或等值的体系了。这个体系必定悬置了这个历史并似乎把它放在括号里存而不论了，以便自然的存在和劳动产品能接受一种历史性，这个历史性既能使现代思想控制它们，又能接着展开有关其序列的话语科学。对 18世纪的思想来说，年代学序列只是存在秩序的一个属性和一个或多或少混乱的表现；自从 19 世纪开始，年代学序列，以或多或少更为直接的方式并直至其中断，说明了物与人之深刻地是历史的存在方式。

总之，生物历史性的这一构成对欧洲思想来说具有广泛的结果。可能，像由经济历史性的形成所引起的结果那样广泛。在重大的想象价值的表面层面上，从现在起献身于历史的生命以动物性的形式显现出来。动物的巨大威胁或彻底奇特性仍然被悬置了，如同在中世纪末或至少在文艺复兴末被解除武装了；这样的动物在 19 世纪发现了新的神奇力量。在这之间，古典的自然赋予植物价值以特权——植物在其看得见的形态上都带有每一个可能秩序的毫无保留的标记；凭着植物从茎到种子、从根到果实展开的所有的形态，植物对图表中的思想来讲，就形成了一个纯粹的对象，这个对象对被大度地揭示的种种秘密而言是透明的。从特性和结构被朝向生命而深入地层层叠起时起——生命是最高的没影点（point de fuite），无限遥远，但又构成什么——正是动物才成了享有特权的形态，具有其神秘的结构，被包裹的器官，那么多看不见的功能和这个遥远的力量，这是在使它得以在生命中维持的一切的基础上进行的。如果生物是存在的类群话，那么，草本植物就最能说明其清楚的本质；但如果生物是生命的表现的话，那么，动物就更好地任凭人们去领会其谜语。这远非特性之静穆的印象，而是表明了通过呼吸或进食从无机到有机的连续不停的过渡，以及在死亡的影响下从重大的功能结构到无生命的尘埃的相反转化，居维埃曾说过："死的物质被带向活生生的躯体，以便在其中占据一个位置并施加一个影响（这个位置和这个影响都是由它们所在的组合的性质所决定的），以便在某一天逃避这个位置和避免施加这个影响，从而归于无生气的自然的法则。"㉙植物在运动和静止、感知和不可感知的边缘进行统治；而动物则在生和死的边缘保持原状。动物任何一个部位都被死亡包围着；而且，死亡还从内部威胁动物，因为只有有机体才会死亡，并且死亡正是在其生物生命的深处突然来到生物面前的。可能，由此产生了近 18 世纪末由动物性取得的模糊的价值：动物似乎是自己同时所经受的这个死亡的携带者；在动物身上，存在着生命对自身的一种永久折磨。动物只有自身包含一个反自然的核心，才能属于自然。通过把其最隐秘的植物本质归并为动物，生命就离开了秩序空间并重新变得具有野

---

㉙　G. 居维埃：《病理解剖学课程》，第一卷，第 5 页。

性。动物被这注定要它死亡的同一个运动显示为枪眼。动物在杀戮，是因为动物活着。自然不再能是美好的。愿生命不再与谋杀相分离，自然不再与恶相分离，欲望不再与反自然相分离，这是萨德向 18 世纪宣告的，萨德穷尽了 18 世纪的语言，萨德是向现时代宣告的，现时代长期来就想把该宣告谴责到使它沉默为止。但愿人们宽恕放肆（对谁？）:《120 天》是《比较解剖学课程》的柔软的、不可思议的背面。总之，在我们的考古学日历中，这两者都具有相同的年代。

但完全充满令人不安的和夜间的力量的动物性所具有的这个想象地位更深入地求助于 19 世纪思想中的生命所具有的多重的和同时的功能。也许，在西方文化中，生命第一次逃脱了像在表象中被给出和被分析的存在之普遍法则。在所有这样的事情的另一方面，即它们甚至超越了所能存在的那些事情，它们假定了那些事情以便使那些事情显现出来，并不停地通过死亡暴力来摧毁那些事情，生命成了一种基本的力量，并且生命与存在相对立，如同运动与静止、时间与空间、秘密的愿望与可见的表现相对立。生命是所有生存的根源，非生物、惰性的自然都只是下落的生命；十足的存在就是生命的非存在。因为生命——这就是为什么生命在 19 世纪的思想中具有根本的价值——既是存在的核心，又是非存在的核心：只因为存在着生命，所以才有存在，并且在这个注定使它们死亡的基本运动中，分散的和瞬间稳定的存在被形成了、停止了，使生命凝固了（在某种意义上，杀死了生命），但这些存在反过来又被这个取之不尽的力量所摧毁。因此，生命体验体现为最普遍的存在法则，是对存在据以所是的这个原始力量的阐明；生命体验起着野性存在论（une ontologie sauvage）的作用，它设法说出所有存在之不可分离的存在和非存在。但这个存在论所揭示的，与其说是存在物的基础，还不如说是这样一种形式，即这种形式瞬间使存在物达到一种不确定的并且为了摧毁存在物而早已从内部秘密地削弱存在物。相关于生命，存在物只是暂时的形态，由它们来维持的存在，在存在物生存期间，只是存在物的假定，是其继续存在的意志。

因此，对认识来说，物之存在是虚幻的，是必须加以撕裂的面纱，以便重新发现那在黑夜把物吞噬的沉默的和看不见的暴力。因此，有关存在物毁灭的存在论，其价值相当于认识批判：但问题与其说是创立现象，谈论现象的界限和法则，把现象与使现象成为可能的有限性关联起来，还不如说是消除现象和摧毁现象，诚如生命本身摧毁存在物一样：因为现象的整个存在都只是假象。

由此，我们看到这样一个思想被构建起来了，即几乎在它的每一个字眼中，它都对立于一种与经济学历史性的形成相联系的思想。我们已看到，后者奠基于有关不可缩减的需求、劳动的客观性和历史的终结这个三重理论之上。相反，我们看到一个思想在此产生了，个体性及其形态、界限和需求在该思想中只是一个不确定的瞬间，它注定要被摧毁，它总共形成了一个在这个毁灭过程中要加以排除的简单的障碍；我们看到一个思想产生了，物的客观性在该思想中只是假象，知觉的幻想，我们必须消除这个幻想并使它回到纯粹的、无现象的意志，这个意志使得物产生并有片刻支撑着物；最后，我们看到一个思想产生了，对它来讲，生命之重新开始及其连续不断的重复，生命的坚持，都排除了为生命确定绵延界限的可能性，更何况，时间本身及其年代学划分和准空间的日历可能只是一种认识的虚幻。哪里一种思想预见了历史的终结，哪里另一种思想就宣告了生命的无限；哪里一种思想确认了物经由劳动的真实生产，哪里另一种思想就驱散了意识的虚幻；哪里一种思想凭着个体的界限断言了个体生命的要求，哪里另一种思想就在死亡的低语中消除了这些要求。难道这个对立象征了自从 19 世纪开始知识领域不再能产生一种其所有关节点都是一致的和统一的思考吗？难道必须承认，从现在开始，以下每一种实证性形态都具有一种属于自己的"哲学"：经济学，即标有需求符号的劳动、但最终预期能得到时间的重大报偿的经济学？生物学，即以只为解开存在物而形成存在物这样的连续性为标志的、并由此摆脱了大写历史的所有界限的生命之生物学？语言科学，即一种有关文化及其相关性和特殊表现力的哲学？

## 第四节 博 普

"但是,能说明一切的决定性要点就是语言的内在结构或比较语法;它凭着与比较解剖学向自然史分洒一片光明相同的方式,将向我们提供有关语言谱系的全新解决措施"[30]。施莱格尔(Schlegel)清楚地知道:在语法领域中历史性的构建遵照着与生物科学中历史性的构建相同的模式。说实在的,对此没有什么是令人惊奇的,因为在整个古典时代,被我们认为是构成了语言的词与我们据以设法构建自然秩序的特性都已一致地获得了同一个地位:只有通过它们拥有的表象价值以及我们承认它们所具有的对被表象物作分析、重复、组合和整理有序这样的能力,它们才能存在。首先是伴随着朱西厄和拉马克,接着是伴随着居维埃,特性已经丧失了其表象功能,或者确切地说,即使特性仍能"表象"并使得有可能确立起邻近或相似关系,这也不是通过其可见结构所特有的功效,也不通过特性所由组成的可描述性要素,而是因为特性首先与整体的构造相关,与它以直接或间接、主要或旁侧、"首要"或"次要"的方式确保的功能相关联。在语言领域中,词几乎在同一时期也经受了一种类似的转变:当然,词仍不停地具有某个意义并能在使用它或倾听它的人的精神中"表象"某物;但这个作用不再构成为词的存在本身,不再构成其基本结构,不再构成使词能置身于一个句子内部并使词能在句子中与其他或多或少不同的词联系起来的东西了。如果词能体现在一个它在其中想说些什么的话语中,那么,这并不将通过词本身所拥有的和与生俱有的一种直接话语性(une discursivité immédiate),而是因为在词的形式本身中,在组成词的音色中,在词根据自己所处的语法功能而经受的变化中,最后,在词通过时态所遭受的变化中,词都服从某些数量的严格法则,这些法则以类似的方式统治着同一个语言其他所有的要素;因

---

[30] Fr. 施莱格尔:《印度人的语言和哲学》,法译本,巴黎,1837年,第35页。

此,只是就词首先是语言用来定义和确保其融贯性的那个语法构造的组成部分而言,词才与表象相联系。为了使词能说出它所说的,词就必须属于一个语法全体,与词相对照,这个语法全体是首要的、基本的和决定性的。

词的这个位移,这个向后的离开表象功能的跃迁,肯定是近18世纪末以来西方文化的重要事件之一。它也是最不被人们注意到的事件之一。人们通常去注意政治经济学的原初时期,注意李嘉图对地租和生产成本的分析:人们在此认识到该事件具有重大的维度,因为该事件逐渐地不仅已使得一门科学能发展,而且已导致了某些经济上的和政治上的变迁。人们同样也没有太过地忽视自然科学所呈现出来的新形态;尽管人们的确通过一种追溯既往的虚幻提高了拉马克的身价,而损害了居维埃,尽管人们的确不能很好地理解"生命"随着《比较解剖学课程》首次到达了其实证性的入口,但人们至少分散地意识到西方文化在那时开始向生物界投去全新的眼光。相反,印欧语系的分离,比较语法的构建,词形变化的研究以及有关元音交替和辅音变化的法则的表述——总之,格里姆(Grimm)、施莱格尔、拉斯克(Rask)和博普的所有语文学著作仍处于我们的历史意识的边缘,似乎它们只是创立了一门有点旁侧和玄奥的学科——似乎实际上通过他们而发生变化的并不是语言(和我们的语言)的整个存在方式。可能,我们决不能设法为这个遗忘进行辩护,而无视变化的重要性,而是相反,我们必须从这个重要性出发,从这个盲目的邻近出发;这个事件始终向我们尚未很好地摆脱习惯光线的双眼保存着这个盲目的邻近。这是因为在自己发生的那个时代,这个事件早已即使不是被秘密所包裹,也至少是被某种谨慎所包裹。也许,语言存在方式中的变化如同影响着发音、语法和语义的那些改变:它们是如此快速,以致它们从未能清楚地被讲话的人所把握,但讲话人的语言早已传递了这些变迁;人们只能间接地、片刻地意识到这些变迁;接着,决定最终只能根据否定的方式被表明:即通过彻底和直接可见地废弃人们所使用的语言。可能,一个文化不可能以一种主题的和肯定的方式意识到,自己的语言因变得厚实了并获得了自己的重量,而对其表象而言不再是透明的了。当人继续话语行为时,人怎么知道——如果不是通过某些人费劲地和困难地加以阐释的迹象——语言(甚至是人所使用的语言)正在获得一个不能归结为纯粹话语性的维度呢?可能,正是出于所有这些原因,语文学的诞生在西方意识中要比生物学和政治经济学的诞生更不引人注目。虽然语文学是同一个考古学剧变的组成部分。虽然语文学的结果可能在我们的文化中、至少在贯穿和支撑着该文化的那些地下层面中仍伸展得非常遥远。

这个语文学的实证性是如何被形成的呢?四个理论片断向我们指出了它在19世纪初,即它在施莱格尔的论文《印度人的语言和哲学》(1808年)、格里姆的《德语语法》(1818年)和博普的著作《梵文的动词变位体系》(1816年)那个时代的构成情况。

1. 在这四个理论片断中,第一个理论片断涉及到一种语言据以能被从内部显现自己的特征并能与其他语言相区分的方式。在古典时代,我们可以在多个标准的基础上确定一种语言的个体性:被用来形成词的不同声音之间的比例(有些语言以元音为多数,而其他的语言则以辅音为多数),给与某些种类的词的优先地位(具体名词的语言,抽象名词的语言等),对关系作表象的方式(通过介词或性、数、格的变化),为使词变得有序而被选用的布局(或者像法国人那样首先放置逻辑主语,或者像在拉丁语中那样,向最重要的词赋予优先性);这样,人们就把北方的语言与南方的语言、情感的语言与需求的语言、自由的语言与奴役的语言、野蛮的语言与文明的语言、逻辑推理的语言与修辞论辩的语言区分开来了:语言之间的所有这些区分都只关涉到语言能据以分析表象并进而组合其要素的方式。但从施莱格尔以来,语言,至少就其最普遍的类型学而言,是由它们把那些构成它们的确切地是词语的要素相互联系起来的方式确定的;当然,在这些要素中,有些要素是可表象的;总之,有些要素拥有一种可见的表象价值,但其他要素却并不拥有任何意义,它们仅仅是通过某些组合用来确定另一个要素在话语统一体中的意义。在语言之间统一起来以形成命题和句子的,正是这个材料,即由名词、动词、一般的词,也由音节、声音构成的材料。但由声音、音节和词的排列所构成的物质统一体并不受制于表象要素的纯粹而简单的组合。这个统一体有其特有的原则,并且这些原则在各种语言中是不同的:语法组合具有对话语意义来说并不透明的规则性。然而,如同意义能几乎完整地从一种语言进入另一种语言之中,正是这些规则性才将使得能确定一种语言的个体性。每一种语言都具有一个独立自主的语法空间;我们可以从侧面,即从一个语言到另一个语言,而无需通过一个公共的"中间道路"(即那个表象领域及其所有可能的细分),对这些空间作比较。

易于在语法要素之间立即区分出两个重要的组合方式。第一种方式在于以使得这些要素相互确定的方式把它们并置起来;在这个情形中,语言是由一般非常短暂的要素的尘埃构成的,这些要素能以不同的方式得到组合,但每一个这样的单元都保留了其自主性,因而,保留了打断它刚刚在一个句子或一个命题内部确立起来的与另一个单元的暂时的联系的可能性。于是,语言是由其单元的数量、由这些单元之间在话语中确立的所有可能的组合所确定;于是,重要的是一种"原子的聚集",是一种"由外部接近实施的机械聚合"[31]。一种语言的诸要素之间存在着另一种联系方式:正是词形变化体系从内部改变了最重要的音节或词——词干形式。这些形式中的每一个自身都带有某些数量的可能的、事先得到确定的变化;依据一个句子中的其他的词,依据这些词之间的依赖或相关关系,依据临近关系和联合关系,这样一种或另一种变化将被使用。表面上,这个连接方式不如第一种丰富,因为组合的可能性的数量是非常有限的;但是,实际上,词形变化体系从未是以纯粹的和最干巴的形式而存在的;词干的内在变化使得它能额外地接受那些本身从内部可变化的要素,因而,"每一个词根都真正是一

---

[31]  Fr. 施莱格尔:《印度人的语言和哲学》,法译本,巴黎,1837 年,第 57 页。

种活生生的胚芽；因为当种种关系被一种内部的变化所指明并且一个自由的领域被赋予给词的发展时，这个词就能以一种无限的方式伸展开来"[32]。

与这两大语言学构造类型相对应的，一方面是汉语，在汉语中，"那些指明着接续观念的词缀都是些单独有其存在的单音节词"，另一方面，是梵文，"其结构完全是有机的，可以说结构是借助于词形变化、词干的内在的变化和多变的交织而发生分叉"[33]。在这两个主要的、极端的模式之间，我们可以分布所有其他无论什么样的语言；每一种语言都将必定拥有一个构造，该结构将使它靠近这两个极端中的一个，或者使它与这两个极端保持同等距离，处于被如此确定的领域中间。最接近汉语的，我们可以发现有巴斯克语、科普特语、美洲的种种语言；它们把可分离的要素彼此结合起来；但这些要素并不像同样多的不可还原的词语原子那样始终处于自由状态之中，而是"早已开始在词中融合了"；阿拉伯语是由词缀体系和词变体系之间的一种混合所确定的；克尔特语几乎是唯一的词形变化的语言，但我们仍在其中发现了"有词缀语言的痕迹"。人们也许会说，这个对立早在 18 世纪就已为人所知，人们很久以来就知道区分汉语词的组合与像拉丁和希腊文这样的语言的性、数、格的变化和动词变位。人们也会提出异议说，由施莱格尔确立的这个严格的对立很早就受到博普的批评：哪里施莱格尔看到两种完全不能相互同化的语言类型，哪里博普在寻找着一个共同的起源；博普设法确定[34]，词形变化并不是初始要素的一种内在的和自发的发展，而是些与词干音节相结合的词缀：梵文中第一人称的 m（bhavami）或第三人称的 t（bhavati）都是代词 mam（我）和 tam（他）添加到动词词干上去的结果。但是，对语文学的构建来说是重要的，并不是要知道动词变位的要素在一个或多或少遥远的

---

[32]　Fr. 施莱格尔：《印度人的语言和哲学》，法译本，巴黎，1837 年，第 56 页。

[33]　同上书，第 47 页。

[34]　博普：《论梵文的动词变位体系》，第 147 页。

过去是否能得益于具有一个自主价值的孤独存在。最重要的，并且能把施莱格尔和博普的分析与在 18 世纪能在表面上先于它们的那些分析区分开来的⑤，就是初始音节的生长（通过内部的添加或增殖）不可能没有词干发生某些数量的有规则的变化。在像汉语这样一种语言中，只存在并置法则；但在种种其词干会生长的语言中（无论是像梵文中的单音节的词干，还是在希伯来语中的多音节的词干），我们总是可以发现具有内在变化的有规则的形式。我们懂得，新语文学，因现在为了刻画语言而具有这些内在构造的标准，已经抛弃了 18 世纪所实施的等级分类：那时，人们承认，曾有某些语言比其他语言更加重要，因为在某些语言中表象的分析较为确切或较为细腻。从现在起，所有的语言都具有价值：它们只具有不同的内在构造。由此，出现了对稀有的、很少被人讲述的和"文明程度"很低的语言的好奇，拉斯克通过对斯堪的纳维亚半岛、俄国、高加索、波斯和印度所作的重大调研都已证明了这种好奇。

2. 对这些内在变化的研究构成了第二个重要的理论片断。在其语源学探究中，普通语法恰当地研究了词和音节通过时态而发生的转化。但这个研究曾是受限制的，原因有三。首先，这种研究与其说曾针对实际声音能被改变的方式，还不如说是针对字母表上字母的变形。再有，这些转化曾被视作字母之间某种亲属关系所产生的在任何时候和任何条件下都始终可能的结果；人们承认，p 和 b、m 和 n 曾是足够邻近的，使得其中一个能取代另一个；这样的变化只有通过这个含糊的临近性和可能在发音或倾听时产生的混淆，才能被引起和确定。最后，元音曾被看作最不固定和最不稳定的语言要素，而辅音则被看作是形成了语言稳固的结构。（例如，希伯来语难道没有免写元音吗？）

伴随着拉斯克、格里姆和博普，语言（尽管人们不再设法把语言归并为其原初的叫喊声）首次被当作一个语音要素的整体。对普通语法来说，当口或双唇的音响变成字母（lettre）时，语言就诞生

---

⑤　J. 霍恩·图克（Tooke）：《飞舞的语言》，伦敦，1798 年。

了，而从现在开始，人们承认当这些音响在一系列有区别的声音（sons）中被连接和区分时，语言就存在了。现在，语言的全部存在便是有声。这就说明了由格里姆兄弟和雷努阿尔（Raynouard）表明的对于口头文学、民间叙事和口头方言的新兴趣。人们在最接近于语言所是的地方寻找语言，即在言语中——在被书写弄得干瘪并随地加以凝结的这个言语中来寻找语言。整个神秘主义正在诞生：即词语的神秘主义，诗歌的纯粹光芒的神秘主义，这个光芒来去无踪，只在身后留下一个片刻就被悬置的颤音。在其短暂的和深刻的声响中，言语变得至高无上了。言语的那些隐秘的、从预言家的灵感中复活的力量从根本上与书写的玄奥相对立（即使这些力量能容忍某些交织），玄奥的书写假定了有一种秘密永久地蜷缩在可见的迷宫的中心。语言不再是这样的符号了——或远或近的、相似的和任意的符号——《波-鲁瓦亚勒逻辑学》曾把一个人的肖像或一张地图提议为直接的和明显的语言模式。语言已获得了一个震颤的性质，这个性质把语言同可见的符号分离开来，以使语言接近音乐的音符。索绪尔恰恰必须绕开这个对整个 19 世纪语文学来说是主要的言语时期，以超越历史形式，去确立一般的语言维度，并且越过这样的遗忘，去重新开启古老的符号问题，这个符号问题曾经激活着从波-鲁瓦亚勒直至最后的观念学家们整个不间断的思想。

　　因此，在 19 世纪人们开始分析被当作语音整体的语言了，这些语音摆脱了能记录它们的字母㊱。这种分析是在三个方向上作出的。首先是一种有关在语言中被使用的各种各样的声音的类型学：例如，对元音来说，在单元音与双元音（如在 á、ô 中的延长音，或在 oe、ai 中的二合元音）之间存在着对立；在单元音中间，存在着纯单元音（a，i，o，u）与屈单元音（e，ö，ü）之间的对立；在纯元音中间，存在着能有多种发音的纯元音（如 o），存在着只有一种发音

---

㊱　人们通常指责格里姆把字母与声音混淆了（他把字体分解成 8 个要素，因为他把 f 划分为 p 和 h）。把语言当作纯粹的声响要素是多么的困难。

的纯元音(a，i，u)；最后，在这些只有一种发音的纯元音中，有一些会发生变化并能接受变元音(a 和 u)；而 I 始终保持确定不变㊲。第二种分析形式针对能确定语音中所发生变化的诸条件：语音在词中的地位本身是一个重要的因素：一个音节如果处于末尾的话，要比构成词根，更不容易保护其永久；格里姆说，词干的字母具有较长的生命；词尾的语音则具有较短的生命。但是，还存在着确实的规定性，因为任何一个语音的"维持或变化从来都不是任意的"㊳。对格里姆来讲，这个任意性的缺乏曾是意义的规定性(在大量德语动词的词干中，a 与 i 相对立，如同过去时态与现在时态相对立)。对博普来说，这个任意性的缺乏是某些数量的法则所产生的结果。有些法则确定了当两个辅音相接触时所发生的变化规律："这样，当人们用梵文讲 at-ti(他吃)，而不讲 ad-ti(源自词根 ad，吃)时，d 和 t 的变化原因就是一个物理规律"。其他法则确定了一个词尾对词干语音的作用方式："我所说的机械规律，主要是指重力规律，尤其是人称词尾对前面那个音节施加的影响"㊴。最后一种分析形式针对通过大写的历史所发生的种种转化的恒定性。格里姆由此为希腊语、"哥特语"和高地德语之间的唇音、齿音和喉音确立了一张对应图表：希腊语的 p，b，f 各自成了哥特语的 f，p，b 和高地德语的 b 或 v，f 和 p；希腊语的 t，d，th 成了哥特语的 th，t，d 和高地德语的 d，z，t。通过这整组关系，历史的道路就被规定好了；语言并不服从这个外部尺度，不再服从对古典思想而言应说明语言变化的这些人类历史的事物，而是，语言本身拥有一个演变原则。在此处，如同在别处，正是"解剖"(l'anatomie)㊵确定了命运。

3. 这一对于辅音或元音变化规律的定义使得能确立起一种新的词干理论(une théorie nouvelle du radical)。在古典时代，词根是

㊲ J. 格里姆：《德语语法》，第二版，1882 年，第一卷，第 5 页。在第一版(1818 年)中没有这些分析。
㊳ 同上书，第 5 页。
㊴ 博普：《比较语法》，法译本，巴黎，1866 年，第 1 页注释。
㊵ J. 格里姆：《语言的起源》，法译本，巴黎，1859 年，第 7 页。

通过一个双重的恒量体系来给自己定位的,即针对任意数量的字母(有必要,只具有一个字母)的字母恒量和把数量可无限伸展的邻近意义集中在一个普遍主题下的意义恒量;在这两个恒量交织处,即在同一个字母或同一个音节阐明了同一个意义的地方,我们把一个词根个体化了。词根,就是从一个初始声音出发可无限转化的表述核心。然而,如果元音和辅音只能根据某些规律和在某些条件下进行转变,那么,词干就必定是一种稳定的语言学个体性(处在某些界限之间的),我们可把这个个体性及其可能的变化都分离出来,这个个体性凭其可能的不同的形式构成了一个语言要素。为了确定一种语言具有的种种初始的和完全简单的要素,普通语法就必须一直回溯到那个想象的接触点,在那个点上,仍非语词的声音几乎触及了表象的生动性本身。从现在起,一种语言的诸要素是内在于它的(即使这些要素也属于其他语言):存在着纯粹语言学的手段,去确立起它们的恒常组合和它们可能的变化的图表。因此,语源学将不再是朝一种完全充满着原始自然叫声的初始语言无限逆退的一个方法;语源学成了确实的和有限的分析方法,以便在一个词中重新发现词据以得以形成的词干:"词的词根只有在成功地分析了词形变化和派生之后才能得以阐明。"[41]

由此,我们可以确定,在像闪语族这样的某些语言中,词根是双音节的(通常有三个字母组成);在其他语言(印度—日尔曼语)中,词根有规律地是单音节的;某些词根是由唯一元音构成的(i是那些意味着走的动词的词干,u是那些意味着响声的动词的词干);但通常,在这些语言中,词根至少包含一个辅音和一个元音——辅音可以是词尾,也可以是词头的;在第一种情况下,元音必定是词头的,在另一种情形中,元音可能尾随着第二个辅音,充当元音的支撑(如同在词根 ma, mad 中,它们都给出了拉丁语中的 metiri 和德语中的 messen)[42]。这些单音节词根也有可能重复,如同词根 do

---

[41]　同上书,第 37 页。也请参见《德语语法》,第一卷,第 588 页。

[42]　同上书,第 41 页。

在梵文 dadami 中得到重复,在希腊文 didōmi 中被重复,或者词根
sta 在 tishtami 和 istémi 中得到重复㊸。最后并且尤其是,词根的性
质及其在语言中的构建作用是根据一个全新的模式得以被设想
的:在 18 世纪,词根曾是一个基础名词,就其起源而言,这个名词
指明着一个具体的事物,一个直接的表象,一个呈现给目光或任何
一个感官的对象。语言曾是在其名词的特性作用的基础上被建立
的:派生拓展了语言的范围;抽象使形容词诞生;于是,只需在形容
词上添加另一个不可还原的要素,即动词"是"(être)的重大的单调
的功能,以便可以变位的词这个类别得以构成——动词"是"和修
饰词在一种语词形式中变得更加紧密。现在博普也承认,动词都
是通过动词与一个词根的凝结而获得混合物。但博普的分析在几
个根本点上是不同于古典模式的:它并没有涉及到人们赋予动词
"是"的系词功能和命题意义之可能的、隐藏的和看不见的添加;它
首先涉及到一个词干与动词"是"(être)的诸形式之间的一种具体
的结合:梵文的 as 同样存在于希腊语不定过去时的 sigma 和拉丁
文愈过去时或先将来时的 er 中;梵文的 bhu 同样存在于拉丁文将
来时和不完全过去时的 b 中。再有,动词"是"的这个添加根本上
能赋予词干一个时态和一个人称(由动词"是"的词干构成的词尾
还提供了人称代词的词干,如同在 script-s-i 中)㊹。因而,并非动词
"是"(être)的添加把一个修饰词转变成了动词。词干本身拥有一
个语词意义,从动词"是"的变位中派生出来的词尾仅仅在这个意
义上添加了人称和时态的变化。因此,动词的词根在起初并不指
明"物",而是指明活动、过程、欲望、意志;这些动词词根在接受了
源自动词"是"和人称代词的某些词尾时,正是这些词根才变得易
于变位,而在接受其他自身是可改变的后缀时,这些词根就将变成
易于发生性、数、格变化的名词。因此,必须用一个较为复杂的布
局来取代作为古典分析特性的名词——动词"是"的二极:一些具

㊸ 博普:《论梵文的动词变位体系》。
㊹ 同上书,第 147 页及以下诸页。

有动词意义的词根，它们能获得不同类型的词尾并由此产生一些可变位的动词或名词。动词（和人称代词）由此变成了语言的首要要素——语言能在这个要素的基础上发展起来。"动词和人称代词似乎是语言的真正杠杆"[45]。

博普的分析不仅对于语言的内在分解，而且对于定义语言的本质所是，都具有根本的重要性。语言不再是一个能对其他表象作切割和重组的表象体系；从其起源上讲，语言指称一些最恒定的活动、状态、意志；语言最初所要表述的，与其说是人们所看见的，还不如说是人们所做的或人们所遭受的；如果语言终于能清楚地说明事物，那是就事物是这个活动的结果、对象或手段而言的；名词并不这样勾勒一个表象的复杂图表；名词勾勒、捕捉和凝固一个行动的过程。语言并不"植根"于被感觉到的事物的一边，而是"植根"于行动主体的一边。于是，语言可能源自意愿和力量，而非来自这个重复了表象的记忆。人谈话，这是因为人行动，而非因为人通过确认才认识的。作为活动，语言表达了一个深层意志。这就产生了两个后果。匆匆一看，第一个结果是自相矛盾的：这是因为在语文学通过发现纯粹语法的一个维度而被构建时，人们重新把深刻的表述力量归于语言［洪堡（Humboldt）不仅仅是博普的同时代人；他还知道博普的著作，并且知道得很具体］：在古典时代，语言的表述功能只是在起源点上被要求的，并且仅仅是为了说明一个声音可表象一个事物，而在 19 世纪，就语言的整个历程而言并且在其最复杂的形态中，语言将具有一个不可还原的表述价值；任何任意性，任何语法约定都不能使这个价值泯灭，因为如果语言进行表述的话，这不是就语言模仿和重复了事物而言的，而是就语言表明和译解讲话者的基本意愿而言的。第二个结果就是，语言与文明相联系不再通过由文明达到的认识水准（表象网络的精细，能在要素之间确立起来的多重关联），而是通过使文明产生、激活文明并能在其中被辨认的民族精神。正如活生生的有机体，凭借自

---

[45] J.格里姆：《语言的起源》，第 39 页。

己的融贯性,表明了那些能维持其生命的功能,语言及其整个语法结构使得这样一个基本意志变得可见,即这个意志维持了民族的生命并赋予它讲一种只属于它的语言的能力。语言的历史性条件一下子被改变了;突变不再来自上面(学者精英,一小群商人和旅行者、得胜的军队,以及入侵的贵族),而是难以觉察地源自下面,因为语言不是一个要素,或一个产物——像洪堡所说的一个功(ergon)——而是一个连续不停的活动,即一种能(une energeïa)。在一种语言中,讲着话的人,并且不停地在人们所不能听见但任何光芒都源于此的低语中讲着话的人,就是民族。格里姆曾认为自己是在倾听《德国民歌大师艺术》的时候,雷努阿尔相信自己在纪录《行吟诗人的独创诗歌》时,突然发现这样的低语的。语言不再是与事物的认识相联系的,而是与人的自由相联系的:"语言是人的语言:语言把其起源和发展都归因于我们的完全自由;语言是我们的历史,我们的遗产"⑯。在我们定义语法的内在法则时,我们就在语言与人的自由命运之间结成了一种深刻的同源关系。在整个19世纪,语文学都将具有深刻的政治反响。

4. 词根分析已使得一种对语言之间的种种亲缘关系体系的新定义成为可能。这就是描绘了语文学的出现的特征的第四个重大的理论片断。这个定义首先假定语言都集合成彼此相互间断的整体。就普通语法承认任何无论什么样的语言都存在着以下两种类型的连续性而言,普通语法就曾排除了比较:一种是纵向的比较,它使得所有语言都能部署那批最原始的词根,它通过安排一些变化,把每一个语言与其最初的发音连接起来;另一种是横向的比较,它使得语言在表象的普遍性中进行联络和沟通:所有的语言都要对在相当宽泛的范围内对整个人类都一样的表象作分析、分解和重组。因此,不曾可能对语言进行比较,除非以一种间接的方式,如同经由一个三角形的路线;我们可以分析这样或那样的语言据以探讨和改变原始词根的共同配置的方式;我们也可以比较两

---

⑯ J.格里姆:《语言的起源》,第50页。

种语言据以切割和重新连接同一些表象的方式。然而,从格里姆和博普开始已变得可能的,就是两个或多个语言之间的直接和侧面的比较。这个比较是直接的,因为不再有必要经由纯粹的表象或完全原始的词根:而只需研究词干的变化,词形变化的体系,词尾系列。但这个比较又是侧面的,它并不追溯到所有语言所共有的要素,也不追溯到这些语言从中获取什么的表象深处:因此,不可能把一种语言与使得所有其他语言成为可能的形式或原则关联起来,而是必须根据其形式相近对它们作分类:"相似性不仅仅存在于为数众多的公共词根中,而且还一直延伸到语言的内部结构和语法。"[47]

　　然而,有可能在相互之间直接作比较的这些语法结构呈现出两个特殊特征。首先,是只在体系中存在的特征:凭着单音节词干,某些数量的词形变化是可能的;词尾的影响可以具有其数量和性质都是可确定的结果;词缀的样态对应于某些完全确定的模式;而在具有多音节词干的语言中,所有的变化和组合都将服从其他法则。在上面所讲的两个体系之间(一个是印欧语言的特征,另一个是闪语族的特征),我们发现不了中间类型,也看不到过渡形式。从一个语族到另一个语族,存在着间断性。但另一方面,语法体系由于规定了某些数量的演化和突变法则,所以,就能在某个程度上确定一种语言的衰老迹象;为了使这样一种形式在某个词干的基础上显现出来,就必须有这样或那样的转变。在古典时代,当两种语言彼此类似时,就必须或者把它们与完全原始的语言关联起来,或者承认其中一种语言源自另一种语言(但标准是外在的,最大程度被派生的语言就完全是在最近的历史上出现的语言),或者还须承认种种交流(这些交流归因于某些语言之外的事件:入侵、商业贸易、移民)。现在,当两种语言呈现出类似的体系时,我们就应该能确定其中一种语言是派生于另一种语言,还是这两种语言都产生于第三种语言,在这第三种语言的基础上,它们每一种都发展了

---

[47]　Fr. 施莱格尔:《印度人的语言和哲学》,第11页。

一方面是不同的但另一方面是类似的体系。正是这样，相关于梵文和希腊文，人们才已依次抛弃了克杜（Coeurdoux）的假说（他相信原始语言的痕迹）和安魁梯尔（Anquetil）的假说（他假定了中亚古国巴克特里亚王国时代曾发生了语言混合）；博普也能驳斥施莱格尔，对施莱格尔来说，"印度语言是最古老的语言，其他语言（拉丁文、希腊文、日尔曼语和波斯语）则是较为近代的并从前者派生出来"㊸。博普已表明，在梵文、拉丁文和希腊文、日尔曼语之间，存在着一种"兄弟"关系，梵文并不是其他语言的母语，确切地说，梵文是其他语言的姐姐，最接近一种作为这一整个语族的来源的语言。

我们看到，历史性进入了语言领域，如同进入生物领域中一样。为了使得一种演化（它不仅仅是本体论连续性的历程）能被思考，自然史之连续不断的和平滑的平面必须被打碎，动植物分类学中门的间断性必须使得有机构造的平面出现在其直接的多样性中，有机体必须被整理成它们应该加以确保的功能布局，并且由此把生物与使得生物能存在的一切结合起来。以同样的方式，为了使得语言史能被思考，我们就必须使语言摆脱这个巨大的年代学的连续性，这个连续性把诸语言毫无间断地一直连接到起源；还必须使语言摆脱自己所处的共同的表象层面；借助于这个双重断裂，语法体系的不一致性，随着其特有的轮廓、规定其每一个变化的法则和确定演化可能性的道路而显现出来了，作为所有可能形式的年代学序列的物种历史一旦被终止，在那时，并且仅仅在那时，生物就能获得一种历史性；以同样的方式，如果在语言领域中人们尚未中止普通语法始终假定的对这些无限的派生和这些毫无界限的混合进行分析，那么，语言就从未被赋予内在的历史性。必须在一种系统的同时性中探讨梵文、希腊文、拉丁文、德文；人们必须与任何年代学相断裂，把这些语言置于一种兄弟般的时间中，以便使它们的结构变得透明，使语言史在其中得以被人辨认。在这里，如同

---

㊸　同上书，第12页。

在别处,年代学的排序都应被消除,它们的要素都应被重新分布,于是一种新的历史就被构建了,这个历史不仅陈述存在的序列方式及其在时间中的连接,而且还陈述了它们的构成样态。从现在起,经验性(l'empiricité)——既事关自然个体,又涉及人们据以能命名自然个体的词——被大写的历史所贯穿,并且其存在的整个厚度都被贯穿了。时间之序开始了。

然而,在语言与生物之间存在着一种主要的差异。生物只有通过自己功能和存在条件之间的某种关系,才具有真正的历史。的确,正是生物的有机个体的内在组合才使得其历史性成为可能,这个历史性只有通过生物所生活于其中的外部世界才能成为真实的历史。因此,为了这个历史完全清楚地显现出来并在一个话语中被描述,那就必须在居维埃的比较解剖学上添加有关作用于生物的环境和条件的分析。相反,语言的"解剖学"(我们再次借用格里姆的表述)则在大写历史的要素中起作用:因为这是一种有关种种可能变化的解剖学,它并不陈述器官的真实共存,或相互排斥,而是陈述突变将能否发生的方向。新语法立即就是历时性的。既然新语法的实证性只有通过语言与表象之间的一种断裂才能被确立起来,那么,新语法怎么可能是别样呢?语言的内在构造,语言为了能起作用而所准允的和所排斥的,只有在词的形式中才能被重新把握;但是,只有当人们把词的这个形式与其先前状态、与它所能经受的变化、与从未发生的改变关联起来时,这个形式本身才能陈述其特有的法则。通过使语言与其所表象的东西断离开来,人们的确使语言首次出现在其特有的合法性中,同时人们只专注于在历史中重新把握语言。众所周知,索绪尔只是通过恢复语言与表象的关系才能避免语文学的这个历时使命,哪怕重构一种"符号学"也在所不惜,这个符号学,以与普通语法相同的方式,通过两个观念之间的关联定义了符号。因此,同一个考古学事件以局部不同的方式而向自然史和语言显现出来。通过把生物的特性或语法规则与进行自我分析的表象法则分离开来,人们就已使生命的历史性和语言的历史性成为可能了。但在生物学领域中,这个历性却需要一种补充的历史,这个补充的历史应陈述个体与环境之间的关系;在某种意义上,生命的历史外在于生物的历史性;这就是为什么进化论构成了一种生物学理论,其可能性条件就是一种毫无进化的生物学,即居维埃的生物学。相反,语言的历史性就立即和直接地发现了其历史;它们从内部进行相互交流沟通。当19世纪的生物学将愈来愈向生物的外部前进,向它的另一侧前进,始终使自然主义的目光从前所注目于的这个肉体表面变得更可被渗透时,语文学则将解除语法学家为定义一种内在的历史而在语言与外在的历史之间确立起来的种种关系。一种内在的历史,一旦在其客观性中被确保,就将能用作指导线索,为了严格意义上的大写的历史而去重构诸多跌落在任何人类记忆之外的事件。

## 第五节  成为对象的语言

我们可以看到,刚才被分析过的这四个理论片断,由于它们可能构成了语文学的考古学基础,就逐项对应和对立于那些使得定义普通语法成为可能的片断[49]。通过从这四个理论片断中的最后一个追溯到第一个,我们就可以看到,语言之间的亲缘关系(大语族之间的间断性,以及变化体制中的内在类似)的理论,抵抗着派生(la dérivation)理论,派生理论假定了连续不停的衰退和混合要素,并以同样的方式作用于无论什么样的语言,该作用从一个外部原则出发并具有无限的结果。词干(le radical)理论与指明(la désignation)理论相对立,因为词干是一种可隔离的、内在于一组语言并尤其用作词语形式之核心的语言学个体性;而词根,在从性质和叫声方面来跨越语言时,耗尽了自身,直至只是一种可无限转变的声音,这个声音的功能就是对物作名称上的初始勾勒。对语言所作的内在变化(des variation intérieures)的研究,同样与表象的讲说(连接)(l'articulation)理论相对立:讲说(连接)理论通过把词与

---

[49] 同上书,第131页。

词所能意指的内容关联起来,就定义了词并使词面对面地个体化;语言的讲说(连接)曾是关于表象的可见分析;而现在,能表现词的特征的,首先是词的形态学和每一个词的声音所可能经受的全部变化。最后,尤其是,对语言所作的内在分析(l'analyse intérieure),抵抗着古典思想赋予动词"是"的首要性:动词"是"之所以在语言的界限上统治,这既是因为它曾是词之间的最初纽带,又因为它曾拥有基本的断言力量;它标志着语言的入口,指明了语言的特殊性,并以一种不能被消除的方式,把语言与思想形式关联起来。与此相反,像人们自 19 世纪开始实施的对语法结构所作的独立分析却把语言隔离开来了,把语言当作一个自主的组织结构,切断了语言与判断、归属和断言之间的联系。曾由动词"是"在讲话与思考之间确保的存在论过渡中断了;语言一下子获得了自己的存在。正是这个存在才拥有支配自身的种种法则。

语言的古典秩序现在自我封闭了。它已丧失了自己在知识领域中的透明性和主要功能。在 17 和 18 世纪,它曾是表象之直接的和自发的展开;表象首先正是在它上面才获得了自己的原始符号,切割和重组自己的共同特征,建立一些同一或归属关系;语言曾是一种认识,而认识曾理所当然是一种话语。因此,相关于任何认识,语言曾处于一个根本的位置之中:人们只有通过语言才能认识世界的物。这并不是因为语言在一种存在论的交织中是世界的组成部分(如同在文艺复兴时期),而是因为语言曾是一个秩序在世界的种种表象中的首次显露;因为语言曾是对种种表象进行表象的初始的、不可避免的方式。任何概括都是在语言中形成的。古典认识根深蒂固地是唯名论的。从 19 世纪开始,语言开始自身反省,获得了自身的深度,展开了只属于自己的一种历史、种种法则和一种客观性。语言变成了一个认识对象,就像其他认识对象一样:语言在生物旁边,在财富和价值旁边,在事件和人类的历史旁边存在着。语言也许从属于一些专门的概念,但针对语言的种种分析却植根于与关涉到经验认识的所有分析相同的层面上。这种曾使得普通语法(la grammaire générale)能同时成为逻辑学

(Logique)并与逻辑学相交织的增高,从现在起被压平了。去认识语言,这不再是尽可能靠近认识本身,而仅仅是把一般的知识方式应用于一个特殊的客观性领域。

然而,把语言归于纯粹的对象地位,这样对语言所作的拉平(nivellement)却以三种方式得到了补偿。首先,是通过一个事实,即语言是任何想如同话语那样表现自己的科学认识所必需的一个中介。语言徒劳地在一门科学的目光下被布局、展开和分析,但语言总是在认识主体的一侧涌现出来——事情一涉及到这个主体去陈述他所知道的,就是如此。由此,出现了在 19 世纪一直确实不变的两个关切。其中一个关切在于想要中和科学语言并如同对它作润色一样,直至科学语言被解除自己所有的特殊性,被清除掉偶然的东西和不确切的东西(好像它们都不属于这种语言的本质),使得科学语言能成为一种本身并非语词的认识所具有的确切的反思、细致的复制和毫无雾气的镜子。这是实证主义的语言梦想,使语言与人们所知的相平齐:当居维埃向科学提供成为自然的"复制"这样的设想时,它就是居维埃所可能梦想的一张语言—图表(un langage-tableau);面对物,科学话语将成为物的"图表";但图表在此具有根本不同于其在 18 世纪所曾经拥有的意义;在 18 世纪,所涉及到的,就是通过一张同一与差异的确实不变的图表对自然进行分类,而语言曾向这张图表提供了一个初始的、近似的和可纠正的网格(une grille);现在,语言就是图表,但这是在这样的意义上说的,即因语言摆脱了使它直接起分类学作用的这种错综复杂性,所以,语言就与自然保持某种距离,以便通过自己的顺从对自然念咒语,并最终取得对自然的真实描绘[50]。第二个关切(完全不同于第一个关切,尽管与第一个相关)在于寻找一种独立于语法、词汇、句法形式和词的逻辑:一种通过使得思想的普遍蕴涵躲避一种被构建的语言的特殊性而能阐明和使用思想的普遍蕴涵的逻辑学(这些蕴含有可能在这种语言中得到掩盖)。一种符号逻辑必定随

---

[50] 参见 G. 居维埃:《关于自然科学进步的历史报道》,第 4 页。

着布尔(Boole)诞生于当语言变成语文学对象的时候:这是因为尽管存在着表面上的相似和某些技术的类似,但问题并不在于要像古典时代那样去构建一种普遍语言;而是要表象思想在任何语言之外的种种形式和连接;因为语言成了科学对象,所以,就必须发明一种语言,它与其说是语言,还不如说是符号体系,并且以此方式,它在使得思想能认识的运动中对思想来说是透明的。我们可以说,在某种程度上,逻辑代数(l'algèbre logique)和种种印欧语言(les langues indo-européennes)都是普通语法(la grammaire générale)分裂的两个产物:印欧语言表明了语言在被认识对象一侧的逐渐转变,而逻辑代数则表明这样的运动,即这个运动通过剥夺语言具有的所有已被构成的形式而使语言在认识活动这一侧摇晃。但是,以这个纯粹否定的形式去陈述这个事实是不够的:在考古学层面上,非语词逻辑的可能性条件与历史语法的可能性条件是相同的。它们的实证性土壤是相等同的。

对语言被拉平的第二个补偿,就是人们归于语言研究的批判价值。因语言成为厚实的和坚固的历史实在,语言就形成了一个有关传统、思想的沉默习惯和民族的晦涩精神的场所;语言积累了一种必然的记忆,这个记忆尚未自认是一种记忆。人们通过在自己所不能把握的词中说明自己的思想,把自己的思想置于历史维度要加以躲避的词语形式中,相信自己的言语服从自己的人们就不知道自己在服从这些言语的要求。一种语言的语法布局就是有关能在其中被陈述出来的东西的先天知识。话语的真理被语文学设了陷阱。由此,就必须从见解、哲学,甚至也许科学一直追溯到一种其活力尚未陷于语法罗网中的思想。这样,人们就了解了所有注解技术在19世纪非常明显的复兴。这个再现归于一个事实,即语言已重新获得了它在文艺复兴时期所曾经拥有的谜一般的密度。但现在,重要的并不是去重新发现人们可以在其中埋藏的原初话语,而是去骚扰我们所谈论的词,揭示我们的观念的语法皱痕,消除那些激发我们的词的神话,使得当任何话语被陈述时自身都带有的那份沉默重又变得喧闹和听得见。《资本论》第一卷是对

"价值"所作的一种注解;尼采的所有著作都是对几个希腊词的一种注解;弗洛伊德的著作则是对所有这样一些沉默语句的注解,这些语句既支撑着又挖掘我们明显的话语、我们的幻想、我们的梦想和我们的肉体。语文学,作为对在话语深处的表述所作的分析,已变成了现代形式的批判。在 18 世纪末涉及到确定认识的界限的地方,人们就将拆解句法,中断强制性的讲话方式,并在通过词又不顾词而被说出的一切的方面来反复考虑词。也许,上帝与其说是知识的彼岸,还不如说是某个处于我们语句内的东西;如果说西方人离不开上帝,这并不是通过一种要跨越经验边界的不可战胜的嗜好,而是因为西方人的语言不停地在自己的法则的阴影中策动着上帝:"我很担心我们永远都摆脱不了上帝,因为我们仍相信语法。"⑩在 16 世纪,解释是从世界(既是物,又是文本)进到在这个世界中被辨认的《圣经》的;而我们的解释,即无论如何在 19 世纪形成的解释,则是从人类、上帝、认识或幻想进到使得这一切成为可能的词的;并且,由解释发现的,并不是一种原初话语的至高无上性,而是一个事实,即早在我们讲出哪怕一点点言语之前,我们就已经受语言的统治和封冻。这是现代批判所致力于的奇特的评注:因为它不是从存在有语言这样的观察进到对语言所想说的一切的发掘,而是从明显的话语的展开进到对处于原始存在中的语言的阐明。

因此,在现代思想中,解释方法抵抗形式化技术:解释方法企图使语言在自身以下、在最接近通过它而说出但又在没有它的情况下说出的地方讲话;而形式化技术则企图控制任何可能的语言,并通过有可能说出的东西的法则而悬于语言之上。解释和形式化已成了我们时代两个重大的分析形式:说实在的,我们并不知道还有其他形式。但我们知道注解与形式化的关系吗? 我们能控制和把握这些关系吗? 因为如果注解与其说把我们引向一个初始的话语,还不如说把我们引向像语言这样的某物的赤裸裸的存在,那注

---

⑩　尼采:《偶像的黄昏》,法译本,1911 年,第 130 页。

解是不是将被迫仅仅说出语言的纯粹形式,甚至在语言已获得一种意义之前也是如此? 但为使人们所假定的语言形式化,难道无需实施一种最低限度的注解并至少把所有这些沉默的形式解释为想要说些什么吗? 的确,解释与形式化之间的区分现在困扰着我们并统治着我们。但这个区分不够严格,它所勾画的分叉并未进入我们文化的深处,它的两个分支太同时代了,以致我们不能仅仅说出它规定了一个简单的选择,或它要求我们在相信意义的过去与已发现了能指的现在(未来)之间做出选择。这实际上涉及到两个相关的技术,它们的可能性的共同基础是由语言的存在形成的,如同这个基础在现时代开端被构建一样。语言的批判拔高(它曾弥补了语言在对象中的拉平),就隐含了语言既接近一种不含任何言语的认识活动,又接近那不能在我们的每一个话语中被认识的东西。必须或者使语言对种种认识形式而言是透明的,或者语言深埋于无意识的内容中。这就恰当地说明了 19 世纪向思想的形式主义和向无意识的发现迈进——向罗素和向弗洛伊德的双重迈进。这也说明了人们的种种愿望,即使其中一个进程转向另一个进程并使两个方向相互交织在一起:例如,想阐明纯形式的尝试,这些纯形式早在任何内容之前就强加在我们的无意识上面;或者是使经验的基础、存在的意义、所有我们的认识的实际的镜域全都直抵我们的话语的努力。结构主义和现象学,在此并且凭其特有的布局,发现了能确定其公共场所(lieu commun)的一般空间。

　　最后,语言拉平之后获得的最后一项、最重要的并且也是最意想不到的弥补,就是文学的出现。就是这样的文学的出现,因为自但丁以来,自荷马以来,在西方世界中确确实实存在着我们其他人称之为"文学"的一种语言形式。但"文学"这个词的诞生期是新近的,恰如在我们的文化中,一种其特有的样态将是"文学的"特殊语言的分离是新近的一样。这是因为在 19 世纪初,在语言深埋于其对象深处并任凭被知识所贯穿的时期,这种特殊语言是在别处被重新构建的,是以独立的、难以接近的、反省其诞生之谜并完全参照纯粹的写作活动这样一种形式而被重建的。文学,就是对语文学的争议（然而，文学又是语文学的孪生形式）：文学把语言从语法带向赤裸裸的言谈力量，并且正是在那里，文学才遭遇到了词之野蛮的和专横的存在。从对一种在自己的仪式中墨守成规的话语所作的浪漫主义的反抗，直到马拉美发现处于无能状态中的词，我们都清楚地看到在 19 世纪相关于语言之现代存在样式的文学的功能是什么。在这个主要游戏的基础上，其余的都是结果：文学愈来愈与观念的话语区分开来，并自我封闭在一种彻底的不及物性中；文学摆脱了所有在古典时代使它能传播的价值（趣味、快乐、自然、真实），并且在自己的空间中催生了所有那些能确保有关这些价值之游玩性否认的东西（丑闻、丑恶和不可能的事）；文学中断了与有关"体裁"（体裁是作为符合表象秩序的形式）的任何定义的关系，并成了对一种语言的单纯表现，这种语言的法则只是去断言——与所有其他话语相反——文学之直上直下的存在；文学所要做的，只是在一个永恒的自我回归中折返，似乎文学的话语所能具有的内容就只是去说出其特有的形式：或者它求教于作为写作主体性的自我，或者设法在使它得以诞生的运动中重新把握全部文学的本质；这样，它的所有线索都汇向了那个最精细的尖点——虽然特殊、瞬时，但又完全普遍——汇向那个简单的写作活动。语言在像流传的言语那样成为认识对象时，会以一种严格对立的样态重新出现；词默默地和小心谨慎地在纸张的空白处得到布局，在这个空白处，词既不能拥有声音，也不能具有对话者，在那里，词所要讲述的只是自身，词所要做的只是在自己的存在中闪烁。

# 第九章 人及其复本

## 第一节 语言的返回

随着文学的出现，注解的返回和形式化的关切，语文学的构成，简言之，随着语言以多重富足的形式而出现，古典思想的秩序从此就可消失了。在这个时候，对任何外部眼光而言，古典思想的秩序进入了一个阴影区。还有，我们不应谈论阴暗性，而是应谈论一种有点混乱的、虚假地明晰的光线，该光线隐藏的要多于其显明的：事实上，假如我们把古典知识理解成：它是理性主义的，它从伽利略和笛卡尔以来，把一个绝对特权给了力学(la Mécanique)，它假定了自然的普遍有序，它承认了对发现要素或起源来说足够根本的一种分析的可能性，但它早已透过所有这些知性概念并不顾这些概念而加剧(pressent)了生命的运动、历史的深度和难以把握的自然的无序，那么，我们似乎就能认识关于古典知识的一切。但是，只用这样一些符号来确认古典思想，这会看不出它的基本布局；这会完全忽视这些现象(manifestations)与使这些现象成为可能的东西之间的关系。一旦这张巨大的网散乱了，一旦需求为自身组织了其生产，一旦生物进入生命的基本功能，一旦词因其具体的历史而变得沉重——简言之，一旦表象的同一性不再完整而公开地显现存在的秩序，我们(如果不是通过一个缓慢而艰难的方法)到底如何重新发现表象、同一、秩序、言词、自然存在、欲求和利润等的复杂关系呢？为了在一张永久的图表中颠倒、阻止、展开和分布表象之序列（在人类精神中展开的微不足道的时间系列）而对之作分析的整个网络体系，以及由词和话语、特性和分类、等值和交换所构建的所有争辩，现在都已被废除，以至于很难看出那个整体据以起作用的方式。崩裂的最后一块"碎片"——并且它的消失使我们永远脱离了古典思想——恰恰是这些网络中第一位的东西：即话语，该话语确保表象在图表中的最初的、自发的、自然的展开。当话语不再在表象内存在和起作用时（表象作为对话语的原初整理），古典思想同时也就不能直接为我们所理解。

当词不再与表象相交织并且不再自发地对物之认识作分区管理时，从古典主义（le classicisme）到现代性（la modernité）的门槛（可词本身微不足道——让我们说从我们的前历史到与我们同时代的门槛）就已被明确地跨越了。在 19 世纪初，词重新发现了其古老的、神秘莫测的厚实（épaisseur）；但词不是为了恢复在文艺复兴时自己所处的那个世界的曲线（la courbe），也不是为了在一个循环的符号体系中与物混合在一起。语言一旦脱离表象，语言从此以后直到我们今天就只以散布的方式而存在：对语文学家来说，词类似由历史构建和沉淀的如此众多的客体；对那些想要形式化的人来说，语言必须脱去其具体内容并只让那些普遍有效的话语形式出现；如果我们想要解释的话，那么，词就成了一个将被砸碎的文本，以便我们能看到隐藏在其中的其他意义完全清楚地呈现出来；最后，语言有时会为了自己的缘故而在一种只指明自身的书写活动中产生。这一散布在语言上面强加了一种如果不是特权，那至少也是一种命运：这种命运当与劳动或生命的命运相比，似乎是特殊的。当自然史图表消解时，生物并未分散，而是相反，在生命之谜周围重新聚集；当财富分析消失时，所有的经济过程就在生产及使生产成为可能的一切的周围重新聚集；另一方面，当普通语法的单元——话语——消散时，语言就会在存在方式的多样性中出现：这个语言的单元可能是不能修复的。也许，正是由于这一点，哲学反思才长期来远离语言。哲学反思坚持不懈地在生命或劳动附近寻找为其提供客体或概念模式或真实的和基本的基础的某物，而对语言只表示出次要的注意；哲学反思主要关心的是清除可能反对其任务的障碍；例如，词必须从沉默的内容（它使词变得异己的）中解放出来，或者语言必须从内部变得更为柔和和更为流畅，以便一旦语言从理解的空间化中解放出来，就能表达生命的运动和时间性。只是到了19世纪末，语言才直接而主动地进入思想领域。我们甚至可以说，只是到了20世纪，语文学家尼采——在这个领域中，他是如此聪明，他知晓得如此详尽，他写了一些那么好的书——才第一个把哲学使命与一种对语言的根本反思联系起来。

现在，在这个由尼采向我们打开的哲学—语文学空间内，语言依据一个必须加以控制的神秘莫测的多样性而涌现出来。像如此众多的设想一样（幻想，谁能立即认识它？），出现了有关下述事项的论题：所有话语的一种普遍形式化，或世界的一种完整注解（这个注解同时是对世界的全面揭秘），或者关于符号的一种普遍理论；或者，还出现了毫无遗留的转化的论题（从历史上看，可能是第一个论题），有关所有话语形式全被吸收进单一的词、所有的书本全被吸收进一页纸、整个世界全被吸收进一本书的论题。马拉美（Mallarmé）毕生为之献身的那个重大任务现在控制着我们；就其初步尝试而言，这个任务包含了我们现在所有的努力：即把语言之分区的存在局限在也许不可能的单元中。把所有可能的话语封闭在词之脆弱的厚度内、封闭在由墨水在纸上标出的细而有形的黑线内，马拉美的这个设想基本上是对尼采为哲学规定的问题的回答。对尼采来说，当有人说善神（*Agathos*）表示自己而说恶神（*Deilos*）来表示他人时，问题并不是知晓善恶本身是什么，而是要知道谁被表示了，更精确地说，是要知道谁在讲话[1]。因为正是在那里，在话语的持有者那里并且更基本地是在言语的拥有者那里，语言完全集中起来了。马拉美通过指出：就词的孤独、脆弱的颤抖、虚无而言，正在谈论的就是词本身——而非词的意义，而是词的神秘而不确定的存在，马拉美就回答了并且不停地回复尼采的问题："谁在

---

[1]　尼采：《道德谱系学》，第1章，第5节。

讲话?"尼采把自己的问题"谁在讲话"一直坚持到最后,尽管最终冒险进入那个提问内部本身,以便把它建立在作为讲话和提问主体的他本人的基础上:瞧!这个人!(*Ecce Homo*),——而马拉美本人则不停地从他自己的语言那儿消失,达到了这样的程度,即除了作为在书本(le Livre)的一种纯仪式中的执行者以外(话语在这书本中是由自身组成的),他不想出现在该语言中。很可能,我们的好奇心现在碰到的所有这些问题[什么是语言?什么是符号?在世界中、在我们的姿态中、在我们的行为的所有神秘的讽刺诗中、在我们的梦想和我们的疾病中缄默不语的一切——所有这些会讲话吗,用什么样的语言,依据什么样的语法?万物有意义吗,或者是什么,并且为谁而存在并依据什么规则?语言与存在之间有什么关系,并且语言始终谈论的真是存在吗?(至少,这里的语言是正确谈论的语言)于是,不说什么、从未沉默并被称为"文学"的这一语言是什么呢?]——很可能,在今天,所有这些问题都出现在尼采的问题与马拉美给予的答复之间从未被填补的距离内。

我们现在知道这些问题来自何处。它们是由于以下事实而成为可能的,即在19世纪初,话语律脱离了表象,语言存在本身似乎变得破碎了;但是,当在尼采和马拉美那里,思想被带回到,并且是粗暴地带回到语言本身、语言之唯一而难弄的存在时,这些问题就必然提出来了。我们思想的全部好奇心现在都在于一个问题:什么是语言?为了让语言本身出现并且完全出现,我们怎样勾勒语言?在一个意义上说,这个问题取自19世纪与生命或劳动相关的那些问题。但是,这一研究的地位以及它使之多样化的所有问题的地位,不是完全清楚。难道它猜测到了几乎不被显示的日子在天空底下的诞生,或往少处说也是最初闪现(但是,我们在这个日子中早已能预知到思想——这个思想已谈论了数千年却不知道什么是谈论,或者它所谈论的一切——将在存在的闪光中完整地恢复自己并再次阐明自身)?当尼采在其语言的内在性中同时杀死了人和上帝,并据此应诺诸神之多种多样和重新闪烁的光线会返回(le Retour)时,难道上面提到的研究不就是尼采所准备的吗?或者,难道我们必须非常简单地承认:这么多的语言问题只是由考古学向我们表明的在 18 世纪末才开始存在并实施的事件之继续或至多完成吗? 与其向语文学客体性过渡同时发生的语言之分裂仅仅是古典秩序断裂之最近看得见的结果(因为它是最隐秘和最基本的);我们因努力把握这一裂痕并使语言变得完全为我们所见,所以,我们终结了近 18 世纪末发生在我们面前以及不发生在我们面前的一切东西。但是,这里说的完成会是什么呢? 为了重构语言失落了的单元,难道我们要终结 19 世纪的思想,或者难道我们要寻找种种早已与语言不相容的形式? 事实上,语言的散布以一种基本的方式相关于我们称之为大写话语之消失的考古学事件。在独特空间中揭示出语言的重大作用,这恰如终止一种在前一个世纪构建起来的知识方式一样,可能都是迈向全新思想形式的决定性飞跃。

确实,我不知道如何回答这些问题,也不知道在这些取舍中适宜于选择哪个词项。我甚至于不能预知到我是否能回答它们,或者有朝一日我有理由能作出抉择。尽管如此,但是我现在还是知道,为什么我像其他人一样能问这些问题——并且我今天不能不问这些问题。我在居维埃、博普和李嘉图所获知这一切要比在康德或黑格尔那里明显得多,只有那些不能读解的人才会对之感到惊奇。

## 第二节　国王的位置

面对这么多不解,这么多悬而未决的问题,可能,必须停下来作出了断了:话语终止的地方也许就是劳动重新开始的地方。可是,仍有一些话要说。词的地位可能是难以证明的,因为重要的是要在最后时刻并且像人为的戏剧突变一样,引入一个尚未在表象的重大古典作用中露面的角色(un personnage)。让我们在《宫中侍女》这幅画中确认这个作用之事先存在的规律,在这幅画中,表象在每时每刻都被表象了:画家、调色板、背着我们的画布的巨大的深色表面、悬挂在墙上的画、注视着的观众以及那些环绕并注视着他们的人；最后，在中间，在表象的中心，接近重要的东西，是一面镜子，它向我们显示什么被表象了，但是作为反映，这面镜子是如此远、如此深埋在一个不真实的空间中、对转向别处的所有目光来说是如此陌生，以至于它仅仅是表象的最微弱的复制（le redoublement）。画中所有的内部线条，尤其是那些来自中央反映的线条，都指向那个被表象但不在场的角色。既有了客体——因为正是艺术家所表象的东西才被复制到他的画布上去了——又有了主体——因为画家在工作中表象自身时，画家所见的正是他本人，因为画中画出来的目光都指向王室人员所占据的虚构位置，这个位置也是画家所处的真实位置，最后还因为那个模糊位置的主人（画家和国王在这个位置中交错着并且不停地闪现着）是观众：他的目光把画转变成客体，即那个根本空缺（manque）的纯表象。还有，那个空缺并不是空白，因为除了话语费力地分解这幅画，那个空缺还不停地有这样一些东西光顾，并且真的如被表象的画家的注意力所证明的：画中画出的角色的敬意，背朝我们的巨大画布的在场，以及我们的目光（这幅画是为我们的目光而存在的，并且在时间的深处被安排的）。

在古典思想中，我们从未能在图表中发现这样的人：表象为其而存在，并且他在表象中表象自身，把自己确认为意象或反映，他把"图表中表象"的所有相互交织的线条都系在一起。在18世纪末以前，人（l'homme）并不存在。生命强力、劳动多产或语言的历史深度也不存在。人是完全新近的创造物，知识造物主用其双手把他制造出来还不足200年：但是，他老得这么快，以至于我们轻易地想象他在黑暗中等了数千年，等待他最终被人所知的那个感悟瞬间。当然，我们可以说，普通语法、自然史和财富分析，在一种意义上，都是确认人的方法，但是，必须作出区分。可能，自然科学探讨人，就像探讨种或属一样：18世纪关于种系的讨论证明了这一点。另一方面，普通语法和经济学使用了需求、欲望或记忆和想象这样的概念。但是，并不存在关于人本身的认识论意识。古典知识型依据诸条线索而被表述出来了：这些线索并不以任何方式分离出人的一个专门的和特殊的领域。假如还有人坚持，假如有人提出异议：任何一个时期都没有赋予人性（la nature humaine）更多的注意，都没有给予它一个更稳定、更确定或更好地向话语提供的地位——那么，我们可以回答说：甚至人性这个概念以及它起作用的方式，都排除了有一门人之古典科学的可能性。

我们必须注意到，在古典知识型中，"自然"与"人性"两者的功能是相互、逐一对立的：自然，通过真实而无序的并置作用，使差异出现在存在物之有序的连续性中；而人性是使同一出现在表象的有序链条中，并且是通过意象展开的作用做到这一点的。一个是蕴涵了历史的断层，以便构建实际的景致；另一个是蕴涵了对年代学序列结构加以摧毁的诸非实际要素之间的比较。撇开这一对立，或者确切说来，通过这一对立，我们看到自然与人性之间的确实关系显露出来了。两者实际上以同一性要素（同一、连续、难以觉察的差异、未断裂的序列）自娱；两者在一个不间断的结构中揭示了普遍分析的可能性，这个普遍分析允许依据一个图表化空间和有序的序列去分配可离析的同一性和可见的差异性。但是，若离开了另一方，它们中的任何一方都做不到这点，并且正是通过这个关系，它们才相互沟通。实际上，通过自己拥有的复制自身的力量（在想象和记忆中，以及在相互比较的多种注意力中），表象之链能在地球的无序下面重新找到存在之未断裂的层面；记忆（起先是冒险的并任意地交付给表象，这些表象是为自己提供的）逐渐固定在有关所有存在物的一般图表中；于是，人就能让世界进入话语的统治权中，这个话语有力量去表象自己的表象。在说话的行为中，或更确切地说（尽可能地接近对语言之古典经验来说是基本的东西），在命名行为中，人性像表象服从自身一样，把思想的线性序列转换成一张有关局部有所不同的存在之恒定图表：人性用来复制并显现自己的表象的话语把人性与自然联系起来了。与之相反，存在之链是通过自然的作用而与人性相联系的：这是因为真实世界，诚如它向人们的目光所展示的，并不是存在之基本链条的简单而纯粹的展开,而是提供了这个链条的重复而间断的杂乱部分,心智中的表象系列并不受到难以觉察的差异之连续路径的束缚;诸极端在这条路径中相遇,同样的事在该路径中发生了好几次;同一的特性在记忆中被假定了;差异凸显了。这样,巨大的、无限的和连续的层面就被铭刻在明显的特性、多多少少一般的特征、同一性之标记中。并且,该层面也因此被铭刻在词中。存在之链成了话语,并据此与人性、与表象系列联系在一起。

从两个相互对立而又相互补充的功能(因为离开了另一个,其中的一个就不能被使用)出发,在自然和人性之间确立起这样的沟通本身具有重大的理论结果。对古典思想来说,人并不通过局部的、有限的、特殊的“本性”而在自然中占据一席之地:这个本性就像授予所有其他存在一样,是作为诞生权授予人的。如果人性与自然交织在一起,那是通过知识的机制和它们的功能达到这一点的;或更确切地说,在古典知识型的重大布局中,自然、人性和它们的关系都是确定而可预见的功能要素。并且,人,作为初始的和有深度的实在,作为所有可能的认识之难弄的客体和独立自主的主体,在古典知识型中没有一席之地。依据经济学、语文学和生物学的法则而生活、讲话和劳动的个人,并且还凭着一种内在的扭曲和重叠并借助于那些法则的作用而获得权利去认识并完全阐明它们的个人,有关这个个体的那些现代论题,所有这些我们熟悉的并相关于“人文科学”(des sciences humaines)的论题,都被古典思想排除掉了:那时不可能在世界的界限上树立起这样一个存在之奇特地位,这个存在的本性(这个本性决定、包容并在时间之初就渗透进这个存在)就是去认识自然,并因此把自身视作自然存在。

相反,在表象和存在的交汇点,在自然和人性交织的地方——在我们今天认为我们能辨认人之最初的、不容置疑的和谜一般存在的地方——古典思想所揭示的正是话语的力量。这就是说,是就其作表象而言的语言——作命名、勾勒、组合、联结和分离物之作用的语言,当语言在词的明晰性中使物被人所见时就是如此。在这个作用中,语言把知觉序列转变成图表,并反过来在特性中切割了存在之连续性。在存在话语的地方，表象展开并并置在一起；物被集合在一起并联系在一起。古典语言的深刻使命总是创立"图表"：或是作为自然话语、真理的汇集、物之描述、精确的认识体系，或是作为一部百科全书字典。于是，古典语言存在着，只是为了变得透明；它丢失了那个隐秘的一致性，这个一致性在16世纪把它浓缩成一个将被破译并与世上之物相交织的词；它尚未获得多种多样的存在（我们今天质疑了这个存在）：在古典时代，话语是那个表象和存在都必须贯穿的半透明的必然性——当存在向心智之目光表象时，并且当表象使存在在自己的真实性中为人所见时就是如此。在古典经验中，认识物及其秩序的可能性通过词的独立自主而产生了：确切说来，词并不是将被破译的记号（如同在文艺复兴时代那样），也不是或多或少可靠而可控制的工具（如同在实证主义时期那样）；确切说来，词形成了一张毫无色彩的网络：从这张网络出发，存在显现了自身，表象得到了整理。由此产生了事实，即对语言所作的古典思考，在成为一般布局的组成部分时（这种思考具有与财富分析和自然史相同的名义进入这个布局），又相较于后两者而实施了指导作用。

然而，基本的结果是：古典语言，作为表象和物之共同话语，作为自然和人性相互交织的场所，完全排除了能成为"人之科学"的任何东西。只要语言在西方文化中被谈论，就有可能单独质疑人的存在，因为语言包含了表象和存在的联系。在17世纪已把说话人的存在之"我思"（Je pense）与"我在"（Je suis）联系起来的那个话语——那个话语以一种可见的形式保留了古典语言的本质，这是因为在该话语中被联系起来的理所当然就是表象和存在。"我思"向"我在"的过渡，依据明证性而在话语中完成了：这个话语的整个领域和功能都在于把一个人向自身表象的东西与这个东西的所是相互连接起来。因此，对于这个过渡，我们既不能提出异议，即存在一般说来并不包含在思想中，也不能提出异议即由"我思"指明的独特存在并未单独地受到询问或分析。或者更精确地说，这些异议可能会产生并行使其权利，但只是从这样一个话语出发的：这个话语完全是他者(autre),并且它并不拥有表象和存在之间的联系,作为其存在的理由;只有绕过表象的提问(une problématique)才能详细阐述这样的异议。但是,只要古典话语持续存在下去,由我思蕴涵的有关存在方式的询问就会得不到表达。

## 第三节　有限性分析

当自然史成为生物学,当财富分析成为经济学,尤其当语言反思成为语文学以及存在和表象共同所处的那个古典话语消失时,那么,在这样一个考古学突变的深刻运动中,人与其模糊的位置一起出现,即人作为知识对象和认识主体:被奴役的君主,被注视的观看者,人出现在国王的位置中,这个位置是《宫中侍女》事先分派给国王的,但是国王真正的在场长期来已从这个位置中被排除出去了。似乎,在那个空白的空间(被委拉斯开兹的整幅画所指向,但是它仍然只是反映在偶然在场的镜子中并且似乎是通过破坏围墙的方式)中,所有的角色(我们能猜测其变化、相互排斥、相互交织并闪烁着:它们是模特、画家、国王、观看者)都停止了其难以觉察的舞蹈,凝结成一个丰满的角色,并要求整个表象空间最后都应与一束肉身的目光相关联。

这一新在场的动机,适合于它的形态,准允它的那个知识型之特殊布局,在词、物以及它们的秩序之间确立起的新的关系——所有这些现在都能被阐明了。居维埃和他的同时代人要求生命本身应该在其存在的深处限定生物的可能性条件;同样,李嘉图要求劳动提供交换、利润和生产的可能性条件;第一批语文学家也在语言的历史深处寻找话语的可能性和语法的可能性。基于同样的事实,对生物、需求和词而言,表象不再具有作为它们的发源地和作为它们的真理场所这样的价值;从现在起,就表象与它们的关系而言,表象只是它们的一个效果,只是它们在意识中的多多少少模糊的保证人(répondant):这个意识领悟并重构它们。人们作出的物之表象不再在一个独立自主的空间中展开对物作整理的图表;对人这个经验个体而言,表象是一个现在属于物本身及其内在法则之秩序的现象——也许至少是显现。在表象中,存在物不再显现其同一性,而是显现存在物与人类之间确立起的外部关系。人类,凭着自己的存在,凭着其与表象携手的能力,出现在一个空隙(creux)中:当生物、交换的客体和词抛弃了迄今为止一度成为它们的自然场所的表象,并依据生命、生产和语言的法则而缩回到物之深处并把自己盘绕起来时,它们就精心准备了这个空隙。在它们的中间,因封闭在它们构建的圈子里,人就被它们指明了——更是被要求了,因为正在讲话的就是人,因为我们看到人处于动物中间(并且在一个不仅特许而且作为由它们构建的总体之整理者的位置中:即使人不被视作进化的终结,人也被视作一个漫长系列的末端),并且最后还因为人的需求与人拥有的满足这个需求的方法之间的关系是这样的,以至于人必定是所有生产之原则和手段。可是,这个蛮横的指明却是含混的。在一个意义上说,人受制于劳动、生命和语言:人的具体存在在它们之中发现了自己的确定性;我们只有通过人的词、人的机体、人制造的对象,才能靠近人——首先,似乎正是它们(并且也许只是它们)才拥有真理;并且,一旦人思考,人只是在自己眼前在一个存在形式中揭示自身:这个存在,在一个必定隐蔽的深处,在一种不可还原的前后关系中,早已是一个生物,一个生产工具,一个词的工具(这个词先于它而存在)。所有这些内容(人的知识把它们作为外在于人本人而揭示给人,它们的诞生要比人早并预料人)把它们所有的协同性都悬在人上面,并穿越了人,似乎人仍只是自然的一个客体,一张在历史上应被抹去的面孔。人的有限性(La finitude de l'homme)在知识的实证性中得到了预告——并且是以一种蛮横的方式作出的;我们知道人是有限的,诚如我们知道大脑的解剖、生产成本的机制、印欧语系联合的体系;或者更确切地说,关于所有那些稳固的、实证的而充实的形象之水印(filigrane),我们能看到由这些形象加注的有限性和界限,我们似乎在它们的空白处能猜测到所有它们使之成为不可能的东西。

317

但说实在的，这一关于有限性的初步发现是不稳定的；没有什么东西允许它停下来；难道不可能假定：它也预示了它依据现实性体系而加以拒斥的那个无限性吗？种的进化也许没有完成；生产和劳动的形式仍在改变，并且也许有一天人将不再发现他在自己的劳动中的异化原则，也不能发现他的需求减少之恒常提醒；并且也不能证明他将发现不了对消解历史语言的古老昏暗性来说足够纯明的符号体系。因在实证性中被预告，所以人的有限性在无限之悖论形式中被勾勒出来了；它表明的并不是界限的严密性，而是一种缓慢发展的单调性：这一缓慢发展可能是没有限度的，但也许并非没有希望。然而，所有这些内容，随同它们所遮蔽的一切以及它们也任其指向时间界限的一切，只是因为它们完全与有限性联系在一起，所以才在知识空间中有其实证性并自己提出了可能认识的任务。因为它们并不在那里，并不在部分照亮它们的光线中，只要人通过它们而发现自己陷于动物生活之缄默的、夜间的、直接而幸运的开启中；但是，假如人能在无限理解的闪光中毫无遗漏地浏览这些内容，那么，它们就不会出现在一个锐角之下了：这个角度从它们自身出发而把它们隐蔽了。但是，一个身体已给予人的经验，这个身体是他的躯体——模糊空间的一个片断，可是，它独特而不可还原的空间性是在物的空间上被宣称的；欲求作为原始的欲望而给予这同一个经验：从这个欲望出发，所有的物都获得了价值，以及相关价值；对这同一个经验而言，语言在这样一个线索中被给予了：所有时代的话语、所有的接续和所有的同时性可能都由这条线索给出。这就是说，只是在它自己的有限性基础上，这些实证形式中的每一个（在其中，人能得知自己是有限的）才能给予人。而且，限定性并不是实证性之最最纯化的本质，而是从有限性出发，实证性才有可能出现。生命的存在方式，以及能确定生命若不向我规定其形式就不能存在的一切，基本上都是由我的躯体给予我的；生产的存在方式，它的确定性对我的存在的重压，都是由我的欲望赋予我的；并且，语言的存在方式，整个历史航迹（在词被说出的瞬间，并且也许甚至在仍然不太能觉察的时候，词就向这个航迹显现了），都只是沿着我的会说话的思想的细长线索而赋予我的。在所有的经验实证性基础上，在能把自身表示为人的存在之具体界限的一切的基础上，我们发现了一个有限性——它在某种意义上就是自己：它被肉体的空间性、欲望的张扬和语言的时间所指明；可是，它根本上就是他者（autre）；在这里，界限并不表现为一个从外部强加在人上面的规定性（因为他具有本性或历史），而是表现为一个基本的有限性，这个有限性只奠基在自己的事实上，并在完全具体的界限之可能性上展现。

由此，在经验性的核心处，显示出追溯或像人们所说的深入有限分析的义务；在这种分析中，人的存在能在自己的实证性中创立所有那些形式，那些形式向他表明他并不是无限的。这个分析用来表明人的存在方式的第一个特征，或更确切地说，这个存在方式借以能在其中完全展开的空间，都将属于重复——属于实证者（le positif）与根本者（le fondamental）之间的同一与差异：不具名地折磨生物之日常存在的死亡与那个基本的死亡相同，从后者出发，我的经验生活赋予给我了；在经济过程的中立性中对人加以联结和分离的欲求与那样一个欲求相同，从后者出发，万物都是我所欲求的；怀有语言、进入语言中并因使用语言而告终的时间，就是那个甚至于在我说出它以前就把我的话语延展进一个无人可控制的接续中的时间。从经验的一端到另一端，有限性与自身相应和；处于同一（le Même）形象内部的正是实证性之同一性与差异性及其基础。我们可以看到，从这一分析（analytique）最初开端起，现代反思如何绕过表象的展开及其在图表中的充分发展（如该图表被古典知识所整理的那样），而趋向有关同一的某种思想——在该思想中，差异性与同一性是同一个东西。正是在这个由实证者在根本者中的重复打开的巨大而细长的空间内，这整个对有限性的分析——如此紧密地与现代思想命运联系在一起——才将得以展开：正是在那里，我们将依次看到先验（le transcendantal）重复经验（l'empirique），我思（le cogito）重复非思（l'impensé），起源的返回（le retour de l'origine）重复其隐退（son recul）；正是在那里，一种不可还原为古典哲学的关于同一的思想才基于自身而显示出来。

有人可能会说,有限性观念被揭示出来,这不需要等到 19 世纪。的确,19 世纪也许只是把这个观念转移到思想空间中,并使它发挥一种较为复杂、较为含混、不太容易绕开的作用:对 17 和 18 世纪的思想来说,正是人的有限性才迫使人过动物生存的生活,辛勤劳动,用难以理解的词来思考,正是这同一个有限性才阻止他去完全认识:他的躯体的机制、满足他的需求的方法、未经危险地求助于一种由习惯和想象交织而成的语言进行思考的方法。作为趋于无限之不恰当(inadéquation),人的界限既说明了经验内容的存在,又说明了直接认识它们的不可能性。因此,与无限性之否定性关系——被设想为或者是身心的创造或崩塌或联结,或者是无限存在内部的确定性,或者是有关总体性之特殊观点,或者是表象与印象之间的关系——被设定为先于人的经验性并先于他可能获取的认识。这种关系在一个单一的运动(可是无相互反映或循环)中,为肉体、需求和词的存在,为在一个绝对认识中把握它们之不可能性提供了基础。19 世纪初形成的经验并不把有限性之发现置于无限之思想内,而是置于那些内容的心脏地带:这些内容是通过一种有限的认识,作为有限存在的具体形式而被给予的。于是,产生了一种重叠的指称之长期的作用:假如人的知识是有限的,这是因为它陷于语言、劳动和生命之确实的内容中,而毫无解放之可能性;并且相反地,假如生命、劳动和语言在其实证性中被给出,那是因为认识具有有限的形式。换言之,对古典思想来说,有限性(作为一种从无限出发而被实证地构建的确定性)说明了那些否定的形式:它们是肉体、需求、语言以及人们能拥有的有限的认识;对现代思想来说,生命、生产和劳动的实证性(它们拥有自己的存在、它们的历史性和它们的法则)为认识之有限的特性提供了基础,作为它们的否定的相关性;并且相反地,认识的界限为知识的可能性提供了一个实证的基础,即要知道何谓生命、劳动和语言,尽管这是在总是有限的经验中作出的。就这些经验内容被置于表象的空间而言,无限之形而上学不仅是可能的,而且是必要的:实际上,很有必要,这些内容应成为人类有限性之表现形式,可是,它们应该在表象内部有其场所和真理;无限这个观念,以及无限在有限性中的实证性这个观念,两者彼此使对方成为可能。但是,当这些经验内容脱离了表象并包含了自己的存在原则时,无限之形而上学就变得毫无用处了;有限性从未停止返回到自身(从内容的实证性到认识的界限,以及从认识之有限的实证性到内容之有限的知识)。那时,整个西方思想领域都倒转了。在有关表象和无限的形而上学与有关生物、人的欲求和他的语言的词的分析之间以前一度存在相互关系的地方,我们发现一种关于有限性和人的存在的分析被构成了,并且与这种分析相对的(尽管处于相关的对立中)是我们发现了构建一种关于生命、劳动和语言的形而上学的永久愿望。但是,这些仅仅是愿望而已,立即遭受来自内部的异议并且似乎受到了损害,因为重要的只能是被人的有限性所衡量的那些形而上学:向人汇聚的生命形而上学,即使它并不在人那里停顿;把人解放出来的劳动形而上学,人转而又能把自身从劳动中解放出来;人在他自己的文化意识中能重新占有的语言形而上学。因此,现代思想将在自己的形而上学进展中提出异议,并表明对生命、劳动和语言所作的那些反思,就其具有作为有限性分析的价值而言,都显明了形而上学的终结(la fin):生命哲学把形而上学揭穿为幻想之幕,劳动哲学把形而上学揭穿为异化思想和意识形态,语言哲学把形而上学揭穿为文化插曲。

但是,形而上学终结只是在西方思想中发生的一个较为复杂事件的消极面。这个事件就是人的出现。然而,人们不该认为人是突然出现在我们的视域中的,并以一种对我们的反思来说是突然和完全难以应付的方式,强制规定了他的身体、他的劳动和他的语言之唐突事实;并不是人之确实的不幸才猛烈地缩减了形而上学。可能,在现象(apparences)的层面上,当人开始存在于自己的机体内、存在于自己的头颅壳内、存在于自己的四肢骨架内以及存在于他的生理学之整副肋骨内时;当人开始存在于劳动的中心(劳动原则统治着他并且劳动的产品疏远了他)时;当他把自己的思想置于语言的褶层(这个语言与他相比要古老得多以至于他不能把握其含义,可是这个含义因他的言语之强求而复活了)时;现代性(la modernité)就开始了。但是,更为基本的是,当有限性在一个无休止的自身参照中被思考时,我们的文化就跨越了一个界限:从这个界限出发,我们辨认出我们的现代性。在不同知识的层面上,尽管有限性的确总是从具体的人和能归于其存在的经验形式出发而被指明,但是,在考古学层面上(这个层面揭示了每一种这样的知识之普遍的和历史的先天性),现代人——这个人在其身体的、能劳动和会说话的存在中是可确定的——只有作为有限性之构型才是可能的。现代文化能思考人,因为它是从自身出发来思考有限的。在这些条件中,人们可以懂得:古典思想以及所有先于它的思想形式都能谈论身心、人类、人在宇宙中的狭小位置、测定人的认识或人的自由的所有界限,可是,它们当中没有一个曾能认识像在现代知识中所设定的人。文艺复兴"人文主义"和古典"理性主义"都能恰当地在世界之序中给予人一个特权位置,但它们都不能思考人。

## 第四节　经验与先验

在有限性分析中,人是一个奇特的经验—先验对子(doublet empirico-transcendantal),因为人们正是在像这样的存在身上将认识到使所有认识成为可能的一切。但是,难道经验论者们的人性在 18 世纪没有起到相同的作用吗? 实际上,那时人们所分析的,正是使得一般认识成为可能的表象之属性和形式(正如孔狄亚克定义了表象得以在认识中展开的那些充分必要的操作:回忆、自我意识、想象和记忆);既然分析的场所不再是表象了,而是处于有限性之中的人,重要的就是要在认识中被给出的经验内容的基础上来阐明认识的条件。对现代思想的一般运动来说,这些经验内容被局限于该运动中某个地方,这没有什么了不起的:即问题并不是要知道我们是在内省中还是在其他分析形式中寻找这些内容。因为我们的现代性的门槛并不处于人们想把客观方法应用于人的研究的那个时候,而是处在人们所说的人(l'homme)这个经验—先验对子被构建之日。我们看到那时出现了两种分析:即置于身体空间中的分析,它们通过研究知觉、感觉机制、运动神经图解、物和有机体所共有的关节,就像一种先验美学那样起作用:我们在其中发现,认识具有种种生理学—解剖学的条件,认识是逐渐在身体的肋骨中形成的,也许认识在其中具有一个享有特权的地位,认识的形式无论如何都不能与认识的功能特殊性相分离;总之,我们在该运动中发现,存在着人类认识的一种本性(une nature),它决定了认识的形式,同时又能在其特有的经验内容中向认识表明。还存在种种分析,它们通过研究人类或多或少古老的或多或少难以战胜的幻想,像一种先验辩证法那样起作用;这样,人们就表明认识具有历史的、社会的或经济的条件,认识是在人与人之间织成的种种关系的内部形成的,认识并不独立于这些关系在此处或彼处所能呈现的特殊形式,总之,曾存在着人类认识的一种历史(une histoire),它既能赋予给经验知识,又能规定经验知识的形式。

然而,这些分析具有这个特殊性,即它们似乎并不彼此需要:而且,它们可以避免对分析(或主体理论)进行任何诉求:它们宣称可以只基于它们自身之上,因为正是内容本身起着先验反思的作用。但实际上,在认识使批判特有的维度转向经验认识的内容这样的运动中,对认识的一种性质或一种历史进行探求,就假定了对某种批判的利用。这个批判不是一种纯粹反思的运作,而是一系列或多或少模糊的划分的结果。首先是相对清楚的划分,尽管它们是任意的:即这个划分把基础的、不完善的、失衡的、新生的认识与可以说在其稳定的和明确的形式中即使不是被完善的那也至少是被构建的认识区分开来(这个分割使得研究认识自然条件成为可能),即这个划分把幻想与真理、观念学幻想与科学理论区分开来了(这个分割使得研究认识的历史条件成为可能);但还存在着一个较为模糊和更基本的划分:即真理本身的划分;实际上,必定存在着一种与对象相同种类的真理,这个真理通过身体和知觉、痕迹的而逐渐被勾勒出来、被形成、变得平衡和被表明。这同样是这

样一个真理,即它随着幻想的驱散和随着历史在一种被解除异化
的状态中确立起来而显现出来;但还必定存在着一种具有与话语
相同种类的真理,这种真理使得有可能对认识的性质或历史说出
一种将是正确的语言。仍然模糊不清的,正是这个真实话语的地
位。这两件事有一个结果:或者这个真实的话语在这个经验真理
中发现了其基础和模式,这个话语描绘了这个真理在自然和历史
中的发生,并且我们拥有一个实证主义类型的分析(对象的真理规
定了话语的真理,后者描述了前者的形成);或者,真实的话语预想
了这个真理,前者定义了后者的性质和历史,事先把后者勾勒出来
并从远处激发后者,那时人们就具有一个末世学类型的话语(哲学
话语的真理构建了在形成中的真理);说实在的,与其说事关在所
有分析之间做出选择,还不如说事关所有的分析所内在固有的波
动,这些分析是在先验的层面上夸耀经验。孔德与马克思都见证
了这样一个事实,即末世学(作为人的话语的客观真理)与实证主
义(作为在对象真理的基础上被定义的话语真理)在考古学上是不
可分离的:一个既想成为经验又想成为批判的话语,只能是连成一
体地成为实证主义的和末世学的;人在其中显现为一个既被还原
又有希望的真理。前批判的素朴性在其中进行完全的统治。

　　这就是为什么现代思想免不了要(恰恰是在这个素朴的话语的
基础上)寻找既不属于还原又不属于希望这样种类的话语之场所:
一个这样的话语,即它的张力使得经验与先验保持分离,但又同时
关涉到这两者;这个话语使得能把人分析为主体,即经验的认识的
场所,这些认识也最接近使它们成为可能的一切,并且这个话语使
得能把人分析为直接呈现给这些内容的纯形式;总之,这个话语相
关于准美学(la quasi-esthétique)和准辩证法(la quasi-dialectique),
起着一种分析的作用,这种分析既在主体理论中把它们创立起来,
也许又使它们能用这第三个的和中间的项而被连接起来,身体的
经验和文化的经验都植根于这样的项。这个作用是如此复杂,如
此由多种因素决定和如此必要,以至它在现代思想中曾是由实际
经验的分析来履行的。实际上,实际经验既是所有经验内容得以

在其中赋予经验的那个空间,又是一般使得这些经验内容成为可能并指明其初始扎根的那个原始形式;实际经验确实使身体空间与文化时间、自然的规定性与历史重力进行沟通,但只需身体,以及通过身体,还有只需自然首先在不可还原的空间性经验中被给出,只需历史的持有者——文化首先在沉淀的意义的直接性中被体会到。我们可以很好地懂得,实际经验的分析在现代反思中把自身确立为对于实证主义和末世学的一种彻底的争议;这种分析设法确立起被遗忘的先验维度;这种分析想要消除素朴话语具有的一种被还原为经验的真理,并且一种带预言性的话语素朴地使得人最终到达经验。对实际经验的分析同样是一种具有混合性质的话语:它针对一个特殊的但模糊的层面,这个层面具体得足以使人们能对它应用一种细致的和描述性的语言,但这个层面从物的实证性也退隐得足以使人们在此基础上避开这个素朴性,对这个素朴性提出异议并使其基础变得健康。这种分析设法把自然认识的可能的客观性与通过身体勾勒出来的初始经验连接起来;把一种文化具有的可能的历史与在实际经验中既隐藏又显明的语义学深度连接起来。因此,这种分析只是较为细心地满足当人们想要为了先验而衬托出人身上的经验时所提出的仓促要求。尽管表面上不同,但我们看到那一张紧密网络把实证主义的或末世学类型的思想(马克思主义排在第一位)与那些受现象学影响的思考联系起来了。它们之间近来的靠近并不像那类为时已晚的调停:在考古学构型的层面上,从人类学公设构成时起,即从人显现为经验—先验对子时起,以上两种思想都是必需的,并且是彼此必需的。

因此,实证主义和末世学的真实争议并不处于向实际经验的返回之中(说实在的,实际经验更是通过使它们扎根才证实它们的);但如果这个争议能被实施的话,那是在一个可能显得反常的问题的基础上实施的,这个问题与使我们所有的思想历史地变得可能的一切是如此地不相一致。这个问题在于考虑人是否真的存在。我们相信,如果人不存在,去暂时地假定世界、思想和真理会是什么样的,这是在发挥悖论的作用。这是因为我们如此被人的近来的明证性所蒙蔽,我们不再能在我们的记忆中保留不太遥远的时间,在这个时间中存在着世界、世界的秩序、人类存在物,但人并不存在。当尼采思想以逼近的事件、以大写的许诺—威胁(la Promesse-Menace)这样的形式宣告人很快不再将是其所是——而是超人时,我们就懂得尼采思想所能具有的并且对我们来说仍能保留的震颤力量;在一种关于大写轮回(Retour)的哲学中,这想说的是,人很久以来就已消失了并且不停地在消失,并且我们的关于人的现代思想,我们对人的关切,我们的人道主义,仍在人之喧闹的非存在上安静地昏睡。我们相信我们自身受到一种只属于我们并通过认识而向我们敞开世界真理的有限性的束缚,难道我们不应该想起我们是被捆绑在一只老虎的背上吗?

## 第五节　我思与非思

如果人在世界上确实是一个经验—先验对子的场所,如果人应该成为这样一个悖谬的形象,即在这个形象中,认识的经验内容在自身的基础上释放出已使这些内容变得可能的种种条件,那么,人就不能出现在我思的直接的和至高无上的透明性中;但是,人也同样不能存在于按理并不通向并且也并不将通向自身意识的那一切的客观惰性(l'inertie objective)之中。人是这样一种存在方式,即总是开放的、从未一劳永逸地被界定的、但被无限浏览这样一个维度能在人身上建立起来,这个维度是从人在我思中并不加以反思的自身的一部分伸展到人据以重新把握这个部分的思想活动;反过来,这个维度又从这个纯粹的把握进到经验充塞(l'encombrement empirique),进到这些内容的无序高涨,进到那些避开自身的经验的突悬,进到出现在非思之沙质疆域中的一切之整个沉默镜域。由于人是一个经验—先验对子,所以,人也是不解(la méconnaissance)的场所,这个不解总是使人的思被其特有的存在所超越,同时又使人在逃避人的那一切的基础上进行回忆。正是由于这个原因,现代形式的先验反思的必然性所在才没有像在康德那里一样处于自然科学的存在之中（哲学家们的永久战斗和不确定性与此相对立），而是处于有关一种未知的存在之中，这种存在是沉默的，但又是引人讲话的并秘密地被一个可能的话语所贯穿，而从这个未知出发，人不停地被呼吁自我认识。问题不再是：自然的经验如何可能引起种种必然判断？而是：人如何能思考人所不思的，人如何依据一种默默占据的方式而栖居在逃避人的场所中，人如何通过一种固定的运动来激活自身这个形象，这个形象是以一种难以对付的外在性的形式而呈现给人的？人如何能成为这个生命，即这个生命的血管或神经网、脉搏和深埋的力量都无限超越直接地给予人的有关这些的经验？人如何能成为这样一个劳动，即这个劳动的要求和法则是作为一个外来的精确性而强加给人的？人如何能成为一种语言的主体，即这种语言在几千年的形成中是无人的，语言体系逃避人，语言的意义在人暂时通过其话语而使之闪烁的词中几乎无可遏止地昏睡着，并且人一开始就被迫在语言的内部安置自己的言和思，好像人自己的言和思在某个时候只是激起这个无数可能性网络上的片断？——相较于康德的问题，存在着四重转移，因为问题所涉及的不再是真理，而是存在；不再是自然，而是人；不再是一种认识的可能性，而是一种原初不解的可能性；不再是哲学理论面对科学时所表现出来的毫无根据的特性，而是在一种清晰的哲学意识中重新占领人在其中都不能认识自己的这整个毫无根据的经验领域。

从先验问题的这种转移出发，当代思想免不了要激活我思这个论题。笛卡尔难道不也曾是在谬误、幻想、梦想和癫狂的基础上，在所有毫无根据的思想经验的基础上，才发现了这些东西不能被思考的不可能性——以致有关歪思、非真实、幻想和纯粹想象的思显得是所有这些经验的可能性场所和不容置疑的初始明证性？但现代的我思不同于笛卡尔的我思，就如同我们的先验反思远离康德的分析一样。这是因为对笛卡尔来说，所涉及到的是要把思阐明为像谬误或幻觉所有这些思之最一般的形式，目的是为了消除它们的危险，哪怕在他的步骤结束时重新发现了它们，说明它们，从而是为了提供提防它们的方法。相反,在现代我思中,所涉及到的则是依据其最大的维度去让人看重一种间距,即这个间距既把呈现给自我的思与来自思且植根于非思的一切区分开,又把它们联系起来;现代我思(并且这就是为什么与其说它是一种被发现的明证性,还不如说是一种始终应被重新开始的连续不停的任务)必须以一种明显的形式去贯穿、复制和重新激活思与非思的连接;若根据一种不可还原的、不可跨越的外在性来判断的话,那么这个非思在思之中,在思的周围,在思的下面,并不是思,但这个非思又不是无关于思的。因此,以此形式,我思将不是突然的顿悟式的发现,即任何思都是思,而是始终重新开始的询问,以便知道思如何栖居在此之外,但又很接近它自身,思如何能处(être)于非思的形式之中。如不对思的存在进行分叉,一直分叉至那并不进行思的一切的惰性骨架之中,那么,现代我思就并不把物的整个存在带回到思。

现代我思所特有的这个双重运动说明了为什么在此运动中"我思"(Je pense)并不导向"我在"(Je suis)的明证性;实际上,"我思"一被表明深入到它在其中几乎是在场的、被它以半梦半醒(une veille sommeillante)的含混方式激活的深度中,就不可能使它让"我在"这个断言紧跟其后:实际上,难道我可以说我是我所讲的语言,即我的思潜入这个语言,直至要在其中发现所有它所特有的可能性体系,但这个语言因此只存在于我的思将永远不能完全加以现实化的沉重的沉积之中? 难道我可以说我是这样的劳动,即这个劳动是由我的双手作出的,但它不仅在我完成它时,而且甚至在我已着手开始它之前,它都逃避我? 难道我可以说我是这样的生命,即我在自我的深处感受到它,但它既通过自身流逝并暂时把我高置于其尖峰上的惊人的时间,又通过向我规定我的死亡的迫近的时间,而把我包裹起来? 我可以同样恰当地说,我在和我不在;我思并不导向存在的一种断言,而恰恰是开启了事关存在的整个系列的询问:即为了使我成为我所不思的,为了使我的思成为我所不在的,我必须是什么,这个思考着的并且是我的思的自我该是什么？因此，这样一个存在是什么，即它在我思的开启中闪烁并可以说是闪个不停，但它最终并不是在我思中被给出的，也不是由我思给出的？因此，存在与思之间的关系和难以相处的从属关系是什么？人的存在是什么，并且人们凭借"人具有思想"和只有人才拥有思想这样的事实就能轻易地描述的这个存在如何能与非思具有一种难以消除的和基本的关系呢？一种反思形式确立起来了，它远离笛卡尔主义和康德的分析，在这个反思形式中，问题首次涉及到人在这样一个维度中的存在，即依据这个维度，思求助于非思并与非思相连接。

　　这就导致了两个结果。第一个结果是消极的，纯粹是历史类型的结果。可能，似乎现象学把笛卡尔的我思论题与康德从休谟的批判中引出的先验动机相互连接起来了；这样，胡塞尔就复活了西方理性最深层的使命，使它在这样一种反思中思考自身，即这种反思是有关它自己的历史可能性之纯粹和基本的哲学的激进化。说实在的，胡塞尔只有在这样的程度上才能实施这个连接，即先验分析已经改变了其适用点（这个适用点是从一门自然科学的可能性转到人思考自身的可能性），即我思已改变了其功能（这个功能不再是导向必然的存在，并基于这样一种思想之上，即这种思想在自己进行思考的任何地方显示出来，而是表明思想如何能逃避它自身并由此导向一种对存在进行的多重的和激增着的询问）。因此，现象学如其说是对西方古老的理性目的之重新把握，还不如说是在18和19世纪之交的现代知识型中发生的重大断裂之非常明显的和合适的确认。如果现象学有关联的部分，那是与生命、劳动和语言的发现相关联的；它也是与这样一种新形式相关联的，即这种新形式以人之旧名，其涌现到现在尚没有两个世纪；现象学是与对人的存在方式和人与非思的关系所作的询问相关联。这就是为什么现象学——即使它首先通过反心理学主义而被勾勒出来，或确切地说，甚至在它反对心理学主义，而已使得先天和先验动机突然涌现出来的范围上讲——从未能消除与人的经验分析之间的潜伏性的亲缘关系、既有指望的又有威胁的临近关系；这也就是为什么，在通过一种向我思的还原开创出来时,现象学总是被导向种种问题,导向那个(la)存在论问题。在我们的眼前,现象学的设想不停地在一种对实际经验的描述(这种描述勉强地是经验的)中得到解决,在一种对"我思"的首要性进行阻塞的非思的存在论中得到解决。

另一个结果则是积极的。它涉及人与非思的关系,或确切地说,它涉及人与非思在西方文化中的成对的出现。我们很容易具有这样的印象,即自从人被构建为知识领域上的一个确实的形象时起,反思性认识、思考着自身的思想所具有的古老的优先权只能消失;但由于同样的事实,这优先权就被赋予给一种客观思想了,该客观思想有浏览整个人的优先权——哪怕在其中发现了恰恰不能被赋予给人的反思或其意识的一切:即模糊的机制、无形式的规定性、被我们直接或间接地称之为无意识这样一整个阴影景象。当人不再在一种反思形式中思考自身时,无意识难道不就是必定要赋予给由人应用于其自身的科学思想吗?实际上,无意识以及以笼统方式而言的非思形式并不是向人的实证知识提供的弥补。在考古学层面上,人与非思是同时代的。如果思想既在自身内,又在自身之外,不仅在其边缘处,而且在与其结构的交织中,都不能同时发现一份黑暗、一种它所处的明显惰性的深度、它所全部包含但又身陷其中的一种非思,那么,人就不能被描述为知识型中的一个构型。非思(无论人们赋予它什么样的名字)并不像一种卷缩的性质或一种在其中被分层的历史而居于人之中;相关于人,非思就是他者(l'Autre):兄弟般的和孪生的他者,它并不诞生于人,也不在人中诞生,而是与人一起并且是同时诞生的,在一种同一的创新中,在一种无助的二元性中诞生的。我们通常把这个模糊的平面解释为人性中的一个深不可测的区域,或者解释为人的历史经特殊加锁的一个堡垒;这个平面完全是以另一种方式与人相联系的;它既外在于人,又是人所必不可少的:有点像在知识中涌现出来的人的投影图;有点像据以可能认识人的盲目的使命。总之,自19世纪以来,非思一直充当人的隐隐约约的和连续不断的陪伴。因为总的说来，它只是一个显著的复制品，它从来都不依据一种自主的方式、为了自身而被反思；它接受了这样一个东西的补充形式和相反名字，即它是这个东西的他者和阴影；在黑格尔现象学中，它是面对自为（*Für sich*）的自在（*An sich*）；对叔本华来说，它是一种无意识（*Unbewusste*）；对马克思来说，它是一个异化了的人；在胡塞尔的分析中，它是不言明的东西、不现实的东西、沉淀物和非实行的东西：无论如何，它是一种取之不尽的替角，这种替角作为处于真理状态中的人的混乱的投影而呈现给反思知识，但这种替角也起着一种先在基础（fond préalable）的作用，在这个基础之上，人应该把自身聚集起来并直至回想起其真理。这是因为，这个复制品纵使是近似的，也是外来的，并且思想的作用及其特有的创造就将使这个复制品最接近它自身；整个现代思想都贯穿着去思考非思这个法则——即以大写自为的形式反思大写自在的内容，通过使人与自己的本质相和解而使人摆脱异化，说明那个向经验提供其直接与和缓的明证性深处的镜域，揭开大写的无意识之幕，专注于无意识的沉默或者侧耳细听其无限的低语。

在现代经验中，在知识中创立人这个可能性，这个新形象在知识型领域中的出现，都包含了一个从内部萦绕着思想的命令；这个命令，无论是以一种道德的形式，政治的形式，人文主义的形式，负责西方命运这样的义务的形式而被兑现，还是以在历史中履行一种官员使命这样的单纯意识的形式而被兑现，都无关紧要；重要的是，思想对它自身而言并且就其工作的深度而言，思想既是自己所知的一切的知识，又是其改正，既是它的反思对象的存在方式之反思，又是其转化。思想立即使被它触及的东西发生变动：如果思想不使非思立即接近自身——或也许如果不远离非思，总之，如果不凭着相同的事实而引起人的存在发生变化，因为人的存在是在这个间距中展开的，那就发现不了非思，或至少在非思的方向上行进。在此，有某事深深地与我们的现代性相联系：即除了宗教道德之外，西方可能只知道古代和现代这两种形式的伦理。古代伦理（以斯多葛主义或伊壁鸠鲁主义为形式），与世界秩序相连接，并且通过揭示该秩序的法则,它就能从中推演出智慧原则或一个城邦概念;甚至 18 世纪的政治学思想也仍属于这个一般形式;相反,就整个命令处于思想及其为重新领悟非思而进行的运动内部而言,现代伦理就并没有表述一种道德②;正是反思,正是意识,正是对沉默的澄清,向沉默者恢复言语,阐明这部分使人隐藏自己的阴影,正是对惰性的激活,正是所有这些,并且只是这些构成了伦理学的内容和形式。说实在的,现代思想从未能提出一种道德:但其理由并不是因为现代思想是一种纯粹的思辨;完全相反,现代思想一开始并且就其深度而言,就是某种行动方式。让那些促使思想摆脱其退隐并表述其选择的人们讲话;让那些在任何指望以外并且在缺乏德性的情况下想构建一种道德的人们去做吧。对现代思想来说,并不存在可能的道德;因为自 19 世纪以来,现代思想的整个特有的存在都已经"走出"自身了,它不再是一种理论了;现代思想一进行思考,就开始损伤与和解,接近或疏远,进行断离,进行分离,进行连结和解除连结;它只能解放和屈从。甚至在规定、勾勒一个未来之前,在说出必须说出的一切之前,甚至在进行激励或仅仅警告之前,思想本身,在其存在的层面上,自从其最早的形式起,就是一个行动——并且是一个危险的行动。对那些想疏忽这一点的人们而言,萨德、尼采、阿尔托和巴塔耶都已知道这一点;但也可以肯定,黑格尔、马克思和弗洛伊德也都知道这一点。难道我们可以说进行下述断言的人因深深的愚蠢而不知道这一点吗:如无政治选择就没有哲学,所有思想都或者是"进步的",或者是"革命的"?他们的愚蠢就是相信任何思想都"表达"了一个阶级的意识形态;他们非本意的深度,就是他们清楚地表明了思想的现代存在方式。在表面上,我们可以说,人的认识不同于有关自然的科学,甚至总是以其最不确切的形式而与伦理学或政治学相联系;更基本地说,现代思想是在这样一个方向上前进的,即在这个方向上,人的他者

② 在这两者之间,康德的时代是结合点:这是一个发现,即主体作为可理性化的,主体就赋予自身自己特有的法则,这个法则是普遍的法则。

(l'Autre)应该成为与人相同者(le Même)。

## 第六节　起源的退却和返回

　　既能刻画人的存在方式,又能描述出针对人的反思,这最后的特征就是与起源的关系。这个关系截然不同于古典思想设法在其理想发生中确立的那种关系。在 18 世纪,重新发现起源,就是重新最接近于表象之纯粹和简单的复制:人们在物物交换的基础上思考经济学,因为在物物交换中,交换双方各自对自己的财产和对方的财产所作的两个表象是等值的;在提供对两个几乎等同的欲望的满足时,这两个表象总的来说是"类似的"。人们把先于任何灾难的自然秩序思考成一张图表,在这张图表中,存在物在如此严密有序中并依据如此连续的一个网络而前后连贯,以至于从这个序列的一点到另一点,人们就在一种准同一性(une quasi-identité)的内部移动,从这个序列的一个极端到另一个极端,人们就受光滑的"类似的"层面的引导。我们把语言的起源看作物的表象与有关伴随着物的叫声、声音和摹仿(行动语言)的表象之间的透明性。最后,认识的起源是在这个纯粹的表象序列的边上被寻找的,这个序列是如此完善和线性的,以至后者取代了前者,人们也意识不到这一点,因为它们并不是同时的,不可能在它们之间确立起一种差异,人们不能把后者体验为不"同"于前者;正是当一个一个感觉出现,较为"类似"于前一个感觉,而非"类似"于所有其他的感觉时,回忆才能起作用,想象才能重新表象一个表象,认识才能在这个复制中站稳脚跟。这个发源是被看作虚构的,还是真实的,是已具有一种说明性假说的价值,还是具有一种历史事件的价值,这都无关紧要:说实在的,这些区分只对我们而言才是存在的;在这样一种思想中,即对它来讲,年代学的发展处于一张图表的内部,并且在这张图表上,年代学的发展只构成一次浏览,出发点就既在真实的时间之外,又在其中:这个出发点就是这个原初的褶痕,所有历史事件都能通过这个褶痕而发生。

在现代思想中,这样一种起源不再是可以设想的了:我们看到劳动、生命和语言是如何已经获得了它们所深埋于其中的自己特有的历史性(historicité);因此,它们从来都不能真正陈述它们自己的起源,尽管它们的全部历史是从内部指向这个历史的。这不再是起源引起了历史性;而是历史性,甚至在自己的网络中,使得一种既内在于自己又无关于自己的起源的必然性显示出轮廓:如同一个锥体之虚拟的顶点,所有的差异,所有的散射,所有的间断性,都在这个锥体中被收缩,以便只形成同一性的一个点,相同(Même)之不可触知的形象,但这个形象却具有力量在自身上显示出来并成为他者。

人在 19 世纪初相关于这些历史性、相关于所有这样一些事物而被构建起来,而这些事物自我包裹并通过它们自己的展开和特有的法则而表明了自己的起源之无法达到的同一性。然而,人与其起源的关系并不依据相同的方式。这是因为,实际上,人只有与一种早已形成的历史性相联系才能被发现:人从未与这个起源同时代,即这个起源在通过事物的时间躲避时又显示出自己的轮廓;当人设法把自己确定为生物的存在时,人只有在一种其本身先于人而开始的生命的基础上才能发现自己的开端;当人设法重新恢复为劳动的存在时,人只有在早已被社会所制度化、所控制的人类时间和空间的内部,才能阐明这样的存在之最基础的形式;当人设法确定其讲话主体的本质时(这个主体并未达到任何被实际构成的语言),人只能发现早已被展开的语言的可能性,而非所有的语言和语言本身据以能变得可能的结结巴巴、原始的词。正是始终在一个早已开始的基础上,人才能思考可充当其起源的东西。因此,这个起源对人而言根本不是开端,不是人以后的所有获得都可据以被积累的历史的第一个早晨。起源,更确切地说是一般的人、无论什么样的人借以与早已开始的劳动、生命和语言相连结的方式;起源必须在这样一个褶痕中被寻找,即在这个褶痕中,人完全素朴地耕耘着自几千年来一直被加工着的一个世界,生活在其唯一的、近期的、不确定的清新存在之中,这个生命一直进入

334

最初的有机构成,并把比任何记忆都要古老得多的词组合成从未被讲述的词句(即使每个世代都在复述这些词句)。在这个意义上,来源(l'originaire)的层面可能对人来说就是最接近于人的:即人所不怀恶意地加以浏览的这个表面,总是第一次加以浏览,人那双勉强睁开的眼睛在这个表面上发现了与其目光同样年轻的形象,这些形象同人一样不具年龄,但理由正好相反:这并不是因为这些形象与人一样年轻,而是因为这些形象属于这样一个时间,这个时间既不具有与人相同的度量,也不具有与人相同的基础。这个微薄的来源(l'originaire)表面,沿着我们的整个生存而展开并且从不离开它(即使尤其在我们的生存相反地显示为毫无遮掩的死亡瞬间时,也是如此),并不是一种发源的直接性;这个微薄的来源表面完全充满着这些复杂的中介,劳动、生命和语言在这些中介自己的历史中形成并沉淀了这些中介;因此,在这个简单的接触中,从第一个对象被操纵时起,从最简单的需求表现出来时起,到最中性的词进发出来,人在不知不觉中所激活的就是几乎无限地统治着人的一种时间所具有的所有中间阶段。人不知不觉,但这又必须以某种方式被人所知晓,因为正是通过这一点人们才相互沟通,并处于早已结成的理解网络之中。可是,这个知识是有限的、仓促的和局部的,因为它四周布满了一个巨大的阴影区域的所有部分,在这个阴影区域中,劳动、生命和语言甚至向那些讲话、生存和劳作着的人们都隐藏其真理(及其特有的起源)。

因此,自从《精神现象学》以来,现代思想不停地加以描述的来源(l'originaire),截然不同于古典时代所想要加以重构的那个理想的发生;但这个起源也不同于(尽管依据一种基本的相关性,它是相关于)那个在一种回溯既往的彼岸中,通过存在物的历史性而显露出来的起源(l'origine)。远非回到或仅仅指向同一性之真实的或潜在的顶峰,远非表明相异的散布尚未在其中起作用的相同之瞬间,人之中的来源,就是一开始使人与人自身以外的东西相连结;正是这个连结的实施者在人的经验中引入了比人要古老得多但人所不能加以控制的内容和形式;正是这个实施者,在把人与多重的、相互交织和通常相互不可还原的年代学联系起来时,才把人分散在时间中并使人布满于事物的绵延中间。相矛盾的是,在人身上,来源并不宣告其诞生的时间,也不宣称其经验最古老的核心:来源使人与并不具有与人相同时间的一切联系起来了;来源释放了人身上所有不与人同时代的一切;来源不停地并且在始终更新的扩散中表明事物已开始在人之前,并且由于这个原因,由于人的经验完全是由这些事物构建的和受其限制,所以,没有人能归于人一个起源。然而,这个不可能性本身有两个方面:一方面,它表明事物的起源总是遥远的,因为它回溯到人并不出现在其中的一个日历;但另一方面,它也表明了,人因与这样一些事物相对立,即这些事物的时间任凭闪光的诞生在其深度中被觉察,人就是毫无起源的存在,是"既无故乡,又无日期的"存在,是其诞生从未可理解的存在,因为它从未"发生"过。因此,在来源的直接性中显示的,就是人与起源相分离,这个起源曾使人与人自己的生存同时代:在所有那些诞生于时间并可能死亡于时间的事物中间,人因与整个起源相分离,所以,人就早已在那里了。因此,正是在人身上,事物(即使那些悬于人之上的事物)才发现其开端:与其说人是在绵延的某个任何瞬间留下的疤痕,还不如说人是这样一个开口(l'ouverture),即从这个开口出发,一般的时间能被重构,绵延能流淌,事物在自己特有的瞬间能显现出来。虽然在经验领域中,事物总是为了人而消退,事物的零点难以把握,但相关于事物的这种退却,人基本上也处于退却之中,并且正是通过这种方式,事物才能使自己的稳固的先在性(antériorité)影响到原始经验的直接性。

那么,一个使命就交给了思想,即对事物的起源提出异议,但这样提出异议是为了通过重新发现时间的可能性据以被构建起来的方式,来为这个起源建立基础——在事物的这个既无起源,又无开端的起源的基础上,一切都能诞生出来。这样一个任务包含了质疑所有属于时间的东西,所有在时间上被形成的东西,所有处于时间之流动要素中的东西,使得毫无年代学和毫无历史的裂缝显现出来,时间正是源自这个裂缝的。那时,时间就在这个思想中被悬置,但这个思想是不能逃避时间的,因为它从未与起源同时代;但这个悬置有能力使起源与思想之间的这个相互关系颠倒;这个悬置围绕着它自身旋转,而起源由于成了思想仍要并且始终是要再加以思考的东西,对思想来说,起源就在一个始终较为接近但从未完成的逼近中被允诺。那时,起源就是正在重新出现的东西,是思想所趋向的重复,是始终早已开始的一切的返回,是从任何时间以来就已被照亮的一缕光线的靠近。这样,起源第三次通过时间而显示出轮廓;但这一次,这是退隐到未来之中,是思想所接受的并针对自身规定的命令,即命令思想从鸽步前进到不停地使思想成为可能的一切,并在自身面前、在其镜域的始终退隐的水平线上等待这一天,即思想曾来自这一天,并正源源不断地源自这一天。

甚至在现代思想有可能把在 18 世纪被描述的那些发生(les genèses)揭露为幻想的时候,现代思想也确立了一种极其复杂和极其混乱的关于起源的提问法(problématique)。这个提问法已充当我们的时间经验的基础,并且 19 世纪以来,正是在这个提问法的基础上,诞生了所有的尝试去重新把握开始和重新开始、开端的远离和在场、返回和终点在人类秩序中所能是的一切。实际上,现代思想已确立起了一种与起源的关系,这种关系对人和对物是相反的:由此,现代思想准允——但事先挫败了并面对它们保留了自己全部的异议力量——那些实证主义努力把人的年代学放入物的年代学的内部,以使得时间的统一性被恢复,使得人的起源只是一个日期,只是存在物的连续系列中的一个褶痕(把这个起源,随之把文化的显现,把文明的曙光置于生物进化的运动之中);现代思想也准允相反的和弥补的努力,去根据人的年代学有条理地说出人具有的对物的经验,人已具有的对物的认识,人由此能构建的诸科学(使得虽然人的所有开始在物的时间中都占有一席之地,但是,人的个体的或文化的时间,在一种心理的或历史的发生中,有可能确定物首次与自己的真相的面目相遭遇的时刻);在这两种走向的每一种之中,物的起源与人的起源都是相互属于的;但是,存在着两种可能的和不可协调的走向,仅仅这一事实就表明了能刻画关于起源的现代思想之特征的基本不对称性。而且,这个思想使得来源的某个层面进入一缕最终的光线,如同进入根本上有保留的阳光之中,说实在的,任何起源都不出现在这个层面中,但在这个层面中,人之无开始的时间向一种可能的记忆表明了物之无回忆的时间;由此产生了一个双重的愿望:把无论什么样的认识都心理学化,并使心理学成为所有科学的一种普遍科学;或者相反,在一种逃避任何实证主义的风格中描述这个原初的层面,这个风格就是使得我们能在这个层面的基础上扰乱任何科学的实证性并要求得到这个经验的基本的和不可避免的特征来反对这个实证性。但是,在把重建来源领域当作自己的使命时,现代思想就在其中立即发现了起源的返回;现代思想不合情理地打算在这个退隐得以实现并不停地深入的方向上前进;现代思想设法使这个退隐在经验的另一端显现出来,如同那个通过它的退却来支撑它的东西,如同那个最接近其最看得见的可能性的东西,如同那个在现代思想中逼近的东西;如果起源的退隐这样最清晰地显现出来,那么,难道不是起源本身被释放并回溯至在它古语家族(la dynastie de son archaïsme)中的自身吗? 这就是为什么现代思想彻底地献身于对返回的重大关注,献身于去开始的关切,献身于这个奇异的原地(sur place)焦虑,这个焦虑使现代思想有义务去复述重复。这样,从黑格尔到马克思和斯宾格勒,就有一个思想主题展开了,这个思想通过自己在其中得以实现的运动——所达到的总体性,在极度匮乏时采用暴力来恢复的镇静,太阳的没落——而屈从于自身,阐明了它自己的饱满,完成了其循环,重新出现在其历险记的所有奇特的形象中,并同意消失在它曾从中得以显现的这同一片海洋中;与这个即使并不幸运但也完美的返回相对立,显示出了荷尔德林、尼采和海德格尔的经验的轮廓,在这种经验中,返回只在起源之退隐的尽头中被给定——在那里,神祇被背离,荒漠在扩大,$τεχνή$[技术(工艺)]已经确立起它的意志的统治;因此,在此并不涉及到完成,也不涉及到一个曲线,而是涉及到这种不停的撕裂,这个撕裂甚至在自己的退隐的范围内释放了起源;那时,尽头是最接近的。但是,无论这个来源的层面(由现代思想在其中已经发明了人这样一个运动中发现的),是允诺了实现的临近和已实现的完满,还是恢复了起源的空隙——这个空隙是由其退隐安排的,并且是由其降临挖掘的——总之,由现代思想规定要去思考的,就是像"相同"(le Même)这样的某物:通过把人的经验与自然和生命的时间、与历史、与文化沉淀的过去都连接起来这样的来源领域,现代思想就努力重新发现处于同一性之中的人,即处于这个完满之中,或处于人是人自身这个虚无中,重新发现处于这样的重复中的历史和时间,即历史和时间使得这个重复成为不可能,但又强制我们去思考这个重复,重新发现处于其所是中的存在。

　　由此,在对既最接近自身,又最远离自身的起源进行思考这个无限的任务中,思想发现了人并不与使人存在的一切同时代,人也不与人据以所是的一切同时代;但人处于一种权力内部,这个权力使人散开,使人远离他自己的起源,但又在也许总是被躲避的一种逼近中向人允诺他的起源;然而,这个权力并不是人所陌生的;这个权力并不在人之外,而是处于永恒的和不停地重新开始的起源的平静之中,因为那时起源被实际地给出;这个权力是人自己的存在的权力。时间——但这个时间就是它自身——把人与人据以从中源出的早晨分隔开来了,同样也把人与已向人预告的早晨分隔开来了。我们看到这个基本时间——在这个时间的基础上,时间可提供给经验——多么不同于在表象哲学(la philosophie de la représentation)中起作用的时间:那时,时间驱散了表象,因为时间为表象规定了一个线性序列的形式;但表象有义务在想象中恢复它自身,并由此完美地复制它自己并控制时间;影像使得能够使时间完整地重新开始,重新把握已经让与序列的一切,并建构像永恒知性一样真实的一种知识。相反,在现代经验中,起源的退隐要比任何经验都更基本,因为经验正是在它之中闪烁的并表明其实证性的;正是因为人并不与其存在同时代,事物及其事物所特有的一种时间才呈现给人。我们在此重新发现了有限性的初始论题。这个有限性曾经首先是由物悬于人之上,即是由人受制于生命、历史和语言这个事实宣告的;现在,这个有限性出现在一个更基本的层面上:它是人的存在与时间之间那种难以逾越的关系。

这样,现代思想通过重新发现在对起源作询问时的有限性,就再度关闭了当整个西方知识型在18世纪末崩溃时由它开始勾勒出来的那个巨大的四边形:实证性与有限性的联系,经验在先验中的复制,我思与非思的永久关系,起源的退却与返回,所有这些都为我们确定了人的存在方式。19世纪以来的反思正是依据对这种存在方式所作的分析,而非对表象的分析,才设法从哲学上为知识的可能性提供基础。

## 第七节　话语和人的存在

人们能注意到,这四个理论部分(对有限性、经验—先验重复、非思和起源所作的分析)与在古典时代一起构成普通语言理论的四个从属领域处于某种关系之中③。初看之下,这是一种相似性与对称性的关系。我们能想起,动词理论说明了语言如何能越出它自身以外并断言存在——这是在一个运动中进行的,这个运动转而确保了语言的同样存在,因为存在只有至少以隐秘的形式在早已具有动词"存在"(être)的地方才能确立自身并敞开自身;对有限性的分析以同样的方式说明了人的存在如何发现自身受制于那些外在于人并把人与物的厚实性(l'épaisseur)联系起来的实证性,但又说明了,有限的存在如何反过来向任何实证性提供了在其实证的真理中出现的可能性。讲述(连接)理论表明了,词的显明(la découpe)和由词表象的物的显明能以何种方式连成一片地发生,而经验—先验复制的分析则发明了:在经验中被给予的一切与使经验成为可能的一切如何能在一种无限的波动中互相对应。对语言之初始指明(des désignations)的追寻,在词、音节、声音本身最隐秘的核心处,使一个沉睡中的表象显现了,这个表象似乎构成了它们

---

③　参见本书第四章第七节开头部分。

被遗忘的灵魂（并且这个灵魂必须在某一天重新出现、再次言说和歌唱，以便获得思想之较大的精确度，诗歌之较神奇的力量）；对现代思想来说，正是以相似的方式，非思之惰性的厚实性才总是被我思所停留，还有昏睡在并非思想中的这一思想必须再次获得生气并在"我思"的最高权力中得以伸展。最后，在古典语言思考中存在着一种衍生理论：这种理论表明了，从语言史之初并且也许在其起源的瞬间，在它开始讲话的那个瞬间，语言如何在它自己的空间内略过，如何偏离初始的表象而围绕自身并只设定其早已依据修辞格而展开的词，即使是非常古老的词；与这种分析相对应的是努力思考一个总是已被逃避的起源，是努力在这个方向上取得进展：在这个方向上，人的存在相比于自身总是被保持在那构建了人的一个远处和一个距离之中。

　　但是，这一对应作用不该制造幻想。我们不该设想：对话语所作的古典分析仅仅通过把自身应用到一个新的对象就能历经几个时代未受变化而继续下去；不该设想尽管发生了如此多的类似的突变，但某种历史重力仍保存了此种分析的同一性。事实上，勾勒出普通语法空间的那四个理论部分并未被保留：而是，当18世纪末表象理论消失时，它们被分离，它们改变了自己的功能和层面，它们改变了自己的有效性的整个领域。在古典时代，普通语法的功能是要表明表象何以能把语言引入连续链条的内部：这个语言在话语之简单而完全纤细的路线中显明自身的同时，假定了同时性的诸种形式（存在和共存之确认；被表象之物的划分和一般性之构成；词与物之间的原初的和不能消除的关系；词在其修辞空间中的移动）。与此相对照的是，诚如其自从19世纪以来所发展的那样，人之存在方式的分析并不处于表象理论之内；相反，这种分析的任务是要表明一般的物如何能被赋予表象，在什么条件下，在什么基础上，在什么界限内，物能出现在一个比各种知觉方式都要深远的实证性内；并且，在人与物的这一共存中，通过由表象打开的巨大的空间展开，如此被揭示的，正是人的根本的有限性，是那个把人与人的起源区分开来的同时又向他保证这个起源的散布（la

dispersion），是时间之不可逾越的距离。人的分析并不是像在其他
地方构建起来并由传统交付的话语分析之复兴。表象理论的有或
是无，确切说，这个理论的初始特性或衍生位置，都彻底地改变了
系统的平衡。只要表象作为思想之一般要素是理所当然的，话语
理论就同时并且在同一个运动中充当所有可能语法的基础和认识
理论。可是，表象的首要性一旦消失，话语理论就解体了，并且人
们能在两个层面上碰到它的脱离形体和变形的形式。在经验层面
上，四个构成部分重新出现，但是，它们实施的功能却完全颠倒
了④：我们可以用内在语法结构之分析（这种结构是每种语言内在
固有的并把语言构建为一个自主的存在，亦即在语言自身基础之
上把语言构建起来），来代替对动词的特许位置、动词使话语逸出
自身并植根于表象之存在这一力量所作的分析；同样，词变理论和
确立起适合于词的突变律这一尝试取代了词和物所共有的讲述
（连接）的分析（l'analyse de l'articulation）；词根理论取代了表象之
根（la racine représentative）的分析；最后，哪里有人在寻找衍生之
无边无际的连续性，哪里就有人揭示出了语言的旁侧亲属关系。
换言之，一切在物（诚如被表象的）与词（具有其表象价值）之间的
关系维度中起作用的东西，已被置于语言内并负责确保语言的内
在合法性。在基础层面上，话语理论的四个部分再次被发现：如
同在古典时代，这些部分在这一对人类的新的分析中，用来表达
与物的关系；可是，这时，所作的变化就是逆转先前的一切；问题
不再是把这些部分置于一个内在于语言的空间中，而是把它们从
它们所处的表象领域中解放出来，并使它们在那个外在性维度中
起作用：在这个维度中，人显现为有限的、确定的存在，并牵涉进
这样一个深度，他并不思考这个深度，而是在其存在中屈从于时
间的散布。

　　对话语所作的古典分析，从它不再与表象理论相连续那时起，
似乎就一分为二了：一方面，它把自己投放在语法形式的经验认识

————————

④　参见本书第八章第五节第一大段。

中;而另一方面,它又成了对有限性的分析;但是,若没有功能的全面逆转,这两种移动中的任何一种都不能运转。我们现在能理解,并且彻底地理解以下两者之间的不相容性:一是古典话语的存在(依赖表象之毫无疑问的明证性);二是诚如现代思想所给予的人的存在(以及由现代思想准允的人类学反思):只有当表象的话语之分析已被解体、转换和逆转时,类似人之存在方式分析的某物才变得可能。我们也能预料到:如此限定和设定的人的存在通过何种威胁才受到语言在其统一性和存在之谜中的同时重现的影响。在我们的面前,难道我们的任务是朝着一种思想方式迈进吗?(这种思想方式在我们的文化中迄今未为人所知,并同时使得毫无间断或矛盾地反思人的存在和语言的存在成为可能)——并且在这个情形中,我们必须最最谨慎地避免任何可能素朴地返回到古典话语理论的东西(必须指出,这是一个较有诱惑力的返回,以至于我们并不拥有思考语言之闪烁但艰涩的存在之手段,而古老的表象理论就在那里,全被构建起来了,并向我们提供了一个位置:那个存在位于这个位置中并在一个纯功能中分解)。但是,既思考语言的存在,又思考人的存在,这一权利就这样被永远排除了;似乎在那里存在着一个不可消除的洞穴(恰恰是那个我们在其中存在和谈话的洞穴),因而我们必须把任何人类学(anthropologie)当作幻想加以打发:在人类学那里,存在着语言存在的问题,或设法连接、表明和释放适于人的存在之语言或指示的概念。我们时代最重要的哲学选择也许就植根在这里。只有在未来反思之同样的检验中,才能作出这个选择。因为没有什么能事先告诉我们道路向哪一端敞开。目前我们完全确切知道的唯一事情就是:在西方文化中,人的存在和语言的存在从未能共存和相互连接。它们的不相容性是我们的思想的基本特征之一。

然而,对大写话语(le Discours)所作的分析突变成一种对有限性的分析,这还具有另一个结果。符号和词之古典理论必须表明诸表象(它们在一个如此狭小而绷紧的链条中前后相继,以至于区别并不出现了,它们全都相似)如何能在稳定的差异性和有限的同

一性之永久图表中展开；重要的是从大写类同（le Pareil）之隐秘地
变化的单调性出发而导致的大写差异（la Différence）的发生。有限
性分析恰恰具有一种相反的作用：它在表明人是确定的时，关注的
是表明那些实证性的基础是处于其根本界限中的人的同样的存
在；它还必定表明经验内容早已是它们自己的条件，思想事先缠绕
非思（非思逃避这些条件并且思想总是努力恢复非思）；它表明那
个从未与人同时代的起源在回撤的同时，又根据逼近的样式而被
给出：简言之，它总是关注着去表明大写他者（l'Autre）、大写远处
（Le Lointain）如何还是最近的大写相近（le plus Proche）和大写相同
（le Même）。这样，我们已从对大写差异（des Différences）之序的反
思（还有由它假定的分析、那个连续性的存在论以及对一个在其尽
善尽美中展开的丰满的、未断裂的存在的要求：这里的尽善尽美假
定了一种形而上学）过渡到关于相同（du Même）之思想，这个相同
总是在其矛盾中被克服：这蕴涵了（除了人们谈到的伦理学以外）
一种辩证法和那种存在论形式，这种存在论由于不需要连续性并
不得不只在其有限的形式或在其距离的遥远性中去反思存在，所
以没有形而上学也能行并且必定行。在整个现代思想中并且在整
个现代思想史上，一个辩证的作用与一个不具形而上学的存在论
相互呼喊和相互呼应：因为现代思想不再朝向大写差异之从未完
成的构成行进，而是朝向大写相同之总是被完成的揭秘前进。现
在，这种揭秘若没有复本的同时出现是不能完成的，并且那个微小
而无法克服的间隔处在退隐和（et）返回、思和（et）非思、经验和（et）
先验、作为确实性之序的一切和（et）作为基础之序的一切中的
"和"。在一个距离中与自身相分离的同一性（这个距离在一个意
义上是内在于它的，但在另一个意义上则是构成了它），设定同一
性的重复（但却是在遥远的距离中设定的），它们可能都处在现代
思想的核心处：时间之发现是如此匆忙地归于这个思想了。事实
上，假如我们较为专心地审视，我们就能觉察到：古典思想把在图
表中对物加以空间化的可能性与纯粹表象接续（succession
représentative）的那个属性关联起来了，这个序列从自身出发回忆

自身,从一个连续的时间出发重叠自身并构成了一个同时性:时间创立了空间。在现代思想,在物之史的基础上以及在适合于人的历史性的基础上,被揭示出来的是在大写相同中进行挖掘的距离,正是间距在大写相同的两端对大写相同作分散和重组。正是这个深远的空间性才允许现代思想始终能思考时间——把时间认作接续,把时间当作实现(achèvement)、起源或返回而加以指望。

## 第八节　人类学沉睡

人类学作为对人所作的分析确实在现代思想中起着一种构建作用,因为在很大程度上我们仍未摆脱它。从那个瞬间起,人类学成为必需的了,那时表象丧失了独自确定和在一个单一的运动中确定其综合和分析之作用的力量。经验综合必然在"我思"之最高权力以外的某个地方被确保。经验综合必定在一个地方被需要:在这个地方,恰恰是那个最高权力发现了自己的界限,这就是说,经验综合必定在人之有限性中被需要——意识的有限性,活着的、讲话的、劳作的个体之有限性,都是这同一个有限性。当康德在自己的传统三部曲上添加了最后一个问题"人是什么(*Was ist der Mensch*)⑤?",于是三个批判问题(我能知道什么? 我该做什么? 我可希望什么?)就与这第四个问题联系在一起,并以某种方式归于"它的说明",康德就在《逻辑学》中早已阐明了上述关于经验综合所说的一切。

人们可以看到,从 19 世纪早期开始,"人是什么?"这个问题贯穿着思想:这是因为这个问题秘密地并事先实施了经验(l'empirique)和先验(le transcendantal)的混合,可康德已表明了这两者之间的区分。通过这个问题,混杂层面的一个反思被构建起来了,反思是现代哲学的特征。这一反思对人的关切(它不仅在其话语中,而且在其感人法(pathos)中,都要求这个关切),这一反思

---

⑤　康德:《逻辑学》("著作",由卡西尔编辑,第八卷,第 343 页)。

用来设法把人限定为生物、劳作的个体或讲话的主体之呵护，都只是向高尚灵魂（les belles ames）示意人类统治之最后重现的岁月；事实上，这较为乏味和不太具有道德地去涉及到一种经验—批判的复制（un redoublement empirico-critique）：人们通过这种复制设法衬托出自然之人、交换之人或话语之人，作为他自己的有限性的基础。在这一褶层（Pli）中，先验功能在自己蛮横的网络中涵盖惰性的、灰色的经验性空间；反过来说，经验内容获得了生气，逐渐复兴了，站立了并即刻被归入一个话语中：这个话语把经验内容的先验推断带往远方。我们发现哲学再次沉睡于这一褶层中；这不是大写独断论（le Dogmatisme）的沉睡，而是大写人类学的沉睡。所有经验认识，只要关涉人，都能充当可能的哲学领域：在这个领域中，认识的基础、认识界限的限定以及最终所有真理的真理，都必定被揭示出来。现代哲学的人类学构型在于把独断论一破为二，在于把独断论分为相互依赖和相互限制的两个不同层面：对就其本质而言人之为何所作的前批判分析变成了对一般而言能被赋予给人的经验的一切所作的分析。

为了把思想从这样一个沉睡中唤醒——如此深睡以至于思想矛盾地把它体验为警觉，如此程度以至于它把独断论的循环性（这个独断论为了在自身内发现自己的支撑而被一分为二）与根本的哲学思想之敏捷和焦虑混为一谈——为了把思想召回到其最早的黎明（les plus matinales）之可能性，除了直到摧毁人类学"四边形"的基础以外，别无他法。无论如何，我们都知道新思考的所有努力都恰恰指责这个人类学：也许重要的是跨越人类学领域，从它所表达的一切出发摆脱它，重新发现一个纯化的存在论或关于存在的根本思想；也许我们通过不仅排除心理主义和历史主义，而且排除人类学偏见的所有具体形式，我们设法重新置疑思想的界限并这样与关于理性的一般批判之设想恢复联系。也许，我们应在尼采的经历中看到这一根除人类学的第一次尝试（可能，当代思想致力于这一根除工作）：通过语文学批判，通过某种生物主义，尼采重新发现了人与神相互属于的时候，在那时，神之死与人之消失同义，超人（le surhomme）的允诺首先意味着人之死（la mort de l'homme）。在这里,尼采因向我们提供了既作为期限又作为任务的未来,所以,尼采标志着一个界限,从这个界限出发,当代哲学能重新开始思考;他可能将继续长期在当代哲学的渐进中凸显出来。假如大写轮回（Retour）之发现确是哲学的终结（la fin de la philosophie）,那么,人之终结就是哲学之开端的轮回。在我们今天,我们只有在由人的消失所产生的空档内才能思考。因为这个空档并不挖掘出一个空缺;它并不规定一个将被填满的空隙。它正是一个空间的展开:在这个空间中,它最终再次能思考。

　　人类学也许构成了一个基本的布局,这个布局统治和引导了从康德直到我们今天的哲学思想。这个布局是根本的,因为它是我们的历史的组成部分;它正在我们眼前分崩离析,因为我们开始依据一个批判样式,在它之中既确认和显现那个使它成为可能的开启之遗忘,又确认和显现固执地阻碍下一种思想的顽固障碍。对所有那些还想谈论人及其统治或自由的人们,对所有那些还在设问何谓人的本质的人们,对所有那些想从人出发来获得真理的人们,对所有那些反过来使全部认识依赖于人本身之真理的人们,对所有那些若不人类学化就不想形式化、若不非神秘化就不想神话学化、若不直接想到正是人在思维就不想思考的人们,对所有这些有偏见和扭曲的反思形式,我们只能付诸哲学的一笑——这就是说,在某种程度上,付诸沉默的一笑予以反对。

# 第十章　人文科学

## 第一节　知识三面体

人在现代思想中据以被构建的存在方式能使人起两个作用：人在成为所有实证性之基础的同时，又以一种甚至不能说是享有特权的方式出现在经验物的要素之中。这一事实——在这里，问题并不有关人的一般本质，而是完全涉及到那个历史先天性（a priori historique）：那个先天性自从 19 世纪以来一直充当着我们的思想之几乎是显而易见的基础——这一事实可能对要赋予给"人文科学"、那认识体系（当然，这个词也许太强烈了：让我们说，为了更加中性，赋予给话语整体）的地位来说，是决定性的：这个认识体系把具有经验特征的人当作自己的客体。

将要观察到的第一件事是：人文科学并未继承某个早已被勾勒出来、也许整个地被测量了但又任其荒芜的领域，而人文科学的使命正是凭着最终是科学的概念和实证的方法去设计这个领域；18世纪并未以人或人性的名义向人文科学传递一个从外部被限定但仍空虚的空间，而人文科学的作用正是要在这之后去涵盖并分析这个空间。由人文科学所贯穿的认识论领域并未事先被限定：在17 和 18 世纪，任何哲学，任何政治或道德的选择，任何种类的经验科学，任何对人体的观察，任何对感觉、想象或激情的分析，都从未碰见过像人这样的某物；因为人并不存在（生命、语言和劳动也一样不存在）；并且在某种紧迫的理性主义（rationalisme）、某个未被

348

解决的问题、某个实际关切的影响下,当人们决定把人(不管愿意与否,并凭着或多或少的成功)当作科学对象的一员时(在这些对象中,也许仍未能证明对人加以排列是完全可能的),人文科学并不出现;当人在西方文化中,既被构建为必定被思考,又被构建为将被认识时,人文科学就出现了。可能,每一门人文科学的历史涌现都是正当理论或实践秩序的一个问题、需求和障碍出现之时:由工业社会强加在个体上的新的规范,对心理学在19世纪期间缓慢地把自己确立为一门科学来说肯定是必需的;自从法国大革命以来已对社会平衡,甚至由资产阶级确立的那种平衡产生了影响的种种威胁,对一种社会学类型的反思的出现来说,可能也是必需的。当然,这些参照很好地说明了:为什么事实上是在这样一个确定的环境中并且为答复这样一个恰当的问题,这些科学才被表明了;这些科学的内在的可能性,一个事实即从人第一次在社会中存在并一起生活时起,人无论是孤立的还是集体的,都应成为科学的对象,——这绝不能被视作或当成一种舆论现象(un phénomène d'opinion):这是知识之序中的一个事件。

这个事件本身发生于知识型(l'épistémè)之一般的重新配置中:当通过脱离表象的空间,生物处于生命的特殊深度,财富处于生产形式之逐渐推进中,词处于语言的生成中时,事件就是这样发生的。在这些条件中,对人的认识,就其科学目标而言,就必须显现为与生物学、经济学和语文学同时发生并且具有相同的种子,以便我们十分自然地在其中看到由经验合理性在欧洲文化史上取得的最决定性的进展之一。但是,由于一般的表象理论在同时消失了,并且对作为所有实证性之基础的人的存在进行质疑这一必要性成为必不可少,所以,不平衡就不能不产生:人成了这样一个东西,从这个东西出发,所有的认识能被构建为直接而毫无疑问(non problématisée)的明证性(évidence);人更有理由准允质疑对人的任何认识。于是产生了那个双重而不可避免的争议:一方是在人之科学与诸简单科学(les sciences tout court)之间形成了永久的争论(前者无可遏制地要求成为后者的基础,后者被迫不停地不顾"心理主义"、"社会学主义"和"历史主义"而去寻求它们自己的基础，它们的方法的验证和它们的历史的净化；另一方是在哲学和那些人文科学之间形成了永久的争论，这个哲学把人文科学与素朴性（la naiveté）对立起来（而人文科学又凭着这个素朴性为自己提供基础），这里的人文科学要求先前构成哲学领域的一切成为自己的恰当对象。

所有这些观察都是必需的，但这并不意味着它们是在纯矛盾的要素中发展起来的；它们的存在、它们不止一个世纪坚持不懈的反复，并不表明一个无限开放着的问题具有永久性；它们回到了历史上一个确切而被很好确定的认识论布局。在古典时期，从表象分析的设想到普遍数学（la *mathesis universalis*）的论题，整个知识领域极其同质一致：所有认识，无论什么样的，都通过确立起差异来进行整理并通过确立起秩序来限定那些差异：这适用于数学，也适合于生物分类学（广义上的）和自然的科学；但它也同样适合于所有那些近似的、不完善的认识，适合于在话语的细小部分的构建或在交换的日常过程中展现的巨大的自发的知识部分；最后，它也适合于哲学思想和长长的有序的链条，观念学派设法确立起这个链条，以便必然把最简单和最明晰的观念导向最复合的真理：观念学派的这种做法一点也不亚于笛卡尔或斯宾诺莎，尽管是以不同的方式。但是，从19世纪开始，认识论领域被分成了几块，更确切地说，它在不同的方向上爆裂了。人们艰难地仿效孔德去避开线性分类和等级的魅力；但是，设法从数学出发去整理所有的现代认识，就是使知识的实证性、其存在方式和其在那些可能性条件中的根源等问题服从有关认识客观性的单一观点：该可能性在历史上既赋予知识以对象，又赋予其形式。

在这个考古学层面上进行询问，现代知识型领域就并不依据完美数学化的理想而被整理，也不从形式的纯粹性出发展开一个长长的、下降的认识序列：这个认识逐渐充满经验性。更确切地说，现代知识型领域应该作为一个在三个维度上敞开的空间区域而再度出现。在其中一个维度上，我们将置放数学和物理科学，对这些科学来说,秩序总是明晰的或证实的命题之演绎而线性的连接;在第二个维度上,存在着这样的科学(如同语言、生命和财富的生产与分配等的科学):它们着手把间断而类似的要素关联起来,以便能在这些要素之间确立起因果关系和结构的常数。这两个维度一起限定了一个共同的层面:依照人们通行的方向,这个层面显现为一个把数学应用于这些经验科学的领域,或显现为语言学、生物学和经济学中可数学化的领域。第三个维度将是哲学反思的方向,哲学反思作为大写同一之思想展开;凭着与语言学、生物学和经济学的维度一起,第三个维度也勾勒出一个共同层面;正是在这里可能出现并且实际上出现了各种各样的生命哲学、异化之人的哲学、符号形式的哲学(当人们把在不同的经验领域中产生的概念和问题转换成哲学时);但是,假如我们从一个完全哲学的观点出发去询问这些经验性的基础,那么,在这里也出现了那些区域性的存在论(des ontologies régionales):那些存在论设法确定,就其各自的存在而言,什么是生命、劳动和语言;最后,哲学维度和数学学科的维度一起限定了一个共同的层面:思想之形式化的层面。

人文科学从这三个认识论三面体中被排除掉了,至少在这样一个含义上,即我们不能在任何一个维度上,也不能在这样被勾勒的任何层面的表面上发现人文科学。但是,人们反正能说,人文科学包含在这个三面体中,因为正是在这些知识的空隙中,更确切地说,正是在由它们的三个维度限定的区域中,人文科学发现了自己的位置。这个境遇(在一个意义上是次要的,在另一个意义上是享有特权的)把人文科学与所有其他的知识形式关联起来:人文科学拥有或多或少被推迟却恒常的在一个层面或另一个层面上赋予自身或在任何情形下利用数学形式化的设想;人文科学依据取自于生物学、经济学和语言科学的样式或概念而发展着;最后,人文科学致力于人的存在方式,哲学设法在根本有限性的层面上思考这个存在方式,而人文科学想要浏览这个存在方式的经验现象。也许正是三维空间中的这一模糊的分布,才使得人文科学如此难以确立,才使得它们在认识论领域中的定位具有不可克服的不稳定性,才使它们显得危险的同时又陷于危险。显得危险,是因为人文科学向所有其他的知识呈现了一种永久的危险:的确,假如各自停留在自己的维度内,那么,演绎科学、经验科学、哲学反思都不会冒险"转入"人文科学,都不会冒险充塞着人文科学的不纯洁;但是,我们知道,有时候,确立起那些中介的层面会遇到种种困难:这些中介的层面一起把认识论空间的三个维度连接起来;因为对这些被严格确定的层面的较小的偏离,就会使思想坠入由人文科学提供的领域中,于是就有"心理学主义"(psychologisme)的危险,"社会学主义"(sociologisme)的危险——我们可用一个词称其为"人类学主义"(anthropologisme)——它成了一个威胁,例如当思想与形式化的关系不被正确思考时,或当生命、劳动和语言之存在方式不被正确分析时。我们易于认为:自从人发现自己并不处于创造的中心,并不处于空间的中间,甚至也许并非生命的顶峰和最后阶段以来,人已从自身之中解放出来了;当然,人不再是世界王国的主人,人不再在存在的中心处进行统治,"人文科学"是知识空间中的危险中介。然而,说实在的,这个处境注定人文科学具有一种基本的不稳定性。对"人文科学"的困难,它们的不稳定性,它们作为科学而具有的不确定性,它们向哲学表示的危险的亲近,它们之不被恰当限定的对其他知识领域的依赖,它们的总是次要而派生的特性,当然还有它们对普遍性的要求,对所有这些加以说明的,并非人们经常说的它们的对象之极度浓密(l'extrême densité);并非这个人之形而上学地位或不可消除的超验性(transcendance),而是人文科学所在的认识论构型的复杂性,是人文科学与那向人文科学提供了空间的三个维度之间的恒常关系。

## 第二节　人文科学的形式

现在必须勾勒出这个实证性的形式。通常,人们设法根据数学来定义这个实证性:或者人们设法让这个实证性尽可能接近数学,通过清点人的科学中可以数学化的一切东西,并假定不易于接受一种类似形式化的一切都尚未接受其科学实证性；或者相反，人们设法细心地把可数学化的领域与另一个不可还原为可数学化的领域区分开来，这是因为这另一个领域是解释（l'interprétation）之地，因为我们在其中特别应用了理解（la compréhension）的方法，因为这另一个领域紧缩在知识的临床极点（le pôle clinique）周围。这样一些分析之所以令人厌烦，不仅因为它们是陈腐的，而且首先因为它们缺乏相关性。确实，毫无疑问，应用于人的经验知识的这种形式（并且，甚至在知道在何种意义上和在哪些界限内我们可以把它们说成"科学"之前，为遵从约定俗成，我们仍可称之为"人文科学"）是相关于数学的：如同其他任何知识领域一样，这些"人文科学"，在某些条件下，可以使用数学工具；这些"人文科学"的某些步骤和几个结果可被形式化。认识这些数学工具，能实施这些形式化，定义这些形式化得以在其上实现的那些层面，这肯定都是至关重要的；对历史来说，这样做可能是引人注目的，即去知道孔多塞如何能把概率演算应用于政治，费希纳（Fechner）如何确定感觉的发展与刺激的发展之间的对数关系，当代心理学家如何利用信息论来理解习知（l'apprentissage）现象。尽管所提的这些问题都是特殊的，但与数学的关系（数学化的可能性，或抵制形式化的所有努力）不太可能是处于特殊实证性中的人文科学的构成要素。这有两个原因：因为从根本上讲，这些问题是它们与其他学科（像生物学、遗传学）所共有的，即使这些问题在这两者中间并不相等同；并且，特别是因为考古学分析，在人的科学的历史先天性中，并没有揭示出数学的一种新形式或数学在人的领域中的突然前行，而是显示出了普遍数学（la mathesis）的一种退隐，普遍数学自身之统一领域的分离，并且表明相关于最小的可能的差异的线性秩序，像生命、语言和劳动这样的经验组织结构就解放出来了。在这个意义上讲，人的出现与人文科学的构建（即使这只是以一种筹划的形式）都是一种"非数学化"（dé-mathématisation）的相关物。人们可能会说，一种完全被看作普遍数学的知识所发生的这种分离并不是数学的一种退隐，因为充分的理由是，这个知识从未导向实际的数学化（除了在天文学和物理学的某些方面之外）；而是，这个知识在消失时解放了自然和整个经验性领域，以便在每一个有限的和受控制的瞬间对其应用数学；数学物理学取得的最初的一些重大进步，最初的大量应用概率演算，难道不都始于人们放弃直接构建一门秩序的和非可量化的普遍科学的时候吗？实际上，我们不能否认，对一种普遍数学的放弃（至少临时地）使得能在某些知识领域中排除质的障碍，并在尚未渗透的地方应用数学工具。但是，如果在物理学层面上，普遍数学的筹划的分裂与数学新应用的发现只是同一件事的话，那么，这在所有的领域中并不是相同的：例如，生物学，在性质秩序的科学之外，被构成为对器官与功能之间的关系所作的分析，对结构和平衡的研究，对它们在个体史或物种史中的形成和发展的探索；所有这些并不妨碍生物学使用数学，并不妨碍数学能比过去更广泛地应用于生物学。但是，生物学并不是在与数学的关系中获得其自主并确定其实证性的。这对人文科学也是如此：正是普遍数学的退隐，而非数学的前进，才已使得人把自己构建为知识的对象；正是劳动、生命和语言的自身遮掩才从外部规定了这个新领域的出现；正是这个经验—先验的存在的出现，这个其思想无限地与非思相交织的存在的出现，这个始终与那个在直接的返回中有其希望的起源相分离的存在的出现——正是这个出现向人文科学提供了它们的特殊的形态。在此，如同在其他学科中，很有可能，数学的应用因 19 世纪初西方知识中发生的所有变化而变得容易（并且总是更加如此）。但是，设想在人们想把概率演算应用于政治舆论的现象并使用对数去度量日益增强的感觉强度时，人文科学就已确定了自己最彻底的筹划并开创了自己实证的历史，这对基本事件来说就是取得了表面的副作用。

换言之，在这样三个维度中间，即它们向人文科学提供了其特有空间并为人文科学设置了人文科学在其中形成为群体（masse）的容量，数学的维度也许是最不成问题的；无论如何，人文科学正是与数学保持了种种最清晰的、最平静的和某种程度上最透明的关系；况且，对数学的求助，无论以这种或那种形式，始终都是向有关人的实证知识提供一种科学风格、一种科学形式和一种科学证明的最简单方式。相反,最基本的困难,即那些使得能最好地定义何谓本质意义上的人文科学的困难,则处于另两个知识维度的方面:一是有限性分析在其中得以展开的维度,二是那些把语言、生命和劳动当作对象的经验科学据以能分布的维度。

实际上,只是就人活着、讲着话和生产着而言,人文科学才专注于人。正是作为生物存在,人才成长,才有种种功能和需求,才看到这样一个空间敞开了,即人在自身上建成了这个空间的流动坐标;以一种笼统的方式,人的肉体生存把人与生物彻底交织在一起;由于生产物品和工具,交换自己所需的,组织这样一整个流通网络,即人所能消费的一切都在其中流通,并且在其中人发现自身被定义为中间一站,所以,人的生存似乎就立即与其他人交织在一起;最后,因为人有语言,人能自建一整个使用符号的天地,在这个天地内部,人就与自己的过去、物、他人有关系,从这个天地出发,人就同样能确立起像知识这样的某物(尤其是这样的知识,即人有关他自身的知识,并且种种人文科学勾勒出其可能的形式之一)。因此,我们可以在事关生命、劳动和语言这样一些科学的临近关系中、在其直接的边界上和整个时间中确定人的科学的位置。事关生命、劳动和语言这样一些科学难道不是恰恰形成于人首次呈现给一种实证知识之可能性的那个时期?然而,无论是生物学,还是经济学,还是语文学,都既不应被当作最初的人文科学,也不应被当作最基本的人文科学。我们可在生物学中轻易地认识到这一点,生物学致力于人以外的许多生物;而我们在经济学和语文学中则较难承认这一点,因为它们特有的和独有的对象就是人的特殊活动。但是,我们并不寻思,为何生物学或人类生理学,为何有关语言的大脑皮层中心(des centres corticaux du langage)的解剖学绝不能被看作人的科学。这是因为人的科学的对象从来都不是依据生物学功能的存在方式(甚至也不是依据其特殊形式并作为它在人之中的延伸)而被给出的;确切地说,人的科学的对象是其反面,空洞的标记;人的科学的对象并不始于行动或结果停止的地方,而是始于这个功能特有的存在停止的地方——在这个地方,种种表象被释放了,这些表象是真实的,或者是虚假的,是清晰的,或是模糊的,是完全有意识的,或是进入到某个昏睡深处的,可直接观察的,或可间接观察的,是在由人自身陈述的一切中被提供的,或仅仅是从外部可定位的;对语言整合之(听觉的、视觉的和动觉的)不同中心之间的皮层内部关联所作的研究并不属于人文科学;但是,我们一询问这个词的空间,一询问这些词的含义的这个在场或这个遗忘,一询问在我们想说的与包含有这个目的之表述之间存在的这个间距(主体也许没有意识到这样的词,但如果这个主体不曾有种种表象的话,那么,词就不具任何可指定的存在方式),人文科学就将发现其游戏空间。

以一种更笼统的方式,对人文科学来说,人并不是这样的生物,他具有一种极其特殊形态(一种足够特殊的生理学和一种几乎唯一的自律);而是这样一个生物,即他从他所完全属于的并且他的整个存在据以被贯穿的生命内部构成了他赖以生活的种种表象,并且他在这些表象的基础上拥有了能去恰好表象生命这个奇特力量。同样,虽然人纵使不是世上唯一的劳动着的物种,至少也是财产的生产、分配和流通在其身上体现出那样的重要性并获得如此多样和不同的形式的物种,但经济学并不由此而是一门人文科学。人们也许会说,为了定义生产机制所内在固有的种种法则(像资本积累或薪水定价与成本之间的关系),经济学已诉诸为该定义提供基础的那些人类行为和一个表象(利润、最大利润的追求、储蓄的趋向);但这样做的话,经济学就把表象利用为一个功能所必需的(实际上,这个功能是通过一个明确的人类活动);相反,只有当我们专注于个体或群体在生产和交换中据以表象其合作者的方式,专注于个体或群体据以阐明、疏忽或掩饰这个功能和它们所占据位置的方式,专注于它们据以对作为这个功能发生地的社会进行表象的方式,专注于它们觉得与社会融成一体,或孤立于社会,或依赖于社会,或服从于社会,或在社会中有其自由的方式,只有这样,才会有人的科学;人文科学的对象并不是这个自世界的曙光以来或自己的黄金时代的第一声啼哭以来就注定要劳动的人；
人文科学的对象是这样一个存在，即这个存在从支配自己整个存
在的生产形式内部，形成了有关这些需求、关于这个存在为了满足
这些需求而加以依靠的、凭借的和反对的那个社会的表象，因此，
他在此基础上最终就有可能给出经济学本身的表象。至于语言，
也是这样的：尽管人是世上唯一讲话的存在，但是认识语音变化、
语言的亲缘性和语义学转变的规律，这并非人文科学；相反，我们
一设法确定个体或群体借以表象词，一设法使用词的形式和含义，
一设法组成真实的话语的方式，一设法在话语中显明或隐藏他们
所想的、所说的，也许在他们不知道的情况下，多于或少于他们所
不想的，总之，留下了这些思想的一堆尽可能要加以辨认并恢复其
表象生动性的语词痕迹，我们就将能谈论人文科学了。因此，人文
科学的对象并非语言（尽管只由人来讲语言），而是这样一个存在，
即这个存在从包围它的语言的内部，通过讲话来表象词的或他所
陈述的命题的含义，并最终给出有关语言本身的表象。

我们看到，人文科学并不是对人本性所是的一切所作的分析；
而确切地说，人文科学是这样一种分析，即它在人的实证性所是
（活着的、劳动着的和讲着话的存在）与使得这同一个存在能知道
（或设法知道）生命的所是、劳动本质及其法则所在和他能以何种
方式讲话这一切之间延伸。因此，人文科学占据了这个把生物学、
经济学和语文学与那在人这同一个存在中赋予它们可能性的一切
分隔开来（尽管不是不把它们统一起来）的间距。因此，人们错误
地使人文科学成为生物学机制在人类中、在人类的复杂有机体中、
在人类行为和意识中的内在化的延伸；也同样错误地把经济和语
言科学置于人文科学内部（经济和语言科学是不能还原为人文科
学的，这是由构建纯经济学和纯语言学这样的努力所表明的）。实
际上，人文科学同样不处于那些它们在使其转向人的主体性时并
不加以内在化的科学内部；如果说人文科学在表象的维度中复述
了那些科学，那还不如说是通过在外部剖面上重新把握它们，通过
使它们蔽而不明，通过把由它们分离出来的那些机制和功能当作

357

物,通过不是依据那些机制和功能的所是,而是当表象空间开启时依据那些机制和功能的所不再是,来询问这些机制和功能;并且,正是由此出发,人文科学才表明了一种有关那些机制和功能的所是的表象如何能诞生和展开。人文科学偷偷地把有关生命、劳动和语言的科学送回给了这个有限性分析,该有限性分析表明人在其存在中如何能接触这些他所认识的物并认识这些在实证性中决定其存在方式的物。但是,由有限性分析在一个其有限性只归因于自身这样的存在之内在性中或至少在其深刻所属中所获得的,人文科学却是在认识的外在性中加以展开的。这就是为什么人文科学的特性,并不是某个内容的目的(这个特殊对象就是人类存在);更确切地说,这是一个纯粹形式的特性:简单的事实就是,相比于人类存在在其中被设定为对象的那些科学(人独独对经济学和语文学而言是对象,或人部分地对生物学而言是对象),人文科学处于一个重迭(redoublement)的境地中,这个重迭能更有理由称得上是人文科学本身。

这个境地在两个层面上变得显而易见:人文科学并不探讨处于最大透明性中的人的生命、劳动和语言(它们能在这个透明性中被给出),而是探讨处于这个有关种种行为、举止、态度、早已作出的姿势、早已发出音或写就的短语的层面中的生命、劳动和语言;在这个层面的内部,生命、劳动和语言事先是首次提供给那些行动着、行为着、交换着、劳动着和讲着话的人的;在另一个层面上(这始终是相同的形式属性,但该属性一直被展开至其最末端的和最稀少的点),总是有可能以人文科学的风格(以心理学,社会学,文化史、观念史或科学史的风格)来探讨一个事实,即对某些个体或某些社会来讲,存在着像一种有关生命、生产和语言的思辨知识这样的某物——即在最大范围上讲,存在着生物学、经济学和语文学。可能,这只是表明了一种很少被实现并且在经验性层面上也许不易提供重大财富的可能性;但是,不仅事实,即它存在着,作为可能的间距,作为相关于人文科学的源头而向人文科学提供的退隐的空间,而且事实,即这个活动也能应用于人文科学本身(人们总是可能从人文科学中形成人文科学，从心理学中形成心理学，从社会学中形成社会学等等），都足以表明人文科学的特殊构型。因此，与生物学、经济学和语言科学相比照，人文科学并不缺乏精确性或严密性；而是确切说来，人文科学像关于重迭的科学一样，处于"元—认识论的"（méta-épistémologique）位置中。也许，这个前缀"元"选得不当：因为只有涉及到定义一种原初语言的解释规则时，我们才能谈论元语言。在此，当人文科学重迭有关语言、劳动和生命的科学时，当人文科学在其最精细之处表象其自身时，人文科学并不是为了确立起一个被形式化的话语：相反，人文科学深入人的深处，它们把这样的人当作有限性、相对性和透视性方面的对象——即把人当作时间的无限侵蚀方面的对象。也许，对于人文科学的主题，必须更合理地谈论"再—"（ana）或"次—认识论的"（hypo-épistémologique）位置；如果我们去掉后一个词缀所能具有的贬义，那么，它就可能更好地说明事情：它说明了几乎所有的人文科学都遗留下的模糊、不精确和不确切这样的不可遏止的印象，都只是那使得能定义人文科学实证性的一切所具有的表面结果。

## 第三节　三个模式

初步靠近，我们就可以说，人的科学的领域被三门"科学"，或确切地说被三个认识论区域所覆盖，这三个区域在自身内部都是可以再分的，并且都是相互交织在一起的；这三个区域是由人文科学通常与生物学、经济学和语文学之间的三重关系所确定的。这样，人们就可以承认，不仅在生物的功能、运动神经的图式和生理调节学等的延伸中，而且在中断和限制生物的悬置中，哪里生物展现给表象的可能性，哪里"心理学区域"就发现其场所；同样，哪里劳动着的、生产着的和消费着的个体给出了关于以下一切的表象，即关于这个活动得以在其中实施的社会，有关这个活动据以分布其间的群体和个体，有关支撑着或强化着这个活动的那些命令、准则、仪式、节日和信仰所有这些的表象，哪里"社会学区域"就能发现其场所;最后,在这个地区,即语言的种种法则和形式进行着统治,但这些法则和形式仍处于它们自身的边缘,使得人能在其中实施其表象的作用,在这样一个区域,诞生了文学和神话研究,对所有口头表示和所有书面文献的分析,总之,诞生了对一种文化或一个个体都能留下的它们自身之语词痕迹所作的分析。这个分类尽管是太粗浅的,但可能并非太不确切。然而,这个分类却留下了两个完整无损的基本问题:一是涉及到人文科学所特有的实证性的形式(人文科学在组织起来时所围绕的概念,人文科学所诉诸的并设法借以把自身构建为知识的那个合理性类型);二是涉及到人文科学与表象的关系(并且这个矛盾的事实是,人文科学虽然仅仅是在存在着表象的地方占有一席之地,但人文科学所专注的就是无意识的机制、形式和过程,无论怎样,就是专注意识的外部界限)。

人们熟知由对于人文科学领域中的一种特殊实证性所作的研究所导致的种种争论:是发生的分析,还是结构的分析?是说明,还是理解?是诉诸"下层",还是在读解的层面上坚持辨认?说实在的,所有这些理论讨论并不是在人文科学的整个历史过程中产生和继续的,因为人文科学在人身上是与如此复杂的对象打交道的,因为我们尚不能在它的方向上发现一种唯一的接近方式,或者因为人们被迫依次使用几个接近它的的方式。实际上,只是就人文科学的实证性同时依靠三个不同的模式的转移(le transfert)而言,这些讨论才能存在。对人文科学来说,这个转移不是一个边缘现象(即一种支撑结构,一种通过外部可理解性而进行的迂回,一种存在于那些早已被构建的科学边上的证实);这个转移同样也不是人文科学历史的一个有限的插曲(即一种构成危象,那时人文科学仍是如此幼稚,以至不能独自确定自己的概念和自己的法则)。所涉及到的是一个不可消除的事实,它永远与人文科学在认识论空间中特有的布局相联系。实际上,我们应该区分人文科学所使用的两种模式(通过把形式化模式单独置于一边)。一方面曾存在着——并且通常存在着——种种概念,这些概念是在另一个认识领域的基础上被转移的,并且由于那时丧失了所有的操作效能,所以,只起一种印象的作用[在 19 世纪社会学中的有机论比喻;在雅内(Janet)那里的能量比喻;在勒万(Lewin)那里的几何学和力学比喻]。但是,还存在着种种构成性模式(les modèles constituants),这些模式对人文科学来说,既不是形式化技术,也不是去轻易地想象操作过程这样简单的手段;这些构成模式使得能把现象集合形成为对一种可能知识而言的那么多的"对象";这些构成模式虽确保这些现象在经验性中的联系,但又把这些早已联系在一起的现象提供给经验。这些构成模式在人文科学的特殊知识中起着"范畴"的作用。

这些构成性模式是借取于生物学、经济学和语言研究这三个领域的。正是在生物学的投影的表面,人才显得是一个具有种种功能(fonctions)的存在——即接受刺激(既是生理学的,但也是社会的、人与人之间的、文化的刺激),对刺激作出反应,适应、进化和服从周围环境的要求,随着由环境强加的改变而进行组合,设法消除失衡,根据规则行动,总之,具有生存的条件并有可能发现那些使人能履行其功能的折衷的调节规范(normes)。正是在经济学的投影的表面,人才显得是具有需求和欲望,设法满足需求和欲望,因而具有利益,追求利润,与其他人相对立;总之,人出现在一种不可克服的冲突(conflit)的境遇中;人回避、躲避或终于能支配这些冲突,终于能发现一种解决办法,这个办法至少在一个层面上且一度平息了其种种矛盾;人创立了一组规则(régles),这些规则既是对冲突的限制,又是重新激发冲突。最后,正是在语言的投影的表面上,人的行为才显得是想说些什么;从人小小的动作,直至这些动作的并非所愿的机制和失败,都具有一种意义(sens);人通过物体、仪式、习惯和话语而在自己周围放置的一切,人在自己身后留下的一切足迹,都构成了一个融贯的整体和一个符号系统(système)。这样,功能和规范、冲突和规则、意义和系统,这三组对子完整无遗地覆盖了有关人的认识的整个领域。

然而,绝不能以为这些概念对子中的每一个都仍然局限于它们能从中显现出来的那个投影表面:功能和规范并不唯一地是心理学的概念；冲突和规则并不具有一种只局限于社会学领域的应用；意义和系统并不仅仅对或多或少类似于语言的那些现象来说才有价值。所有这些概念都是在人文科学的共同领域中被复述的，它们在这个共同领域所包含的每一个区域中有其价值：由此可以说，通常不仅难以确定对象之间的界限，而且还难以确定心理学、社会学、文学和神话分析所特有的方法之间的界限。然而，我们能以一种概括的方式说，心理学基本上是一种依据功能和规范而对人进行的研究（我们能以次要的方式，在冲突和意指、规则和体系的基础上，对功能和规范进行解释）；社会学基本上是一种依据规则和冲突而对人进行的研究（但我们可对这些规则和冲突作解释，并且我们不停地被引导着，以次要的方式，或者是基于功能去解释它们，似乎它们是与自身有机地相联系的个体，或者是基于意义系统去解释它们，似乎它们是被书写或被讲述的文本）；最后，文学和神话的分析根本上属于一种有关意指和能指系统的分析，但我们熟知，我们能依据功能的融贯或冲突和规则来重新开始这个分析。这正如所有的人文科学都是相互交织的并总是相互解释的，正如人文科学的边界变得模糊不清了，正如居间的和混合的学科无限地增加，正如它们特有的对象甚至以消解而告终。但是，无论分析的性质和分析所应用于的领域是什么样的，我们都拥有一个形式标准，去知道心理学、社会学或语言分析层面上有些什么：这是一个基本模式的选择和一些次要模式的位置，这些次要模式使得我们知道我们何时在文学和神话分析中实施"心理学化"或"社会学化"，何时在心理学中对文本进行辨读或作社会学分析。但是，这样同时感觉到几个模式，这并不是方法的缺陷。只有当模式之间并不相互被整理和明确相连接时，才会有缺陷。我们知道，通过使用基于能指和意指的分析之上的社会学模式，我们能以何种奇妙的方式引导印欧神话学的研究。另一方面，我们也知道，去创立一种所说的"临床"心理学这样一个始终是平凡的事业已被引向什么样的诸说混合的乏味之谈了。

无论是有根有据的和被控制的，还是在混淆中得以实现，构成性模式之间的这个交织都说明了我们刚刚提及的对方法的讨论。这些讨论并不在这样一种有时相矛盾的复杂性中有其起源和证明,即这个复杂性就是人特有的特征;而是在这样的对立的游戏中有其起源和证明,即这个游戏使得能确定这三个模式中的每一个都相关于其他两个模式。把发生与结构对立起来,就是把功能(即处于发展中的、逐渐变得多样的运作中的、在时间中获得的和变得平衡的适应中的功能)与冲突和规则、意指和系统的同时性对立起来;把通过"下层"(l'inférieur)而作的分析与维持在其对象层面上的分析对立起来,就是把冲突(作为初始的、古老的和自人有基本需求起就已被纪录的资料)与功能和意指对立起来,与像在自己特有的实现中展开自身的功能与意指对立起来;把理解与说明对立起来,就是把使得能在一个能指体系的基础上辨认意指的技术与那样一些技术对立起来,即那些技术能说明一个冲突及其结果,或说明一个功能及其器官所能呈现的和经受的形式和变形。但是,我们必须更进一步。我们知道在人文科学中,间断性的观点(自然与文化之间的界限,由每个社会或个体发现的种种平衡或解决措施相互之间的不可还原性,中间形态的缺乏,在空间或时间中给出的连续统一体的不存在)与连续性的观点相对立。这个对立的存在是由模式的双极特性所表明的:以连续性风格作出的分析依赖于功能的永恒性(我们自从生命的深处就在这样一种同一性中重新发现了这个永恒性,即这种同一性准允并牢固树立了接二连三的适应),依赖于种种冲突的连贯性(这些冲突即使呈现出各种各样的形式,它们在深处的声音也是从未停止过),依赖于意指的网络(这些意指相互复述,并好像构成了一个话语的层面);相反,确切地说,间断性的分析设法从以下东西涌现出来,即指称体系的内在融贯性,规则整体的特殊性和它们相关于必须加以规范的一切所采取的决定的特性,规范在功能变动上面的涌现。

我们也许可以从这三个模式出发,描述自 19 世纪以来人文科学的整个历史。实际上,这三个模式覆盖了人文科学的整个生成变化,因为我们可以追踪其长达一个多世纪的特权王朝:首先是生物学模式的统治（人及其心理、群体、社会、所谈的语言在浪漫主义时期都是作为生物而存在的并且是就其实际上生活着而言的；它们的存在方式是有机的并且人们根据功能来分析这个存在方式）；接着是经济学模式的统治（人及其所有活动都是冲突的场所，既是这些冲突之或多或少明显的表现，又是这些冲突之或多或少成功的解决）；最后——如同在孔德和马克思之后是弗洛伊德——开始了语文学模式的统治（当涉及到解释和发掘被隐藏的意义时）和语言学模式的统治（当涉及到构成和阐明指称体系时）。因此，一个宽广的漂移把人文科学从一种充满着生物模式的形式引导向另一种较为充满着那些取自语言的模式的形式。但是，这个逐渐转变是从另一个转变复制而来的，即另一个转变使每一个构成性对子中的第一个项（功能、冲突和意指）退却，并使其第二个项（规范、规则和系统）的重要性更强烈地涌现出来。戈德斯坦（Goldstein）、莫斯（Mauss）和杜梅泽尔（Dumezil）差不多可以完全代表这样一个时候，即在那时，每一个模式中的颠倒都实现了。这样一个颠倒具有两个系列的值得注意的结果：只要功能的观点战胜了规范的观点（只要我们不是在规范的基础上和从那设定了规范的活动的内部出发，设法来理解功能的实现），就必须在实际上与并非规范的功能分享规范的功能；我们由此承认，与规范心理学一起，还有一种病理学心理学，但只是让病理学心理学成为规范心理学的相反的形象〔由此，在里博（Ribot）或雅内那里杰克逊式的分裂图式，就是重要的〕；我们也承认一种社会病态学（杜尔凯姆），一种有关非理性的和准病态的信仰形式的社会学〔莱维-布留尔（Lévy-Bruhl）、布隆德尔（Blondel）〕；同样，只要关于冲突的观点胜过规则的观点，我们就能假定某些冲突是不能被克服的，个体和社会有可能陷入某些冲突之中；最后，只要意指的观点胜过系统的观点，我们就能划分能指与非能指，我们就承认在某些有关人类行为或社会空间的领域中存在着意义，而在别处则没有这样的意义。因此，人文科学在自己的领域中实施了一个本质划分，人文科学在一个肯定的极与一个否定的极之间伸展，人文科学总是指明一种相异性（并且这样做都是基于它们所分析的连续性之上）。相反,当分析是从规范、规则和系统的观点被进行时,每一个整体就自行获得了自己的融贯性和自己的有效性,甚至对于病人也不再有可能谈论"病态意识",甚至对于被历史抛弃的社会也不再有可能谈论"原始精神状态",甚至对于荒谬的叙事和明显缺乏融贯性的传说也不再有可能谈论"非能指话语"。一切都可在系统、规则和规范的秩序中被思考。在变成复数的时候——因为系统是孤立的,因为规则形成了封闭的整体,因为规范是在自己的自主中被设定的——人文科学的领域就被统一起来了:它一下子不再依据价值的二分而被分裂。如果考虑到是弗洛伊德,而非其他人,使人的认识接近其语文学的和语言学的模式,但想到也是弗洛伊德首次着手彻底消除肯定与否定(常态与病态、可理解与不可沟通、能指与非能指)之间的划分,那么,我们就能理解他宣告了一种依据功能、冲突和意指的分析过渡到一种依据规范、规则和系统的分析:这正如这整个知识(即在这个知识的内部,西方文化在一个世纪中为自身提供了人的某个形象)都围绕着弗洛伊德的工作转,而没有因此摆脱其根本的布局。而且,这正是——我们马上将看到——精神分析最具决定性的重要性所在。

　　无论如何,这个向规范、规则和系统的观点的过渡使我们接近一个被悬置的问题,即表象在人文科学中的作用问题。把人文科学(以便把它们与生物学、经济学和语文学对立起来)封闭在表象空间中,这可能已显得是非常可争议的;难道不必早已强调,无需通过明确意识的瞬间,一个功能就能被实施,一个冲突就能发展其结果,一个意指就可规定其可理解性? 现在,难道不必认识到,名词的属性(相关于由名词确定的功能)、规则的属性(相关于由规则支配的冲突)和系统的属性(相关于由系统使之成为可能的意指),恰恰就是并不给予意识的属性吗? 难道不必向早已孤立的历史的两个守卫者添加第三个守卫者,并说出自 19 世纪以来,人文科学不停地接近表象在其中被悬置的这个无意识区域? 实际上,表象并不是意识,并且没有什么能证明,这种对从未被如此给予意识的要素或组织结构进行的阐明能使人文科学逃避表象的法则。实际上,意指概念的作用,就是表明像语言这样的某物(即使它并不涉及到一个明确的话语,即使它并不向一个意识展开)如何通常能被给予表象;系统这个补充概念的作用,就是表明意指如何从未是首要的并与自身同时代,而总是次要的并从系统中派生出来,系统先于意指,系统构成了意指的确实起源,并逐渐通过意指而在片断或侧影中显现出来;与意指的意识相对照,系统始终是无意识的,因为系统在意指之前就已在那儿了,因为意指正是处在系统中并在系统的基础上而被实行的;但因为系统总是向一个未来的意识允诺了,这个未来的意识也许不会使系统总体化。换言之,意指—系统这个对子,就是既能确保语言的可表象性(作为被语文学和语言学所分析的文本或结构),又能确保起源之虽逼近的但又遥远的在场(如同起源被有限性分析表明为人的存在方式)。以同样的方式,冲突这个观念表明,需求、欲望或利益即使并不呈现给体验着它们的意识,也能体现在表象之中;规则这个相反概念的作用,就是表明冲突的暴力、需求之明显粗野的强求、欲望之毫无法则的无穷无尽,实际上都早已被非思组织起来了,这个非思不仅为它们规定了规则,而且还从一个规则出发使它们成为可能。冲突—规则这个对子确保了需求的可表象性(即由经济学研究的,作为劳动和生产过程中的客观过程的需求)和由有限性分析揭示的这个非思的可表象性。最后,功能这个概念的作用,就是表明生命的结构如何能引发表象(即使这些结构不是有意识的),规范这个概念的作用,就是表明功能如何向自身提供自己特有的可能性条件和自己运作的界限。

由此,我们就理解,这些重大的范畴如何能组织整个人文科学领域:这是因为它们从头到尾贯穿着这个领域,因为它们不仅使以下两者保持间距,而且还使它们连接在一起:一是生命、劳动和语言的经验实证性(在这些实证性的基础上,人就历史地显现为一种可能知识的形象),一是种种能显示出人的存在方式的特性的有限性形式(如同当表象不再定义一般认识空间时,人构建他自身)。

因此,这些范畴并不是极其笼统的简单的经验概念。人正是在这些范畴上才能呈现给一个可能的知识的;这些范畴贯穿人的整个可能性领域,并有力地把这个领域与其他两个与其为界的维度连接起来。

但事情还没有完:这些范畴还使得意识与表象之间的分裂成为可能,这个分裂是整个有关人的当代知识所具有的特征。这些范畴确定了经验性借以能被呈现给表象的方式,但这是以并不呈现给意识的形式而进行的(功能、冲突和意指都是生命、需求和语言借以在表象中能被复制的方式,但这是以一种能完全成为无意识的形式而进行的);另一方面,这些范畴定义了基本的有限性借以能以一种实证和经验的(但并不向素朴意识透明的)形式而被呈现给表象的方式(规范、规则和系统都没有呈现给日常经验:它们贯穿着这个经验,引起了部分的意识,但只能通过一种反思知识才能被完全阐明)。因此,人文科学只能在可表象物的要素中进行谈论,但依据的却是一种意识—无意识的维度,人们越设法阐明系统、规则和规范的秩序,这个维度就越明显。常态和病态之间的二分似乎倾向于有利于意识和无意识的二极而消失殆尽。

因此,决不能忘记,无意识愈来愈明显的重要性决没有损害表象的首要性。然而,这个首要性提出了一个重要的问题。既然像有关生命、劳动和语言那样的经验知识逃避表象的法则,既然人们设法在表象领域之外去确定人的存在方式,那么,表象如果不是在人之中产生的,不是我们能这样加以分析的经验类型的现象,表象还能是什么呢? 如果表象在人之中产生,那么,在表象与意识之间有什么差异呢? 但对人文科学来说,表象并不简单地是一个对象;如同我们刚才看到的,表象甚至就是人文科学的领域,就是整个人文科学的领域;表象是这个知识形式的一般基础,这个知识形式正是在表象的基础上才成为可能的。由此,产生了两个结果。其中一个是历史类型的结果:这是一个事实,即不同于自 19 世纪以来的经验科学,不同于现代思想,人文科学不能绕开和扭曲表象的首要性;如同整个古典知识,人文科学是处于表象之中的;但人文科学并不是表象的继承和延续，因为整个知识构型都发生了变化，并且，只是就与人一起，出现了以前在知识型领域中并不存在的一个存在而言，人文科学才得以诞生。然而，我们可以理解为什么每当我们想用人文科学来从事哲学思考时，在思想空间中再注入我们在凡是人存在问题的任何地方所能得知的一切时，我们就是在模仿18世纪的哲学，可人在这种哲学中并无立足之地；这是因为通过使有关人的知识领域超越它们自己的界限，人们也同样使表象领域超越了它们自己的界限，人们重新处于一种古典类型的哲学之中。另一个结果就是，人文科学在探讨表象时（以一种有意识的或无意识的形式），把它们自己的可能性条件当作自己的对象了。因此，人文科学总是从一种先验的流变中获得其活力。人文科学不停地对它们自身实施一种批判指责。人文科学从呈现给表象的一切进到虽使表象成为可能但本身也仍然是表象的一切。因此，人文科学与其说像其他科学一样，设法推广自身或使自身变得确切，还不如说设法不停地驱除自己的神秘，即设法从一种直接的和非被控制的明证性过渡到那些虽不太透明但更基本的形式。这个几乎先验的缓慢行进总是以揭开面纱的形式显现出来的。这总是通过揭开面纱，人文科学才凭反响而能推广自身或使自身变得精炼，直至思考那些个体的现象。在整个人文科学的境域中，存在着设想，即把人的意识归并为人的真实条件，恢复人的意识之内容和形式，正是这些内容和形式使人的意识得以诞生，并在人的意识中躲避；这就是为什么无意识的问题——无意识的可能性、地位、存在方式、用来认识并阐明无意识的那些手段——并不简单地是人文科学所内在固有的并且随着其步骤而会遭遇到的一个问题；这是一个最终与人文科学的存在有着共同外延的问题。在揭开无意识面纱时所重新发现的一个先验增值（une surélévation transcendantale）是有关人的所有科学的组成部分。

也许，我们可在此发现用来勾勒出人文科学本质的手段。我们清楚地看到，无论如何都能表明人文科学的特性的，并不是人这个享有特权的和尤其复杂不堪的对象。合理的理由就是，并不是人构建了人文科学并向人文科学提供了一个特殊的领域;而是知识型的一般布局使人文科学占有一席之地,召唤它们并创立它们——由此使它们把人构建为它们的对象。因此,我们会说,"人文科学"并不存在于任何事关人的地方,而是存在于凡人们在无意识所特有的维度内对规范、规则和意指整体进行分析的任何地方,这些规范、规则和意指整体向意识透露了其形式和内容的条件。在其他任何情形下谈论"人的科学",这完全就是语言的滥用。我们由此可以估计,为知道这样一些认识是否能被真正说成是科学的,并且为了做到这一点,它们必须服从哪些条件,所有这些令人讨厌的讨论有多么空洞和无用。种种"人的科学",如同化学或医学或其他这样的科学,也是现代知识型的组成部分;或者如同语法和自然史曾是古典知识型的组成部分。但是,说种种"人的科学"是认识论领域的组成部分,这只是意味着它们的实证性在其中扎下了根,它们在其中发现了自己的存在条件,因而,它们并不仅仅是幻想,并不是在见解、兴趣和信仰的层面上导致的伪科学的虚妄,并不是其他人用"观念学"这个古怪的名词加以称呼的一切。但这并不因此就意味着人的科学就是科学。

虽然的确,无论什么样的任何科学,当我们在考古学层面上加以询问时,当我们设法对其实证性土壤进行清淤时,总是能揭示出使其成为可能的认识论构型,但相反,整个认识论构型,即使在其实证性中是完全可确定的,也完全有理由不成为一门科学:整个认识论构型并不由此把自身归结为一种欺诈(une imposture)。我们必须仔细地区分三件事:存在着一些有科学意图的论题,我们可以在见解的层面上碰到它们,并且它们不是(或不再是)一种文化的认识论网络的组成部分:例如,从17世纪以来,自然魔法不再属于西方知识型,而是长期在信仰和富于情感的增值这样的活动中得到延伸。接着,存在着认识论形象,它们处于实证性中的轮廓、位置和功能可通过考古学类型的分析而得到重构;这些认识论形象服从两个不同的组织结构:有些形象呈现出客观性和系统性的特性,这些特性使得有可能把它们定义为科学;另一些形象则并不符

369

合这些标准,即它们的融贯性形式和它们与它们对象的关系都受制于它们唯一的实证性。这另一些形象纵使并不具有一种科学认识的形式标准,但它们也属于知识的实证领域。因此,把这另一些形象分析为见解的现象,这与通过历史或批判把它们与严格地是科学的构成相对照,都是一样徒劳的和不公正的。把它们当作这样一种组合就更加荒唐了,即这个组合根据可变比例把"理性要素"(éléments rationnels)和并非理性的其他要素混合在一起。我们必须把它们重新放置于使它们成为可能的并必定决定其形式的那个实证性层面上。因此,相关于这些认识论形象,考古学就有两个使命:即确定这些形象据以在自己扎根于其中的知识型中得到布局的方式;表明这些形象的构型如何截然不同于严格意义上的科学的构型。没有理由把这个对这些形象来说是特殊的构型当作一个消极的现象:这并不是障碍的出现,并不是某个内在的缺陷,才使它们停留在科学形式的入口处。这些形象在科学的边上并且基于相同的考古学土壤之上以其特有的形态构建了知识的其他构型。

我们已在普通语法或古典价值理论中遇到了这样一些构型的范例了;这些构型具有与笛卡尔数学相同的实证性土壤,但它们并不是科学,至少在很大程度上并不是与科学同时代的。我们今日所称的人文科学也是这样的情形;当我们对人文科学作考古学分析时,人文科学就勾勒出了那些完全是实证的构型;但是,我们一经确定这些构型和这些构型借以在现代知识型中被布局的方式,我们就懂得了为什么人文科学不能是科学:实际上,使人文科学成为可能的,就是某种与生物学、经济学和语文学(或语言学)相"邻近"的位置;只就人文科学处于生物学、经济学和语文学(或语言学)的旁边,或确切地说,处于其下面,处在其投影空间中而言,人文科学才存在着。然而,人文科学与它们维持着一种关系,这种关系截然不同于可在两门"相关的"或"类似的"科学之间确立起来的关系:实际上,前一种关系假定了外部模式在无意识和意识维度中的转移和批判反思朝向这些模式的发源地的逆流。因此,以下诸

种说法都是毫无用处的:"人文科学"是虚假科学;人文科学根本不
是科学;能定义人文科学的实证性并使人文科学扎根于现代知识
型这样一个构型同时使人文科学不可能成为科学;并且如果我们
那时设问为什么人文科学会有这样的称呼,那么,只需回忆起,这
个称呼是属于有关人文科学的扎根的考古学定义的,即人文科学
呼唤并接受取自科学的那些模式的转移。因此,这既不是人的不
可还原性,即不是被我们表明为人之无法遏止的超验性,也不是人
的极其复杂性,才妨碍人成为科学的对象。西方文化在人的名义
下已经构建了这样一个存在,这个存在凭着理性的同一种游戏,应
该成为知识(savoir)的实证领域,而不能成为科学(science)的对象。

## 第四节　历　　史

我们已经在谈论人文科学;我们已谈论了这些差不多是由心理
学、社会学、文学和神话学分析所界定的重大区域。我们并未谈论
大写的历史(l'Histoire),尽管它是最初的并且似乎是所有人的科学
之母,尽管它也许与人类记忆一样古老。或确切地说,正是由于这
个原因,我们直至现在仍让它归于沉默。实际上,也许,大写的历
史在人文科学中间没有其位置,也不处于人文科学的旁边:很可能
大写的历史与人文科学保持着一种奇特的、不明确的、不可消除的
和要比一个共同空间中的临近关系更基本的关系。

的确,大写的历史在人文科学构建之前很久就早已存在了;自
从古希腊时代的开端以来,大写的历史就在西方文化中实施着某
些主要的功能:记忆,神话,传播《圣经》(la Parole)和神的儆戒
(l'Exemple),表达传统,对目前进行批判意识,对人类命运进行辨
读,预见未来或允诺一种轮回。能显示出这个大写历史的特征
的——至少能对它及其一般特性进行定义,以与我们的历史相对
立——就是通过在世界的生成变化上(在一种像在斯多葛派那里的
巨大的宇宙年代学中)来整理人类的时间,或者相反,通过把一个
人类目的地(有点仿效基督教的天命)之原则和运动一直伸展至大

自然最小部分,人们构想了一种在其每个关节点上都是光滑的、千篇一律的宏大的历史,这种历史已在同一种漂移、同一种下落甚或同一种攀升中卷走了所有的人,随之卷走了种种事物、动物、每一个活生生的或惰性的存在,直至地球最平静的面貌。然而,正是这个统一性在 19 世纪初、在西方知识型的巨大动荡中被折断了:人们已发现了自然所特有的一种历史性;人们甚至为每一个重大的生物类型确定了能适应周围环境的种种形式,这些形式使得随后能确定生物的进化剖面;而且,人们已能表明像劳动或语言那样尤其是人类的活动本身确定了一种历史性,这种历史性并不能在物与人所共有的宏大叙事中占一席之地:生产具有发展的模式,资本具有积累的方式,价格具有波动和变动的法则,这些法则不能迫不得已而接受自然的法则,也不能迫不得已地被归结为人类的一般进程;同样,语言也不这样随着迁移、商业贸易和战争的变化而变化,语言并不迎合人所发生的一切或人所能发明的一切而变化,而是在一些本身属于语音和语法形式的条件下发生变化,语言就是由这些语音和语法形式构成的;并且如果人们可以说各种各样的语言诞生了、存活着,并随着衰老和最终死亡而丧失其力量,那么,作出这样一个生物学的比喻并不是为了把它们的历史溶解在生命的时间之中,而是为了强调它们由此拥有功能的内在法则,并且它们的年代学是依据一种首先从属于其特殊融贯性的时间而展开的。

人们通常倾向于相信,出于很大部分是政治的和社会的原因,19 世纪已较为敏锐地关注人类历史,相信人们已经抛弃了有关时间的秩序或连续层面的想法,同样也抛弃了连续不断的进步的想法,相信资产阶级在想要叙述自己特有的上升时,资产阶级在自己胜利的时间表上,已经遭遇到了制度惯例的历史深度,习惯和信仰的重负,斗争的暴力,成功与失败的交替。我们假定,由此出发,我们就已经把在人身上发现的历史性扩展到人所制造的对象、人所谈论的语言上了,更遥远地扩展到生命上了。经济学的研究,文学和语法的历史,总之,生物的进化都只是一种首先在人身上发现的历史性在愈来愈遥远的认识平面上进行传播的结果。实际上，所发生的正好截然相反。事物首先已经获得了自己所特有的一种历史性，这种历史性把事物从这个连续性空间中解放出来，这个空间向事物和向人都强加了同一个年代学。因此，人似乎被剥夺了其大写的历史之最明显的内容：自然不再向人谈论世界的创造或末日、人的依从或逼近的审判；自然只谈论一种自然的时间：自然的财富不再向人表明一个黄金时代的古老或临近的返回；自然的财富只谈论在大写的历史中发生变化的生产的条件；语言不再拥有先于巴别塔的标记或能在森林中留住的原始叫声的标记；语言拥有自己前后演变关系的手段。人类存在不再具有历史：或确切地说，因为人谈话、劳动和生活，人自己的整个存在就都与既非从属于人又非类似于人的历史纠缠在一起了。通过古典知识连续不断地在其中伸展的空间被分裂成碎片，通过使每一个被如此解放的领域与它自己的生成变化缠绕在一起，在19世纪初显现出来的人就被"非历史化"（déshistoricisé）了。

由过去在那时取得的种种假想的价值，在那个时期围绕着历史意识的整个抒情的光晕，对由时间能遗留下来的文献或痕迹表示出来的强烈好奇心——所有这些都在表面上表明了人是缺乏历史的这一明显的事实，但人早已开始在自己的深处、在所有仍能反映其影像的事物中间重新发现一种与人根本上相联系的历史性（其他事物则被毁灭并退隐了）。但这个历史性立马变得模糊不清。既然只是就人讲着话、劳动着和生活着而言，人才呈现给实证知识，人的历史难道还将能够是在这无关于人并且彼此各不相同的不同时间之错综复杂的焦点以外的其他东西吗？人的历史难道将不止是生命条件中的变化（气候、土壤的肥沃、耕作方式和财富开采）、经济的转变（因而社会和制度的转变）和语言形式及使用的序列所共有的一种调整吗？但那时，人本身就不是历史的了：因时间是从人自身以外的其他地方来到人那里的，人就只有通过存在的历史、物的历史和词的历史的重叠，才能把自身构建为大写的历史的主体。人服从于这些历史的纯粹的事件。但是，这个简单的被动性关系就立即被颠覆了:这是因为在语言中讲着话的,在经济学中劳动着和消费着的,在人类生活中生活着的,就是人本身;并且正是以此名义,人才有权获得一种同存在和物的生成变化一样实证的、一样自主的并且也许更基本的生成变化:这就是一种人所特有的并深深地包含于人的存在中的历史性,这种历史性使得人能像所有生物那样适应自身和像所有生物那样进化(但借助于那些并不属于其他生物的工具、技术和构造),使得人能发明生产形式,能通过自己对经济学规律的意识,通过人在这些规律的基础上或围绕这些规律而布置的制度惯例,来稳定、延伸或缩短经济学规律的有效性,最后,使得人能通过自己所讲述的每一个话语对语言施加一种内部的和确实不变的压力,这个压力在时间的每一个瞬间都任凭其不易觉察地在自己上面滑行。这样,在实证性的历史背后,出现了人本身的更彻底的历史。这是现在关涉到人本身的存在的历史,因为人认识到自己不仅在自己周围"有"其"大写的历史"(de l'Histoire),而且人本身,就其特有的历史性而言,就是一种人类生命的历史、一种经济学的历史、一种语言的历史据以得以勾勒的那个东西。因此,在一个非常深陷的层面上存在着人的一种历史性,这种历史性本身就是它自己的历史,而且也存在着能为所有其它的历史提供基础的彻底的散布。把一切都历史化,撰写关于所有事物的一种通史,在时间中不停地加以回溯,并重新把最稳定的事物置于时间的解放之中,在 19 世纪所有这样的关切中,19世纪所探究的恰恰就是这个最初的侵蚀。在此,我们可能还得修正人们据以根据传统撰写有关大写历史的历史的方式。人们习惯于说,19 世纪已终止了纯粹的事件编年史,终止了对一个仅仅充满个体或偶然事件的过去的简单记忆,并且人们已经在寻找那些生成变化的普遍法则。实际上,没有比古典时代的那些历史是更"说明性的",更关注于普遍法则和确实不变物的历史了,在古典时代,世界和人连成一体地在唯一一种历史之中结合在一起。自 19 世纪以来显现出来的,就是人类历史性的一种赤裸形式——人之为人是被展现给事件的这个事实。由此,人们或者是关心着为这种纯粹的形式寻找种种法则（这些就是像斯宾格勒的哲学那样的哲学），或者是关心着在人生活着、劳动着、讲着话和进行着思考这样的事实的基础上去确定这种纯粹的形式；这些就是对大写的历史的解释，这些解释是从被视作生物物种的人出发的，或是从经济学法则出发的，或是从文化整体出发的。

无论如何，大写的历史在认识论空间中的这个布局对它与人文科学的关系来说是极其重要的。由于历史的人，就是生活着的、劳动着的和讲着话的人，所以，大写历史的无论什么样的内容都从属于心理学、社会学或语言科学。但相反地，由于人彻底成了历史的人，因此，由人文科学所分析的内容本身既不能保持稳定，也不能逃避大写历史的运动。这出于两个原因：因为心理学、社会学和哲学，甚至当我们把它们应用于与它们同时代的对象——人——时，也只是涉及到一种能构建和贯穿这些对象的历史性的内部所具有的共时性勾画；因为人文科学依次呈现出来的形式，它们对自己的对象的取舍，它们应用于其对象的方法，都是由大写的历史提供的，不停地被大写的历史所支撑并按照大写的历史的意愿而得到改变。大写的历史越设法超越自己特有的历史根基，越作出努力，超越自己的起源和取舍所具有的历史相对性，以重返普遍性领域，就越清晰地带有其历史来源的烙印，一种历史通过它这个组成部分就越明显地显现出来（在此，又是斯宾格勒和所有的历史哲学家们证明了这一点）；反过来，大写的历史越接受其相对性，越深埋于与它自己所叙述的一切所共有的运动中，就越倾向于微不足道的叙事，并且它通过人文科学而呈现出来的整个实证内容也就烟消云散了。

因此，对人文科学来说，大写的历史形成了一个既享有特权又危险的接受环境（un milieu d'accueil）。大写的历史向每一门人的科学提供一个深度，这个深度把它确立起来，为它确定土壤，作为其故土：大写的历史决定了文化平面——年代学的插曲、地理学的嵌入——我们在这个平面上可以确认这个知识的有效性；但大写的历史以这样一个边界围绕着人的科学，即这个边界确定了人的科学的界限，并且一开始就摧毁了人的科学想在普遍性要素中变得有价值这样一个意图。大写的历史，以此方式，揭示出虽然人——甚至在知道这之前——始终从属于心理学、社会学、语言分析所能表明的种种规定性，但人并不因此就是这样一种知识的无时间性的对象，即这种知识本身，至少在其权利的层面上说，是无时期的。甚至当人文科学（以此名义，我们可以把历史置于其间）避免对历史作任何诉诸时，人文科学所做的也只是把一个文化插曲与另一个文化插曲相关起来（即人文科学应用于这个插曲，如同应用于其对象一样，并且人文科学的存在、存在方式、方法和概念都植根于这个插曲）；虽然人文科学专注于自己特有的共时性，但人文科学是使作为自己的源头的文化插曲自身相关起来的。因此，如果人的实证性不是立即被大写历史的无限性所限定，那么，人就从未能出现在其实证性之中。

我们在此看到一个运动得到了重构，这个运动类似于那个从内部激活人的科学的整个领域的运动：如同在上面所分析的，这个运动永远使得能确定人之存在的种种实证性诉诸那个使这些实证性得以显现的有限性；因而，科学本身处于这个巨大的波动之中，但科学因设法从意识进到无意识，转而是以其特有的实证性形式重新开始这个波动的。现在在大写的历史那儿，一种类似的波动重新开始了；但这一次，这个波动并不在被当作对象的（并且以经验的方式被劳动、生命和语言所表明的）人的实证性与人的存在的基本界限之间起作用；这个波动是在能确定劳动、生命和语言这些特殊形式的时间界限与主体的历史实证性之间起作用的，这个主体通过认识就能接近这些特殊形式。在此，主体与客体再次在相互质疑中联系在一起；鉴于在那儿，这个质疑是在实证认识的内部作出的，并通过意识逐渐揭开无意识的面纱，但在这里，这个质疑却是在客体和主体的外部边界作出的；这个质疑表明了主客体所经受的侵蚀，表明了把主客体分割开来并使主客体摆脱一种平静的、牢固的和明确的实证性的散布。通过把无意识揭示为其最根本的对象，人文科学就表明在明显的层面上已经被思考的对象中始终存在着仍要加以思考的东西;通过把时间法则揭示为人文科学的外部界限,大写的历史就表明,通过一种仍未见天日的思想,凡是思想的一切都仍将是其所是。但是,也许,以无意识和大写历史的具体形式,我们在此只具有这样一个有限性的两个面,即这个有限性因发现它才是它自己的基础,而在 19 世纪已使人这个形象显现出来了:这个并非无限的有限性,可能就是一种从未是有限的有限性,它总是从它自身那儿退隐出去,甚至在它进行思考的瞬间,它仍然有某物要加以思考,它总是仍然有时间重新思考它所已经思考的一切。

在现代思想中,历史主义与关于有限性的分析就相互面对了。历史主义是为了自身而强调在大写的历史与人文科学之间起作用的永久的批判关系这样一种方式。但历史主义只是在种种实证性的层面上确立这个关系的:人的实证认识受到认识主体的历史实证性的限制,因而,有限性的时刻就消解在一个它所不可能加以逃避的并且自身想成为绝对的相对性的游戏中。成为有限,这简直就是受制于一种透视的法则,这种透视既允许某种——知觉类型或理解类型的把握,又防止这种理解成为普遍的和明确的理智活动(intellection)。任何认识都植根于拥有其历史的生命、社会和语言中;并且甚至在这种历史中,任何认识都能发现使它能与其他形式的生命、社会和意指进行沟通的要素:这就是为什么历史主义始终包含着某种哲学或至少某种方法论,这种方法论有关于活生生的理解[在生活世界(la Lebenswelt)的要素中],有关于人与人之间的交往和沟通(在社会构造的基础上),有关于解释学(作为通过话语的明确意义而对一个既是次要的又是初始的,即较为隐藏的但又较为根本的意义的重新把握)。由此,由大写的历史形成的并且在它之中沉淀的不同的实证性就能处于相互关系之中,就能依据认识方式而相互包容,就能把在它们之中沉睡的内容解放出来;那时显现出来的,并不是具有迫切的严密性的界限本身,而是局部的总体性,受制于事实的总体性,在某种程度上我们能移动其边界、但从未在最终分析的空间中伸展并且从未上升为绝对总体性这样的总体性。这里就是为什么关于有限性的分析不停地要求得到被历史主义所忽视的那个部分,以反对历史主义:关于有限性的分析的计划就是在所有实证性的基础上并且先于它们而使得那个使它们成为可能的有限性涌现出来;哪里历史主义在寻求有限的总体性之间存在的具体关系的可能性和证明,其存在方式事先是由生命或社会形式或语言的意指给出的,哪里关于有限性的分析就想询问人的存在与这样一个存在之间的这个关系,即这个存在通过指明有限性而使得处于具体存在方式中的实证性成为可能。

## 第五节　精神分析、人种学

精神分析与人种学在我们的知识中占据着一个享有特权的地位。可能,这并不是因为它们比其他任何人文科学都要牢固地确立了它们自己的实证性并最终实现了要真正成为科学这一古老的设想;确切地说,这是因为在有关人的所有认识的界限内,它们肯定形成了经验和概念之取之不尽的宝藏,但尤其是它们形成了对于在其他方面似乎能获取的一切表示出来的焦虑、质疑、批判和观察这一永恒原则。然而,对此存在着一个原因,这个原因有关于它们各自给出的对象,但也更有关于它们所占据的位置和它们在知识型的一般空间内所实施的功能。

实际上,精神分析尽可能紧密地与这个批判功能保持一致,我们已看到这个功能是内在于所有的人文科学的。在把通过意识使无意识的话语得以言说这一点当作自己的使命时,精神分析在这样一个基本区域的方向上前进,即表象与有限性之间的种种关系在这个区域中起着作用。所有的人文科学只有通过不理睬无意识,期望着无意识随着意识的分析而倒退着被揭开面纱,人文科学才能向无意识行进,而精神分析则是直接和有意地指向无意识的——它并不是指向在对不言明者进行阐明时逐渐应该加以说明的一切,而是指向这样一个东西,即这个东西在那里并躲避着什么,凭着事物的、自我封闭的文本的或者可见文本中的空白处之寂

静的稳固性而存在着,并且藉此而进行自卫。绝不能假定弗洛伊
德的方法是意义的解释与抵抗或障碍的动力学结合而成的;通过
遵循与人文科学相同的道路,但目光却是转向反方向的,精神分析
就走向这样一个瞬间了——按定义,这是有关人的任何理论认识,
也是依据意指、冲突或功能而进行的任何连续的把握所不能达到
的——在那时,意识的内容在人的有限性之上说出自身来了,或确
切说,仍然目瞪口呆。这就是说,不同于人文科学在返回到无意识
时总是仍然处于可表象物的空间之中,精神分析前进是为了跨越
表象,使表象超越有限性方面的范围,并且哪里人们期望着拥有其
名词的功能、充满着规则的冲突和形成系统的意指,哪里精神分析
就使得这样一个毫无遮掩的事实涌现出来,即人们能在其中拥有
系统(因而意指)、规则(因而对立)、规范(因而功能)。在表象仍被
悬置的这个区域内,在它的边缘,可以说朝向有限性的闭合处,显
露出了三个形象,通过这三个形象,生命及其功能和规范就建立在
大写死亡(la Mort)的寂静的重复之中,冲突和规则就建立在大写
欲望(le Désir)的裸露的开启之中,意指和系统建立在一种同时是
大写律法(Loi)的语言之中。我们知道心理学家与哲学家们如何称
呼所有这一切,即称其为弗洛伊德的神话学。的确,弗洛伊德的这
个方法在他们看来必定是如此;对于一种处于表象之中的知识来
说,能朝向外部去涉及和定义表象可能性的,只能是神话学。但当
我们追踪精神分析充满活力的运动时,或者当我们浏览整个认识
论空间时,我们清楚地看到,这些形象——可能,对目光短浅的人
来说是想象的形象——甚至就是有限性的形式,如同有限性在现代
思想中被分析的那样:难道不是基于死亡之上,通常的知识才变得
可能的——因而在精神分析方面,死亡就是能在有限性中显示出人
的存在方式的特征的这个经验—先验复制(redoublement)的形象?
难道欲望不就是在思想的核心处仍始终保持为非被思的(impensé)
一切吗?精神分析尽力使之言说的这个大写的语言—律法(le Loi-
Langage,它既是言语,又是言语系统),难道不就是任何意指之比
自身要遥远得多的起源(origine)并且其返回是在分析的活动中被

允诺的吗？确实，无论是这个大写的死亡，这个大写的欲望，还是这个大写的律法，都不能在这样一种知识的内部相遭遇，即这种知识贯穿了人的经验领域的实证性；但其原因就是它们都指明了任何有关人的知识的可能性条件。

恰恰是当这个大写的语言完全赤裸地显现出来，但同时又躲避任何意指，似乎这个语言是一个巨大的专制和虚空体系时，当大写的欲望粗野地进行统治，似乎它的规则的严厉性整平了所有的对立时，当大写的死亡支配着整个心理学功能并在它的上面作为它的唯一的和毁灭一切的规范时，我们才能确认现时形态的癫狂，确认如同在现代经验中呈现出来的、作为其真相和相异性的癫狂。在这个虽是经验的但又无关于我们所能体验的一切（且又在其中）的形象中，我们的意识不再像在 16 世纪那样发现另一个世界的痕迹；我们的意识不再观察迷途理性的恶习；我们的意识看到那危险地最接近于我们的一切涌现出来——似乎突然间，我们的生存的空洞浮现出轮廓了；那个我们据以所是、思考和认识的有限性突然出现在我们面前，作为既真实又不可能的存在，作为我们不能加以思考的思想，作为提供给我们知识的但又总是逃避我们知识的对象。这就是为什么精神分析在这个特别的癫狂——精神病学医生称其为精神分裂——之中，发现了其内心的和最不可战胜的痛苦：因为在这个癫狂中，以一种绝对明显和完全退隐的形式，出现了种种有限性形式，精神分析通常无限地（并且无止境地）朝向这个有限性前进，其出发点就是在病人的语言中自愿地—非自愿地显现的一切。因此，当精神分析被置于这些精神病面前，但（确切说正是由于这一点）它几乎不能接近它们时，精神分析就"在其中自我认识"了：似乎精神病在一种残酷的感悟中显露出来，并依据一个不太遥远而恰恰是非常接近的方式，来提供分析应该缓慢地朝向的一切。

但是，精神分析与在人文科学领域中通常使得所有知识成为可能的一切之间保持的这个关系仍有另一个结果。这就是精神分析不能展现为有关人的纯粹的思辨认识或一般理论。以其基于细心的观察而确立起来的一门经验科学的形式，精神分析不能贯穿整个表象领域,不能勾勒出其界限,不能指向较为根本的地方;这个突破口只有在一个实践的内部才能打开,不仅仅是我们关于人的认识,而且人本身都介入到这个实践中去了——这个人及其这个在其痛苦中起作用的大写的死亡,及其这个已丧失其对象的大写的欲望,及其他的大写的律法据以和借以默默地被宣明的这个语言全都介入其中了。因此,任何分析的知识都不可克服地与一种实践、与两个个体之间的这种紧密关系相联系,其中一个个体倾听着另一个个体的语言,由此使他的欲望摆脱他已失去的对象(使他懂得他已失去了它),使他摆脱始终重复的死亡的临近(使他懂得他终有一死)。这就是为什么没有比像一种有关人的一般理论或一种人类学这样的东西更是精神分析所陌生的了。

如同精神分析位于无意识(即这个批判的激活,它从内部扰乱人的科学的整个领域)的维度内,人种学同样位于历史性(即这个永久的波动,它使得人文科学总是向外地被它们自己的历史所质疑)的维度内。可能,难以坚持认为人种学与历史性有一种基本的关系,因为依据传统,人种学是关于无历史的人群的认识;无论如何,人种学在文化中研究的(即通过系统的选择,又因为缺乏文献),与其说是事件的序列,还不如说是结构的不变式。人种学悬置了我们设法据以在我们自己的文化内部反思我们文化的那个漫长的"年代学的"话语,以便使其他文化形式中的共时性相关性涌现出来。然而,只有从某个境遇出发,只有从完全特殊的一个事件出发,即不仅我们的历史性,而且所有能构成为人种学对象的人的历史性(被理解为我们完全能撰写我们自己的社会的人种学)都介入其中了,人种学本身才是可能的:实际上,人种学植根于这样一种可能性,即这种可能性专门属于我们文化的历史,甚至更属于它与整个历史的基本关系,并且这种可能性使我们的文化依据纯理论的方式与其他文化联系起来。存在着西方理性的某种位置,这种位置是在西方理性的历史上构建起来的,并且创立了西方理性所能具有的与所有其他社会的,甚至与它得以在其中历史地呈现出来的社会的那种关系。显然,这并不是说,殖民的境地对人种学来说是必不可少的：在医生幻影似的角色中的催眠或病人的疯癫都不构成精神分析；但是，诚如精神分析只有在一种特殊关系的寂静的暴力和由这种关系呼唤的迁移中才能展现出来，人种学同样也只有在欧洲思想所具有的和能使欧洲思想像面对自身那样面对其他所有文化的那种关系所具有的历史最高权力（虽始终是克制的，但也始终是现实的）中，才能获得其特有的维度。

但就人种学并不设法消除这种关系，而是相反，设法通过无限地处于该关系之中而深入地研究它而言，该关系并没有把人种学封闭在历史主义所具有的种种循环游戏之中；而是把人种学置于这样的位置上，即使得它能通过颠倒使这些有游戏产生出来的运动来避开这些游戏的危险：实际上，人种学远没有把由心理学、社会学或文学和神话分析所导致的那样的经验内容与对它们进行感知的主体的历史实证性关联起来，而是把每一种文化的种种特殊形式，使每一种文化与其他文化对立起来的种种差异，每一种文化据以被确定和封闭在自己的融贯性中的种种界限，全都置于这样一个维度之中，即在这个维度中，人种学能与三个重大的实证性（生命、需求和劳动、语言）中的每一个都结成种种关系：这样，人种学就表明了在一种文化中生物学的重大功能是如何实现规范化的，即使得交换、生产和消费的所有形式成为可能或必须的种种规则，围绕着语言学结构的模式或依据这个模式而组织起来的种种体系，都是如何规范化。因此，人种学朝着这样一个区域前进，即在这个区域中，人文科学与这个生物学、这个经济学、这个语文学和这个语言学都连接在一起了，我们看到，它们是在多么大的程度上统治着人文科学：这就是为什么任何人种学的一般问题恰恰都是自然与文化之间的（连续性或间断性）的关系问题。但在这个询问方式中，历史的问题得到了反复考虑：因为那时涉及到的是，要依据所使用的符号系统、依据所规定的规则，依据所选择的和所提出的功能规范，去确定每一种文化会有哪一种历史的生成变化；人种学设法从根源上重新把握能在这个文化中显现的历史性方式，重新领悟历史在这个文化中之所以将必定是积累的或循环的、渐进的或经受固定的波动的、能自发适应的或经受危机的等原因。这样就阐明了这个历史漂流的基础，在这个历史漂流的内部，不同的人文科学获得了其有效性并能应用于一个既定的文化，并基于一个共时地给出的平面上。

像精神分析一样，人种学并不询问人本身，如同能在人文科学中那样显现的人，而是询问通常使得一种有关人的知识成为可能的区域；像精神分析一样，人种学在一个倾向于重返这个知识领域的界限的运动中，贯穿了这整个知识领域。但是，精神分析利用了特殊的迁移关系，以便在表象的外部界限内发现大写的欲望、大写的律法和大写的死亡，这些大写的东西在分析的语言和实践的尽头勾勒出了有限性的具体形象的轮廓。人种学处在由西方理性确立起来的、与所有其他文化的特殊关系的内部；由此出发，人种学就能绕开在一种文明中人类所能作出的关于他们自身、关于他们的生命、关于他们的需求、关于在他们的语言中沉淀的意指的全部表象；并且，人种学在这些表象背后看到以下东西涌现出来了，即人据以实现生命功能的种种规范（但这样做是通过排斥这些规范的直接的压力），人据以体验和维持其需求的种种规则，任何意指据以赋予给人的种种系统。因此，绝不能在人种学和精神分析所彼此具有的识破深刻之谜、人性最隐秘的部分这样的关切中寻找它们自己享有的特权，它们之间的深刻的亲缘关系和对称的原因；实际上，在人种学和精神分析的话语空间中闪烁的，更确切地说就是所有人的科学的历史先天性——巨大的顿挫、沟痕和分割，它们在西方知识型中已经勾勒出了人的剖面的轮廓并为了一种可能的知识而对人进行布局整理。因此，人种学和精神分析必定都是两门有关无意识的科学：这并不是因为它们在人身上都达到了人的意识以下的层面，而是因为它们都走向那在人之外使得人能凭一种实证知识而知晓的一切，都走向那呈现给人的意识或逃避人的意识的一切。

由此出发，我们可以理解某些决定性的事实。首先是这样一个事实：即人种学和精神分析并不是可以与其他人文科学相提并论的人文科学，而是它们贯穿了整个人文科学，它们在人文科学的整个表面上激活人文科学,它们在人文科学的任何地方传播自己的概念,它们在任何地方都能提出自己的辨读和解释方法。任何人文科学都不能肯定摆脱了人种学和精神分析,都不能确保完全独立于它们所能发现的一切,都不能肯定以这种或那种方式而不属于它们。但它们的发展有其特殊性,即它们纵使拥有这个几乎是普遍的"影响",它们也不能因此接近一个有关人的一般概念:在任何时候,它们都不能倾向于勾勒出人所能具有的人身上的特殊的、不可还原的和在人呈现给经验的任何地方都一样有效的特性。有关一种"精神分析人类学"(anthropologie psychanalytique)的想法,有关由人种学重构的一种"人性"的想法,都只是些虔诚的意愿。这两种想法不仅可以无需人的概念,它们也不能通过人的概念,因为它们总是致力于构成为人的外部界限的一切。我们可以用列维-斯特劳斯就人种学所说的一切来说这两种想法,即它们消解了人(elles dissolvent l'homme)。这并不是因为涉及到在一个更好的、更纯粹的和好像更自由的状态中重新发现人;而是因为它们朝着那能策动人的实证性的一切回溯。与"人文科学"相比照,精神分析和人种学更是"反—科学"(contre-sciences);这并不是意味着它们不比其他科学"合理"或"客观",而是意味着它们是其他科学的逆流,它们把其他科学归于它们的认识论土壤,并不停地"拆解"那个在人文科学中创造和重新创造自己实证性的人。最后,我们懂得了精神分析和人种学应是相互面对面地、在一个基本的相关性中被确立起来的:自从《图腾与禁忌》以来,一个为它们所共有的领域的确立,能毫无间断性地从一个过渡到另一个的话语的可能性,个体的历史与文化的无意识以及文化的历史性与个体的无意识这样的双重连接,这些可能都展现了那些能相关于人而提出的最一般的问题。

我们可以猜想一种人种学所能具有的威望和重要性,这种人种学并不像在直至那时所作的那样首先是由无历史的社会研究所确定的,而是毫不犹豫地在这样一些无意识过程的方面寻找自己的对象,即这些无意识的过程显示出了一个已定文化的系统所具有的特征;由此,人种学使得通常作为任何人种学的构成要素的历史性关系在精神分析始终在其中展开的那个维度内起作用。这样做，人种学并没有把一个社会的机制和形式与集体幻影的影响和压抑进行比较，并由此重新发现了（但在一个较大的规模上）分析能在个体的层面上揭示的一切；人种学把形式结构整体确定为文化无意识的系统，这些形式结构使神秘的话语成为能指的，把它们的融贯性和必然性提供给那些支配着需求的规则，在并非自然、在并非纯粹的生物学功能的地方创建它们的生命规范。我们可以猜想精神分析所具有的与人种学成对称的重要性，这种精神分析从它的方面与人种学的维度相连接，但这样的连接并不是通过确立起一种"文化心理学"，也不是通过对个体层面上的明显的现象作社会学的说明，而是通过发现无意识也拥有——或确切地说无意识本身就是（est）——某种形式结构。由此，人种学和精神分析既非相互重叠，也许也非相互汇聚，而是像两条具有不同定向的线条相互交织在一起：其中一条线是从所指在神经官能症中的明显省略通向在那能体现出神经官能症的能指体系中的空隙；另一条线则是从各式各样的所指的类似（例如，在神话学中）通向结构的统一性，这个结构的种种形式转变释放出各种各样的叙事。因此，并不是在人们通常所认为的个体与社会之间关系的层面上，精神分析和人种学才能相互连接起来；这并不是因为个体是其群体的组成部分，并不是因为一种文化以一种或多或少异常的方式被反映和表达在个体之中，这两种知识形式才是临近的。说实在的，精神分析和人种学只具有一个共同点，但这个共同点是根本的和不可避免的：它们正是在这个点上垂直交叉；因为个体唯一的经验据以被构成的能指链条与一种文化的意指赖以被构成的形式系统相垂直；在每一个瞬间，个体经验所特有的结构都能在社会体系中发现某些可能的选择（和不包括在内的可能性）；反过来，社会结构在自己的每个选择点上都发现了某些可能的个体（和其他并非如此的个体）——恰如在语言中，线性结构总是在一个已定的瞬间使得在几个词或几个音素（但排除所有其他的词或音素）之间的选择成为可能。

　　那时，语言的纯理论的论题就形成了，这个理论将向被如此设想的人种学和精神分析提供其形式模式。还存在着一门学科,该学科在自己唯一的旅程中能覆盖以下两个维度,即这个把人文科学与那些处于其边缘的实证性关联起来的人种学的维度,那个把人的知识与作为其基础的有限性关联起来的精神分析的维度。凭着语言学,我们可以拥有一门完全是在外在于人(因为这是纯语言的问题)的实证性的秩序中确立起来的科学,并且这门科学在贯穿整个人文科学的空间时,会重返有限性的问题(因为正是通过语言并且在语言之中,思想才能进行思考;因而,语言本身就是一种想具有基础价值的实证性)。在人种学和精神分析的上面,更确切地说,与它们具有错综复杂的关系,这第三门"反—科学"似乎在浏览、激活和扰乱人文科学的整个构建的领域,并且它既在实证性方面,又在有限性方面来超越人文科学的整个领域,它形成了对这个领域的最一般的争议。类似其他两门反科学,这第三门反科学依据一个话语模式使得人文科学的形式—界限(les formes-limites)显现出来了;类似其他两门反科学,这第三门反科学把自己的经验置于这样一些明亮的和危险的区域之中,即在这些区域中,有关人的知识,以无意识和历史性的形式,发动了自己与那使得它们成为可能的一切之间的关系。在这样"阐明"时,这三门反科学甚至威胁到有可能使人被认识的这一切。这样,人的命运就在我们的眼前慢慢织成,但是朝反面织成的;在这些奇异的织花上,人的命运就被导向其诞生的形式,导向使之成为可能的故乡。但是,这难道不是一种导致人终结(fin)的方式吗?因为语言学同精神分析和人种学一样都不谈论人本身。

人们也许会说,在起这个作用时,语言学所做的只是重新拿起了从前曾经是生物学或经济学的那些功能,即当在 19 世纪和 20 世纪初人们想把人文科学统一在那些取自于生物学或经济学的概念的下面时,就是这样的情形。但是,语言学很可能具有一个根本得多的作用。这有几个理由。首先是因为语言学准允——即语言学无论如何都尽力使之成为可能——内容本身的结构化;因此,语言学并不是对在别处获得的认识进行的一种理论修复,并不是对早已作出的现象的读解进行的解释;语言学并不提出一种有关在人文科学中观察到的事实的"语言学版本",语言学是一种初始辨读的原则;对一种装备有语言学的眼光来说,只是就事物能形成一个能指体系的种种要素而言,事物才能通向生存(l'existence)。语言学分析与其说是一种说明,还不如说是一种知觉:这就是说,语言学分析是其对象的组成部分。而且,这样,通过结构(作为要素整体中的不变关系)的这种涌现,人文科学与数学的关系就再度开启并依据一个全新的维度;重要的不再是要知道我们能否对结果进行定量处理,或者人类行为是否易于进入一个可测量的概率领域之中;所提的问题是要知道,我们是否能在没有词的游戏的情况下使用结构这个观念,或者至少,我们在数学和人文科学中所谈论的是否是同一个结构:如果我们想认识一种已被证明的形式化的可能性和权利、条件和界限,那么,这个问题就是关键的。我们看到,既然在人文科学的空间中既涌现了人文科学与语言的经验实证性的关系,又涌现了人文科学与有限性分析的关系,人的科学与那些形式的和先天的学科的轴线之间的关系——这个关系直到那时仍未是根本的,并且只要人们想把它与测量的权利等同起来——就复活了,也许成为根本了;由此,这三个能确定人的科学所特有的领域的轴线,就在它们所提的问题中变得显而易见了,并且几乎是同时变得一目了然的。最后,语言学的重要性及其应用于有关人的认识都使得谜一般坚持的语言的存在问题重新出现了,我们已发现这个问题是如何紧密地与我们文化的基本问题相联系的。随着语言学范畴始终被较宽泛地使用,这个问题仍变得沉重,因为从现在起必须寻思语言应该是什么,以便由此构造凭其自身并非言语、并非话语的一切,以便语言依据认识的纯粹形式而被说出来。通过一条较为漫长的和较出乎意料的道路,我们已经被引导到一个地方,当尼采说"谁在讲话?"和马拉美在大写的词(le Mot)本身中看到了其答案在闪烁时,他们就指明这个地方。对何谓语言的存在进行的询问再次采取其绝对必需的语调。

　　就其目前,也许其未来的重要方面来说,当代文化就运作在这样一个地方：即语言的问题在其中以如此强烈的复因决定的形式突然显现出来，并且这个语言问题似乎从各个方面包围了人的形象（这个形象在以前曾经恰恰占据了大写的古典话语的位置）。一方面，非常接近于所有这些经验领域，出现了似乎直到那时仍远离它们的种种问题：这些问题就是思想和认识的一般形式化问题；并且在人们认为这些问题仍致力于逻辑与数学的唯一关系时，这些问题仍开启了这样的可能性和使命，即通过形式语言的构建来净化古老的经验理性，并在数学先天性的新形式的基础上实施第二纯粹理性批判。然而，在我们文化的另一端，语言问题被托付给这样一个言语形式，即这个言语形式可能不停地提出语言问题，但它第一次向自己提出这个语言问题。愿我们今日的文学受到语言的存在的迷惑——这既非一个终结的标记，也非一种激进化的证明：这是一个其必然性扎根于非常宽广的构型之中的现象，我们的思想和我们的知识的整个结构都是在这个构型中显露出来的。但是如果形式语言的问题强调了构造实证内容的可能性和不可能性，那么，致力于语言的文学就强调了处于强烈经验中的有限性的基本形式。从被体验和经历为语言的语言的内部，在其趋向于极点的可能性的游戏中，所显现出来的，就是人已"终结"(fini)，并且在能够达到任何可能的言语的顶峰时，人所达到的并不是他自身的心脏，而是那能限制人的界限的边缘：在这个区域，死亡在游荡着，思想灭绝了，起源的允诺无限地退隐。文学具有的这个新的存在方式必须在像阿尔托(Artaud)或鲁塞尔(Roussel)这样的人的著作中被揭示出来并且被像他们这样的人揭示出来；在阿尔托那里，语言作为话语而被拒斥并在可塑的碰撞暴力中被复述，这样的语言诉诸叫喊声、受折磨的肉体、思想的物质性、肉体；在鲁塞尔那里，语言由一种被系统地安排的偶然性归于尘埃，这样的语言无限地叙述着死亡的重复和被二分的起源之谜。似乎对语言中的有限性形式的这个体验不可能得到支撑，或者似乎这个体验是不充分的（也许它的不充分性是难以忍受的），这个体验是在癫狂内部体现出来的——有限性的形象就这样呈现在语言之中（就像那在语言中

388

被揭开面纱的一切),但这个体验也是在语言之前的,先于语言的,如同语言能在其中解放自己的那个未定型的、寂静的和微不足道的区域。正是在这个被如此发现的空间中,文学已首先是与超现实主义(但以一种仍然是乔装打扮的形式)一起,接着愈来愈纯粹地是与卡夫卡(Kafka)、巴塔耶(Bataille)和布朗肖(Blanchot)一起,都呈现为体验了:呈现为死亡的体验(并且在死亡的要素之中),不可思的思之体验(并且处于其不可达到的在场之中),重复的体验(即初始的无知的重复,它总是最接近于语言,又总是最远离语言);呈现为有限性的体验(陷于这个有限性的开启和束缚之中)。

我们看到语言的这个"返回"在我们的文化中并不具有突然中断的价值;这并不是突然发现一种长期来被深埋着的明证性;这并不标志着思想在据以摆脱任何内容的运动中对它自身的一种反省,也不标志着这样一种文学的自我陶醉,即这种文学最终摆脱了自己要加以说出的一切,以便只谈论自己是一种变得毫无遮掩的语言这一事实。实际上,在此涉及到西方文化依据自己在 19 世纪初赋予自身的必然性而进行的严格的展开。在我们可称之为"形式主义"的我们经验的这个一般标志中,看到那不能重新把握丰富内容的思想有干涸和稀疏的迹象,这是虚假的;一上来就把这个标志置于一种新思想和一种新知识的境域中,这同样也是虚假的。这个当代体验正是在现代知识型非常严密的、非常融贯的构型的内部发现其可能性的;甚至正是这个现代知识型,凭着其逻辑,使得这个当代体验产生出来,彻底地构建了这个体验,并使它不可能不存在。在李嘉图、居维埃和博普(Bopp)的时代所发生的,与经济学、生物学和语文学一起被确立的这个知识形式,由康德的批判规定为哲学使命的关于有限性的思想,所有这些仍形成了我们的反思的直接空间。我们在这个空间内思考。

然而,这个有关结束和终结的印象,这个支撑和激活我们的思想、也许还由此凭其轻易的允诺使我们的思想昏睡并且使我们相信某个东西(我们只猜想到其在境域下端的一条微弱的光线)正再次开始这样的沉闷的感觉——这个印象和这个感觉也许并非空中楼阁。有人会说,它们存在着,自 19 世纪初以来,它们总是不停地重新得到表达;有人会说,荷尔德林、黑格尔、费尔巴哈和马克思都早已确信在他们那里一种思想并且也许一种文化正在终结,并且在一种也许并非不可战胜的间距的深处,另一种思想或文化临近了——在黎明的持重中,在午间的光芒中或在落日的争执中临近。但是,这个临近,这个危险的逼近(我们今日担心其允诺,我们接受其危险),可能并不具有相同的类型。那时,由这个预告嘱咐思想的,就是在这个诸神都已离开或消失的地区为人确立一个稳定的处所。在我们今天,并且尼采仍然从远处表明了转折点,已被断言的,并不是上帝的不在场或死亡,而是人的终结(la fin de l'homme)(这个细微的、这个难以觉察的间距,这个在同一性形式中的退隐,都使得人的有限性变成了人的终结);那时,上帝的死亡与末人(le dernier homme)显得是局部相联系的:难道不是末人宣告自己已杀死了上帝,并由此把自己的语言、思想和笑声置于已死的上帝的空间中,但也把自身呈现为是已杀死上帝的凶手并且其存在包含有这个谋杀的自由和决定吗? 这样,末人既比上帝之死要古老,又比上帝之死要年轻;由于末人杀死了上帝,所以,正是末人自身应该对它自己的有限性负责;但正是由于末人是在上帝之死中谈话、思考和生存的,所以,末人的谋杀本身注定是要死亡的;新的、相同的诸神早已使未来的海洋上涨了;人将消失。远非上帝之死——或确切地说,在这个死亡之后并依据一种与该死亡的深刻相关性,尼采的思想所顶告的,就是上帝的谋杀者之死;就是人的面目在笑声中爆裂和面具的返回;就是时间的深层之流的散布,人感到自己被这个深层之流带走了,并且人甚至在物的存在中猜想到了它的影响;这是大写的同一之返回(Retour du Même)与人的绝对散布的等同。在整个 19 世纪,哲学的终结和一种临近的文化的允诺可能与有限性的思想和人在知识中的出现只是同一件事。在我们今天,哲学始终并且仍然正在终结,以及也许是在哲学中,但更在哲学以外和反对哲学时,语言问题才在文学中,如同在形式反思中,被提出来,这两个事实可能都证明了人正在消失。

　　这是因为整个现代知识型——它是在近18世纪末形成的并仍用作为我们的知识的实证基础,即它已构成了人的特殊存在方式和以经验的方式认识人这样的可能性——这整个知识型是与大写的话语及其单调的统治的消失联系在一起的,是与语言向客观性的方面的逐渐转变相联系的,是与语言多种多样的重新出现联系在一起的。如果这同一种语言的涌现现在愈来愈坚决要求一种虽我们应该加以思考的但我们尚不能加以思考的同一性,那么,这难道并不表明这整个构型现在将摇摇欲坠,并且人正随着语言的存在在我们境域上较强烈地闪耀而正在死亡吗? 由于当语言注定散布时,人就被构建起来了,所以,当语言重新聚合时,人难道不会被驱散吗? 如果这是真实的话,那么,把实际经验解释为语言形式在人类秩序中的一种应用这种做法不就是一个谬误吗?——一个根深蒂固的谬误,因为它向我们隐藏我们现在必须加以思考的一切。难道我们不应更加放弃对人做思考,或更严格地说,应尽可能紧密地思考那与我们对语言的关切相关着的人的(以及所有人文科学的可能性的土壤的)这个消失吗? 难道我们不应该承认,由于语言重新在那儿了,人就将重又回到这样一个宁静的非存在,即人在从前是由大写的话语的专横的统一性维持在这个宁静的非存在之中的? 人曾经是语言的两种存在方式之间的一个形象;或确切地说,语言在被置于表象的内部并似乎在表象中消解之后,只有当语言通过把自己分成小块,才能摆脱表象时,人才能被构建起来:人在一种成片断的语言的空隙中构成了自己的形象。当然,这些并不是断言,至多是些不可能加以回答的问题;哪里因只知道通过把这些问题提出来这个可能性就可能开启一种未来的思想而去提出这些问题,哪里就必须任凭它们被悬置起来。

## 第六节

　　无论如何,有一件事是确实的:人并不是已向人类知识提出的最古老,也非最恒常的问题。通过援引一个相对短暂的年代学和一个有限的地理区域——16世纪以来的欧洲文化——我们就能确信：人是其中的一个近期构思。知识并不是长期来默无声息地在人的周围和人的隐秘处游荡的。实际上，在已影响了物之知识及其秩序、影响有关同一性、差异性、特性、等值、词之知识的所有突变中——简言之，在关于相同（le Même）的这种深远历史的所有插曲中——只有一个于一个半世纪以前开始而也许正趋于结束的突变，才让人这个形象显露出来。并且，这个显露并非一个古老的焦虑的释放，并不是向一个千年关切之明晰意识的过渡，并不是通达那长期来停留在信念之中或哲学之中的一切之客观性：它是知识之基本布局中发生的一个变化的结果。人是我们的思想考古学能轻易表明其最近日期的一个发明。并且也许该考古学还能轻易表明其迫近的终点。

假如那些布局会像出现时那样消失，假如通过某个我们至多能预感其可能性却暂时不知其形式和希望的事件，那些布局翻倒了，就像古典思想的基础在18世纪转折点上所经历的那样——那么，我们就能恰当地打赌：人将被抹去，如同大海边沙滩上的一张脸。

# 附录一　人名对照表

Adanson　亚当森

Adelung　阿德隆格

Aldrovandi, U.　U. 阿德罗芬第

Alstedius　阿尔斯特迪斯

Anquetil-Duperron　安魁梯尔-迪佩龙

Artaud, Antonin　安托南·阿尔托

Bacon　培根

Barbon　巴蓬

Barthez　巴尔泰斯

Batteux　巴泰

Bauzée　博泽

Becher　比彻

Belon, Pierre　皮埃尔·贝龙

Bachmeister　巴克梅斯特

Bataille　巴塔耶

Bergier　贝尔吉埃

Bergson　柏格森

Berkeley　贝克莱

Bichat　比夏

Blanchot　布朗肖

Blondel　布隆德尔

Bodin　博丹

Bonnet, Charles　夏尔·博内

Blumenbach　卢门巴赫

Boisguillebert　布瓦吉耶贝

Bonnet　博内

Boole　布尔

Bopp　博普

Bordeu　博尔德

Borges　博尔赫斯

Bouteroue　布特鲁埃

Brosses　布罗斯

Buffer　比菲埃

Buffon　布封

Buthet　比泰

Buxtorf　布克斯托尔夫

Cahn, Th.　Th. 卡恩

Campanella, T.　T. 康帕内拉

Candolle　康多勒

Canguilhem, G.　G. 康吉莱姆

Cantillon　康帝永

Cervantes　塞万提斯

Césalpin　塞沙班

Child　蔡尔德

Clément　克莱芒

Coeurdoux　克杜

Colbert　科尔贝

Comte　孔德

Condillac　孔迪亚克

Condorcet　孔多塞

Copernic　哥白尼

Copineau　科皮诺

393

Crollius　克罗列斯
Cuvier　居维叶、居维埃

Daire　戴尔
d'Aguesseau　达盖梭
d'Alembert　达伦贝尔
Darwin　达尔文
Daubenton　多邦东
Daudin　多丹
Davanzatti　达旺柴底
d'Azyr, Vicq　维克·达齐尔
de Saci, Sylvestre　德萨西, 西尔韦斯特
Descartes　笛卡尔
Destutt　德斯蒂
Diderot　狄德罗
Dilthey　狄尔泰
d'O Egger　达奥热尔
Fabre d'Olivet　法布尔·达奥利韦
Domergue　多梅盖
Don Quichotte　堂吉诃德
Duclos　杜克洛
Du Marsais　迪马尔赛
Dumezil　杜梅泽尔
Dumoulin　迪穆兰
Duret, Claude　克劳德·迪雷
Durkheim　杜尔凯姆、涂尔干
Dutot　迪托

Eusthènes　厄斯泰纳

Fechner　费希纳
Feuerbach　费尔巴哈
Fichte　费希特
Fortbonnais, Véron de　韦隆·德·福尔博耐
Freud　弗洛伊德

Galiani　加列尼
Gébelin, Court de　库·德·热贝兰
Gee, Josuah　乔素哈·吉
Gerando　热朗多
Girard　吉拉尔
Goldstein　戈德斯坦
Gonnard　戈纳尔
Grammont, Scipion de　西皮翁·德·格拉蒙
Graslin　格拉斯朗
Grégoire　格雷古瓦
Gresham　格雷斯汉
Grimm　格里姆
Guichard　吉夏尔
Güldenstadt　居尔登斯塔德

Harris　哈里斯
Harvey　哈维
Hegel　黑格尔
Heidegger　海德格尔
Helwag　埃尔瓦格
Hermann　赫尔曼
Hobbes　霍布斯
Hölderlin　荷尔德林
Horneck　霍尔内克
Hugo　雨果
Humboldt　洪堡
Hume　休谟
Husserl　胡塞尔

Itard　伊塔尔

Janet　雅内
Jaucourt　若古骑士
Jevons　杰文斯
Jones　琼斯
Jonston　琼斯通

394

Juliette　朱丽叶

Justine　朱斯蒂娜

Jussieu，Antoine-Laurent de　安托尼-洛朗·德·朱西厄

Kafka　卡夫卡

kant　康德

Keynes　凯恩斯

Knaut，Christophe　克利斯托夫·克瑙特

Lamarck　拉马克

Lancelot　朗斯洛

Law　劳

Le Bel　勒贝尔

Le Blan　勒布朗

Le Branchu, J. - Y.　勒布朗许

Leibniz　莱布尼茨

Leiris　勒里斯

Lemercier　莱默西埃

Lévy- Bruhl　莱维-布留尔

Lewin　勒万

Linné　林耐

Locke　洛克

Maine, La Croix du　拉库瓦·迪迈内

Maillet, Benoît de　伯努瓦·德·马伊

Malebranche　马勒伯朗士

Malestroit　马莱斯特鲁瓦

Mallarmé　马拉美

Marguerite　玛格丽塔

Marianna　玛丽安娜

Marx　马克思

Maupertuis　莫培督

Mauss　莫斯

Melon　梅龙

Menger　门格

Merian　梅里安

Mersenne　梅塞内

Michaelis　米凯利斯

Mirabeau　米拉博

Monboddo　蒙博多

Montaigne　蒙田

Montesquieu　孟德斯鸠

Moreri　莫来利

Mun，Th.　托马斯·芒

Nemours,Dupont de　杜邦·德·内穆尔

Newton　牛顿

Niéto　尼艾托

Nietzsche　尼采

Olivet　奥利韦

Pachero　帕谢罗

Pallas　帕拉斯

Paracelse　帕拉塞尔斯

Paris-Duverney　帕里斯-迪韦尔内

Petty　佩蒂

Philippe VI　菲利浦六世

Pierre, Antoine de La　安托万·德·拉·皮埃尔

Philippe IV　菲力浦四世

Pluche　普卢歇

Ponge　蓬热

G. Porta　G·波塔

Nicolaso Pertusato　贝都萨托

Petty　佩蒂

Pinel　皮内尔

Port-Royal　波-鲁瓦亚勒

Quesnau　魁奈
Racine　拉辛
Ramus　拉米斯
Rask　拉斯克
Ray　雷
Raynouard　雷努阿尔
Reveroni　勒韦隆尼
Ribot　里博
Ricardo　李嘉图
Rivière，Mercier de La　梅西埃·
　德·拉里维埃
Robinet　罗比内
Rousseau　卢梭
Roussel　鲁塞尔

Sade　萨德
Saint-Hilaire，Geoffroy　若弗鲁瓦·
　圣伊莱尔
Saint-Marc　圣-马克
Saint-Péravy　圣-佩拉维
Sarmiente，Maria Agustina　玛莉·
　阿居斯缇娜·萨米昂特
La Sarthe　拉萨尔特
Saussure　索绪尔
Sauvages，Boissier de　布瓦西埃·
　德·索瓦热
Savigny，Christophe de　克里斯托
　弗·德·萨维尼
Say，J. - B.　J-B·塞
Scaliger　斯卡列格
Schlegel　施莱格尔（

Schleiermacher　施莱尔马赫
Schroeder　施罗德
Sicard，Abbé　西卡尔神甫
Smith，Adam　亚当·斯密
Socrate　苏格拉底
Spengler　斯宾格勒
Spinazo　斯宾诺莎
Storr　斯托尔

Terrasson　泰拉松
Thiébault　蒂埃博
Tooke　图克
Tournefort　图尔内福
Tracy，Destutt de　德斯蒂·德·特
　拉西
Trosne，Le　勒·特罗斯纳
Tucker　塔克
Turgot　杜尔哥
Turner　特纳

Vauban　沃邦
Vaughan　沃恩
Velásquez　委拉斯开兹
Vigenère，Blaise de　布莱兹·德·
　维涅耐
Volney　沃尔内
Voltaire　伏尔泰

Warburton　瓦布东
Wilkins　威尔金斯

# 附录二　术语对照表

l'accord　合意

l'*aemulatio*　仿效

*Aequalitas*　平等

l'affinité　类似性

*Agathos*　善神

l'age classique　古典时代

l'ajustement　适应

l'Alliance　盟约

l'altérité　相异性

*Amicitia*　友好

l'analogie　类推、同功

un analogon　类同

l'Analogue　类似

l'*analyse*　分析

l'analyse des richesses　财富分析

l'analytique　分析

l'anatomie comparée　比较解剖学

*An sich*　自在

l'antériorité　先在性

l'anthropologie　人类学

l'anthropologisme　人类学主义

l'antipathie　反感

l'aphasique　失语症患者

des Apocins　类竹桃科

une apophantique　命题学

l'apprentissage　习知

*a priori* historique　历史先天性

une archéologie　考古学

L'Ars combinatoria　组合术

l'articulation　讲说、连接

l'artifice　妙法

l'assurance macrocosmique　大宇宙确信

l'atopie　失所症

l'Autre　异

les blasons　讽刺诗

des Bourraches　琉璃苣科

le cage　质押

le caractère　特性、特征、字符

La Caractéristique universelle　普遍文字符号

catachrèse　词的误用

catégorie de pensée　思想范畴

la causalité　因果性

les cercles de Paracelse 帕拉塞尔斯循环

la certitude 确定性

Césalpin 云实科

le chiffre 密码

les choses 物

classer 分类

les classes 纲

le classicisme 古典主义

les codes ordinateurs 计算代码

les Coelestia 天空

le cogito 我思

le commun 共有

des comparaisons 比照

la compréhension 理解

Concertus 协调

les configurations 构型

la conjonction 连接

Conjunctio 连接

le commentaire 评论

concrétiseurs 具体化因子

la connaissance 认识

des connaissances discursives 话语认识

Consensus 同意

Consonantia 协和

Continuum 连续

contractus 契约

contre-sciences 反科学

la convenientia 适合

Copula 连系

la cosmographie 宇宙志

le contre-discours 反话语

Cratyle 《克拉底鲁篇》

la critique 批评

la déchirure 裂缝

le découpage 区分、勾勒

une découpe 显现

Deilos 恶神

le délire 谵妄

dé-mathématisation 非数学化、去数学化

la dérivation 衍生

le dernier homme 末人

désabstracteurs 非抽象化因子

la désignation 指明

le désir 欲望

le désordre 无序

le devenir 生成

la Dialectique transcendantale 先验辩证法

la Différence 差异

des discontinuités 间断性

le discours 话语

la discursivité 话语性

une discursivité immédiate 直接话语性

dispersion 散布

le divers 多样性

divinatio 预言、预见、占卜

le Dogmatisme 独断论

doublet empirico-transcendantal 经验—先验对子

l'écrit　书写物

l'Ecriture　书写、圣经

*les Elementa*　始基

éléments rationnels　理性要素

des embranchements　门

des empiricités　经验性、经验科学

l'empirique　经验

l'Encyclopédie　百科全书

l'entendement　悟性

l'épicurisme　伊壁鸠鲁主义

*l'épistémè*　知识型

l'érudition　博学

l'eschatologie　末世学

l'ésotérisme　密传学科

l'espace du savoir　知识空间

l'espace *tropologique*　譬喻学空间

l'espèce terminale　顶生物种

l'étendue　广延

l'ethnologie　人种学

l'être　存在

l'être brut　原始存在

l'Etymologie　语源学

l'évidence　明证性

l'évolutionnisme　进化论

l'exégèse　注解

l'Exemple　儆戒

l'existence　生存

l'expérience-limite　界限-经验

la fabula　寓言

faire signe　符指

les familles　科

la figure　辞格

la fin de la philosophie　哲学的终结

la fin de l'homme　人的终结

la finitude　有限性

le fixisme　固定论

la flexion　词形变化

la folie　癫狂

la fonction　功能

le fondamental　根本者

le formalisme　形式主义

les formes-limites　形式—界限

*Für sich*　自为

la genèse　发生、发生学

des genres　属

la gradation　渐进

la Grammaire générale　普通语法

un graphisme　文字

l'herméneutique　解释学

l'hétéroclite　不规则事物

les hétérotopies　异托邦

hiéroglyphes　象形文字

l'histoire de la nature　自然的历史

l'histoire naturelle　自然史

l'historicité　历史性

*Historiens naturalis*　自然史学家

l'homme　人

L'*homo oeconomicus*　经济人

l'homosémantisme　同语义性

humanisme　人本主义

l'humeur　心境

l'humidité　潮湿


l'identité　同一性、身份

l'Idéologie　观念学

Idéologues　观念学家

idoles　偶像

l'imagination　想象

l'imaginaire　想象物

l'impensé　非思

l'impression　印象

l'inertie objective　客观惰性

des inférences　推论

l'influence　效应

intellection　理智活动

l'interprétation　解释

l'intussusception　内滋

l'invisible　不可见


je pense　我思

je suis　我在

la juxtaposition　并置


le kantisme　康德主义


le langage　语言

le langue　语言

la *Lebenswelt*　生活世界

*Liber Paramirum*　离奇书

la limite　界限


*Litteraria*　文献

la littérature　文学

la Loi　律法

un louis d'or　金路易


la magie　魔术

le marginalisme　边际主义

le marxisme　马克思主义

la *mathesis*　数学

la *mathesis universalis*　普遍数学

*matrimonium*　夫妻

la mécanique　动力装置、力学

la méconnaissance　不解

le Même　同

la mémoire volontaire　有意记忆

*der Mensch*　人

la mentalité　精神状态

le mercantilisme　重商主义

la mesure　尺度

la métaphysique　形而上学

une métathèse　换位

la Méthode　方法

la métonymie　换喻法

le microcosme　小宇宙

les modèles constituants　构成性模式

la modernité　现代性

le monétarisme　货币主义

la monnaie　货币

la monotonie　单调性

la mort de l'homme　人之死

les mots　词

les mythologies　神话学

les Naturalia　自然
le naturaliste　博物学家
la nature humaine　人性
la naiveté　素朴性
le nom commun　普通名词
le nom propre　专名
la nomenclature　命名法、术语分类法
le nominalisme　唯名论
la nomination　命名
le non-lieu　非场所
la norme　规范

l'objet　客体、对象
une ontologie　存在论
ordonnables　可赋序物
l'ordonnance　有序
l'ordre　秩序
l'ordre des choses　物之序
les ordres　目
l'organisme　有机体
l'organisation　构造
l'originaire　来源
l'origine　起源

le Palingénésie　《轮回》
le Pareil　类同
le parlé　言说物
Paritas　相等
la parole　言语
la Parole　圣经
pasigraphies　通用书写法
*pax et similia*　和平和类似

la pensée classique　古典思想
la phénoménologie　现象学
la philologie　语文学
le psychologisme　心理学主义
la physiocratie　重农主义
un piège marginal　边饰难点
le point de fuite　没影点
la polyvalence　多价性
le positif　实证者
le positivisme　实证主义
des positivités　实证性、实证科学
la préformation　预成论
la première cause　最初因
la prime écriture　第一书写
le principe male　阳性要素
le prix　价格
une problématique　提问、提问法
*Proportio*　相称
la proposition　命题
la prose du monde　世界的散文
la psychanalyse　精神分析
la psyché　心灵、灵魂、活动穿衣镜

la quasi-continuité　准连续性
la quasi-dialectique　准辩证法
une quasi-identité　准同一性
la quasi-esthétique　准美学
quasi-transcendantaux　准先验物

la racine　词根

le radical　词干

la rareté　匮乏

la ratio　理性

le rationalisme　理性主义

la rationalité　合理性

le redoublement　重迭、复制

un redoublement empirico-critique
　经验-批判的复制

la réflexion　反思

le regard　注视、眼光

le régime　格、制度

la régle　规则

la Renaissance　文艺复兴时期

la répétition　重复

une représentabilité　可表象性

représentable　可表象的

la représentation　表象

la représentativité　表象性

la ressemblance　相似性

le Retour　返回、轮回

le Retour du Même　同一之返回

la révélation　启示

la réversibilité　可逆性

la Rhétorique　修辞学

Sauvage de l'Aveyron　阿韦龙
　的野蛮人

le savoir　知识

des sciences humaines　人文科学

la sémiologie　符号学

le semblable　可相似物

la sensation　感觉

le sentiment　情感

le signe　符号

le signifiant　能指

la signification　意指

le signifié　所指

les signatures　记号

le similaire　相似物

la similitude　相似性、类似性

Similitudo　相似

la simultanéité　同时性

la singularité　独特性

societas　社交

le sociologisme　社会学主义

la solidité　协同性

une sous-espèce　次种

la souveraineté　主权、统治权

le stoïcisme　斯多葛主义

la structure　结构

la subjectivité transcendantale
　先验主体性

la substance　实体

des successions　接续

Les suivantes　宫中侍女

le sujet　主体、主词、主题

une surélévation transcendantale
　先验增值

le surhomme　超人

des sympathies　交感

la synecdoque　提喻法

la synthèse　综合

le système des positivités　实证
科学体系

le tableau　图表

402

le Telliamed 《泰利阿梅特》
*taxinomia* 分类学
un Texte primitif 原初大文本
la théodicée 神正论
la transcendance 超验性
le transcendantal 先验
le transfert 转移
le travail 劳动
le trompe-l'oeil 假象

l'utilité 效用
Les utopies 乌托邦

la valeur 价值
la valeur appréciative 评价价值
valeur estimative 估价价值
le valor impositus 归与价值
le verbe 言词、语词
la vérité 真理、真相
la vertu supérieure 最高效能
la vie 生命
le visible 可见
le vitalisme 活力论

*Weltanschauung* 世界观

# 上海三联人文经典书库

## 已出书目

（上、下）〔美〕亨利·富兰克弗特　著　郭子林　李　岩　李
凤伟　译

15.《大学的兴起》〔美〕查尔斯·哈斯金斯　著　梅义征　译

16.《阅读纸草，书写历史》〔美〕罗杰·巴格诺尔　著　宋立宏
郑　阳　译

17.《秘史》〔东罗马〕普罗柯比　著　吴舒屏　吕丽蓉　译

18.《论神性》〔古罗马〕西塞罗　著　石敏敏　译

19.《护教篇》〔古罗马〕德尔图良　著　涂世华　译

20.《宇宙与创造主：创造神学引论》〔英〕大卫·弗格森　著
刘光耀　译

21.《世界主义与民族国家》〔德〕弗里德里希·梅尼克　著　孟
钟捷　译

22.《古代世界的终结》〔法〕菲迪南·罗特　著　王春侠　曹明
玉　译

23.《近代欧洲的生活与劳作（从 15—18 世纪）》〔法〕G.勒纳尔
G.乌勒西　著　杨　军　译

24.《十二世纪文艺复兴》〔美〕查尔斯·哈斯金斯　著　张　澜
刘　疆　译

25.《五十年伤痕：美国的冷战历史观与世界》（上、下）〔美〕德瑞
克·李波厄特　著　郭学堂　潘忠岐　孙小林　译

26.《欧洲文明的曙光》〔英〕戈登·柴尔德　著　陈　淳　陈洪
波　译

27.《考古学导论》〔英〕戈登·柴尔德　著　安志敏　安家瑗
译

28.《历史发生了什么》〔英〕戈登·柴尔德　著　李宁利　译

29.《人类创造了自身》〔英〕戈登·柴尔德　著　安家瑗　余敬
东　译

30.《历史的重建：考古材料的阐释》〔英〕戈登·柴尔德　著
方　辉　方堃杨　译

31.《中国与大战：寻求新的国家认同与国际化》〔美〕徐国琦
著　马建标　译

32.《罗马帝国主义》〔美〕腾尼·弗兰克　著　宫秀华　译

33.《追寻人类的过去》 〔美〕路易斯·宾福德 著 陈胜前 译

34.《古代哲学史》 〔德〕文德尔班 著 詹文杰 译

35.《自由精神哲学》 〔俄〕尼古拉·别尔嘉耶夫 著 石衡潭 译

36.《波斯帝国史》 〔美〕A.T.奥姆斯特德 著 李铁匠等 译

37.《战争的技艺》 〔意〕尼科洛·马基雅维里 著 崔树义 译 冯克利 校

38.《民族主义:走向现代的五条道路》 〔美〕里亚·格林菲尔德 著 王春华等 译 刘北成 校

39.《性格与文化:论东方与西方》 〔美〕欧文·白璧德 著 孙宜学 译

40.《骑士制度》 〔英〕埃德加·普雷斯蒂奇 编 林中泽 等译

41.《光荣属于希腊》 〔英〕J.C.斯托巴特 著 史国荣 译

42.《伟大属于罗马》 〔英〕J.C.斯托巴特 著 王三义 译

43.《图像学研究》 〔美〕欧文·潘诺夫斯基 著 戚印平 范景中 译

44.《霍布斯与共和主义自由》 〔英〕昆廷·斯金纳 著 管可秾 译

45.《爱之道与爱之力:道德转变的类型、因素与技术》 〔美〕皮蒂里姆·A.索罗金 著 陈雪飞 译

46.《法国革命的思想起源》 〔法〕达尼埃尔·莫尔内 著 黄艳红 译

47.《穆罕默德和查理曼》 〔比〕亨利·皮朗 著 王晋新 译

48.《16世纪的不信教问题:拉伯雷的宗教》 〔法〕吕西安·费弗尔 著 赖国栋 译

49.《大地与人类演进:地理学视野下的史学引论》 〔法〕吕西安·费弗尔 著 高福进 等译 〔即出〕

50.《马丁·路德的时运》 〔法〕吕西安·费弗尔 著 王永环 肖华峰 译

51.《希腊化文明与犹太人》 〔以〕维克多·切利科夫 著 石敏敏 译

52.《古代东方的艺术与建筑》 〔美〕亨利·富兰克弗特 著 郝

海迪　袁指挥　译

53.《欧洲的宗教与虔诚:1215—1515》　[英]罗伯特·诺布尔·斯旺森　著　龙秀清　张日元　译

54.《中世纪的思维:思想情感发展史》　[美]亨利·奥斯本·泰勒　著　赵立行　周光发　译

55.《论成为人:神学人类学专论》　[美]雷·S.安德森著　叶汀　译

56.《自律的发明:近代道德哲学史》　[美]J.B.施尼温德　著　张志平　译

57.《城市人:环境及其影响》　[美]爱德华·克鲁帕特著　陆伟芳　译

58.《历史与信仰:个人的探询》　[英]科林·布朗著　查常平　译

59.《以色列的先知及其历史地位》　[英]威廉·史密斯　著　孙增霖　译

60.《欧洲民族思想变迁:一部文化史》　[荷]叶普·列尔森普　著　周明圣　骆海辉　译

61.《有限性的悲剧:狄尔泰的生命释义学》　[荷]约斯·德·穆尔　著　吕和应　译

62.《希腊史》　[古希腊]色诺芬　著　徐松岩　译注

63.《罗马经济史》　[美]腾尼·弗兰克　著　王桂玲　杨金龙　译

64.《修辞学与文学讲义》　[英]亚当·斯密　著　朱卫红　译

65.《从宗教到哲学:西方思想起源研究》　[英]康福德　著　曾琼　王涛　译

66.《中世纪的人们》[英]艾琳·帕瓦　著　苏圣捷　译

67.《世界戏剧史》[美]G.布罗凯特　J.希尔蒂　著　周靖波　译

68.《20世纪文化百科词典》　[俄]瓦季姆·鲁德涅夫　著　杨明天　陈瑞静　译

69.《英语文学与圣经传统大词典》　[美]戴维·莱尔·杰弗里(谢大卫)主编　刘光耀　章智源等　译

70.《刘松龄——旧耶稣会在京最后一位伟大的天文学家》　[美]斯坦尼斯拉夫·叶茨尼克　著　周萍萍　译

71.《地理学》 ［古希腊］斯特拉博 著 李铁匠 译

72.《马丁·路德的时运》 ［法］吕西安·费弗尔 著 王永环 肖华锋 译

73.《希腊化文明》 ［英］威廉·塔恩 著 陈恒 倪华强 李月 译

74.《优西比乌：生平、作品及声誉》 ［美］麦克吉佛特 著 林中泽 龚伟英 译

75.《马可·波罗与世界的发现》 ［英］约翰·拉纳 著 姬庆红 译

76.《犹太人与现代资本主义》 ［德］维尔纳·桑巴特 著 艾仁贵 译

77.《早期基督教与希腊教化》 ［德］瓦纳尔·耶格尔 著 吴晓群 译

78.《希腊艺术史》 ［美］F·B·塔贝尔 著 殷亚平 译

79.《比较文明研究的理论方法与个案》 ［日］伊东俊太郎 梅棹忠夫 江上波夫 著 周颂伦 李小白 吴玲 译

80.《古典学术史：从公元前6世纪到中古末期》 ［英］约翰·埃德温·桑兹 著 赫海迪 译

81.《本笃会规评注》 ［奥］米歇尔·普契卡 评注 杜海龙 译

82.《伯里克利：伟人考验下的雅典民主》 ［法］ 樊尚·阿祖莱 著 方颂华 译

83.《旧世界的相遇：近代之前的跨文化联系与交流》 ［美］ 杰里·H.本特利 著 李大伟 陈冠堃 译 施诚 校

欢迎广大读者垂询，垂询电话：021－22895557

**图书在版编目（CIP）数据**

词与物：人文科学的考古学/〔法〕米歇尔·福柯著；莫伟民译. —修订本. —上海：上海三联书店，2016.7（2024.10 重印）
（上海三联人文经典书库）
ISBN 978 - 7 - 5426 - 5652 - 0

Ⅰ.①词…　Ⅱ.①米…②莫…　Ⅲ.①哲学理论-法国-现代　Ⅳ.①B565.59

中国版本图书馆 CIP 数据核字（2016）第 166352 号

# 词与物——人文科学的考古学（修订译本）

著　　者 /〔法〕米歇尔·福柯
译　　者 / 莫伟民

责任编辑 / 黄　韬
装帧设计 / 鲁继德
监　　制 / 姚　军
责任校对 / 张大伟

出版发行 / 上海三联书店
　　　　　（200041）中国上海市静安区威海路 755 号 30 楼
邮　　箱 / sdxsanlian@sina.com
联系电话 / 编辑部：021 - 22895517
　　　　　发行部：021 - 22895559
印　　刷 / 上海展强印刷有限公司

版　　次 / 2016 年 7 月第 1 版
印　　次 / 2024 年 10 月第 8 次印刷
开　　本 / 640mm×960mm　1/16
字　　数 / 400 千字
印　　张 / 28.5
书　　号 / ISBN 978 - 7 - 5426 - 5652 - 0/B·487
定　　价 / 66.00 元

敬启读者，如发现本书有印装质量问题，请与印刷厂联系 021 - 66366565